CONFÉRENCES

DU RÉVÉREND PÈRE

DE RAVIGNAN

DE LA COMPAGNIE DE JÉSUS

PROPRIÉTÉ DE

V.ᵉ Toussielgue-Dusand

CONFÉRENCES

DU RÉVÉREND PÈRE

DE RAVIGNAN

DE LA COMPAGNIE DE JÉSUS

CONFÉRENCES DE 1847 ET DISCOURS DIVERS

TOME IV

PARIS

LIBRAIRIE DE Mme Ve POUSSIELGUE-RUSAND

RUE SAINT-SULPICE, 23.

1860

DROITS DE TRADUCTION ET DE REPRODUCTION RÉSERVÉS

LE DÉCALOGUE

CONSIDÉRÉ COMME LOI DE RESPECT

SOIXANTE-UNIÈME CONFÉRENCE

DIEU LÉGISLATEUR

SOIXANTE-UNIÈME CONFÉRENCE

DIEU LÉGISLATEUR

Messieurs,

Nous consacrerons les Conférences[1] suivantes à étudier la loi de Dieu, ou le Décalogue, comme étant une loi de respect : la loi de respect envers Dieu, envers le prochain et envers soi-même. Mais nous allons commencer par développer quelques considérations générales sur Dieu en tant que législateur ; et nous examinerons sa législation, ou la loi religieuse et morale dans son principe, dans

---

[1] Les six conférences qui suivent ne furent pas prêchées. Le père de Ravignan les a composées dans l'été de 1846, un peu avant de tomber dans la maladie qui l'éloigna de la chaire de Notre-Dame. On doit les regarder comme un premier travail inachevé : deux d'entre elles n'ont pas d'exorde, et il se proposait de faire deux conférences du premier sujet, en traitant à part la liberté humaine.

son application à la liberté humaine et dans son autorité.

I. P. Les plus beaux génies de l'antiquité païenne ont examiné, Messieurs, et mûrement étudié la question qui doit en premier lieu nous occuper : Quelle est l'origine de la loi, quel en est le principe? D'où sont venues les idées d'ordre et de bien moral, les idées du juste et de l'injuste? Y a-t-il donc un Dieu législateur suprême, y a-t-il une législation divine, y a-t-il des lois divines?

Et les plus illustres, les plus sages ont répondu par l'affirmation la plus solennelle : Oui, Dieu même est la cause et le principe de la loi.

Platon, dès la première ligne de son Traité des Lois, se demande si Dieu est l'auteur des lois, ou bien si c'est un homme. « C'est Dieu, répond-t-il aussitôt, Dieu même, vous dis-je, il faut le proclamer hautement. » *Deumne an aliquem hominem condendarum legum causam existimatis? Deum, Deum inquam, ut decet asserere* [1].

Ailleurs, dans le *Timée*, Platon enseigne qu'il existe une loi divine; raison suprême, dit-il, qui gouverne l'univers, et qui n'est autre que la raison même existante en Dieu.

---

[1] Plato., lib. I *de Legibus*, initio, Marsilio Ficino interprete.

Cicéron, philosophe non moins qu'orateur, n'a point manqué non plus en ce point aux traditions augustes de la religion et de la saine philosophie. On peut le voir dans les précieux fragments qui nous restent de ses livres sur la république, et surtout dans son Traité des Lois. Les Pères, entre autres Lactance, saint Augustin, et Fénelon après eux, se sont plu à répéter ces belles paroles, dignes en effet de retentir aux oreilles mêmes des chrétiens.

« Je vois donc, écrivait Cicéron, que le sentiment des plus sages a été que la loi n'est point une imagination de l'esprit humain ni une volonté des peuples, mais quelque chose d'éternel, *æternum quiddam*, qui doit régir le monde entier par la sagesse des commandements et des défenses. C'est ce qui leur a fait dire, continue-t-il, que cette première et dernière loi, *principem legem illam et ultimam*, était l'esprit de Dieu, dont la raison souveraine commande et interdit, *mentem..., omnia ratione aut cogentis aut vetantis Dei* [1]. »

Messieurs, cette philosophie était noble et belle, c'était un pur rayon de l'éternelle vérité échappée aux horreurs des ténèbres païennes.

La théologie et la philosophie catholiques, dans

---

[1] Cic., *de Legibus*, lib. II, n. 4.

les réformes universelles et nécessaires qu'elles apportèrent à l'enseignement religieux et moral du monde, n'eurent qu'à louer et à confirmer ce grand principe en le montrant toutefois sous son véritable jour, et en restituant au Dieu législateur toute sa gloire et toute son autorité trop longtemps méconnues [1].

Au moyen âge en particulier, quand l'Église crut devoir adopter d'une manière plus spéciale dans ses écoles les formes sévères de la dialectique, quand on en vint à réunir dans un système complet et raisonné l'ensemble des doctrines chrétiennes, saint Thomas, notre éternel modèle et notre invariable lumière, fixa pour jamais l'enchaînement logique des idées qui doit ici nous servir tout à la fois de fil conducteur et d'appui tutélaire.

Quel est le principe, demande-t-on, quelle est la source d'où découlent pour nous les lois religieuses et morales, d'où viennent les règles souveraines de la conscience et de la moralité de nos actions?

Le voici, Messieurs, suivant la déduction calme et pure de l'Ange de l'école :

Dieu n'a créé l'homme, il n'a pu le créer que

---

[1] Suarez, *de Legib.*, lib. I, c. III.

pour une fin digne de la raison divine et de la raison humaine : autrement il faudrait dire que Dieu agit sans but et sans motif, ce qui n'est vrai d'aucun être intelligent et sage.

Cette fin de l'homme, cette destination dernière de notre âme est le bien, *bonum,* le bien souverain et parfait, qui est Dieu; oui, l'homme a pour fin Dieu même, il doit constamment tendre à s'assimiler et à s'unir au centre et au type infini de tout bien et de toute béatitude. Une âme, une intelligence et un amour ne peuvent exister sur la terre ou dans les cieux que dans ce but uniquement nécessaire.

En cela consiste déjà la loi suprême, la loi divine par excellence.

Mais à l'instant, Messieurs, vient se placer naturellement, dans nos convictions comme dans nos besoins les plus intimes et les plus doux, l'idée d'une Providence assidue et paternelle. Il est un effet de la sagesse divine de disposer, de préparer les moyens pour la fin qu'elle nous a donnée. La Providence que tous admettent, que tous nomment est cette disposition même et cet ordre des moyens pour la fin : *Ratio ordinis rerum ad finem,* dit saint Thomas [1]. Ce qu'est la prudence en l'homme,

---

[1] S. Thom., 1, q. 22, *passim.*

la providence l'est en Dieu à notre égard. Elle nous trace la voie, elle nous conduit au but, qui est la vie véritable.

Cet ordre essentiel de choses, cette disposition providentielle des moyens pour la fin dernière et nécessaire de nos âmes, appelle invinciblement encore l'adhésion et l'action de la volonté divine. Dieu veut certes l'accomplissement de ses desseins et la réalisation de l'ordre qu'il eut en vue, qu'il eut pour motif et pour fin dans la création. Cette volonté on la nomme le gouvernement divin, *gubernatio divina* [1].

Les actes, les volontés d'un gouvernement souverain s'expriment surtout par les lois; l'ordre en effet se réalise par des lois sagement entendues. Ainsi Dieu a porté ses lois pour exécuter et accomplir l'ordre de sa providence, pour fixer la voie, les moyens et les règles qui assurent à l'homme sa fin et son bonheur immortels.

Ainsi par là même le bien moral et final est constitué, ainsi toute la moralité des actions humaines est fondée et déterminée: car ce qui est conforme à la fin dernière et divine est bien, ce qui lui est opposé est mal. Nulle autre raison de distinguer entre le bien et le mal ne saurait subsister,

---

[1] S. Thom., 1, q. 103, *passim*.

parce que, une fois la fin dernière obtenue ou du moins fidèlement cherchée ici-bas, il ne peut y avoir de mal ni de malheur vrai pour l'homme; et il ne peut y avoir de bien véritable, si la fin dernière, le bien souverain était repoussé ou abandonné par l'homme.

L'homme est donc un voyageur en marche, Dieu lui-même est le terme. Il vient au-devant de l'homme, le prend pour ainsi dire par la main, l'instruit, l'éclaire, le dirige dans des voies assurées : *Deus instruit per legem* (saint Thomas). Telle est la loi divine; son principe, son origine, sa nécessité tout ensemble et sa grandeur nous apparaissent ici clairement.

Le monde physique, Messieurs, a ses lois, expression aussi de la sagesse et de la volonté de son auteur : qui songe à nier ces lois? Leur force, leur beauté ne sont-elles pas la beauté et l'harmonie divine de l'univers? De même le monde des intelligences a ses lois, ses lois constitutives. L'âme humaine reçoit de Dieu, avec sa destinée suprême et immortelle, l'ordre invariable des moyens qui constituent la voie où il faut marcher, qui constituent en même temps le bien véritable, celui qui est conforme à la fin divine. L'homme reçoit ainsi de son auteur la loi morale de ses actions, les règles augustes de ses rapports avec la Divinité.

Il y a donc, Messieurs, une loi divine, comme il y a un Dieu créateur, comme il y a une providence divine et un gouvernement divin conduisant toutes choses à leur fin; c'est la même nécessité et la même vérité.

La Providence n'est donc pas une idée vague, une simple formule de foi, un pieux pressentiment de la conscience, une sorte de conjecture sur la présence de la Divinité. Non, elle est l'action libératrice et législative de Dieu attestée par la raison, la foi et l'histoire entière, transpirant dans tous les faits intérieurs et extérieurs, et donnant à l'individu ainsi qu'à l'humanité, avec la loi de liberté et de combat, la puissance réelle et vivante du bien.

« Où est cette sagesse commune, s'écriait Fénelon, cette sagesse une pour tous, cette raison supérieure à tout? Où est-il cet oracle qui ne se tait jamais, cette vive lumière qui illumine tout homme venant en ce monde [1]? » Messieurs, c'est l'esprit de Dieu, sa providence, sa loi qui est universellement imposée à la conscience et au monde moral.

Elle est, cette loi, le foyer unique et divin du

---

[1] Fénelon, *Christianisme présenté aux hommes du monde*, t. I, p. 222.

Soleil de justice et de vérité qui s'épanche en rayons multipliés sur toute créature intelligente, car il n'en est aucune qui ait en son pouvoir de s'y soustraire : *Non est qui se abscondat a calore ejus.* Ces divines émanations nous environnent, nous pressent, nous pénètrent; leur douce et bienfaisante puissance nous attache et nous oblige au bien, il est vrai; mais en même temps elle nous éclaire, elle nous échauffe, nous soutient et nous dirige. Et telle est cette action de Dieu qui tend à la fin avec force et dispose tout avec suavité, comme parlent nos Écritures; telle est la loi divine: heureux qui marche fidèlement sous sa céleste influence !

Car l'homme est libre, nous le savons; il peut fléchir et s'égarer dans ses voies; il peut aimer, s'il le veut, les ténèbres plus que la lumière. La liberté, noble et grande chose cependant, objet direct de l'application des lois divines ! Quelle est cette application ? Nous allons le rechercher soigneusement ensemble.

II. P. Messieurs, nous avons déjà posé un principe important, celui-ci : La loi divine est cet ordre même de providence et de gouvernement divin qui impose à l'homme, pour son bonheur, les moyens d'atteindre à la fin et d'accomplir son immortelle destinée; et cette loi et cet ordre sont nécessaires comme Dieu même.

Il faut maintenant rechercher l'application propre de la loi divine, et nous prononçons ici avec joie le beau nom de liberté, pour dire que c'est à elle-même, à elle seule que s'applique la loi de Dieu.

Si l'on demande donc la raison des lois divinement imposées à la liberté humaine, nous répondrons sans hésiter que c'est pour l'honneur de la liberté même et à cause de la dignité de notre âme.

Honneur, dignité de l'âme intelligente et libre qui réclame impérieusement, pour se conserver et s'accroître, l'ordre et le secours des lois divines, car il n'est point de mon sujet de parler des autres lois établies entre les hommes.

Rien n'est plus simple assurément, Messieurs, que d'avouer la dépendance de l'homme à l'égard de Dieu et de ses lois; voyez cependant l'étrange renversement de nos pensées et le déréglement de notre cœur.

Dans tous les temps, et alors même que par une sorte de foi et de pudeur on refuse de s'en rendre compte, il a paru importun ou même intolérable à l'orgueil d'un grand nombre, de se voir continuellement observé par cet œil toujours veillant de la providence divine, comme dit Bossuet [1].

Il leur a paru trop souvent une contrainte déshonorante de reconnaître au ciel une puissance supérieure qui commandât à nos volontés, gouvernât nos mouvements et châtiât nos actions déréglées avec une autorité souveraine. Trop souvent on a voulu secouer le joug de la providence du Dieu législateur, afin d'entretenir dans l'indépendance une liberté indocile qui s'arroge le droit de vivre à sa fantaisie, sans crainte, sans retenue, sans discipline.

L'homme est ainsi, Messieurs, éternellement déçu par sa propre liberté, *sua in æternum libertate deceptus* [2], suivant le mot d'un grand pape. L'homme est déçu parce qu'il n'a pas distingué entre la liberté et la licence. Je ne sais quel instinct aveugle nous précipite comme naturellement vers tout ce qui est défendu. Oui, cela est trop vrai, l'histoire de nos infirmités le démontre: moins une chose est permise, plus elle a pour nous d'attraits. Le devoir est une sorte de supplice, un sacrifice tout au moins, ce qui plaît à la raison seule, à la conscience seule, ne plaît presque pas, déplaît même. Mon Dieu, c'est qu'alors nous n'y

---

[1] Sermon pour le IIIe Dim. après Pâques, *Exorde*.
[2] Innoc. I, *Ep.* xxiv *ad conc. carth. Labb.*, t. II, col. 1285.

trouvons que le caractère grave et austère du bien absolu et de la vertu commandée.

Tâchons, Messieurs, de recouvrer la véritable énergie; secouons le poids du laisser aller et de la mollesse qui nous entraîne malgré nous, et plaçons-nous avec effort et sûreté dans le vrai.

Voici donc la vérité :

Parce que l'homme est libre, et pour qu'il le soit d'une liberté raisonnable et réelle, il doit dépendre de Dieu, oui;

Parce que l'homme est libre et capable de détermination et de choix raisonnable dans ses actes, il doit avoir pour règle la loi même divine;

Parce que l'homme est libre et capable de mérite et de gloire, il doit obéir aux commandements divins.

C'est-à-dire que la nature, la dignité et l'honneur même de la liberté humaine exigent l'application et l'exécution de la loi de Dieu.

Peu de mots suffiront à le prouver.

Parce que l'homme est libre, et pour qu'il le soit réellement et raisonnablement, il doit dépendre de Dieu.

L'homme a un supérieur, Dieu; l'homme a un créateur, et la créature doit dans l'ordre moral et spirituel dépendre de son auteur bien plus que dans l'ordre physique et matériel le fleuve ne dépend de la source, la vallée de la montagne et la branche de la tige.

L'homme tient de Dieu sa nature libre; si telle est la vie ou du moins une des qualités vitales de l'âme humaine, il est manifeste que l'exercice, la conservation de cette précieuse faculté, doit être surtout dans la dépendance du principe qui donne et produit la liberté en l'homme, comme l'eau se retrouve et s'alimente par sa source même.

Dépendre de Dieu, c'est donc réellement pour l'homme libre s'alimenter et vivre à la source de sa liberté. Où la puiser, en effet, sinon dans son inépuisable principe.

Comment se persuader d'ailleurs que les lois divines et l'accomplissement de ces lois pussent nous ravir la liberté au lieu de la conserver et de la vivifier? Est-ce donc, Messieurs, s'opposer à un fleuve et à la liberté de son cours, que de relever d'utiles barrières sur ses deux rives, de peur qu'il ne déborde et ne perde ses eaux en désolant les campagnes? Au contraire, c'est lui donner le moyen de couler plus doucement dans son lit et de suivre plus certainement son cours naturel. Ainsi ce n'est pas détruire la liberté que de lui imposer des lois, de lui donner une mesure, des règles et des bornes pour empêcher qu'elle ne déborde aussi et ne se perde en s'égarant loin de son cours régulier et de son but; c'est l'adresser plus sûrement à la voie qu'elle doit tenir, à la fin qu'elle doit atteindre. Par cet ordre suprême et divin, on ne la détruit pas, on la conduit; on ne la force pas, on la dirige. Ceux-là abaissent véritablement et abdiquent pour ainsi dire la liberté, qui ont la faiblesse de se laisser détourner de sa direction native, c'est-à-dire de la tendance au souverain bien.

Aussi Bossuet [1] a-t-il eu raison de dire de toute la hauteur de son génie : « La liberté véritable, c'est de dépendre de Dieu. » Et comme Samuel l'annonçait à Saül rebelle : « Refuser à Dieu l'obéissance est une sorte d'idolâtrie [2]. » *Quasi scelus idololatriæ, nolle acquiescere.* C'est-à-dire, en d'autres termes, que ce refus d'acquiescement et de soumission à la loi de Dieu est pour l'homme une servitude réelle, un véritable esclavage.

On ne veut pas du Maître qui règne aux cieux, de toute nécessité on en prend un autre. On dresse en son triste cœur l'idole de l'orgueil, de la cupidité ou du plaisir; on l'adore et on la sert. Tel est l'homme, Messieurs. Il est dégradé et vaincu, quoi qu'il fasse, par ses penchants déréglés, dès qu'il abandonne la région

---

[1] Bossuet, IIe Serm. pour la Purification, 1er point.
[2] I Reg., xv, 23.

de liberté où la loi divine seule le retenait. C'est un axiome infaillible qu'on est l'esclave de la force qui nous surmonte : force aveugle et tyrannique quand ce n'est plus la sagesse de Dieu qui nous guide : *A quo quis superatus est, hujus et servus est.*

Nous le savons bien par expérience : nous le constatons chaque jour. Pour obéir aux commandements de Dieu tels que la loi chrétienne les promulgua, il faut faire effort, lutter, se vaincre. On ne s'affranchit, on ne vit, on ne demeure libre que par les plus laborieuses victoires remportées sur soi-même, sur ses penchants, sur mille ennemis et mille obstacles terribles. En sorte que la liberté, la puissance vraie de l'âme ne se trouve que dans une entière et triomphante soumission à Dieu. L'homme a cru en secouant le joug divin entrer dans les vastes champs de l'indépendance, et il s'est rapetissé, avili jusqu'au service abject d'un tyran fantasque et cruel, de lui-même, avec ses caprices et ses penchants.

Répétons-le donc encore avec Bossuet : la liberté véritable, au sens de la raison, c'est de dépendre de Dieu.

Mais sa dignité, comme sa nature, consiste encore dans le pouvoir inhérent à l'âme de faire un choix raisonnable entre les choses différentes.

ou opposées ; et parce que l'homme est ainsi libre et raisonnable, il doit avoir pour guide et pour règle une loi type de sagesse et de raison souveraine, une loi divine.

La créature raisonnable, disons-le toujours, a un supérieur, mais n'en a qu'un à proprement parler : c'est Dieu. Et là même se trouve la prérogative et la dignité la plus élevée de l'homme.

Soumise au gouvernement divin, la créature raisonnable et libre est seule encore comme telle capable d'une direction et d'une obligation morale. La loi divine remplit cette condition nécessaire à la dignité humaine, elle gouverne et oblige ; elle éclaire et guide avec empire la raison dans le choix à faire entre le bien et le mal moral.

Sans cet empire et cette direction de la loi divine, l'homme serait arraché à la dignité qui couronne le mieux son front, celle de créature raisonnable.

Mais voulez-vous mieux comprendre, Messieurs, combien il est digne de vous de reconnaître la loi de Dieu et de lui obéir ? Rappelez-vous que, suivant la parole de la philosophie païenne elle-même, au témoignage de Cicéron, l'homme est le seul être au monde qui sente ce que c'est que l'ordre, la décence, la convenance dans les actions et les paroles..., tout ce qui compose en un mot ce que nous nommons l'honnête, *honestum* [1].

Il est de la dignité de l'homme libre de pouvoir choisir ce qui est bon et honnête; mais aussi d'y être obligé, attaché par des liens indissolubles : plus il s'y trouvera astreint et puissamment lié, plus il sera digne de lui-même. Or l'obligation naît, pour la conscience humaine, de la loi seule. Et Dieu seul, vous le savez, peut dicter à la conscience de l'homme des lois et des devoirs. C'est la grandeur de notre nature qu'il en soit ainsi. L'homme est donc obligé au bien : c'est sa gloire, parce que c'est sa loi première et divine. L'homme cependant peut choisir le mal, et peut le commettre. Devant ses yeux se trouve donc placée une loi, la loi du souverain Maître de l'âme et de la raison, de Dieu même.

Liberté, devoirs, raison, lois, ce sont choses qui s'appellent, se répondent et ne sauraient être séparées; car la liberté et la raison sont surtout données à l'homme pour choisir entre le bien et le mal; et sans règle, sans loi, sans obligation souveraine et divine, il n'y aurait plus ni bien ni mal, on n'en concevrait plus l'idée.

Aussi, Messieurs, le docte Suarez, dans son

---

[1] *De Officiis*, lib. I, n. 4.

Traité des Lois, concluait-il l'existence de la loi divine pour l'homme, de la seule conception naturelle du bien et du mal qui est en nous. Nous concevons l'un et l'autre, il nous faut la règle, la mesure, l'obligation, la loi pour les discerner sûrement, pour être reportés vers l'un, éloignés de l'autre.

Si l'homme était infaillible et impeccable, on pourrait avec quelque apparence reconnaître son indépendance et sa souveraineté absolue, sans lois, sans devoirs d'aucune sorte. Mais il est sujet à faillir et à pécher; pour l'ennoblir et l'élever au-dessus de lui-même, il lui faut embrasser les lois de Celui qui seul est infaillible et impeccable par nature, et à qui seul appartiennent l'indépendance et la souveraineté absolues. Ces lois et cet empire font la puissance et la dignité vraie de l'homme.

Vous ne vous étonnerez donc pas de l'énergique conclusion tirée de tout ceci par Tertullien, avec l'âpreté africaine de son langage; c'est au second livre contre Marcion[1] : « Il a fallu, nous dit-il, que Dieu dans sa bonté donnât des lois à l'homme, non pour le priver de sa liberté, mais pour l'honorer et lui témoigner de l'estime, et

---

[1] Lib. II, *adv. Marcion.*, n. 4.

pour que l'homme s'attachât à Dieu. » *Legem... bonitas erogavit, consulens homini quo Deo adhæreret, ne non tam liber quam abjectus videretur.*

Les animaux n'ont pas de lois qui répriment leurs penchants; mais c'est qu'ils n'ont pas d'intelligence qui les rende capables et dignes comme l'homme d'être gouvernés par la sage direction des lois.

Et certes, Messieurs, cette liberté de vivre sans lois eût été injurieuse et avilissante pour notre nature. Dieu eût vraiment témoigné qu'il méprisait l'homme s'il n'eût pas daigné le conduire et lui prescrire l'ordre de sa vie : il l'eût traité comme les animaux, auxquels il ne permet de vivre sans lois... que par mépris, dit encore Tertullien : *Æquandus famulis suis cœteris animantibus, solutis a Deo et ex fastidio liberis.* Cette liberté que Bossuet nomme un emportement brute et indocile [1], n'est donc qu'abjection et mépris. Serait-ce pourtant une chose inouïe que l'homme eût envié aux animaux leur noble indépendance? Le prophète ne le pensait pas : *Homo cum in honore esset, non intellexit, comparatus est jumentis insipientibus.* O hommes, il vous faut donc des lois,

---

[1] IIe Serm. pour la Purification.

surtout une loi souveraine et divine, précisément parce que vous êtes capables de raison et dignes d'être gouvernés : alors vous êtes hommes [1].

Enfin serait-il besoin encore de l'ajouter, et ne saurions-nous jamais bien nous définir à nous-mêmes notre liberté?

L'homme est libre, sans aucun doute, pour le mérite, pour être capable de vertus, d'honneur et de gloire véritable. Ainsi la liberté nous est donnée, non pour secouer par l'audace ou le dédain le joug de l'autorité divine, mais pour le porter avec honneur en le portant volontairement. La liberté nous est donnée, non pour avoir tout droit et tout pouvoir de faire le mal, mais afin d'acquérir la gloire d'avoir fait le bien; non pour dénier à Dieu nos hommages et nos services, mais afin qu'il puisse nous en savoir gré, nous en récompenser et nous couronner d'une gloire immortelle.

Sans les devoirs, sans les conditions qu'impose la loi, sans les combats et les triomphes qu'elle amène, où serait le mérite, où serait la vertu, où serait la gloire?

O Dieu, soyez donc béni de ce qu'en faisant

---

[1] Psalm. ix, 21. *Constitue, Domine, legislatorem super eos ut sciant quoniam homines sunt.* — *V.* Bossuet, IIe Sermon pour la Purification.

l'homme libre vous ne l'avez point abandonné à lui-même!

Je l'avoue, Messieurs, quand on se représente des hommes sans liberté pour le bien, à qui Dieu demande des vertus qui leur sont impossibles, cet abandon de Dieu fait horreur; il est contraire à son ordre et à sa bonté [1].

Mais si l'on me parle de l'homme libre, sans règle, sans lois, sans devoirs, j'en frémis d'épouvante. Ce qui donc est conforme à l'ordre, à la beauté du gouvernement divin comme à sa justice, ce qui est conforme à l'honneur de l'être intelligent et libre, c'est que Dieu, tout en laissant l'homme dans la main de son conseil, lui ait dicté dans ses lois l'alternative, ou de se rendre heureux par la vertu, ou de se faire malheureux par le péché.

En cet état, l'homme ne souffre aucun mal que celui qu'il se fait à lui-même, et tout le bien qu'il accomplit en accomplissant la loi divine, quoiqu'il y soit obligé, n'en est pas moins son mérite et sa gloire. Et qu'y a-t-il donc de plus digne de Dieu que de mettre l'homme en état de mériter? qu'y a-t-il de plus grand pour une créature que le mérite? A vrai dire, c'est la gloire,

---

[1] V. Fénelon, *Lettres sur la Religion*, t. I, p. 362. Édit. de Versailles.

l'honneur du combat et du triomphe. Dieu seul pouvait en fixer les conditions, en prescrire les règles, en donner les moyens : c'est l'objet même de la loi divine, qui honore l'homme et l'élève ainsi jusqu'aux plus hauts degrés du mérite par l'usage courageux et réglé de la liberté.

Vous le voyez, Messieurs, à la question posée, pourquoi Dieu impose-t-il ses lois à l'homme, il faut véritablement répondre, parce qu'il est libre, capable d'ordre, de raison, de choix volontaire, non moins que de mérite et de gloire.

Et si vous voulez savoir jusqu'à quel point l'homme est tenu de se soumettre, veuillez me suivre encore quelques instants, je vais traiter de l'autorité du législateur.

III. P. Quand à la faveur des jours de loisir et d'étude tranquille on se replace un moment au milieu des monuments et des chefs-d'œuvre de l'antiquité païenne, l'âme se trouve comme partagée entre deux sentiments également profonds : l'admiration et la pitié.

On admire, Messieurs, la force et la durée de ces traditions religieuses et de ces vérités sublimes qui, sous la plume d'immortels génies, apparaissaient encore, dans une partie du moins de leur éclat, malgré la nuit profonde de l'idolâtrie, et montraient le Dieu, souverain législateur, dictant aux hommes ses volontés, leur imposant l'ordre, la vertu, l'obéissance comme le plus digne usage de leur liberté.

On compatit et l'on s'attriste à la vue de ces hésitations perpétuelles, de ce mélange adultère d'erreurs et de superstitions grossières qui venaient défigurer et obscurcir l'image et la lumière divine dans les plus nobles intelligences.

Non, Messieurs, on ne peut s'empêcher de plaindre et d'admirer à la fois ces hommes qui, parmi les ténèbres du paganisme, savaient encore s'inspirer des grandes, des hautes pensées de la religion, et les faire régner au-dessus de leurs conceptions philosophiques, politiques ou même poétiques. Les illustres interlocuteurs des dialogues de Platon et de Cicéron, comme les héros d'Homère, voyaient partout l'action et la présence de la puissance divine, dans les lois, dans la guerre, dans la paix, dans les devoirs des magistrats, dans ceux des peuples et dans leurs droits. Et nous que le christianisme a nourris des plus pures et des plus abondantes lumières, nous rougirions, ce semble, du langage et des doctrines dont s'honoraient les païens, reléguant la religion au fond de ses temples ou dans ses chaires, l'admettant tout au plus dans la conscience privée.

Nous ne savons pas la retrouver ni dans les travaux de la philosophie, ni dans les débats du Forum, ni dans les scènes si diverses et si agitées de la vie publique.

Mais laissons là ces tristes rapprochements : quand on vous voit, Messieurs, on se console et l'on espère, et l'on aime à remonter avec fermeté jusqu'à la source même de tout ce qui est grand, beau, légitime, pour mieux reconnaître et sentir la force et l'autorité éternelle du Très-Haut.

Car il faut remonter jusqu'aux jours mêmes de l'éternité, avant qu'il existât aucun monde, pour saisir dans sa vérité toute l'autorité des lois divines.

Quelle est donc cette autorité, Messieurs, cette souveraineté divine? Comment la concevoir et l'entendre dans l'expression de ses lois? Et comment descend-elle jusqu'à nous pour atteindre les plus intimes replis de la conscience et les moindres détails de la vie morale et privée?

Les anciens donc, nous l'avons déjà vu, contemplèrent avec vigueur et célébrèrent avec magnificence cette raison suprême préposée au gouvernement de l'univers, et qui n'est autre que la raison même divine[1], ce principe éternel qui est

---

[1] Platon, *ut supra*.

l'esprit régulateur du Dieu souverain [1]. Ils ne concevaient pas, ces païens philosophes, qu'on pût séparer la loi morale non plus que l'ordre et les destinées du monde intelligent, de cette intelligence éternelle et infinie, de cette pensée de la sagesse divine, qui pour une âme attentive et sincère apparaît dominatrice, toute-puissante au faîte de toutes les pensées, à l'origine de toutes les lois.

Ils n'entendaient pas qu'on révoquât en doute que nous fussions nés pour le bien et pour la justice ; ils affirmaient que par conséquent tous les droits et tous les devoirs furent constitués, non par l'opinion humaine mais par la nature, c'est-à-dire par cette puissance même divine qui préside à notre existence et la produit, *neque opinione, sed natura constitutum esse jus* [2]. Cicéron appelait cette puissance législatrice la contemporaine du Dieu qui conserve et régit le ciel et la terre, *æqualis illius cœlum atque terras tuentis et regentis Dei* [3].

Mais il appartenait mieux encore aux théologiens catholiques d'enseigner ces grandes vérités.

La première des lois, celle qui est le principe et comme l'archétype de toutes les autres, ils

---

[1] Cicero, *ut supra*.
[2] Cic., *de Legibus*, lib. I, n. 10, t. XXVII, p. 54. Édit. de Leclère.
[3] *Ibid.*, lib. II, n. 4, p. 116.

l'ont nommée, Messieurs, la loi éternelle. Saint Augustin et les Pères, saint Thomas et les docteurs ont dignement présenté au respect de la foi et de la raison cette raison éternelle de Dieu, cette sagesse contemporaine de la substance divine et de son éternité, qui n'a pas pu, dans les profondeurs de sa prescience infinie, ne pas concevoir une fois pour jamais, avec ses lois imprescriptibles, l'ordre régulateur de l'univers qu'elle voulait créer; et dans l'intelligence divine se sont éternellement rencontrées près de la pensée même créatrice les pensées de la Providence conservatrice et régulatrice souveraine de tout ce qui devait être. Alors donc, c'est-à-dire dans la solitude éternelle où Dieu habite, le vrai, le bien, le juste, le devoir, et la réprobation du mal, et la récompense de la vertu, et les moyens et les secours qui lui sont nécessaires pour la lutte, et les préceptes et leur sanction bienheureuse ou terrible; tout l'ordre, en un mot, toute l'économie religieuse et morale de la liberté humaine et des lois divines, tout a été fixé, arrêté, décrété dans le sein de la raison divine.

Telle est la loi qui nous gouverne, Messieurs, la loi même immuable et éternelle du bien, la loi scellée en Dieu même du sceau de la toute-puissance et de l'autorité suprême, car elle est la raison divine déterminant l'ordre et le mouvement obligé de toutes choses vers la fin unique et nécessaire, obligeant par conséquent sa créature intelligente à tendre vers sa fin suprême, qui est le bien parfait et divin.

En sorte, Messieurs, que lorsqu'on veut bien penser et bien dire en ces graves matières, il ne faut jamais oublier la sentence de saint Augustin dans son traité du Libre Arbitre : « Dans le temps, il n'y a rien, dit-il, de juste et de légitime qui ne soit pour nous une dérivation et un écoulement de la loi éternelle [1]. »

Tel est donc le type et le modèle éternel que les législateurs de la terre devraient toujours avoir en vue : y pensent-ils ?

Ces notions font comprendre le respect profond que mérite l'autorité de la loi divine, car elles nous la montrent dans son principe immuable et infini, dans la sagesse même de Dieu ordonnant, réglant et disposant tout pour la fin dernière de la création du sein de l'incommensurable éternité.

Toute loi, toute autorité, tout gouvernement, tout ordre viennent de là comme de leur source unique. Elle est donc la loi suprême cette loi éternelle.

---

[1] S. Aug., *de Lib. Arbit.*, l. I, c. VI.

Il faut s'étonner, Messieurs, que l'homme éclairé sur sa nature et ses destinées ne se jette pas tout entier entre les bras de l'autorité divine, ne la chérisse pas et ne se dévoue pas avant tout à l'accomplissement de ses lois, puisque là seulement vivent la vérité, la justice, l'ordre et le bonheur.

La loi éternelle est donc placée au sommet du gouvernement divin, et comme l'acte premier de l'autorité divine, après qu'elle a décrété, dans son amour, de créer un monde intelligent pour le conduire à la félicité parfaite.

Mais l'homme naît dans le temps; il est créé enfant du Dieu qui l'aima de toute éternité, et qui de toute éternité lui destina pour fin le bien souverain et parfait; l'homme en naissant doit trouver à ses côtés vivante et forte la loi qui règlera sa vie et la dirigera vers le terme.

Cette loi, Messieurs, elle est toujours prête et toujours connue, quand on veut la lire. L'intelligence humaine, participation glorieuse de l'intelligence divine, est cette lumière qui éclaire tout homme venant en ce monde. Elle lui montre, à l'âge où ses facultés développées peuvent utilement servir ses volontés libres, elle lui montre le bien et le mal, ces deux extrêmes entre lesquels sont renfermés tous nos devoirs.

Cette lumière de la raison naturelle nous révèle d'elle-même les grandes obligations de la liberté écrites dans la conscience humaine. Ainsi l'impiété, le parjure, l'ingratitude, l'homicide, la haine, la calomnie, l'injustice, l'impureté, sont proscrits par cette loi intérieure que tout homme porte au dedans de lui, que tout homme doit et peut reconnaître dans son cœur. Aussi bien, Messieurs, la raison et la liberté naturelles ne sauraient guère se concevoir, elles ne présenteraient guère à nos esprits l'idée de leur dignité et de leur force, si elles n'avaient près d'elles et au dedans d'elles-mêmes, comme un livre toujours ouvert, la loi, le devoir du bien, la défense et la réprobation du mal avec leurs caractères distinctifs et essentiels.

Mais cette loi naturelle, elle est, Messieurs, un acte souverain de l'autorité divine, et pas autre chose : et voilà pourquoi seulement elle oblige, pourquoi sa violation est un crime, pourquoi le châtiment suit les coupables.

Il est vrai, et tout ce qui pense, tout ce qui a écrit sur cette matière, l'a constamment remarqué, parmi les actions possibles à la liberté humaine, il en est d'essentiellement bonnes, il en est d'essentiellement mauvaises. La raison, à la simple vue, sent leur convenance ou leur difformité, et le jugement se prononce pour ainsi dire de lui-même au fond d'une conscience sincère.

Mais la raison, la conscience même de l'homme ne sont pas ses législateurs; il ne peut être lui-même pour lui-même et les autres l'autorité souveraine qui oblige, commande, défend, menace; il a des yeux pour lire un livre ouvert devant lui, voilà tout. Mais ce livre c'est Dieu qui l'a écrit, il y a gravé sa loi, cette loi ineffaçable à jamais du cœur et de la conscience humaine.

Pour qu'il y ait l'empire, l'obligation et la sanction de la loi, il faut l'autorité souveraine et absolue qui règne sur toutes les intelligences et toutes les volontés, c'est-à-dire l'autorité de Dieu créateur et conservateur de la raison comme il l'est de la foi.

En théorie spéculative et pure, on pourra trouver un mal, un bien suivant les seules proportions de la raison philosophique; jamais on ne fera ainsi une vertu, on ne définira jamais ainsi un crime. Le péché philosophique est une chimère. Le mal est ce qui offense un Dieu et blesse son autorité souveraine; le bien, ce qui l'honore et se conforme à sa volonté.

Loi naturelle, autorité divine : deux choses encore inséparables, et qui réclament la reconnaissance et la soumission de l'homme.

Ce point, Messieurs, est d'une grande importance pour se fixer sur l'idée d'une morale philosophique, et pour apprécier à sa juste valeur la raison, la conscience et la loi surnaturelle.

Point de lois, point d'obligation pour l'homme si l'autorité divine elle-même n'en est le principe et la sanction. Aussi le génie vraiment philosophique de Cicéron l'avait-il admirablement exprimé dans ses livres de la République.

« La droite raison est sans doute, dit-il, une loi véritable, conforme à la nature, universelle, invariable, éternelle... Mais il n'y a qu'un seul et même Roi pour tous, un Maître commun, Dieu, l'inventeur, l'auteur et l'interprète de cette loi... » *Deus, ille legis hujus inventor, disceptator, lator* [1]...

Lactance nous a conservé cet admirable passage dans ses écrits [2].

Nos livres saints, bien longtemps auparavant, avaient proclamé solennellement la même vérité. « Le Seigneur, dit Isaïe, est notre juge, notre législateur, notre Roi [3]. » *Dominus judex noster, Dominus legifer noster, Dominus Rex noster*. Et depuis, l'apôtre saint Jacques a écrit : « Il n'y

---

[1] Cic., *de Republ.*, l. III, n. 17, p. 310, t. XXVII, éd. de Leclère.
[2] Lactant., VI, 8.
[3] Isa., XXXIII, 22.

a qu'un seul législateur et un seul juge, qui peut nous perdre et nous sauver. » *Unus est legislator et judex, qui potest perdere et liberare* [1].

« Point de péché s'il n'y a point de loi, disait saint Paul : » *Ubi non est lex nec prævaricatio* [2]; et il ne parlait que des lois divines. En conséquence, saint Augustin ne reconnaissait de péché, de culpabilité pour l'homme que dans l'infraction de la loi éternelle : *Peccatum... factum... contra legem æternam* [3]; et il ajoutait que « la loi éternelle n'est autre que la raison ou la volonté divine. »—« Point de péché, dit-il ailleurs, s'il n'y a un précepte divin qui le défende [4]. »

La loi seule de l'autorité supérieure à l'homme peut proprement obliger sa conscience : et cette autorité c'est Dieu seul, qui se nierait lui-même s'il ne défendait le mal et ne commandait le bien; en sorte, comme Gerson l'observe avec justesse [5], « qu'il n'y a réellement qu'une notification de la volonté même divine dans la présence de la loi naturelle au dedans de nous ; et que tout jugement porté par la raison sur une obligation de la conscience n'est autre chose que la recon-

---

[1] Jacob., IV, 12.
[2] Rom., IV, 15.
[3] Aug., l. XXII, *c. Faust.*, c. XXVII.
[4] S. Aug., liv. II, *de Pecc. merit. et remiss.*, c. XVI.
[5] Gerson, *Tract. de Vit. spirit.*, lect. 2.

naissance de cet empire divin qui seul peut imposer des lois à la conscience.

Non, Dieu n'a pas abandonné son œuvre la plus éminente, la nature raisonnable; comme il la créa, il la gouverne, la dirige et lui dicte ce qu'elle doit faire, ce qu'elle doit éviter : non, Dieu, malgré sa liberté, n'a pas pu ne pas être le législateur de notre âme; parce qu'en la créant intelligente et libre, et ne pouvant abdiquer le gouvernement suprême de sa providence, il s'était par là même imposé l'obligation de nous donner ses lois pour nous régir.

Fénelon, Messieurs, n'avait garde d'omettre ce grand principe de la théologie catholique, lorsqu'il essayait de tracer des règles pour le gouvernement civil des États : « Cette règle des volontés divines, écrivait-il, est aussi la loi naturelle et universelle de toutes les intelligences; car Dieu ne peut point donner à ses créatures une volonté contraire à la sienne; pour tendre où la sienne ne tend pas [1]. »

Cependant, Messieurs, si j'ai cru devoir vous montrer avec quelque étendue l'autorité souveraine de Dieu sur l'homme, présente et exprimée dans la loi éternelle et dans la loi naturelle, vous

---

[1] Fénelon, *Essai philosophique sur le gouvernement civil*, c. II, p. 329, t. XXII, Lebel, 1824.

avez parfaitement compris que dans ma pensée et dans mon cœur je ne séparais nullement ces lois et cette expression du gouvernement divin, de la loi et de l'autorité positive de la révélation.

Dieu a cru devoir révéler surnaturellement même la loi naturelle : l'homme est si faible, si infirme, si incertain dans ses jugements, si cruellement déchu par le péché : l'erreur, dès l'origine, a tellement altéré les plus saines et les plus simples notions du bien et du mal, du juste et de l'injuste, que la main divine dut un jour allumer tous les feux du Sinaï pour promulguer sa loi, et graver sur des tables de pierre les préceptes écrits déjà dans la raison et dans le cœur de tous les hommes.

L'Évangile confirma, épura encore le Testament ancien, développa les dogmes, perfectionna la morale, institua un culte et des sacrements nouveaux.

L'Église, l'Église surtout fut établie par toute la terre comme la dispensatrice et l'interprète infaillible des lois de Dieu; et chacun sait qu'il n'y aurait plus de lois ni divines ni humaines, si chacun était son propre guide et son seul juge.

Toujours ainsi, depuis le berceau du genre humain jusqu'à la consommation des siècles, l'autorité divine sera manifeste pour l'homme : loi éternelle, loi naturelle, loi positive et révélée, c'est la loi d'une seule et même souveraineté, de la souveraineté divine.

Dieu avait bien ce droit de gouverner l'homme et de le régir par ses lois. Les temps et les formes diverses de sa législation suprême, il les a déterminés et choisis dans sa sagesse. Jamais d'ailleurs, vous le savez, pas même au premier instant de son origine, l'homme n'a manqué de la révélation et de la grâce divines. Et maintenant, pour nous, le christianisme a tout résumé, tout coordonné, tout consacré à jamais, afin que la créature intelligente fût plus réellement, plus pleinement digne de sa liberté, en demeurant plus rapprochée de Dieu et plus soumise à ses lois.

Il n'y a donc rien d'étonnant si la loi divine, expression de la volonté du souverain législateur, porte avec elle sa sanction redoutable et éternelle; éternelle comme la fin même imposée à l'homme, comme le Dieu qui créa l'âme immortelle, comme la récompense promise aux justes.

Mais ce qui étonne, ce qui contriste et flétrit le cœur du prêtre, c'est que les hommes rebelles ou insouciants, et rebelles le plus souvent parce qu'ils sont insouciants, négligent dédaigneusement tout soin de conformer leur vie aux lois que leur dicta l'autorité du Tout-Puissant.

On ne nie pas l'existence et la vérité de ces lois, mais on les accommode à sa guise : leur interprétation et leur application ne relèvent que de la souveraine appréciation de l'esprit individuel, jouet aveugle le plus souvent de caprices, de préjugés, de penchants intéressés et injustes.

Il faudrait aimer la vérité pour la bien connaître, pour en saisir toute la force et toute la portée divine : sans se l'avouer on craint et l'on repousse la vérité, parce qu'elle condamnerait notre mollesse à la fois et nos violations téméraires des droits de Dieu. C'est ce que saint Augustin exprimait bien quand il écrivait : *Deum esse volunt mali; nolunt esse veritatem qua damnantur mali* [1]. Dans le même sens, on arrive à dire en son cœur, à signifier du moins par toute la suite de ses actes : « Non, il n'y a pas de Dieu. » *Dixit in corde : Non est Deus* [2].

Et cependant que de peines, de fatigues et de soucis : on s'élance haletant à la poursuite d'un bien, d'un mieux, d'un vrai imaginaires, on se tourmente ainsi d'une façon étrange, et c'est, comme l'observa encore saint Augustin, « pour ne pas trouver ce que l'on cherche. » *Nihil la-*

---

[1] S. Aug., *in Joann.*, tr. 90, tom. III, part. II, col. 721.
[2] Psalm. LII, 1.

borant nisi non invenire quod quærunt [1]. Il en est donc dans tous les temps qui serviront de triste réalisation aux paroles du grand Apôtre : « Ils apprennent toujours, ou du moins ils s'efforcent d'apprendre toujours, et n'arrivent jamais à la science de la vérité. » *Semper discentes, et numquam ad scientiam veritatis pervenientes* [2].

De cette sorte, le monde est plein de ceux qu'un illustre orateur chrétien n'a pas craint de nommer des déserteurs et des apostats de la providence de Dieu [3], de ceux qui veulent être toute la Providence pour eux-mêmes, et ne consultent nullement ses lois, mais vivent au gré de leurs pensées et de leurs désirs : infortunés que Tertullien, dans son énergique langage, nous représente comme des victimes qui s'engraissent pour le supplice [4]: *Quasi victimæ ad supplicium saginantur*.

« Quel est donc l'homme intelligent et sage qui comprendra ces choses, demandait le prophète Jérémie ? » *Quis est vir sapiens qui intelligat hoc ?...*

« Pourquoi la terre périt-elle ? Pourquoi est-elle desséchée, stérile comme le désert ! » *Quare*

---

[1] S. Aug., *de Genes. c. Manich.*, lib. II, c. II, t. I, col. 665.
[2] II Tim., III, 7.
[3] Bourdal., Serm. sur la Providence, 1re part. IVe serm. de car.
[4] *De Anima*, IV, 2.

perierit terra, et exusta sit quasi desertum ?... Et le Seigneur répond : « C'est qu'ils ont abandonné la loi que je leur avais donnée [1]. » *Et dixit Dominus : Quia dereliquerunt legem meam, quam dedi eis.*

Fasse le Ciel que ces menaces, redoutable sanction des lois divines, ne nous atteignent pas comme du nombre de leurs contempteurs obstinés ; mais qu'au contraire, croyants fidèles et soumis, nous recueillions dans l'abondance des grâces les fruits de bénédiction et de vie promis à ceux qui respectent et gardent les commandements du Seigneur !

[1] Jerm., ix, 12, 13.

SOIXANTE-DEUXIÈME CONFÉRENCE

LOI DU SACRIFICE

LOI DU RESPECT DE DIEU

SOIXANTE-DEUXIÈME CONFÉRENCE

LOI DU SACRIFICE

LOI DU RESPECT DE DIEU

Messieurs,

Dieu a donné des lois à l'homme. L'homme est intelligent et libre, capable de choisir entre le bien et le mal, destiné à la possession finale du bonheur souverain et parfait, qui est en Dieu même. L'homme, faillible toutefois et borné, ne pouvait être abandonné dans ses voies, pour errer à l'aventure sans guide et sans direction assurée. La loi divine éclaire sa marche dans la vie, et doit conduire ses pas vers le terme et le repos bienheureux.

Cette loi de Dieu, gravée dans les cœurs dès l'origine, écrite plus tard sur des tables de pierre par le ministère des anges, au milieu des foudres du Sinaï, confirmée, rétablie et perfectionnée par Jésus-Christ dans l'Évangile; cette loi, Messieurs, qui devrait être l'objet constant de notre vénération, de nos méditations et de notre amour, elle est trop souvent oubliée ou dédaignée dans les pensées des hommes. Elle est ce flambeau méprisé ou même éteint par l'orgueil des heureux du siècle, comme parlent nos livres saints : *Lampas contempta apud cogitationes divitum*[1].

Cependant rien n'est plus grave, et j'ai entrepris avec l'aide du Seigneur de vous rappeler la grandeur, la beauté et la souveraine nécessité de ses lois. Mais ici nous aurions presque à mesurer un océan sans rivages, à contempler un horizon sans limites ; et nous devons savoir nous borner, marquer notre route pour naviguer sûrement vers le port. Afin de partir d'un point de vue élevé tout à la fois et pratique ; afin d'apprécier par des considérations rapides mais suffisamment approfondies, quel est l'esprit, quelle est la portée auguste des commandements divins, il faut nous rappeler qu'ils nous donnent la plus haute leçon, qu'ils sont pour nous la plus grande école de respect.

Le respect de Dieu, le respect vrai de l'homme, que l'Évangile a nommé pour tous : le prochain, et enfin le respect de nous-mêmes, tel est le triple rapport sous lequel il me semble que nous pou-

---

[1] Job., XII, 5.

vons utilement et sommairement étudier la loi divine.

Commençons aujourd'hui par le respect de Dieu.

Il n'est personne, qui en descendant au fond de son cœur, ne sente que par ce seul mot : le respect de Dieu, s'exprime la première, la grande loi de l'humanité.

Car l'amour divin, Messieurs, dont le nom est si doux et si facile à prononcer, dont la réalité n'est pas si aisée à acquérir, dont les degrés sont comme infinis, l'amour divin dans nos âmes ne saurait commencer, ne saurait croître et grandir sans les profondes racines du respect.

Ce respect profond et sincère envers le Créateur résume assez du reste les premiers préceptes de la loi : l'adoration due au seul vrai Dieu, l'honheur de son saint nom, l'observation fidèle d'un jour réservé chaque semaine au Seigneur, tels sont les premiers et graves objets des commandements divins. Le respect surtout les remplit, Messieurs.

Mais ce respect de Dieu est lui-même spécifié et exprimé tout entier ; il est rendu éminemment actif et pratique dans la double obligation imposée pour la sanctification du jour du Seigneur, en d'autres termes par la loi sacrée du dimanche.

Messieurs, il nous faut admirer, louer et bien comprendre cette grande et double loi.

Le respect de Dieu trouve donc son application et son expression vivante et pratique dans ces deux choses : Le sacrifice offert et le repos observé au jour consacré. Le sacrifice de nos autels et un repos religieusement gardé, telles sont les deux grandes manifestations du respect chrétien envers Dieu.

Aujourd'hui parlons du sacrifice dont l'oblation exprime et accomplit la première loi du respect.

I. P. Oui, Messieurs, la loi du sacrifice d'abord exprime éminemment le respect que tout homme doit à Dieu, et puissions-nous être bien pénétrés du sens et de la vérité de cette obligation souveraine !

Une incroyable légèreté s'empare quelquefois d'esprits d'ailleurs sérieux, quand il s'agit de méditer sur les admirables préceptes du christianisme. On croit les posséder sans les connaître, et l'on semble négliger comme un hors-d'œuvre inutile leur étude, non moins que leur observation fidèle.

Cependant quoi de plus grand, quoi de plus nécessaire que cette loi, écrite pour ainsi dire en caractères de sang au front du l'humanité? Dans tous les temps, dans tous les lieux les hommes se sentirent coupables; ils crurent par un invincible instinct qu'ils ne pouvaient satisfaire à la justice divine et expier leurs iniquités que par le sang des victimes. Et le monde, durant de longs siècles, fut couvert d'hécatombes sacrées dont les gémissements et le sang semblaient être le langage le plus expressif de l'homme pour implorer humblement son pardon.

Évidemment, cette religion universelle du sacrifice qui enseignait et proclamait si haut le dogme de la rédemption du genre humain par le sang, ne pouvait être l'invention ni de la raison ni de la folie, comme l'a observé un génie chrétien [1]. Il y a là quelque chose qui tient aux profondeurs les plus intimes de la nature et qui doit remonter à son auteur. Cet immense besoin d'expiation et de victimes réparatrices qui ensanglantaient la terre, n'était, ne pouvait être que la loi souvent dénaturée mais réelle du Créateur, qui, offensé par sa créature, lui impose, comme témoignage du repentir et comme prix du rachat, le sacrifice ou l'immolation de la victime.

Aussi saint Paul a-t-il écrit que tout se purifie

---

[1] M. de Maistre, *Éclairciss. sur les sacrifices.*

par le sang, *omnia pene in sanguine mundantur* [1] ; et que sans cette effusion de sang il n'y a pas de rémission, *sine sanguinis effusione non fit remissio*. Mais il se hâtait d'apprendre aux Juifs et aux gentils que tous leurs sacrifices n'avaient jamais été que d'imparfaites ébauches jusqu'à la consommation du sacrifice divin du Calvaire. C'est par cette seule oblation, disait le grand Apôtre, que nous sommes véritablement sanctifiés, *una oblatione sanctificatos* [2] ; et cette toute-puissante victime est nommée, vous le savez, dans le langage évangélique, l'Agneau de Dieu qui efface les péchés du monde.

Tel est le sacrifice offert chaque jour sur les autels dans l'Église catholique ; la loi divine appliquée par l'Église au Testament nouveau, impose à tout le peuple fidèle le devoir de venir au jour du Seigneur attester, par sa présence, qu'il accepte et qu'il offre la victime pour l'expiation de ses péchés.

Le prêtre, Messieurs, n'a pas de fonction plus sublime que de représenter le peuple et de parler en son nom dans le grand acte du sacrifice réparateur : *Pro omnibus constituitur..., ut offerat*

---

[1] Hebr., ix, 22.
[2] *Ibid.*, v, 1.

dona et sacrificia pro peccatis[1], dit toujours saint Paul. Là, Messieurs, dans ce temple, humblement prosterné, le peuple uni au prêtre intercède, supplie, sacrifie la victime pour obtenir le pardon. Admirable et touchant mystère d'expiation et de respect; c'est bien devant l'autel et dans l'oblation du sacrifice, qu'on sent que tout honneur et toute réparation sont dus à Dieu par sa créature. Là, Dieu seul est grand, et l'homme confesse en gémissant sa misère et ses crimes, et Dieu répare, pardonne et sauve sa créature.

La loi du respect est donc éminemment remplie dans cette assistance commune au sacrifice expiatoire et réparateur. Que penser, hélas! de l'oubli et du dédain de cette loi? L'homme alors cesse de se comprendre et de connaître Dieu ; il lui refuse un hommage nécessaire de justice et de respect; et dès qu'il ne remplit plus ce devoir, il est retranché de l'alliance et de la rédemption, il déchoit au rang des êtres inintelligents et dont un des caractères est de ne pas offrir le sacrifice : *Homo cum in honore esset, non intellexit : comparatus est jumentis insipientibus, et similis factus est illis*[2]. C'est bien le cas de le dire.

---

[1] Hebr., v, 1.
[2] Psalm. xlviii, 13.

Ce respect envers Dieu qui relève l'homme et rétablit la dignité de sa nature, se retrouve encore, Messieurs, exprimé et admirablement appliqué sous un autre rapport par l'auguste loi et par l'une des fins du sacrifice offert sur nos autels.

Nous ne respirons, nous ne vivons, nous ne sommes ce que nous sommes que par les bienfaits de Dieu. Qu'avez-vous que vous n'ayez reçu, demandait saint Paul avec toute l'énergie de l'évidence [1]? *Quid habes quod non accepisti?* Dieu est l'auteur de tous les biens, Dieu est le créateur de tous les êtres, qu'il conserve et soutient par sa providence.

Mais l'homme oublie tout cela, et ne songe pas même au devoir de reconnaissance et de respect qui l'oblige envers la munificence divine.

Cependant c'est une dette d'honneur et de justice à la fois; on ne s'abaisse pas, je pense, en l'acquittant.

L'ingratitude n'est pas une gloire, et c'est encore une des nobles prérogatives de la créature raisonnable de savoir reconnaître un bienfait et respecter son auteur. Le faire nous honore; je ne sais quel sentiment plus élevé pourrait se rencon-

---

[1] I Cor., IV, 7.

trer dans notre âme, que celui qui rend à Dieu le tribut d'actions de grâces.

Aussi, Messieurs, tous les peuples l'avaient compris : le paganisme avait ses sacrifices d'actions de grâces comme ses sacrifices expiatoires.

L'adorable auteur du christianisme, réalisant toutes les figures anciennes et remplissant tous les besoins de l'humanité, n'a eu garde de la laisser sans sacrifice eucharistique. Eucharistie ou actions de grâces, c'est un seul et même mot, un seul et même sens. C'est le nom même du sacrifice nouveau et divin des chrétiens.

Encore une des grandeurs de l'Église, et une des beautés de la foi. En tous les lieux du monde une même victime est offerte pour tous les hommes. Sa dignité est divine, son prix est infini. Son oblation de la terre monte aux cieux comme l'hommage de la plus profonde, de la plus tendre gratitude, comme l'expression du plus reconnaissant respect. Car l'Homme-Dieu, toujours vivant et toujours immolé, représente dans sa personne la création tout entière, et par l'ardeur infinie de ses vœux, par la divine fidélité de son amour, par le don entier de lui-même, célèbre dans la langue la plus magnifique la grandeur, la bonté, l'inépuisable effusion du Père des miséricordes.

Et voilà encore, Messieurs, pourquoi le sacrifice, et pourquoi la loi imprescriptible pour le peuple fidèle de l'offrir et d'y assister.

On ne sait pas de quels biens on se prive, quelles douces et vives consolations on se retranche, quand on a retranché de sa vie la pensée, le devoir du sacrifice eucharistique.

On brise le canal des grâces qui monte et descend par le mystérieux échange des bénédictions divines et du respect reconnaissant de l'homme.

Mais si l'expiation, si l'action de grâces s'expriment admirablement par le sacrifice, et accomplissent en même temps la grande loi du respect envers Dieu ; l'hommage nécessaire de dépendance et d'adoration profonde, que l'homme doit à Dieu à tous les titres, s'y retrouve aussi dans sa plus sublime et plus puissante manifestation.

L'adoration est le culte suprême décerné à la Divinité. Elle est le dernier, le plus haut degré où puisse atteindre le respect de l'homme, le type extrême de l'honneur qui n'est dû qu'à Dieu seul.

Au seul nom de la Divinité, nos fronts, Messieurs, devraient s'incliner, nos cœurs tressaillir; un saint tremblement devrait nous saisir, et nous devrions contempler dans le plus profond abaissement de nos âmes cette Majesté trois fois sainte que les anges eux-mêmes n'adorent qu'en se voilant la face de leurs ailes.

Aussi rien de plus grand à mes yeux qu'un homme qui adore et qui prie, parce que, séparé par respect des intérêts mesquins et des idées étroites de la terre, il entre dans les profondeurs de l'Être divin pour y contempler l'abîme de ses perfections infinies. Un sentiment pénètre alors et remplit l'âme tout entière, celui d'un heureux anéantissement de nous-mêmes qui nous laisse comme perdus dans le sein de Dieu et y cherchant un nouvel être.

Car c'est bien cet abaissement d'une adoration profonde qui nous rapproche le plus des impénétrables abîmes de la nature divine et nous unit à sa vérité, à sa grandeur, à sa puissance, à sa béatitude ineffables.

Mais qui donc s'inquiète de ces choses et du sens auguste de ce sacrifice où s'exprime par l'immolation et l'anéantissement de la victime notre culte suprême d'adoration et de respect?

L'adoration religieuse, Messieurs, c'est une reconnaissance en Dieu de la plus haute souveraineté, et en nous de la plus profonde dépendance. Or le principe de bien adorer, a dit Bossuet dans son langage, c'est de bien connaître; et il est peu d'hommes, remarque-t-il encore, qui ne mêlent à la notion haute et pure de la Divinité quelques idées basses et grossières. Si l'on n'y prend garde, on attribue toujours à l'Être infini et souverainement parfait quelque chose de cet être borné, faible et imparfait, qui est le nôtre. Toutes ces fausses idées que chacun, dit saint Augustin [1], se forme de Dieu, au gré de son imagination et de ses sens, sont autant d'idoles spirituelles que nous érigeons dans nos cœurs.

Il faut donc, avant tout, pour arriver à l'adoration en esprit et en vérité, avoir une juste connaissance de Dieu : et cette connaissance, principe d'adoration et de culte, consiste principalement à savoir que Dieu, souverainement incompréhensible, bon et parfait, est aussi le souverain Maître et le Dominateur souverain de tout ce qui existe. Souveraineté supérieure, autant que l'infini peut l'être, à tout ce que nous voyons, et qui n'a besoin pour se soutenir d'aucun secours du dehors, mais contient en elle toute puissance et la toute puissance même. Dieu ne fait que jeter un regard, disent les prophètes : aussitôt toute la nature est épouvantée, et prête à se cacher dans son néant.

C'est que l'empire de Dieu est établi non sur un ordre politique, mais sur la notion des choses,

---

[1] *Quæst. in Jos.*, lib. VI, t. III, part. I, col. 593.

dont l'être appartient à Dieu tout entier et en tout droit de souveraineté absolue : car lui seul les a tirées du néant et les tient, pour ainsi parler, suspendues à sa main afin qu'elles n'y retombent pas.

Ce sentiment si vrai, si grand de la souveraineté de Dieu, commande à tout notre être l'adoration de sa majesté infinie. C'est-à-dire, suivant une pensée de saint Grégoire de Nazianze [1], qu'abîmés sous le poids de cette incompréhensible puissance, nous nous perdons en quelque sorte aux yeux de Dieu, nous supprimons devant lui nos faibles et imbéciles conceptions, pour l'admirer de loin dans le silence de la louange, nous laissant, pour parler ici avec Bossuet, engloutir par la grandeur de sa gloire : et c'est là adorer en vérité.

Mais évidemment alors l'homme a besoin de la plus haute, de la plus profonde signification des sentiments qui le confondent. La parole ne dit rien de Dieu qui n'en soit indigne, comme saint Augustin le remarquait [2]. Le temple, l'autel, le sacrificateur, l'immolation d'une victime dont la dignité est infinie, dont les abaissements

---

[1] Orat. XXXVIII, n. 11, t. I, p. 606.
[2] *Omnia possunt dici de Deo, et nihil digne dicitur de Deo.* S. Aug. *in Joann.*, tract. XIII, n. 5, t. III, part. II, col. 393.

sont incommensurables, relèvent seuls jusqu'au sommet du possible dans nos pensées et nos sentiments la grandeur du Dieu que nous honorons.

Tel est le sacrifice de nos autels, identique, sauf le mode et la forme extérieure, avec celui du Calvaire : ce sang précieux, cette vie offerte et immolée proclame le Dieu, le Roi immortel des siècles et le Maître absolu de tous les êtres : et c'est adorer et respecter Dieu en vérité.

O homme, cours donc à l'autel du sacrifice; car tu as besoin d'adorer Dieu, de te confondre, de t'immoler pour reconnaître sa puissance, sa domination souveraine, et tu ne le pourras exprimer dignement que par un sacrifice vraiment digne de la Majesté infinie; par le sacrifice d'une vie plus précieuse que tous les êtres et tous les mondes : une vie qui soit divine pour être égale à Dieu, humaine pour pouvoir être immolée.

Mais quelle folie est la nôtre? l'homme païen courait au sacrifice, tuait, immolait, s'acharnait, pour ainsi dire, sur la foule innombrable des victimes : ses excès, ses superstitions, son idolâtrie réunissaient sans doute tous les degrés de l'absurdité à ceux de la cruauté et de l'infamie. Mais il y avait là du moins une loi conservée, horriblement remplie : la reconnaissance et l'adoration du souverain Maître de la vie; ce que le sacrifice tout seul exprime bien. Quant aux chrétiens, ils ne s'acharnent pas sur des victimes; non, certes : ils ne daignent pas même franchir l'espace qui les sépare du temple pour y offrir le tribut de leur dépendance et de leur adoration profonde.

Terminons cette première partie de notre exposé sur la loi du respect envers Dieu par une grande et touchante vérité.

La haute souveraineté, ce souverain domaine de Dieu, que le sacrifice reconnaît et adore, a son fondement dans sa bonté. Car, comme nous venons de le rappeler, ce domaine divin est établi sur le premier de tous les bienfaits du Créateur, sur l'être même qu'il nous a seul donné et qui ne cesse de lui appartenir entièrement et irrévocablement. En sorte que la puissance suprême qu'il a sur nous dérive de sa bonté infinie, et qu'il est aussi le maître, le seigneur souverain et absolu, par cela même qu'il est souverainement bon et bienfaisant.

Nous n'y pensons guère non plus. Et cependant il serait si nécessaire et si doux de sentir que le culte d'adoration dû au Créateur ne renferme pas seulement une certaine admiration mêlée d'un respect profond pour sa grandeur incompréhensible, ni une entière dépendance de son absolue souveraineté, mais encore un véritable amour, ce retour volontaire à sa bonté infinie, comme au principe de notre être et à la fin de notre béatitude, comme au terme bienheureux où nous trouverons, avec le complément parfait de notre âme, l'accomplissement de nos désirs et le repos de notre cœur. Car c'est un père que les vrais adorateurs adorent, *adorabunt patrem*, disait le Sauveur à la Samaritaine. Tel est le sacrifice, telle est l'adoration en esprit et en vérité; telle est, Messieurs, la religion et la loi du respect.

Cette loi peut paraître exigeante à la nature. Mais que l'esprit se recueille, qu'il se fasse à lui-même, par son attention, une solitude, suivant la belle parole de saint Augustin [1] : ***Gignit sibi mentis intentio solitudinem;*** et alors il comprendra la haute leçon de la loi divine et du sacrifice qui l'accomplit.

Nous devons adorer Dieu seul et renverser l'idolâtrie du moi, afin d'aimer Dieu plus que nous-mêmes et de ne plus nous aimer que pour lui : et Jésus-Christ nous demande ce culte d'amour et de respect, non-seulement comme un hommage dû à la perfection divine, mais comme un moyen nécessaire de nous rendre heureux.

« Exilés ici-bas pendant un moment infiniment

---

[1] S. Aug., *de Quæst. ad Simpl.*, lib. II, t. VI, col. 118.

petit, disait Fénelon, Jésus-Christ veut que nous regardions cette vie comme l'enfance de notre être, et comme une nuit obscure, dont tous les plaisirs ne sont que des songes passagers, et tous les maux des dégoûts salutaires, pour nous faire tendre à notre vraie patrie. Pénétrés de notre néant, de notre impuissance, de nos ténèbres, il veut que nous nous anéantissions sans cesse à son exemple devant l'Être des êtres, que nous nous exposions à ses yeux, réduits en cet état, dans toute la signification du sacrifice consommé sur l'autel et dans la vraie immolation de notre âme et de ses penchants ; afin que le Créateur répare, ou recommence même en nous son œuvre, nous crée de nouveau par sa grâce, retrace en nous son image trop altérée par nos crimes ; qu'il nous embellisse de sa propre beauté, qu'il nous éclaire et nous anime, qu'il nous donne le bien-être comme l'être, la raison comme la vie, nos parfaits amours comme nos vraies lumières, et que par là il produise en nous toutes les vertus humaines et divines, jusqu'à ce qu'étant rendus conformes à lui, il nous absorbe et nous consomme dans l'unité divine[1]. »

---

[1] Fénelon, *Entretiens de Fénelon et de M. de Ramsai sur la vérité de la religion*, p. 242, t. II, Versailles, Lebel, 1820.

Que notre cœur, Messieurs, sente et prie comme celui de Fénelon ; la loi sera remplie : nous saurons respecter Dieu, l'adorer et l'aimer.

SOIXANTE-TROISIÈME CONFÉRENCE

LOI DU REPOS DU DIMANCHE

LOI DU RESPECT DE DIEU

SOIXANTE-TROISIÈME CONFÉRENCE

LOI DU REPOS DU DIMANCHE

LOI DU RESPECT DE DIEU

Messieurs,

Quand, à l'heure du silence et de la prière, une âme se recueille profondément; quand elle a retrouvé au dedans d'elle-même toute la vie de la foi et toute la vérité de ses sentiments religieux, alors elle éprouve comme un immense besoin de rencontrer au dehors et sur toute la vaste étendue de l'univers la réalité vivante et l'active expression des élans de son cœur, l'expression grande et forte de cette adoration et de ce respect plein d'amour envers Dieu qui est la première loi pour tous les hommes.

Cette âme chrétienne promène au loin sa vue, elle contemple l'innombrable assemblée des générations, présentes dans l'enceinte du monde comme dans un temple; inquiète, elle parcourt et interroge toutes les sphères où se meut l'humanité et tous les degrés de l'échelle mystérieuse des êtres; elle veut savoir si le Créateur tout-puissant et tout bon est reconnu, honoré, aimé, servi par ces hommages intelligents et libres, qui peuvent seuls, au nom de la création, acquitter envers son auteur la dette sacrée d'adoration et du respect.

Mais, hélas! Messieurs, que d'agitation et de bruit autour de nous! Quel tumulte remplit la terre! Où vont toutes ces multitudes qui se pressent, qui se heurtent et qui s'entre-choquent en tout sens? où vont-elles? Eh quoi! toujours, toujours les seules préoccupations de la glèbe et du temps, les seules sollicitudes pour le bien-être matériel, et le cliquetis des ateliers, et le sifflement des machines, et le retentissement des marteaux, et les clameurs du marché, et les labeurs des animaux esclaves de l'homme, et les soupirs du travailleur haletant, tous les jours!...

Est-ce que l'heure et le jour du Seigneur ne se lèvent jamais avec la paisible et bienfaisante aurore?

Est-ce qu'il n'y a pas un temps, un lieu au monde où le bruit se tait, où le travail humain s'arrête, où l'esprit se repose dans la pensée de Dieu et dans l'humble et calme prière.

Cette expression du culte divin que peut réaliser un repos sacré, libre du travail et du bruit, nous apparaît bien encore parfois sur quelques plages privilégiées. L'action solennelle du sacrifice, offerte au milieu d'un peuple prosterné qui a su noblement interrompre ses travaux, est le glorieux spectacle qui vient encore consoler un cœur catholique, et le soulever par de grandes et douces émotions au-dessus des afflictions qui l'oppriment et le flétrissent.

Cependant ces témoignages rendus à l'honneur de Dieu et au principe souverain d'ordre et de dépendance qui nous oblige envers lui, ne sont guère que de rares exceptions, et l'on ne sait comment assez déplorer l'aveuglement de ces hommes ennemis d'eux-mêmes au point de récuser ou du moins de dédaigner la loi d'un religieux repos consacré à honorer le Seigneur, à révérer sa souveraine puissance, à le remercier de ses bienfaits, à implorer sa clémence et des bienfaits nouveaux.

N'est-il pas naturel, n'est-il pas juste qu'un temps marqué soit destiné aux choses nécessaires? Et quoi de plus nécessaire que le culte et le respect de Dieu? N'est-il pas naturel et juste que ce grand

Dieu, qui a tout fait et à qui tout appartient, se soit réservé une part dans le don inappréciable du temps que l'homme reçoit, comme le champ à cultiver, pour lui faire produire les fruits de l'éternelle vie?

Il est si naturel encore, si nécessaire et si légitime que l'humanité laborieuse et souffrante, que le peuple des travailleurs ait ses jours souverainement déterminés et libres pour suspendre le sentiment de ses maux, pour faire trêve aux labeurs et aux peines de la vie; afin d'y retrouver par la prière et la pensée religieuse ce culte filial d'une providence maternelle qui veille à tous nos besoins, soulage nos douleurs, et qui, gouvernant en silence toute l'économie des siècles et des mondes, veut que les pauvres voyageurs de la terre reprennent quelquefois haleine au sein du repos divin, qu'ils y retrempent leurs forces, et tendent avec une nouvelle énergie vers le terme bienheureux.

La loi divine du repos ou de la sanctification du dimanche est donc encore, Messieurs, pour les peuples une des grandes applications de la loi du respect et de l'adoration religieuse.

La loi du repos et de la sanctification du dimanche, noble et sublime institution, digne des méditations les plus hautes de l'homme d'État, du philosophe, du véritable ami de l'humanité, et surtout de celui qui a placé dans la foi son appui, sa gloire et sa vie.

Comment la loi du repos ou de la sanctification du dimanche est-elle le grand et nécessaire accomplissement de la loi du respect envers Dieu ? Telle est, Messieurs, la grave question que nous allons mûrement considérer avec le secours de la grâce divine. Je ne crains pas de le dire : ce sujet est entre tous l'un des plus dignes de l'étude et des réflexions d'esprits attentifs et élevés.

I. P. La loi divine révélée, si bien d'accord avec la nature et avec les vrais besoins de l'homme, a fixé chaque semaine un jour qui a été nommé le jour du Seigneur : jour réservé, jour consacré à Dieu, qui a fait tous les jours et auquel tous les jours appartiennent : *tua est dies, et tua est nox* [1], disait le prophète. C'est donc le temps spécialement déterminé pour rendre à Dieu l'honneur qui lui est dû, par l'exercice public du culte et par la cessation des pénibles travaux du corps.

L'assistance au sacrifice, qui est l'expression suprême et essentielle de religion et de culte, est la première obligation imposée à tous pour sancti-

---

[1] Psalm., LXXIII, 16.

fier ce jour. Nous en avons déjà parlé dans la dernière Conférence.

Je ne dois ici vous entretenir que de la grande loi du repos.

Et d'abord un premier caractère de respect religieux nous apparaît dans ce repos qui doit sanctifier le jour du Seigneur.

Une parole mystérieuse, inscrite à l'origine des annales du monde dans la Genèse, nous révèle la pensée divine et la dignité du devoir sacré qu'elle impose.

Dieu avait créé, et, pour parler avec nos livres saints, il avait travaillé le monde en six jours; il se reposa le septième. Il voulut marquer d'une bénédiction toute spéciale le jour de son repos; et il le sanctifia, c'est-à-dire qu'il le déclara sacré, réservé à son culte [1]: *Et benedixit diei septimo, et sanctificavit illum.*

L'homme, Messieurs, a reçu de Dieu aussi sans doute la loi du travail, loi de réparation et de justice; mais il reçoit également de son souverain Maître et Père la loi du repos; et la religion montre à l'homme, sous l'empire de cette double loi, son existence honorée par une divine ressemblance, puisqu'il est associé à l'opération même comme au repos de son Créateur.

[1] Genes., XXIII.

Ce temps d'arrêt marqué dans la vie, cette loi d'indulgence, de miséricorde et d'amour pour l'infirme humanité, est donc en même temps un admirable enseignement pour les peuples. Ce jour du Seigneur et ce repos sacré sont en effet un auguste et reconnaissant souvenir du grand œuvre de la création. Et certes, nous ne devons pas l'oublier.

Quoi de plus nécessaire, de plus juste que de montrer sans cesse présente dans la mémoire des hommes la religion et la profession solennelle de ce premier des dogmes et de ce premier bienfait du Seigneur.

Daignez y bien réfléchir, Messieurs, la création, le Dieu créateur est la vraie et pure notion de Dieu, la foi conservatrice des plus importantes vérités. Et ce grand dogme a sa sauvegarde et sa sanction dans l'observation d'un jour consacré au repos après le travail. Car rappeler ce mot, ce seul mot de création ou de Dieu créateur, c'est à l'instant, vous le savez, séparer et sauver l'unité de Dieu et sa toute-puissance de toutes les atteintes et de toutes les confusions de l'erreur.

Aussi, Messieurs, les grandes fractions du genre humain qui gardent l'idée pure de Dieu sont celles qui ont également gardé l'institution religieuse d'un jour consacré au culte et au repos. Le paganisme et ses absurdes fureurs possèdent tout le reste ; c'est qu'ailleurs on travaille tous les jours.

Et quand à une époque de lamentable mémoire on eut la prétention de substituer l'ignoble décade au populaire et religieux dimanche ; qu'exprimait alors, je vous le demande, à l'égard de la connaissance de Dieu, l'état d'une grande et noble nation ?

Les réformateurs du temps, pressant la réalisation de leurs rêves funestes, étaient obligés de s'entendre donner la leçon du bon sens et du respect par ces paroles des habitants de nos campagnes : « Que voulez-vous, nous ne pouvons pas travailler, nos bœufs connaissent le dimanche. »

Par cette sanctification du jour du Seigneur et par ce repos, la foi, la vérité, l'idée de Dieu, la création, dogme régénérateur de tous les autres à notre égard, sont donc maintenus et à jamais sanctionnés. Cette attitude silencieuse et mystérieuse des peuples en est la profession puissante et éternelle. Qui n'aimerait à y lire, comme dans un livre ouvert, nos plus grandes et nos plus salutaires croyances ?

Dans ce religieux repos, c'est Dieu qui est le modèle offert à l'homme ; il le sera mieux aussi après cela dans la série des pénibles travaux qui doivent toujours reprendre et fatiguer la créature. Une aspiration douce et forte élève ainsi l'esprit recueilli vers ce repos éternel de la patrie dont le dimanche est comme l'ébauche et la promesse périodique; et déjà ici-bas l'apaisement du bruit, le silence de l'atelier, la prière remplaçant l'action pénible et douloureuse du travail, conduisent ou ramènent, quand on sait et quand on veut le comprendre, à ce repos de l'esprit en Dieu, à cette paix de l'âme, inappréciable joie de la terre et bienheureux avant-goût du Ciel.

Aussi, Messieurs, devons-nous vénérer du plus profond de nos cœurs ces divines paroles qui furent gravées sur les tables de l'antique loi, et qui rendaient compte, pour ainsi dire, au peuple de Dieu, des motifs mêmes de son législateur suprême : « Tu travailleras six jours..., mais le septième est le repos du Seigneur ton Dieu : tu ne feras aucun travail dans ce jour..., car le Seigneur a fait en six jours le ciel, la terre, les mers et tout ce qu'ils contiennent, et il s'est reposé le septième; c'est pourquoi le Seigneur a béni ce jour et l'a sanctifié [1]. »

L'apôtre saint Paul, dans son Épître aux Hébreux, rappelle cette grande loi et ses motifs, en

---

[1] Exod., xx, 9, 10.

indiquant aussi, ce semble, la raison de la légère transformation du sabbat juif au jour du repos chrétien :

« Le sabbat est laissé à l'ancien peuple, écrit-il, car Celui qui est entré dans son repos s'est lui-même reposé de ses œuvres, comme Dieu après les siennes : *Etiam ipse requievit ab operibus suis, sicut a suis Deus.* Hâtons-nous donc, conclut saint Paul, d'entrer dans ce repos [1]. » Il parlait du repos de Jésus-Christ après les travaux et les douleurs de sa vie mortelle : et vous le savez tous, le jour de la Résurrection est maintenant le jour du repos auquel l'Église infaillible a reporté pour les chrétiens toutes les obligations de la loi primitive.

Saluons-la donc avec amour cette loi auguste, et sachons, dans notre estime, dans notre foi, dans notre fidélité, la placer au premier degré du respect et du culte sacré que nous devons à Dieu.

II. P. Le respect du Dieu créateur s'exprime donc admirablement, Messieurs, par la loi du repos, et c'est le motif même écrit dans la loi. Mais un autre motif fut donné aussi : « Souviens-toi, ô Israël, que tu as servi toi-même et travaillé

---

[1] Hebr., IV, 9.

en esclave sur la terre d'Égypte : le Seigneur t'en a retiré par la force de son bras ; c'est pourquoi il t'a ordonné d'observer le sabbat [1]. » *Idcirco præcepit tibi ut observares diem sabbati.*

Dans la magnanime pensée du divin législateur, il ordonnait le jour du repos et la cessation des travaux de l'ouvrier, par respect pour cette liberté qu'il avait rendue aux hommes, qu'il leur avait donnée primitivement à tous, et que les hommes ne devaient jamais perdre.

Respect de Dieu et de la liberté humaine qu'il a donnée, rendue, sauvée : tel est encore le sens heureux et si élevé de la loi sacrée du repos.

Le travail des mains est sans doute aussi imposé à l'homme par l'ordre divin, dès l'origine, je l'ai déjà dit. La foi, le courage et la prière du peuple doivent ennoblir à ses propres yeux le travail ; ce travail cependant est une dépendance nécessaire : trop souvent, à nos regards attristés, il offre une image de la servitude. La misère, la souffrance méprisée, les dures exigences de maîtres hautains et barbares, ce labeur plus long souvent que le jour, plus accablant que tout son poids, et que l'ouvrier ne saurait ni alléger ni interrompre, s'il veut gagner le pain de sa famille

---

[1] Deut., v, 15.

et le sien : tout cela, quoi qu'on en ait, ne présente pas facilement la noble, la consolante expression de la liberté chrétienne.

Je ne sais quel aspect d'assujettissement et d'asservissement pénible se montre ici à nous malgré nous. Mais voilà que Dieu, père du pauvre, lui ordonne, lui impose le délassement et le repos : l'homme est donc libre, Messieurs, parce qu'alors il obéit à Dieu, non à l'homme, et que ses actes lui appartiennent.

Il est libre, et au jour de ce repos sacré un peuple entier se répand comme par flots dans la cité ou hors de ses murs. Ainsi le fleuve retenu quelque temps par des digues, devenu libre, s'élance aussi avec ardeur et descend majestueusement son cours.

A l'heure donc et au jour où Dieu le veut, non pas l'homme, non par cette volonté du maître que la nécessité le força de se donner, mais par la volonté divine seule, l'homme, l'ouvrier, disons mieux, le chrétien, brise les liens de son travail pour respirer à l'aise, et saluer dans l'effusion d'un cœur religieux le divin libérateur qui l'appelle.

Je l'avoue, Messieurs, ce spectacle d'un grand peuple au repos, par l'ordre de Dieu, au même jour, à la même heure, me frappe, m'élève et me parle un langage qui m'émeut profondément.

J'y vois, et j'y vénère une expression vraie de la vraie liberté : l'homme indépendant de l'homme, mais soumis à Dieu seul.

Devant la conscience du pauvre prolétaire et devant ces bras voués aux labeurs salariés, s'arrête la puissance dominatrice de la richesse et de l'industrie. Elle s'arrête comme l'Océan devant ses bords élevés, comme le lion des forêts en face de l'abîme profond.

Ce lion, ces grandes eaux, ce peuple ont cependant la force en partage : mais la force au repos est plus belle encore que dans les fureurs de la tempête, ou dans les luttes du carnage, ou dans les merveilles puissantes des bras de l'homme et du travail. La force au repos et assise dans toute sa majesté sous la garantie seule des lois divines est pour moi une des plus grandes magnificences de la création. Et quand il s'agit de la créature intelligente, c'est le magnifique et paisible triomphe de sa liberté.

Peuple, repose-toi : dans le jour que le Seigneur a fait, dans ce jour qu'il s'est choisi et consacré, tu n'as plus d'autre maître que lui. C'est aujourd'hui que tu es roi, que tu es maître, le maître de tes bras, de tes heures, comme de tes sueurs, et nul n'a le droit de les exiger de toi. Jouis donc de ta liberté, et honore son divin auteur.

Mais connaissez-vous, Messieurs, une tyrannie plus insupportable, une oppression plus révoltante que celle exercée sur des masses de travailleurs chrétiens par une orgueilleuse et insatiable cupidité? Vraiment je ne conçois pas comment des entrailles d'hommes libres ne s'émeuvent pas au spectacle de telles souffrances.

L'ouvrier a sa conscience et sa foi : elles doivent ne connaître aucune chaîne dans leur religieuse action.

Le jour du Seigneur vient : un maître avare ordonne à des milliers de bras de reprendre les labeurs de l'atelier. Sous peine de perdre ce salaire qui est la vie du pauvre, la vie de sa famille, de ses enfants, le travailleur doit retrouver la route de l'atelier à l'heure même où le temple s'ouvre.

Tant que les louanges du Seigneur se célèbrent, tant que la parole évangélique se fait entendre, l'industrie retient ses victimes et s'engraisse de leur substance : elle leur interdit le pain de l'âme et le repos, pour leur imposer un vil et triste lucre. Mais dès que le temple se ferme, et que l'heure de l'orgie a sonné, l'atelier se vide et se ferme lui-même; il vomit pour ainsi dire au dehors des hordes opprimées qui n'ont plus pour délassement et pour partage que les joies de l'ivresse, et les cris sauvages et les désordres des plaisirs brutaux.

Est-ce qu'il n'y a pas là un affreux attentat contre la liberté des peuples? est-ce que le gain, l'avarice, la puissance de l'industrie et de la richesse ne sont pas des tyrans barbares?

Parlez donc après cela de l'affranchissement du peuple et de sa libre souveraineté. Vraiment vous me faites pitié; la dérision est ici trop amère. Le cœur étouffe, la foi s'indigne : ce peuple, ces travailleurs eurent la conscience de leurs devoirs religieux ; ils les remplirent aux jours de leur enfance et de leur liberté. L'âge du salaire est arrivé : ils sont voués à l'esclavage. Pour eux plus de jour divin d'affranchissement et de repos.

Seulement l'impiété, le libertinage effréné offriront au peuple un dédommagement sacrilége; il pourra, durant l'infâme lundi, se vautrer dans la fange ; le dimanche il ne pourra ni louer Dieu, ni entendre sa parole, ni goûter son repos quand il l'aurait voulu.

Dites-vous à l'ouvrier qu'il est le maître de son travail, qu'il peut l'interrompre, le changer... Insultante ironie! Messieurs, l'ouvrier vous répondra : Il faut vivre. Et si je perds le labeur du dimanche, je perds celui de tous les jours : ainsi l'ont ordonné les tyrans du peuple.

Et je ne les flétris pas encore autant que mon indignation me l'inspire.

Messieurs, soyez, vous du moins, toujours vrais et toujours conséquents dans vos doctrines et votre dévouement pour les classes laborieuses : voulez-vous qu'elles soient libres, voulez-vous honorer en elles le Dieu auteur de la liberté humaine? Par tous les moyens en votre pouvoir, bannissez le travail du dimanche; donnez au peuple le repos religieux de ce jour. Ainsi respecterez-vous le Seigneur et sa loi, l'homme, sa conscience, et sa liberté.

III. P. Le respect de Dieu créateur, le respect de Dieu auteur de la liberté humaine ont donc leur haute, leur grande expression dans la loi du repos. Ce n'est pas tout encore; et pour terminer, nous devons considérer dans la loi la plus populaire et la plus véritablement libérale, dans cette loi du repos et de la sanctification du dimanche, nous devons, Messieurs, reconnaître et sentir l'une des plus nobles professions de respect envers le Dieu auteur de la dignité humaine.

L'auteur de la dignité humaine a voulu que l'homme ne vécût pas seulement de pain. L'homme se nourrit aussi des pensées et des espérances de la foi, des doctrines vraiment morales et religieuses. Là se trouve avec la grâce du Rédempteur la vie, la force, la dignité de l'âme.

Six jours au travail, aux intérêts matériels du temps, aux soucis et aux fatigues de la terre; un jour au repos dans le Seigneur, un jour aux graves pensées de la foi et de nos destinées immortelles : tel est le partage. Est-ce trop pour la religion et pour la vie de l'âme, pour son rafraîchissement intérieur et pour le salutaire souvenir des vérités éternelles? Autrement, Messieurs, et sans ce jour, sans le dimanche sanctifié, à quelle école l'esprit ira-t-il réparer ses forces et renouveler ses lumières? La force, elle ne sera plus que brutale; la lumière, elle ne sera que ténèbres. La matière, le bruit, le travail servile des mains, que produiront-ils sans le repos religieux du jour consacré?

Que voyez-vous, je vous le demande?

Jugez vous-mêmes, si l'ouvrier, si le peuple n'ont d'autre école de moralité que l'atelier et le pénible servage du travail ou le cabaret, quelles mœurs, quelles vertus, quelle religion seront les siennes?

Six jours donc à la matière et à une accablante fatigue, c'est assez; un jour, un seul jour à l'esprit, au repos et au culte divin, c'est assez encore, puisque Dieu n'en exige pas davantage; mais c'est la condition vitale de la dignité humaine.

Respect, honneur, Messieurs, à ce jour sacré et par lui au divin conservateur de la dignité de l'homme.

Car enfin ce jour est le jour de l'âme humaine et de sa dignité par excellence, comme il est le jour du Seigneur, de sa puissance et de sa majesté. C'est le jour où l'âme s'élève au-dessus du joug flétrissant de cette terre et de ses étreintes malheureuses, pour arriver jusqu'à Dieu et à ces nobles et pures affections qui lui ressemblent.

Qui en doute? le culte élève, purifie l'âme, l'occupe de pensées douces, paisibles en même temps que fortes; il lui rappelle avec le sacrifice qui est la grande action de la religion, les plus saintes lois du dévouement, de la fidélité et de la charité généreuse.

Oh! que l'homme religieux observateur de ce repos sacré peut facilement devenir meilleur que lui-même, et que le travail des jours qui doivent suivre revêtira lui-même plus facilement quelque chose de cette dignité et de cette force chrétiennes qui agrandissent tout en faisant tout remonter jusqu'à Dieu même.

La pensée du sacrifice divin de nos autels, nous vous l'exposions naguère, bien comprise, ne remplirait-elle pas dignement un jour, le repos d'un jour? Ce souvenir de justice, de bonté, de munificence et de souveraineté divines, cette dépendance de l'homme et de tout son être, la reconnaissance, son repentir, son adoration et son respect, n'auraient-ils pas une place bien remplie dans les occupations et les sentiments commandés en ce jour?

Mais, mon Dieu, quel déplorable ennui a saisi l'homme à l'endroit des observances et des pensées religieuses, qui constituent cependant toute sa dignité comme sa vraie liberté! Il préfère la boue, la matière, les cruels labeurs suivis de l'orgie. Ce sont bien là les générations sans dimanche. Et nous sommes forcés de le reconnaître, toute la faute n'en appartient pas aux maîtres seuls et aux tyrans industriels du peuple.

Je considère et j'écoute attentivement ces clameurs et ce bruit du jour de repos profané. Je vois des multitudes penchées sur le fer, le bois ou la pierre, ou bien inclinées profondément vers la terre et presque à son niveau, étourdies par le son des outils, accablées par la sueur, et je cherche la dignité humaine, je veux dire cette expression de respect et de confiance envers Dieu auteur et dispensateur de tous les biens.

Quoi! serait-il par hasard glorieux pour l'homme de revêtir la forme et l'expression de l'athéisme? Effacez le dimanche, plus de sacrifice, plus de repos religieux, plus de concerts des louanges divines, plus d'enseignement évangélique, plus de mœurs chrétiennes en ce jour au sein du foyer domestique. Non, l'industrie, la vapeur, les métiers, le cheval, le bœuf, la charrue, la hache, le marteau, voilà tout l'homme. A ce Dieu qui créa l'homme pour régner, la matière pour servir, il n'y a plus un seul jour, une seule heure, ni un hommage, ni un souvenir, ni une croyance; il n'y a pour lui ni religion ni culte. Qu'est-ce à dire? c'est l'athéisme pratique; on voudrait l'exprimer, on ne trouverait aucune signification plus expresse et plus réelle. O dignité humaine! un peuple athée, c'est le peuple sans dimanche.

Et si l'on voulait placer, en oubliant Dieu, toute l'élévation des nations dans leur civilisation et leur industrie, au moins ici tous les faits concluraient encore solennellement pour la grande, l'admirable loi du repos.

Cette île voisine si puissante, si riche, si industrieuse, si remarquable par ses institutions, sa liberté et sa civilisation, pour grandir a-t-elle donc violé comme d'autres tous les droits du Seigneur et ses lois? Non, ce peuple est le plus religieux observateur du dimanche. Concluez vous-mêmes, Messieurs. Hélas! je le sais, mille erreurs funestes ont remué cette terre fameuse. Mais sa fidélité nous accuse bien haut, nous enfants de l'unité catholique, et je rougis de confusion pour mon pays. Faut-il donc que l'hérésie conserve mieux que la foi les lois sacrées du repos et du respect religieux, ainsi que la dignité de l'homme?

Non sans doute, mais des mœurs religieuses et de famille sont un de ces bienfaits de Dieu qui conservent d'autres biens et instruisent les peuples; profitons-en.

Pourquoi donc, Messieurs, chacun dans notre sphère, ne nous efforcerions-nous pas de replacer autant qu'il est en nous les générations sous l'influence de la loi sacrée du repos et de la sanctification du dimanche? Pourquoi laisserions-nous s'effacer ce signe d'alliance et de dignité donné par Dieu à l'homme, comme il s'en exprime lui-même?... *Sabbatum..., quia signum est inter me et vos* [1].

Ne sentirions-nous donc plus le prix et la gloire de ces âmes qui savent par le religieux élan de leur cœur monter de la terre au ciel, secouer le poids de corruption qui opprime et avilit, pour

---

[1] Exod., xxxi, 13.

s'élever jusqu'aux pures, saintes et dévouées pensées, jusqu'à ce désir d'une gloire éternelle qui inspire tous les dévouements, encourage tous les sacrifices?

Mais si nous avons souci de la grandeur, de la dignité, de la paix, de la vertu du peuple, soyons-lui conseil et ferme appui dans la religieuse observation du jour du Seigneur. Peu d'entreprises sont plus nobles, plus belles, plus utiles pour des cœurs généreux.

Aussi bien, Messieurs, l'intérêt le plus puissant se joint ici au devoir et à l'honneur.

Ne vous rappelez-vous plus qu'il y a des châtiments publics et nationaux pour des crimes publics? que la profanation du repos sacré du jour du Seigneur porte avec soi les malédictions les plus terribles?

Et s'il se pouvait, Messieurs, qu'en des temps malheureux des souhaits homicides fussent exaucés; si des habitudes ennemies de Dieu et de l'homme venaient à dominer au sein d'un grand peuple; si les mœurs bien plus encore que la langue répétaient l'ancienne et sacrilége menace :
« Faisons cesser les jours consacrés au Seigneur sur la terre : » *Quiescere faciamus omnes dies festos Dei a terra;* si l'indomptable et sourde avidité de l'industrie, sans rien respecter, sans rien

entendre, foulant aux pieds les droits du pauvre, les droits de la conscience et de la foi, *qui conteritis pauperem*, adressait aux hésitations de son cœur et à ses religieuses répugnances cette attaque et cette dérision amère que le prophète Amos a si bien rendues il y a vingt-six siècles écoulés : « Eh bien! quand donc ces fêtes seront-elles passées et vendrons-nous nos marchandises? Quand le sabbat aura-t-il cessé et écoulerons-nous tous les blés de nos greniers [1]? » *Quando transibit mensis, et venundabimus merces; et sabbatum, et aperiemus frumentum.* Oh! alors il ne resterait plus, Messieurs, au chrétien désolé qu'à s'envelopper de son manteau et à pleurer sur des ruines.

Le prophète a tout prévu, tout prédit. Par sa bouche la cupidité a prononcé d'avance et sa pensée et son arrêt. Plus de jour du Seigneur, nous serons donc affranchis; « nous pourrons donc diminuer nos mesures et préparer des balances fausses. » *Imminuamus mensuram..., supponamus stateras dolosas...* « Qu'importe, continuent-ils dans le livre du prophète, pourvu que nous possédions ainsi tout l'argent du pauvre, et que nous absorbions sa substance?... »

Voici ce que répond le Seigneur : « Eh quoi! est-ce

---

[1] Amos., VIII.

que cette terre impie ne tremblera pas jusque dans ses fondements? Est-ce que ses habitants ne seront pas dans les larmes? Est-ce que ce peuple ne sera point rejeté, balayé comme un ruisseau d'Égypte qui s'écoule? Ah! dans ces jours, s'écrie le Seigneur notre Dieu, la lumière se changera en ténèbres; vos fêtes, vos joies ne seront plus que deuil et gémissement; le sac de l'indigence couvrira vos épaules, le chagrin aura dépouillé vos têtes, et la fin de votre existence ne sera plus qu'un jour amer qui aura remplacé tous vos jours. »

Mais voici, Messieurs, les derniers mots du prophète; ils sont terribles, et mon âme frémit en les rappelant à la vue de ces profanations presque nationales du jour sacré du repos.

« Peuple, le temps vient, dit le Seigneur, et j'enverrai la faim sur cette terre, *mittam famem in terram;* mais ce ne sera pas tant la faim du pain et la soif de l'eau, *non famem panis, neque sitim aquæ;* mais la faim et la soif d'entendre la parole de Dieu, la parole de foi et de vérité, *sed audiendi verbum Domini.* Et les voilà qui s'agiteront sur toutes les mers, qui passeront de l'aquilon jusqu'à l'aurore; ils iront cherchant le verbe de Dieu, et ils ne le trouveront pas! » *Circuibunt quærentes verbum Domini, et non invenient.*

Ce n'est donc rien pour vous que la pensée, la vue des plus affligeants désordres ; Dieu méconnu, outragé, son jour, son jour sacré violé ; et l'avare industrie usurpant son empire et asservissant son peuple, le courbant toujours sous le labeur et le joug du salaire, moins le temps et la liberté de l'orgie? Ce n'est rien, non ce n'est rien ; comment ne pas jouir et se glorifier? Des ailes de feu nous emportent avec la rapidité de l'éclair sur la terre et les mers. Grande gloire pour un peuple en effet, sans la foi, sans la liberté, sans la conscience, sans la justice et sans la probité des transactions, sans le respect de Dieu, de son autorité et de ses lois.

Messieurs, le prophète jugeait mieux, vous avez entendu ses paroles. Craignez, car vous êtes tous solidaires pour le crime de vos frères.

SOIXANTE-QUATRIÈME CONFÉRENCE

LOI DU RESPECT DE L'AUTORITÉ PATERNELLE

SOIXANTE-QUATRIÈME CONFÉRENCE

LOI DU RESPECT DE L'AUTORITÉ PATERNELLE

Messieurs,

Quand, les yeux attachés sur les tables de la loi, nous lisons ces graves paroles : « Honorez votre père et votre mère : » *Honora patrem tuum et matrem tuam,* si nous voulons nous recueillir, nous ne saurions nous défendre d'une émotion profonde. Ce commandement divin nous rappelle en effet tout ce qu'il y a de plus auguste et de plus doux dans la nature, un père, une mère, les sentiments d'honneur et de respect qui doivent remplir à tout âge le cœur de leurs enfants. Mais en pénétrant par la réflexion le sens tout entier de cette loi naturelle à la fois et révélée, nous y reconnaissons la consécration du principe le plus élevé d'ordre, de justice, de civilisation et même de liberté. Je veux dire ce respect dû par l'homme à son Dieu, et que Dieu veut étendre et attribuer en quelque manière à l'homme lui-même. Vous respecterez Dieu, vous respecterez l'homme que Dieu a revêtu de son autorité sacrée. Telle est la grande loi que je viens proposer à vos méditations, loi de respect envers l'autorité.

Qu'il y ait parmi les hommes, dans la famille et dans la société, des droits et des devoirs, des droits d'autorité, des devoirs de respect, c'est ce que nul esprit sérieux ne révoqua jamais en doute. Et ne vous révoltez pas d'avance, je vous prie, contre ce que je puis avoir à vous dire à cet égard. Je sais en quel lieu, en quel temps et devant qui j'ai l'honneur de parler.

J'ai à vous rappeler la loi divine, les enseignements de Jésus-Christ et le sens vraiment chrétien des obligations de la famille et de la société. Qu'auriez-vous à redouter? Ce n'est pas d'ailleurs, vous le savez bien, la doctrine catholique qui s'oppose au maintien ou au développement de la vraie liberté et des institutions populaires qui la favorisent.

Il y a bien des genres d'autorité : le père, le maître, le magistrat, la vieillesse, le génie, la vertu, et ce qui renferme beaucoup de choses, la patrie : voilà de grands et beaux noms qui signifient et constituent dans certains hommes une autorité plus ou moins puissante, un droit plus ou moins étendu au respect des autres hommes.

Je me restreindrai toutefois, et pour personnifier l'autorité et le droit qu'un homme peut avoir au respect d'un autre homme, je choisirai, à l'exemple de la formule sacrée de la loi, le père de famille, *honora patrem*. Mais suivant l'enseignement théologique le plus approuvé dans l'Église, celui de saint Thomas, je ne négligerai pas d'y joindre la patrie, famille qui doit avoir ses pères dévoués, ses enfants libres mais soumis aux lois.

Nous prenons donc comme type du droit et de l'autorité, le père; comme type du devoir et de la loi de respect, l'enfant.

Facilement les principes exposés s'appliqueront et s'étendront à la patrie elle-même, et à l'autorité qu'elle porte dans son sein sous une forme ou sous une autre.

Dans l'autorité, Messieurs, il y a deux choses : la dignité et le pouvoir.

La dignité est ce caractère et ce degré d'élévation ou de supériorité qui place un homme au-dessus d'autres hommes. Le pouvoir est le droit ou plutôt le devoir de gouverner.

La loi du respect est corrélative, elle répond à

ce que demandent pour l'homme revêtu d'autorité sa dignité et son pouvoir.

La dignité commande ce respect nommé dans les républiques mêmes et par les plus grands philosophes une sorte de culte d'honneur; Cicéron a dit : *Observantia est per quam homines aliqua dignitate antecedentes quodam cultu et honore dignamur* [1].

Le pouvoir ou le droit de gouvernement suppose nécessairement de la part d'un certain nombre d'hommes le devoir de servir ou d'obéir.

Dignité et pouvoir, honneur et obéissance, parlons de ces choses, elles en valent la peine.

Entendons-les bien et accordons-les ensemble. Donner en ce moment la théorie chrétienne de la loi du respect envers l'autorité paternelle, comme le type des autres autorités, tel est aujourd'hui mon dessein.

J'aime à aborder devant vous, Messieurs, cette grave matière. J'aime à vous parler de l'honneur dû à la dignité paternelle, de l'obéissance due au pouvoir paternel. Ce respect d'une autorité sacrée peut quelquefois être ébranlé par les agitations de l'orgueil et du faux esprit d'indépendance. Dans vos âmes ce noble sentiment, j'en suis sûr,

---

[1] Cic., *de Invent.* l. 2, 4, 36.

a conservé des racines profondes. Vous aimerez à retrouver son expression et sa loi dans mes paroles.

I. P. Nous n'en saurions douter, après la grande loi du respect envers Dieu, une autre loi qui ressemble à la première et qui en dérive a été portée, la loi du respect de l'homme envers l'homme.

Comme nous pourrons le dire une autre fois, l'homme doit respecter dans un autre homme la réputation, la propriété, la vie. C'est l'ordre essentiel et universel de justice que nul ne peut violer sans crime. Mais avant tout, dans les desseins de Dieu et dans la pensée de sa loi, nous devons respecter l'autorité, l'autorité dans l'homme, dans le père, par exemple.

Qu'est-ce bien que l'autorité?

Serait-ce une chose arbitraire et de simple convention dans la famille et dans la société? Serait-ce une de ces opinions reçues, un de ces préjugés longtemps vénérés, que la faux du temps moissonne, ou que l'esprit de liberté dissipe comme un vain songe? Non, en vérité.

C'est l'institution inviolable de l'auteur de la nature, que sa main créatrice inocula pour jamais dans les profondeurs de l'être humain, et qui seul peut répondre à nos sentiments et à nos besoins les plus impérieux.

Dieu règne, être infini, source de tous les êtres, Roi immortel des siècles, comme l'appelle saint Paul; il est aussi, d'après le même apôtre, le seul puissant comme le seul heureux : c'est-à-dire qu'il possède seul la grandeur, l'autorité, la gloire, la béatitude par essence; en sorte que dans l'homme il ne peut se trouver sous les mêmes dénominations que de faibles représentations, ou plutôt des émanations du foyer unique et divin. Dans la créature il ne peut y avoir que participation et emprunt des qualités quelconques de l'être, du droit par exemple, de l'autorité, puisque tout être créé, quel qu'il soit, n'est qu'une participation et un prêt fait par la bienfaisance divine.

Mais Dieu, aussi grand, aussi magnifique que l'homme est petit, restreint, et trop souvent injuste et rebelle, Dieu a dispensé dans ses œuvres un ordre, un arrangement et une économie admirables. Il a établi les liens de la famille et de la société. Il a voulu que l'homme naquît faible et enfant, qu'il eût besoin de soutien, d'aliment, de direction et d'enseignement; il a établi le père et l'autorité paternelle, l'autorité maternelle aussi sans aucun doute, si grande, si touchante, si nécessaire à l'homme.

Dieu a établi la société, et au milieu des intérêts divers et du choc tumultueux des passions, au milieu des divergences libres et des besoins communs, dans cette grande pensée aussi de la destinée commune de l'humanité, Dieu rendit inévitable le pouvoir, il créa sa présence permanente au sein des peuples : merveille admirable, inexplicable à certains égards, puisque partout et toujours, quoi qu'on fasse, dans la vie sauvage, dans la vie civilisée des peuples, dans toutes les agrégations politiques, commerciales, littéraires, dans les hordes de brigands comme dans le conseil des plus zélés amis de la vertu, on trouve le pouvoir. Sans lui rien n'a la vie sociale, rien n'a le mouvement social. Le pouvoir existe : vous avez la famille, la société, la cité, l'armée, l'académie ; vous avez l'Église, impossible elle-même sans une autorité qui serve de centre et de règle commune aux croyances comme aux vertus chrétiennes.

Dieu a tout pouvoir, il est seul le pouvoir par essence, il peut seul en être l'auteur dans toute la réalisation naturelle et humaine de la sociabilité qui est en nous.

La forme des institutions n'y fait rien ; la volonté, le vote des peuples, les oscillations des révolutions peuvent changer, renouveler, établir une société sur d'autres bases; mais le pouvoir, sa nécessité, sa présence indestructible, la loi de l'ordre et de l'autorité dans le jeu et l'élan de toutes les libertés, cela est nécessaire, naturel, et c'est pour cela que c'est divin; parce que Dieu, seul auteur de la nature, peut seul fonder, maintenir les besoins et les lois universelles de la nature.

Or, en Dieu, l'autorité a un double principe : ou plutôt l'autorité en Dieu nous apparaît sous un double rapport : comme principe et source de l'être, comme principe de gouvernement. C'est l'enseignement de saint Thomas. Dans ce double principe il voit la dignité et le pouvoir de Dieu à l'égard des hommes.

Sa dignité : Dieu possède l'être dans sa plénitude et son infinité : il le communique, il daigne le donner à sa créature : il n'y a pas de titre plus élevé, plus sublime, d'honneur et de puissance que cette paternité universelle de Dieu. Respect au Créateur, au principe unique et infini de l'être : sans lui, que voulez-vous donc respecter et trouver de grand ici-bas ou dans les cieux, puisque tout vient de lui, remonte à lui, comme à la cause unique et universelle? Le pouvoir, c'est le droit de gouverner; Dieu en est seul encore le principe. Tous les êtres descendent de lui par une chaîne immense, par un écoulement non interrompu de sa bonté et de sa force. Mais Dieu ne rompt pas la chaîne, il ne brise pas le canal : sans quoi il briserait la vie et le néant renaîtrait. Dieu crée, il crée encore quand il conserve ; il maintient, il dirige, il gouverne en donnant sans cesse l'être à tout ce qui respire. Souverainement parfait, possédant tous les droits et tous les biens, maître de la voie, maître du terme promis à la créature intelligente et immortelle, il peut seul encore la conduire et la porter jusqu'à la consommation de sa destinée.

Car gouverner, dans la vérité, n'est pas autre chose que diriger, mouvoir, vers la fin véritable et bienheureuse. Tout le reste n'est rien : folie et mensonge.

Voilà aussi ce que c'est qu'autorité, et sa dignité et son pouvoir.

Contemplez maintenant la famille ; mais recueillez vous et méditez avec respect.

Qui donne l'être à l'enfant? Dieu sans doute, mais par le père, par la mère; et l'enfant apprend à connaître, à révérer, à aimer les auteurs de ses jours.

Qui doit nourrir, élever, former, conduire, gouverner l'enfant? Un père, une mère. O dignité grande et belle! former un cœur, éclairer une âme, guider les premiers pas de l'homme, et même ses années plus avancées, vers la vérité, la vertu, vers le bien suprême et final qui est Dieu.

Des parents dignes de ce nom, un père, une mère vraiment chrétiens pourraient-ils être assez honorés, assez respectés? quelle mission est plus haute, quel pouvoir est plus grand, plus nécessaire, plus sacré?

Évidemment Dieu apparaît dans le père; sa dignité est immense aux yeux de la raison et de la foi : je la salue et la révère du plus profond de mon cœur. Principe de l'être, principe de gouvernement et de direction, c'est l'autorité même divine qui se trouve dans le père, c'est le pouvoir même de Dieu communiqué, donné en participation.

Après Dieu, comme Dieu, en un sens du moins, et par une participation toute divine, le père crée, le père gouverne. Respect, honneur à la dignité paternelle. Elle s'élève au milieu des sociétés et dans la famille comme un trône glorieux, comme une apparition céleste, pour ceux du moins qui savent penser, croire et sentir.

Otez Dieu, sa puissance créatrice, sa providence continue et directrice, vous ne comprenez plus rien, vous n'expliquez plus rien : le père lui-même et les plus puissantes inspirations de la nature sont sans raison; elles doivent être rangées parmi les instincts grossiers.

Mais Dieu est; il est Créateur et Roi, il possède le principe unique et souverain de l'être et du gouvernement : le père règne après lui et par lui.

C'est grand, c'est beau, parce que c'est vrai.

Je comprends l'ordre ainsi, et la dispensation du pouvoir et des forces dans la famille, et les degrés établis comme autant d'échelons dans l'économie des sociétés humaines; afin que de la réunion de ces gouvernements divers, centres bénis et ordonnés d'action, de vie et de vertu, se forme la grande famille, le grand gouvernement, la patrie, que Fénelon, dans son génie si pénétrant et si heureux, a su nommer : La réunion de tous les pères de famille dans une même société [1], la patrie, à laquelle nous devons aussi le respect et l'amour; et que l'Orateur romain voulait, chose remarquable, réunir et comprendre, avec la famille, dans un même hommage, un même culte de piété filiale : *Pietas per quam patriæ sanguinique conjunctis... diligens tribuitur cultus* [2].

Sachons donc, Messieurs, nous élever avec

---

[1] Fénelon, *Essai philosophique sur le gouvernement civil*, c. III, p. 339, t. XXII, Paris, Lebel, 1824.

[2] Cicero, *de Invent.*, lib. II.

courage jusqu'aux grandes et saintes pensées de la foi et de la véritable philosophie. L'honneur et le respect sont dus à la dignité par laquelle Dieu même distingue un homme d'un autre homme. L'autorité paternelle est, avant toutes les autres, cette dignité éminente : comme Dieu, et par une participation de sa bonté toute-puissante, elle est pour l'enfant le principe de son être, et en même temps un principe d'ordre et de gouvernement. Honneur à la paternité humaine, émanation de la paternité divine, *ex quo omnis paternitas descendit*, et qui en reproduit l'image sur la terre. Si nous l'avons oublié un seul jour de notre vie, que nos larmes, nos remords et nos respects l'expient désormais tous les jours.

Heureux les peuples où cette religion du respect filial est conservée; elle est la première base des mœurs et de la vertu, l'élément le plus fécond d'ordre et de discipline dans l'État. Les passions s'assouplissent aux leçons du foyer domestique; les traditions, les vérités, l'honneur s'y transmettent vivants et purs : une douce influence pénètre et demeure dans le cœur d'un enfant qui sait vénérer profondément la dignité paternelle : c'est l'acceptation même de la justice, de la sagesse et de l'autorité divine qui se manifestent naturellement dans le père et dans son autorité.

L'amour du bien est comme identifié avec ces témoignages d'honneur et de reconnaissance rendus au père et au Bienfaiteur souverain des cieux dans son image, et son représentant vénéré sur la terre. On ne saurait penser au crime, à l'injustice, à l'impiété, quand on aime et qu'on honore un père : la piété filiale est déjà le culte et la piété envers Dieu même.

Et lorsque du sein de la famille le fils respectueux reporte ses regards ou ses pas au milieu de la société politique, il comprend avec moins d'efforts, il accepte avec moins de violence cette paternité commune, cette autorité de la patrie, ces magistratures partout et toujours nécessaires, dignes d'honneur et de respect, surtout quand elles réalisent l'idée et remplissent le devoir et la mission des véritables pères des peuples.

Le magistrat des républiques anciennes était nommé père de la patrie. Belle et grande leçon pour ceux qui ont en partage à quelque degré l'autorité publique. Tite-Live, au livre premier de son histoire, le rappelait aux Romains. Ce titre était à lui seul une charge immense, une loi, un enseignement redoutables : il nous donne une de ces conditions de l'honneur et du respect qui sont dus au pouvoir et aux dignités ; et Cicéron parlant de ces chefs généreux, de ces conducteurs paternels des peuples libres, disait dans sa *République* qu'il fallait les nourrir de gloire : *Alendus est gloria princeps civitatis.*

Les anciens nommaient encore tout vieillard un père, et commandaient le respect envers lui : *Quilibet seniorem et re et verbo colat... Quasi patrem revereatur* [1], disait Platon dans le Traité des Lois, lui qui promettait, aussi comme Moïse, la longue et heureuse vie aux fils respectueux [2]. Saint Paul appelait également le vieillard un père : *Senes ut patres...* Et saint Jean Chrysostome, dans le père d'abord, et sans aucun doute encore dans la patrie et la vieillesse, célébrait cette principauté de l'enfantement qui demande pour récompense l'honneur et le respect [3].

Loi d'honneur et de respect : la dignité qui appartient à l'autorité paternelle en réclame impérieusement l'exécution.

Loi d'obéissance : le pouvoir paternel nous l'impose encore : nous allons le dire.

II. P. L'autorité paternelle, comme type de toute autorité naturelle et humaine, présente,

---

[1] Plato, *de Legibus*, lib. IX, p. 662, F, in-fol., Lugduni, 1590, Marsilio Ficino interprete.
[2] *Ibid.*, lib. IV, p. 601, D.
[3] S. Chrys., *Serm.* IV *in Genes.*, t. IV, p. 663, Edit. Benedict.

Messieurs, à nos respects, nous l'avons dit, un premier caractère de dignité et de supériorité sacrée qui réclame un culte d'honneur de la part de ceux qui lui sont soumis; car toute supériorité mérite un culte. Ce principe de la démocratie antique n'a jamais cessé de vivre dans les plus nobles instincts de la nature, parce qu'il est éminemment le principe chrétien. A la dignité donc l'honneur : telle est la première condition de la loi du respect qui nous lie envers l'autorité : avec l'honneur rendu, l'obéissance est la seconde condition de cette grande loi.

L'obéissance : des idées étroites et fausses ont dénaturé ce nom et enlevé à bien des esprits la faculté d'en comprendre le sens élevé et généreux. Il faut ici nous entendre.

L'obéissance est une vertu : elle est une vertu morale, philosophique et chrétienne; elle en a tous les caractères, elle en mérite toute la gloire; car elle est la plus difficile et la plus glorieuse victoire remportée par l'homme sur lui-même.

L'homme, le vrai sage, le chrétien considère l'ordre établi par le gouvernement divin.

Dans la famille le père, dans la société le magistrat légalement constitué réalisent cet ordre.

Le pouvoir apparaît ainsi à ma raison et à ma

foi comme une expression de la sagesse et de la volonté divines.

Je sentirai l'impulsion de mes désirs rebelles, la résistance de ma volonté propre et désordonnée: par un motif supérieur, élevant mes regards jusqu'à Dieu, me rappelant que ma liberté ne saurait être un instrument destructeur de l'ordre divin et de l'harmonie raisonnable qu'il institua, je me soumets, j'obéis au pouvoir. Avec ces vues et ces motifs, je suis véritablement un glorieux vainqueur de moi-même, et le libre dominateur de mes penchants mauvais. Oui, telle est l'obéissance : un grand et noble triomphe.

Au nombre de ces biens qui nous sont chers et que nous employons trop souvent contre Dieu même, leur inépuisable auteur, se trouve notre énergie propre et le penchant égoïste de notre cœur. On y tient, on s'y attache quelquefois à l'égal de la richesse, de l'honneur, de la vie, et davantage encore.

Ce n'est pas un simple vêtement qui nous couvre et qu'on dépose avec facilité : c'est nous, nous-mêmes, ce qu'il y a de plus intime en nous. S'en dépouiller, l'immoler dans le but de conformer sa conduite à la grandeur des conseils divins, est une juste, une immense gloire : et telle est l'obéissance du sage et du chrétien.

Aussi comprend-on, en y réfléchissant, le mot profond de nos livres saints : « L'obéissance est meilleure que les victimes. » *Melior est obedientia quam victimæ*.

L'obéissance est une vertu, car elle est un sacrifice ; elle est courage et victoire : tel est son véritable aspect. Considérez donc, je vous prie, devant un père vénérable, dont les infirmités ont courbé la tête, dont les années et les travaux ont blanchi les cheveux, considérez un fils respectueusement debout et silencieux, écoutant ses conseils, prenant ses ordres pour les remplir, et dites-moi si cette obéissance et ce respect ne sont pas un honneur pour celui qui les rend, au moins autant que pour celui qui en est l'objet.

Au pouvoir est due l'obéissance : elle est, à vrai dire, la vertu des âmes grandes et fortes, des âmes supérieures, supérieures à elles-mêmes et aux fausses directions d'un orgueil qui ne sait jamais que rapetisser et restreindre l'homme dans de mesquines proportions.

Car l'ordre est le triomphe, et le plus bel ouvrage de la liberté; et elle l'accomplit par l'obéissance et le respect en se surmontant et se gouvernant noblement elle-même pour reconnaître un pouvoir nécessaire. Voilà l'idée générale, saine et vraie de l'obéissance.

Il faut, Messieurs, voir en elle ce qu'elle est.

Saint Grégoire en connaissait la vérité quand il disait : « Lorsque nous nous soumettons humblement à la voix d'un autre homme (à cause de Dieu), nous nous surmontons nous-mêmes dans notre cœur [1]. »

L'Ange de nos écoles lui donne le premier rang entre les vertus morales [2] : et la philosophie païenne en célébrait les merveilleux effets dans les leçons de Pythagore et dans la politique d'Aristote.

Il n'en saurait être autrement, Messieurs, par toutes les raisons, par tous les droits, et à tous les titres.

Dans le père, dans le magistrat représentant, si vous le voulez, de la volonté commune et populaire, il y a autorité, dignité, pouvoir, mais surtout devoir de gouverner.

Le gouvernement est une dette à payer à la famille, à la société. L'obéissance est un retour de justice, la dette correspondante : à moins

---

[1] *Dum alienæ voci humiliter subdimur, nosmetipsos in corde superamus.* (Greg., *Moral.*, c. x.)

[2] *Obedientia... primas obtinet inter virtutes morales* (S. Th., 2ª 2ᵃᵉ, q. 104, art. 3.)

qu'on ne veuille d'autorité paternelle ou d'autorité légale que pour établir ensuite cette maxime : Personne ne doit obéir à personne.

Quel serait donc le gouvernement des familles, des sociétés, de l'univers? Et Dieu, sur qui règnerait-il? apparemment sur les sables des déserts, sur les flots de la mer et sur les arbres des forêts.

Mais Dieu, je l'ai déjà dit, aussi puissant que sage, aussi zélé protecteur de la liberté humaine que de l'ordre, de la sagesse et de la justice pour l'homme, Dieu a établi l'autorité domestique et sociale.

L'obéissance est ainsi le vrai triomphe de l'homme, comme sa véritable sagesse, l'effort le plus élevé de sa liberté, et la gloire rendue au souverain Législateur du monde.

Seule, en effet, une juste dépendance de la hiérarchie naturelle et civile, cette obéissance rendue au père, magistrat dans la famille, au magistrat politique institué suivant la loi, seule cette dépendance fait l'ordre, la paix, la justice, la vraie indépendance; parce que c'est le lien qui nous unit à Dieu, principe unique d'ordre, de grandeur et de liberté. Ce sont les volontés individuelles et indociles qui font la tyrannie et l'oppression.

Mais comment donc obéir? Quoi! servir?...

Oui, comme le soldat obéit et sert, sans se déshonorer, je pense; comme le chef subordonné obéit à son supérieur dans tout l'ordre de ses fonctions; comme le chrétien sert Dieu et lui obéit en obéissant à l'Église instituée de Dieu.

C'est assez, Messieurs, pour faire l'apologie de l'obéissance, pour rappeler les principes qui la fondent, et lui assurent les honneurs du courage et de la vertu vraiment libres.

Mais l'obéissance a ses conditions comme la liberté a ses droits.

La loi de l'obéissance et du respect, comme le droit du pouvoir dont le père de famille a été pour nous le type, cette grande loi de l'obéissance et ce pouvoir qui en réclame l'exécution avec justice, ont pour fondement unique, pour seule raison même possible, l'ordre de la Providence et du gouvernement divin. Dieu a voulu l'ordre et l'union dans la famille et dans la société; il a donc voulu le pouvoir et lui a transmis une partie de ses droits. Dieu a transmis à l'homme le droit de communiquer l'être, ou individuel, ou domestique, ou social; il lui a transmis le droit de pourvoir à la conservation personnelle ou collective de l'être reçu, dans le but final des destinées humaines, c'est-à-dire le droit de gouverner.

Ainsi la hiérarchie domestique ou civile n'est-elle autre chose que la dépendance du principe même de vie divine.

Une philosophie élevée, une raison éclairée par la foi, doivent reconnaître et proclamer avec empressement que Dieu s'est de la sorte engagé à aider l'homme, à aider aussi la direction donnée à l'homme. Le père, le magistrat, la patrie tout entière, grande paternité et grande autorité commune, reçoivent donc infailliblement de l'action fidèle de la providence divine une assistance constante, et la lumière et la force, en un mot le secours propre que le Dieu créateur ne peut refuser à aucune des œuvres de ses mains, à aucune des institutions de sa volonté; pourvu que la liberté humaine ne s'en détourne pas au profit des passions.

Dans l'autorité régulière, dans les lois justes, dans les institutions favorables aux peuples, dans l'ascendant de l'âge, de l'expérience, de la vertu, du génie même et de la science, dans ce sentiment inévitable qui fait incliner l'homme devant les bienfaits reçus, dans toute grande influence profitable au bien de tous, en un mot dans tout ce qu'il faut nommer autorité, en quelque sens que ce puisse être, Dieu agit et sa providence est présente. Ou bien si la providence divine ne se manifeste pas en ces choses, s'il n'y a aucune intervention secourable de Dieu dans ce vaste gouvernement des familles et des sociétés humaines, c'en est fait de l'idée de la Divinité pour nous; c'en est fait de toute espérance.

Et voilà pourquoi il faut obéir : Dieu gouverne.

Mais l'homme est libre : l'homme du pouvoir est libre, l'homme soumis est libre. L'un toutefois doit commander, l'autre se soumettre et écouter.

Tel est le droit et le devoir, ou plutôt le devoir pour tous.

Mais l'homme peut abuser, et il abuse trop souvent du pouvoir confié à la liberté. Un père, quelque sacré que soit ce nom, quelque auguste que soit son autorité, un père peut être dénaturé, infanticide même, lorsque, par exemple, il donnera pour aliment à l'âme de l'enfant, dans une éducation perverse, l'exemple et la leçon de l'impiété et du vice, au lieu des inspirations de la foi et de l'amour de la vertu.

Eh bien! l'ordre alors interverti n'oblige plus; l'autorité déchoit, elle n'est pas certes l'interprète de l'ordre divin en tout ce qui est contraire à la conscience libre et chrétienne, c'est-à-dire à la loi de Dieu, qui doit toujours lui servir de règle et d'autorité supérieure.

Car tout pouvoir est subordonné ici-bas; le

Maître règne et commande toujours là-haut; la loi imprescriptible est celle-ci: « Il vaut mieux obéir à Dieu qu'aux hommes[1]. » *Obedire oportet Deo magis quam hominibus.* Et tel est le vrai, l'inébranlable fondement de la liberté des consciences; nulle autorité humaine ne peut y porter atteinte, nulle obéissance n'est due contre la loi divine certaine et connue.

Une seconde condition apposée à l'obéissance est celle-ci, toute la théologie catholique l'enseigne non moins que la première: L'autorité n'a le droit de commander que dans les choses de sa compétence et de son ressort.

Un militaire, malgré la discipline la plus rigoureuse, n'est soumis à ses chefs que pour tout ce qui regarde son service; nullement pour ce qui lui est étranger, comme par exemple pour ses affaires personnelles et domestiques. Un père n'a de pouvoir sur un fils que pour ce qui regarde le gouvernement de la maison paternelle, et la direction physique et morale de l'enfant.

Mais quand celui-ci a son état et ses devoirs d'état, quand il a sa propre famille, dont il est père, ou même avant, pour choisir et déterminer son avenir, pour fixer son genre de vie, il est indépen-

---

[1] Act. v, 29.

dant des volontés paternelles, parce qu'il s'agit alors de la conscience même et des devoirs propres de l'homme en présence de Dieu; il n'est soumis alors qu'à Dieu seul.

Enfin, sans que je le dise, vous comprenez que l'obéissance n'est due au pouvoir civil que dans les limites de la constitution et des lois conformes à la justice éternelle.

La liberté est un droit comme le pouvoir; elle est même un devoir, un devoir de l'ordre le plus élevé, quand il s'agit de défendre contre des envahissements et des tendances funestes les droits sacrés de la conscience, de la famille, de la religion, de l'Église et de l'honneur national.

La défense doit être sans doute toujours légitime et chrétienne, c'est-à-dire forte et indomptable quand Dieu parle à l'homme et lui dicte par la foi ses volontés.

Et malheur aux peuples qui abandonnent et méprisent les droits de leur liberté! malheur au pouvoir assez aveugle, assez ennemi de lui-même pour les fouler aux pieds!

Ainsi, Messieurs, tout s'accorde et s'enchaîne religieusement, l'obéissance et la liberté.

L'obéissance est due au pouvoir suivant l'ordre divin; elle lui est retirée, elle est même coupable, cette obéissance, quand il faut asservir et courber les lois, les intérêts de Dieu, les droits sacrés de l'âme et de la conscience sous les caprices et l'injustice des hommes. Cela suffit, les principes généraux sont incontestables, les applications je les laisse à vos réflexions.

Mais au nom du Dieu qui vous créa, Messieurs, au nom de vos intérêts les plus chers, pour relever et améliorer les mœurs publiques, pour rendre à la famille, à la société leur gloire la plus précieuse, méditez sérieusement, je vous adjure, cette grande loi de la piété filiale envers le père et la patrie. Car c'est ainsi qu'il faut exprimer et concevoir avec la théologie catholique la grande loi du respect envers l'autorité.

« Oui, a dit saint Thomas, ce respect des parents, ces services consacrés au bien commun dans une juste et honorable dépendance, sont la piété même qui rend un culte non-seulement au père, mais encore à la patrie[1]. » *Pertinet.... ad pietatem quæ cultum exhibet non solum patri sed patriæ.*

Noble et belle parole du prince de nos écoles, digne expression de l'enseignement chrétien, qui aime avec Bossuet à montrer en Jésus-Christ même prodiguant ses sueurs et sa vie pour les siens dans

[1] S. Th., 2ᵃ 2ᵃᵉ, q. 122, art. 30.

la Judée, le type auguste, la loi et l'exemple du plus sublime amour de la patrie.

Que dans la famille, dans la société, l'esprit chrétien si grand, si généreux, vous inspire donc toujours, Messieurs, l'honneur et le respect pour l'ordre même établi suivant les lois paternelles de la Providence.

Alors l'obéissance est une gloire, un noble élan de la liberté qui embrasse et chérit la justice, la paix, la vertu.

Ce n'est pas la volonté, ce n'est pas la liberté humaine qui sont ainsi détruites : au contraire, elles grandissent en devenant, sous la conduite même de Dieu et dans la direction de sa sagesse souveraine, plus judicieuses, plus fermes, plus parfaites.

Mais cette noble piété filiale pour le père et pour la patrie saura donner aussi au respect, quand il le faut, toutes les proportions de la liberté et du courage.

J'obéis à Dieu, non à l'homme, telle est la devise du chrétien ; et quand l'homme cesse de me représenter la juste, l'équitable Providence ; quand les droits de la religion sont violés, quand la conscience souffre et crie, quand la liberté de la foi et du bien est opprimée, alors je respecterai encore et le père dénaturé dans la famille, et le pouvoir égaré dans la patrie; je repousserai tous les instincts impies de la force et de la résistance physiques. Mais je m'armerai en priant de toute l'énergie de la force morale et de la liberté de ma conscience; je proclamerai la vérité, le droit pour tous; soumis à Dieu et à ses lois, je ne demanderai que ce qu'elles demandent. Ainsi ne manquerai-je jamais ni à ma foi, ni à l'honneur, ni à la noble obéissance du chrétien; et si le temps est injuste, j'attendrai l'éternité.

Ainsi, Messieurs, le respect et la liberté, ainsi la justice, l'ordre et la paix se retrouveront ici toujours unis dans la religieuse harmonie de nos devoirs.

SOIXANTE-CINQUIÈME CONFÉRENCE

LOI DU RESPECT DE L'HOMME

SOIXANTE-CINQUIÈME CONFÉRENCE

LOI DU RESPECT DE L'HOMME

Messieurs,

Lorsque nous méditons attentivement ces grandes lois morales, ces commandements divins que le christianisme nous impose comme la règle souveraine de nos affections et de nos actions, nous retrouvons sans peine au dedans de notre âme l'assentiment donné par la nature et la raison à tout ce noble enseignement du respect chrétien.

Adorer Dieu et l'aimer, honorer son saint nom, garder son culte, révérer les auteurs de nos jours, respecter dans l'homme sa vie, son honneur, sa fortune et le droit sacré de l'époux sur l'épouse, se respecter soi-même dans son âme et dans son corps pour conserver pur le temple vivant où le Seigneur habite; et pour mieux garantir l'exécution de ces lois, accomplir le bien, exclure le mal jusque dans les désirs les plus intimes du cœur : cette morale est certes raisonnable, non moins que sublime; elle est souverainement acceptable pour tous, et l'on peut, l'on doit même à certains égards la nommer religion et loi naturelle. L'esprit, la conscience, la saine nature, la droite raison sont en nous comme les échos approbateurs des droits et des ordres divins à cet égard.

Cependant, Messieurs, ces enseignements et ces lois de la nature, qui sont en tous sens aussi les enseignements et les lois de Dieu, ont eu besoin des révélations de la foi pour être rappelés et rétablis dans le cœur de l'homme, pour y être défendus contre les assauts et l'intérêt des passions, pour être préservés des altérations de l'ignorance, de l'entraînement ou du sophisme.

L'autorité de la foi, d'une parole divine et infaillible, est nécessaire au milieu des oscillations perpétuelles de l'âme humaine et des séductions perpétuelles des objets qui l'environnent, pour garantir et fixer la règle et la voie invariable de morale qui doit nous conduire au port; sans quoi tout va périr dans le plus triste naufrage : et que de peuples, que de générations naufragés avant la réparation tutélaire de Jésus-Christ, hélas! et même depuis!

En particulier, que deviennent sans le christianisme les lois du respect entre les hommes? Qu'est-ce qu'un homme pour un autre homme, en dehors de l'esprit vraiment chrétien? Il est assez difficile de le dire.

Quoi qu'on fasse, Messieurs, toutes les paroles sonores de la philosophie influent peu sur le sens pratique des devoirs, encore moins sur leur accomplissement : les théories humaines les plus belles et les plus sages, dépourvues des sanctions de la foi, cèdent et se retirent devant les appétits et les instincts brutaux de la nature viciée, devant les conseils et les penchants intéressés de l'égoïsme et du plaisir.

Il faut la foi et son inviolable majesté, il faut son indestructible empire et son interprétation toujours une et infaillible : alors la vérité demeure, et la loi du respect et de la charité qui le consacre se montre toujours puissante aux yeux de l'humanité.

Parlons donc, Messieurs, avec la franchise de croyants fidèles, parlons du respect que l'homme doit à l'homme, et disons ce qu'est un homme pour le vrai chrétien; car on l'ignore trop souvent, ou trop souvent on l'oublie.

Déjà le respect de l'autorité nous a rappelé une première loi qui nous montre Dieu créateur, Dieu ordonnateur et recteur, produisant et gouvernant la famille et la société par l'intermédiaire de l'homme : en sorte que la dépendance à l'égard d'un père, la dépendance à l'égard d'un pouvoir législateur et souverain, peuple ou monarque, n'est autre chose que le respect de Dieu même dans les hommes qu'il s'est substitués pour le représenter.

Mais sous d'autres rapports encore, et sans aucun droit d'autorité paternelle ou souveraine, l'homme a droit au respect de l'homme.

Étudions ces rapports et ces lois, et puissions-nous pénétrer ici bien avant dans le sens et dans l'économie des conseils divins.

Respect de l'homme pour l'homme, la loi de Dieu peut seule en poser les bases, en inspirer les motifs ; elle peut seule en fixer la mesure. Seule la loi chrétienne restitue et fonde pour la conscience la dignité humaine, seule elle détermine le respect qui lui est dû. Loi du respect de l'homme pour l'homme, sa raison vraie, sa juste et noble mesure, voilà la matière importante que nous allons considérer.

I. P. Dans le monde, j'en conviens, Messieurs, un concert unanime de louanges s'élève en l'honneur de la charité, de cet amour respectueux et fraternel que l'Évangile impose à l'homme pour ses semblables. Toutes les voix s'unissent pour exalter et bénir la charité : elle est si douce, si grande et si belle! Mais il faut aussi en convenir, si la charité est louée, elle est peu pratiquée, et l'homme n'est pas pour chaque homme ce que l'esprit chrétien y reconnaît à la lumière de la foi. En dehors de la foi et de ses divines influences, malgré le fait accompli et malgré l'empire établi d'une civilisation qui ne peut plus ne plus être chrétienne, l'homme est encore pour l'homme trop souvent ce que les instincts païens en avaient fait, en feront toujours sous la seule direction de la nature égarée et dégradée par le péché.

Dans l'ancien monde, l'aspect sous lequel se présente l'humanité serre et désole un cœur religieux et vraiment libéral. C'était également guerre à Dieu, guerre à l'homme; Dieu était outragé, avili dans les prétendus honneurs rendus aux fausses divinités; sa puissance n'était connue que sous les formes repoussantes de la cruauté ou de l'infamie. Dieu n'était ni Dieu ni père, mais seulement un tyran absurde et brutal. L'homme pour l'homme n'était guère qu'un ennemi. La servitude et la domination dans leurs expressions les plus barbares, la liberté violente, farouche et despotique elle-même; la pauvreté méprisée, abandonnée, sans amour, sans honneur, sans soulagement aucun; la nationalité, et ce sentiment si doux et si glorieux de l'amour de la patrie, transformés en égoïsme haineux, exclusif, inhospitalier, injuste, qui rendait tout légitime contre l'étranger, sans montrer jamais en lui un semblable, un frère, un homme : telle était la charité païenne : tel était alors le respect accordé à l'homme par l'homme.

Bien des chrétiens ne sont-ils pas encore païens?

D'ailleurs nous devons, Messieurs, l'avouer au milieu des désordres et des mécomptes qui remplissent le monde, une sorte de mur de division nous arrête : nous ne retrouvons pas facilement en nous le sentiment et le besoin du respect ou de l'amour pour l'homme. L'homme, on le craint plutôt; chacun l'observe et se tient en garde : l'homme, souvent on le méprise; même on le foule aux pieds pour se grandir.

Mais l'Église nous apparaît; elle parle la langue de l'Évangile et de la charité, elle ouvre devant nous l'école du respect.

Qu'est-ce que l'homme? nous dit-elle. L'homme est surtout une âme intelligente, libre; et grande est la dignité d'une âme.

Nous savons un peu par la raison, beaucoup mieux par la foi, que l'âme humaine, quoique bornée par d'étroites limites, est l'image et la ressemblance divine. Les traits augustes de l'adorable Trinité y sont empreints, et la puissance, et l'intelligence, et l'amour divin s'y reproduisent dans des proportions toujours admirables quoique restreintes. L'homme a surtout la faculté de pouvoir connaître, de pouvoir aimer le seul bien vrai et parfait, qui est Dieu, pour s'unir à lui à jamais. Telle est la plus haute dignité de l'âme humaine, sa force et sa vie. Car Dieu, dans son essence infinie, se connaît et s'aime lui-même : et c'est là sa perfection souveraine, sa gloire et sa vie. Un homme, tout homme offre donc dans son être cette représentation et cette image divine : il faudrait savoir l'y contempler avec un respectueux amour.

L'homme est grand : ne l'oublions pas, Messieurs. Il est grand par sa création et sa nature ; grand par cette filiation et cette adoption divines, complément de son auguste ressemblance, et que la foi, les admirables leçons de la foi nous montrent embellie des plus glorieuses prérogatives.

Ce pauvre chemine péniblement dans la vie. Lève la tête, enfant des cieux, tu es roi et bien plus qu'un roi. Puissant, libre, indépendant, tu possèdes, si tu veux, un empire immortel, et les richesses, et la gloire, et le bonheur que Dieu sait dispenser à ceux qui l'aiment, par delà les limites du temps, par delà l'esclavage trompeur de cette misérable terre.

L'homme est vraiment l'enfant de Dieu, l'héritier du royaume éternel : et puisque cette dernière et bienheureuse patrie souffre ici-bas violence, suivant la parole évangélique, puisqu'elle appelle tous les efforts de la conquête, entendez donc et comprenez, Messieurs, la grandeur de cette guerre et de cette gloire. Le chrétien est le compagnon d'armes du Conquérant Sauveur, qui combattit et triompha pour nous sur le Calvaire, mais à condition que nous combattrions et vaincrions à notre tour dans l'arène.

Tout couverts de ce sang du rachat, revêtus de l'armure divine, nous nous avançons vers le terme et la couronne; tel est l'homme, tout l'homme; voilà sa dignité : malheur à qui ne sait plus la retrouver et la révérer, ni en soi-même ni dans les autres!

Aussi quand, recueillis dans la prière et dans la foi, nous étudions une âme, une âme! créée qu'elle est à l'image de Dieu, rachetée par le sang de Jésus-Christ, destinée à la conquête du ciel, il faut bien s'incliner et honorer la dignité humaine.

Jésus-Christ a voulu la définir mieux encore, Messieurs, et la consacrer à nos yeux par le plus étonnant caractère. Quoi donc! l'Évangile rapporte ces paroles : « Ce que vous aurez fait à l'un des plus petits entre les hommes, vous l'aurez fait à moi-même... J'ai eu faim, j'ai été nu, pauvre..., vous m'avez secouru... » Et saint Jean d'ajouter : « Celui qui aime Dieu aime son frère...; » car, dans la doctrine évangélique, c'est un seul et même amour. On voit Dieu, on aime Dieu dans un homme.

La foi est donc bien hardie et bien puissante, puisqu'elle transforme à ce point l'humanité aux regards de tous les hommes.

Oui, il faut une grande force et un grand courage pour croire de la sorte et pour s'élever ainsi au-dessus des futiles apparences, ou, si vous le voulez, au-dessus des tristes réalités de ce monde. Car il est vrai, la foi le proclame : Dieu s'est substitué l'homme; il a mis en sa place, et comme son représentant, l'homme le plus faible, le plus pauvre, au-devant des affections de nos cœurs.

Et par là vous concevez peut-être, Messieurs, l'énergie de respect que l'Évangile nous demande quand il nous a ordonné d'aimer notre prochain comme Dieu l'a aimé. Certes, je faillirais à ma mission si je ne vous rappelais une fois ces choses. Tels sont donc les principes du respect chrétien entre les hommes.

Oh! que de conséquences inénarrables si l'on

voulait un jour réaliser en soi, autour de soi, autant du moins qu'il serait possible, le type de la charité évangélique!

Alors oui vivrait, non dans de vaines, dans de creuses ou funestes théories, mais au cœur des sociétés, le respect de l'égalité humaine. Ce respect ne briserait violemment aucun des anneaux qui lient en faisceau l'ordre social; il laisserait chacun dans la sphère d'énergie qui lui est propre; mais à tous les yeux il relèverait également tous les hommes, en les montrant tous également décorés de la dignité et de la couronne d'enfants de Dieu, tous frères par conséquent, comme le sont les enfants des rois.

Le respect de la dignité vraie de l'homme constituerait aussi éminemment le respect de sa liberté, qui consiste surtout dans le droit inviolable, imprescriptible, de tendre à Dieu, d'obéir à Dieu, et même à lui seul en tout devoir, en sorte que la foi, la conscience, la vérité, la vertu, le pouvoir du bien ne reçussent jamais aucune atteinte : car c'est là être libre.

O respect sacré, ô charité évangélique, que vous rendriez les hommes grands, libres et heureux, si les hommes savaient et s'ils voulaient!

Ainsi, Messieurs, daignez le comprendre à cette heure au fond de vos cœurs par un effort de foi égal, j'ose le dire, aux plus beaux triomphes du génie, mais plus utile et meilleur que toutes ses gloires : ce respect de l'homme que la charité enseigne à l'homme est un mouvement de l'âme qui s'élève dans le sein même de Dieu, qui en Dieu contemple tous les hommes; en Dieu reconnaît l'homme, le semblable, le frère, le prochain, le vénère et l'aime, et descend ensuite des hauteurs de la connaissance divine pour agir et bénir sur la terre. C'est ainsi qu'on fait de la charité et qu'on apprend le respect : Dieu est le seul maître qui l'enseigne et l'inspire.

Oui, Messieurs, dans la puissance de la foi, à travers ces voiles qui couvrent et obscurcissent l'humanité, à travers ces lamentables ravages du mensonge, de la fureur, des vices et des passions, dans toute cette cruelle effervescence du désordre humain, le cœur chrétien démêle et signale l'enfant de Dieu, l'image divine altérée, non détruite, la royauté divine et éternelle écrite au front de tous les hommes. La foi, son respect et son zèle ardent nous enseignent à aimer, à vénérer en toute âme et en tout homme, et son origine et sa destinée, qui l'ont marqué d'un sceau ineffaçable; à aimer et à vénérer en tout homme ce sang rédempteur qui le régénère et le délivre, ces vertus mêmes absentes qui peuvent, qui doivent revenir ; enfin cette lumière et cet amour créés pour les cieux : en un mot, cette dignité égale et libre sur la terre qui de chaque homme fait le héros et le conquérant immortel des siècles.

Donc, respect à l'homme dans la foi ; il en possède tous les droits, il apporte tous les titres véritables.

Mais anathème à ce faux respect, à cette crainte servile et basse qui dans l'homme n'honore que ce qu'il faut repousser, mépriser et haïr, les opinions folles, les préjugés mensongers, l'empire du mal et la tyrannie du vice. Ce scandale et cette honte sont bien nommés et bien flétris sous ce titre : Respect humain. En vérité, je ne conçois pas une telle ignominie : vous en êtes loin, Messieurs, je l'espère, et vous vous en éloignerez d'autant plus, que vous entrerez plus avant dans les enseignements, dans les sentiments du vrai respect chrétien. L'un élève autant que l'autre dégrade : l'un réveille et ennoblit tous les glorieux instincts de la nature, de la foi, de la grâce ; l'autre les abaisse, les souille, les dégrade, les anéantit. Vivez, vivez dans le monde en apôtres du respect évangélique : vos jours seront aussi, par un juste retour, couronnés de respects et d'hommages, et vous répandrez mieux autour de vous toutes les influences de la vertu grande, libre, généreuse.

Le respect de l'homme a sa base dans la loi de Dieu, il a aussi dans la loi de Dieu son expression et sa mesure : disons-le en peu de mots.

II. P. Une âme destinée à régner avec Dieu dans le ciel, Dieu présent pour nous dans chacun de nos semblables, et se substituant par la loi de charité les plus petits et les plus pauvres, tel est l'homme, Messieurs, tel est le prochain suivant la foi, et telle est la base du respect que nous devons à l'homme dans le sens de la loi divine.

Mais quelle est donc l'expression commandée, quelle est la mesure fixée de ce respect chrétien ?

Messieurs, une parole bien étrange est écrite dans nos livres saints, écrite dans la langue de la prière : « O Dieu, vous nous gouvernez avec un grand respect. » *Cum magna reverentia disponis nos* [1]. Et ailleurs il est dit encore que si le Seigneur tend avec force à la fin qu'il a déterminée, pour l'atteindre il dispose tout avec une suavité infinie. C'est la même pensée : Dieu dans le gouvernement du monde veut souverainement l'accomplissement de ses conseils éternels; mais il ménage, il respecte avec une admirable dou-

---

[1] Sap., xii, 18.

ceur, dans l'homme, son œuvre, son image, et la liberté qu'il lui donna : il respecte dans l'homme ses dons mêmes et ses desseins; car dans l'économie de la Providence tout se rapporte et se ramène à la fin suprême, qui est la gloire divine et le salut de l'âme humaine.

Ce dessein, ce but du gouvernement divin, cette destination souveraine de l'homme, c'est-à-dire sa béatitude par la participation du bien même divin et éternel, voilà, Messieurs, ce qu'il faut savoir respecter, et avoir en vue avant tout le reste.

Ainsi pouvons-nous mieux comprendre cet admirable précepte de l'Évangile : « Vous vous aimerez les uns les autres comme je vous ai aimés; » ou bien encore celui-ci, qui dit la même chose : « Vous aimerez le prochain comme vous-même. »

Dieu nous aime, il nous respecte en quelque sorte, nous devons nous aimer et nous respecter nous-mêmes en vue des biens éternels et de la gloire divine promise à notre âme. Aussi l'école du respect et de la charité catholiques, l'Église, devient-elle nécessairement l'école d'un vrai zèle et d'un zèle invincible.

Je respecte la dignité de l'âme, je vous respecte tous du plus profond de mon cœur; tout le sacerdoce respecte véritablement le peuple chrétien en honorant dans chaque homme sa destinée suprême et immortelle, en retranchant par tous les moyens les obstacles, en ouvrant, en aplanissant les voies du salut.

C'est bien là le respect de l'homme, mais c'est le respect de Dieu dans l'homme, puisque c'est réellement alors la foi et l'amour des volontés souveraines et divines qui tendent à porter les âmes au sein de la béatitude immortelle. Ce but est la mesure, la règle, la grande loi du respect.

Dans les âmes, respectez donc, Messieurs, l'éternité, et ce salut qui est l'objet constant du gouvernement divin.

Les peuples s'égarent loin du terme, les générations semblent renier leur origine et leur fin divine, ramenez-les, autant du moins qu'il peut vous être donné : vous respectez alors la dignité humaine, vous la rendez à elle-même.

Mais vous haïssez un ennemi, vous fuyez un frère; ce cœur froissé vous le froissez encore, vous le poursuivez de vos vengeances : vous ne savez plus ce que c'est qu'un homme, ni ce que vous êtes vous-mêmes; vous n'honorez plus dans une âme l'objet des égards, du respect et de l'amour divins.

Allez vous réconcilier avec votre frère, dit l'Évangile, pour l'honneur du Dieu qui veut sauver et cette âme et la vôtre, qui veut les unir dans les joies et dans la fraternité des cieux.

Vous fermez vos entrailles à l'infortune, vous abandonnez le malheureux qui souffre et gémit : vous ne savez plus le respect; car Dieu souffre et gémit dans ce pauvre. L'aumône est le tribut et l'hommage du respect : c'est ainsi que le christianisme l'entend et la commande. Vous insultez à la morale publique, vous foulez aux pieds les lois sacrées de la pudeur, vos discours, vos écrits, vos exemples, vos actes sont une exhortation à l'immoralité, vous vous méprisez donc étrangement vous-mêmes, vous êtes donc bien peu de chose à vos yeux : et l'homme, la société, la famille sont donc des êtres bien vils et bien méprisables pour vous, puisque en eux et dans vous-mêmes vous honorez si mal et respectez si peu la dignité de l'âme humaine, et les lois de la ressemblance divine, et la gloire sainte et pure des cieux qui doit d'avance se réfléchir dans le cœur de l'homme.

Tous en route pour aller à Dieu, voyageurs, concitoyens en quête de la patrie, aimons et vénérons ce terme immortel fixé pour tous les hommes; nous les estimerons, nous les respecterons tous alors, car nous sentirons ce besoin de leur gloire et de leur bonheur égal au nôtre, bonheur qui constitue leur vraie, leur seule et sublime dignité.

Le but divin et éternel est donc ici le régulateur, la mesure et l'expression du respect voulu : et grande est cette loi du respect si nous la savions comprendre.

Toutefois, Messieurs, cette loi serait bien imparfaite, elle serait une théorie bien stérile, si, s'armant de la toute-puissance même divine, dont elle émane, elle ne pénétrait, au nom du souverain scrutateur et juge des âmes, jusque dans les plus intimes replis des consciences et des cœurs.

Ici, Messieurs, je veux parler de l'empire qu'exerce la loi divine sur les pensées, sur tous les désirs même les plus cachés de nos âmes. C'est bien là le règne de Dieu : sa loi est la loi des esprits et des cœurs : il lui appartient, mais il appartient à lui seul de régler, de modérer, de commander, de proscrire les désirs.

Vous ne convoiterez point, vous ne désirerez point des jouissances ou des biens illégitimes ; vous ne nourrirez point de pensées de haine et de vengeance : c'est la loi. Sans cette loi, l'autorité de Dieu serait vaine. Le désir est la première puissance du cœur humain : soumis, légitime et juste, il produit la vertu, fille des désirs purs et généreux ; rebelle, injuste et contempteur des droits de Dieu et du prochain, le désir produit le crime, le désordre et l'infamie.

La loi de Dieu est donc la loi des pensées et des désirs; car c'est des pensées et des désirs que naissent et le bien et le mal, et le crime et la sainteté.

Le respect de l'homme est ainsi fondé et garanti dans son principe le plus intime et le plus puissant, par la limitation et la régularisation du désir; le désir même est interdit quand il est en opposition avec les desseins de Dieu sur les âmes et sur tout ce qui leur appartient légitimement ici-bas.

Le but dernier des conseils divins, c'est-à-dire l'éternel salut de l'homme, respecté fidèlement jusque dans le sanctuaire le plus intime des désirs de nos cœurs, tel est donc, Messieurs, le sens, telle est la portée et la mesure de la grande loi du respect chrétien. Elle s'étend jusqu'où s'étend le règne de Dieu, jusqu'à l'éternité, sa gloire et sa béatitude, destinées à l'homme; jusqu'aux mouvements les plus cachés de l'esprit, du cœur.

Ainsi l'âme humaine, image divine, a-t-elle le droit d'être respectée sur la terre.

Le désir de l'homme; réglé suivant l'ordre et la justice, et conservant dans une direction sincère l'estime, les égards et l'amour pour le bien divin et éternel renfermé dans chaque âme, telle est donc, Messieurs, la loi de respect et de charité considérée dans toute son extension et ramenée à son expression dernière.

Mais subordonnés à cette vue supérieure et à cette destination divine et immortelle, tous les genres de biens départis pour un temps à l'homme ici-bas doivent encore servir d'objet d'application à la loi du respect.

Ces biens sont la vie, l'honneur, la fortune. Dieu les sauvegarde dans ses lois et pour chacun de nous par tous les autres hommes, et pour tous les autres par chacun de nous.

Les bornes et le but de ce discours m'interdisent les détails.

Respect de la vie, de la vie de l'âme et de la vie du corps. Tuer une âme par le scandale et la corruption est un crime non moins grand que l'homicide : qu'on y songe quand on songe à l'éducation de l'enfance.

La vie du corps est un bien dont Dieu seul est le maître : il n'a donné aux nations le droit d'en disposer qu'en deux cas : dans la guerre justement entreprise, dans la répression des crimes exercée par l'autorité publique.

Respect donc à la vie ; ni l'injure, ni les préjugés, ni le dégoût, ni le chagrin, ne donnent à aucun homme le droit de disposer de la vie d'un autre homme ou de la sienne propre. Dieu s'est réservé seul la vengeance : *Mea est ultio*, dit-il, *ego retribuam*.

Respect à l'honneur, à ce bien le plus précieux après la vie, et souvent plus précieux que la vie. Le juge et le défenseur des réputations humaines est encore Dieu même : sa loi pose une garde aux lèvres et au cœur du chrétien : il respectera la réputation d'autrui.

Mais les crimes et les vices publics pourront et devront être publiquement flétris; c'est un droit, souvent un devoir; les erreurs funestes, les atteintes portées à la religion et à l'ordre social pourront, devront être énergiquement repoussées : le respect de Dieu l'exige, le respect de l'homme le demande aussi. De tout temps, Messieurs, la glorieuse lutte catholique ne fut qu'une des formes et une des expressions fidèles de ce respect qui défend et sauve l'honneur de Dieu outragé par les hommes, qui défend et sauve l'honneur vrai de l'homme contre l'homme lui-même, c'est-à-dire la foi, la vertu, la conscience, la liberté, l'ordre véritable.

Respect enfin à la fortune acquise, à la propriété : Dieu la constitua pour l'ordre et la paix des sociétés, pour la dispensation mieux assurée des secours, pour lier par des rapports d'assistance variée et mutuelle les inévitables inégalités de l'existence sociale.

Et encore ici la loi divine sauvegarde les droits d'autrui dans le cœur et dans la conscience du chrétien.

Si la probité, si la justice ne sont pas révérées et gardées par la conscience, hélas! je ne sais plus guère ce qui les garantit parmi les hommes : l'argent est une impitoyable idole : elle règne trop souvent par la cruauté et l'injustice, si Dieu ne règne à sa place au plus intime du cœur. La probité est-elle donc si facile et si commune?

Et maintenant il faut finir sur ce sujet.

J'ai indiqué les bases et la mesure du respect chrétien de l'homme pour l'homme : respect des biens de l'âme, respect des biens du corps, la loi divine commande l'un et l'autre.

Elle reporte et élève nos pensées jusqu'à la source de notre dignité, jusqu'en Dieu même, père commun de tous les hommes, fin unique et dernière de tous, bien souverain et parfait, qui, se communiquant à tous dans des proportions immenses et éternelles, veut être reconnu, respecté dans tous les hommes. Qui pourrait dire ce que ces convictions profondes de la foi, racine et base du respect de la charité, ont opéré de merveilles dans la famille, dans la société, dans l'Église!

Comprenez-vous, Messieurs, ce que serait le monde, ce que serait un pays, un peuple, si la loi du respect chrétien y régnait, si l'énergie vivante de la foi se dévouait au bien privé de chacun, au bien commun de tous, dans l'ordre et suivant les vues paternelles de la Providence divine; si tout chrétien, tout homme arrêté par le respect devant une âme immortelle, savait généreusement réprimer et vaincre l'égoïsme, la colère, la haine, la vengeance, la convoitise et l'injustice. Que serait-ce si nous comprenions bien ces choses, si, les regards attachés sur l'éternité, nous modérions et fixions selon la foi et la charité les conditions du voyage; si, déposant sur l'autel du Dieu de charité nos orgueilleux soulèvements, nos dissensions et nos déchirements violents, nous nous disions : Chaque homme est un frère, un cohéritier, un ami éternel. Il faut bien s'entr'aider pour arriver au port sans naufrage; choisir la foi pour boussole, pour gouvernail la charité, pour loi l'honorable et saint respect du bien divin qui nous attend au terme. Mais les hommes ferment les oreilles; le bruit, le tumulte de la vie les assourdit et les irrite; ils s'agitent, se tourmentent. Leur vue se trouble, leur cœur se serre : ils ne voient plus rien au delà de ces tristes rêves du temps, ils n'aiment plus rien au delà des faux biens qui les frappent. Le temps et ses folles illusions, les prestiges mensongers de la vie et le besoin violent des jouissances, la guerre des ambitions et des résistances, ce choc humain des intérêts et des passions : voilà le monde et voilà l'homme des instincts païens. Fasse le Ciel que l'esprit chrétien vous pénètre, vous change, vous transforme, et que vous offrant en spectacle aux anges et aux hommes, il réalise en vous, par les lois de la charité et du respect, toutes les grandeurs, tous les biens de l'ordre, de la paix, de la liberté, de la gloire, du dévouement et de la vertu ; les jours qui vont suivre en seront pour nous, je l'espère, l'heureuse et nouvelle expérience.

SOIXANTE-SIXIÈME CONFÉRENCE

LA CHASTETÉ

LOI DU RESPECT DE SOI-MÊME

SOIXANTE-SIXIÈME CONFÉRENCE

LA CHASTETÉ

LOI DU RESPECT DE SOI-MÊME

Messieurs,

Le respect que l'homme se doit à lui-même par la chasteté est fondé sur l'autorité divine et sur sa propre dignité.

I. P. Le respect que l'homme se doit à lui-même ne peut être fondé, Messieurs, que sur l'ordre établi de Dieu, sur cet ordre qui est le souverain domaine exercé par le Créateur; car tout respect comme tout devoir remontent nécessairement au principe et à l'auteur de tout bien. Or voici l'une de ces grandes lois de l'ordre et du gouvernement divins.

Maître de la vie parce qu'il en est la source unique, Dieu la dispense, la reproduit et la perpétue suivant les conditions qu'il lui plaît de déterminer dans sa sagesse. Placé au sommet de la chaîne des êtres, élevé au-dessus d'eux de toute la puissance et de toute la perfection de l'infini, Dieu dicte ses lois à tous les siècles; et parmi les desseins de sa miséricordieuse bonté, la fécondité et l'harmonie de la famille sont pour les enfants des hommes des institutions toutes divines. Dans cette vue, tâchons, Messieurs, je vous en prie, de pénétrer les intentions paternelles du Créateur, et de comprendre ce respect de soi-même exprimé par le nom auguste de chasteté.

Mais il faut ici porter nos pensées aussi haut que possible; il faut oublier et la matière, et ses caractères grossiers, et ses instincts brutaux, pour reconnaître des principes sacrés qui ne sont du reste imposés à l'esprit qu'afin d'assurer sa prééminence et son empire sur le corps, et de conserver intacts l'honneur et les droits du respect de l'homme envers lui-même.

Messieurs, la vie de l'homme appartient à Dieu; sa perpétuité sur la terre, son ordre de transmission, ses conditions souveraines sont uniquement du ressort de la puissance créatrice, et ce pouvoir créateur Dieu ne peut l'abdiquer en faveur de personne.

Il se réserva donc avec justice la dispensation

de la vie et sa puissante reproduction parmi les hommes. De nouveaux êtres, membres de la grande famille humaine, ne devaient apparaître dans le monde qu'avec les caractères et dans les conditions fixés par les décrets de l'éternelle Sagesse.

Cependant il plut à Dieu de confier encore ici l'accomplissement de ses desseins au devoir de la conscience et de la liberté. L'homme était établi roi; il pouvait devenir par sa perversion volontaire l'esclave ou le tyran de lui-même. Il ne demeurait libre et légitime dominateur de son être qu'en s'unissant avec fidélité aux volontés de son auteur. Ainsi la force fut donnée à l'homme; des facultés merveilleuses, des attraits naturels puissants l'avertirent des desseins paternels de la Providence. L'homme devait se perpétuer dans d'autres hommes; mais en même temps la raison, la conscience, l'ordre essentiel de dépendance, non moins que les enseignements de la foi, lui apprirent à s'élever par ses plus hautes et ses plus fortes pensées jusqu'à l'auteur de la vie, afin de savoir comment Dieu voulait seulement la dispenser pour le bien vrai de l'humanité et de son avenir. Le navigateur, pour se conduire, regarde l'étoile et la boussole; le guide qui régit, mais qu'emportent des chars de feu sur des sillons de fer, étudie toujours attentif le signal qui doit ou arrêter ou prolonger sa course; et ce puissant moteur lui-même qui anime les ateliers de l'industrie, ne peut répandre et communiquer sa force et sa vie que par les voies et les canaux ouverts suivant l'ordre et la sagesse de l'art.

L'homme, Messieurs, armé par le Créateur même de puissances et d'instincts redoutables, ne peut librement, ne peut légitimement leur ouvrir la voie et leur donner leur cours que dans l'ordre établi de Dieu pour les fins de la création.

Hors de là il n'y a que désordre et affliction amère.

Et comprenez-le : Dieu seul crée, Dieu seul donne l'être. Si l'homme, pour la perpétuité de la création et la transmission de l'être, est fait l'instrument même des conseils divins, il ne peut en cela pas plus qu'en tout le reste abuser des dons de son auteur, les lui arracher en quelque sorte, en pervertir la destinée, et d'une fonction toute grave et sacrée faire la ressource de l'orgie et l'aliment brutal du vice.

Non, véritablement, l'homme n'a pas compris l'honneur et le respect qu'il se devait à lui-même au nom de Dieu; il a déshérité son esprit des plus nobles prérogatives et son cœur des plus nobles affections. La raison, sa libre activité, ses facultés puissantes, il n'a pas su les garder sous l'œil et la direction de son auteur ; il n'a pas compris ou n'a pas voulu comprendre, suivant la parole du prophète : *Homo cum in honore esset, non intellexit.* Il devait ressembler à Dieu, dont il a été fait l'image, il a voulu se réduire à n'être plus que la vile ressemblance d'animaux stupides.

Mais ici, Messieurs, le crime et le désordre sont surtout dans cet attentat commis envers les droits du Dieu créateur et la sage dispensation des principes de vie sur la terre.

A Dieu seul la création, à Dieu seul la vie, à Dieu seul l'ordre, la fin et la conservation des êtres, à Dieu encore les lois et les conditions qui doivent régler le libre usage des facultés humaines.

Ce principe est inviolable.

Eh bien! en vertu de ces droits, et dans la sage application de sa souveraine puissance, pour des fins toutes augustes et admirables, la providence de Dieu imposa la chasteté à l'homme, vertu qui réserve au Créateur le gouvernement suprême de la vie et toute l'économie de sa conservation.

Avec cette loi première de la chasteté, et sans y déroger le moins du monde, Dieu institua le mariage, seule condition légitime de perpétuité et de famille.

Le Créateur entendit ainsi concilier et son autorité souveraine, et l'intérêt même et le bien le plus vrai de l'homme. L'unité, l'indissolubilité, les devoirs mutuels et les lois absolues de l'union conjugale, furent ces barrières divines et cet ordre divin du Créateur qui vinrent renfermer l'homme dans l'obligation du respect pour lui-même et pour les mœurs.

Comment donc! Dieu n'aurait admis l'homme à une sorte de participation dans la faculté créatrice que pour le laisser s'abandonner sans frein, sans ordre, sans but à des instincts violents et aveugles!

La raison, la conscience, la sage élection de la liberté n'auraient point trouvé place dans cette application des plus graves desseins du Créateur!

Le caprice, la fantaisie, la passion, le plaisir auraient été les seuls guides de l'âme dans l'économie de ces facultés puissantes! Et l'institution de la famille, et le soin de l'enfance, et la formation de l'être consciencieux, raisonnable et moral, si promptement, si nécessairement liée à la naissance de l'être physique, qu'en serait-il advenu sur cette terre, grand Dieu !

Mais au contraire, Messieurs, quand on veut reconnaître et vénérer l'ordre et les droits du Créateur, quand on veut interroger humblement sa sagesse, ce que la raison, la liberté, la paix, l'intérêt vrai de l'homme demandaient, on se répond : Loi de la chasteté, institution du mariage, institution de la famille, unité et indissolubilité de l'union conjugale, droit absolu de la fidélité mutuelle; et la condamnation de l'adultère, et la proscription de tout abus de ces facultés réservées par le Créateur pour ses paternels desseins; tout cela est grand, beau, juste, saint, nécessaire. Dieu devait l'établir, l'homme doit l'observer; l'enfreindre est un attentat contre la création et contre le genre humain, une violation des droits inviolables de Dieu et de sa providence, une insulte et un mépris pour le seul ordre digne de Dieu et de l'homme. Comment donc abuser ainsi de l'existence et des principes sacrés de la vie?

Oui, Messieurs, tout cela est beau, tout cela est grand, répétons-le, dans cet ordre de création et de perpétuité imposé à l'homme; et nous saluons de nos vénérations et de nos hommages cette institution sacrée de la famille que Dieu a voulu fonder par les lois mêmes de la chasteté. Car c'est elle, c'est cette vertu qui assure le titre et les droits de père, de mère, comme elle garantit aux enfants un avenir moral et les soins vigilants de l'éducation. Sans elle, sans ces lois, sans les droits exclusifs de l'union conjugale, la famille, l'éducation, l'enfance, les conditions de vie physique et morale, l'ordre et la beauté de l'existence humaine, et les prévisions légales d'hérédité, et la transmission du bien, de la fortune avec ceux de l'honneur, tout est renversé, ravagé. En sorte que ce respect de l'homme pour l'homme lui-même à cause des droits souverains du Maître de la vie, est un des principes les plus puissants, les plus nécessaires, les plus féconds pour le bien de l'humanité.

Je résume ces réflexions premières.

Dieu est créateur, seul maître de la vie; il la dispense, la reproduit et la perpétue aux seules conditions qu'il lui plaît de s'imposer à lui-même.

L'homme, doué de facultés en quelque sorte créatrices, ne peut donc les employer que suivant les desseins et l'ordre établi de Dieu; nulle violence, nul prétexte, nulle passion ne peuvent anéantir cette règle souveraine de sagesse et de raison.

Cet ordre, cette loi de la chasteté s'unissent et se confondent avec l'institution même de la famille, de la paternité, de la maternité, de l'éducation et de la formation de l'être moral de l'homme, car tout se tient et s'enchaîne ici. Blasphémer contre cet ordre et le renverser dans son cœur et dans sa conduite est donc un attentat contre les droits les plus sacrés du Créateur; et quand l'homme au contraire sait se respecter lui-même en observant ces lois, il respecte Dieu même et sa providence, et sa création, et l'ordre, et l'économie sacrée de ses desseins.

Mais ce respect de l'homme envers lui-même est encore fondé sur la véritable intelligence de la dignité humaine, ce que nous allons voir.

II. P. Que l'homme se respecte lui-même en suivant les lois de la chasteté, c'est ce qu'il doit à l'ordre même du Dieu créateur et conservateur de tous les êtres. Mais ce devoir du respect personnel s'adresse aussi à la dignité humaine sainement et fortement envisagée.

Qu'est-ce, Messieurs, que la dignité humaine? Nous en parlions déjà l'autre jour. J'ajouterai quelques traits encore pour la mieux comprendre.

Il est dans le cœur de l'homme une passion puissante qui a rempli le monde d'affliction et de désordre; attrayante et subtile, elle se glisse parmi toutes les conditions et tous les âges. Elle infecte les palais des rois comme les obscurs réduits de l'indigence. L'âge tendre de l'enfance n'est pas à l'abri de ses funestes atteintes; quelquefois elle a su même prévenir les premières lueurs de la raison pour en flétrir d'avance la pureté. Une jeunesse ardente lui fournit ses plus ordinaires et ses plus nombreuses victimes, et les glaces de l'âge dans le vieillard décrépit n'ont pas toujours amorti ses violentes influences.

Active comme le feu qui la dévore, cette passion ennemie de l'homme pénètre et s'insinue par tous les sens et pour ainsi dire par tous les pores. Les relations même les plus communes et les plus légitimes de la vie la présentent de toutes parts à l'âme avide. Cœur, esprit, action, imagination, souvenir, elle fascinera tout l'homme pour le courber mieux tout entier sous le tyrannique empire de penchants grossiers. Et quand il a subi cet empire, alors les pures lumières de la vérité ne sont plus trop souvent pour sa noble intelligence que de faibles lueurs qu'elle entrevoit à peine, si même l'aveuglement d'esprit ne vient à les éteindre. La beauté de la vertu n'a plus d'attraits pour son cœur. Tous les ressorts de l'âme pour le bien sont relâchés et comme dissous; sa vigueur spirituelle est émoussée, ses forces supérieures et morales sont abaissées et captives sous le joug des sens; et le cœur devient dur, inaccessible à tout autre genre d'émotion.

Cette passion, j'en ai dit assez, je n'ai pas besoin de la nommer.

Mais où donc, Messieurs, se trouve la dignité humaine, je vous le demande? Serait-ce par hasard dans la faiblesse qui succombe et dans cet empire des sens qu'on subit?

Pour peu que l'on veuille descendre au dedans de soi et s'interroger sincèrement, il faut bien sentir que c'est surtout par l'intégrité des bonnes mœurs que se prononce et s'exerce la plus noble indépendance de l'âme, son plus glorieux empire, cette domination souveraine de l'esprit sur la matière, caractère distinctif et véritable de l'être intelligent.

En vain la légèreté de paroles ou de conduite, en vain des théories publiquement scandaleuses, en vain la licence, l'entraînement et la passion voulurent trop souvent honorer le désordre, transformer et célébrer les excès de l'immoralité.

Au sein des peuples, Messieurs, d'éternelles vérités protestent contre les égarements les plus universels de l'homme; l'éternel sentiment du bien moral réclame; et jusque dans les jours honteux du paganisme, quand la licence était consacrée, divinisée, des voix courageuses durent s'élever pour la flétrir. Le poëte lui-même, vous le savez, dut voir dans l'effroyable corruption qui s'appesantit sur Rome victorieuse le châtiment qui vengeait l'univers vaincu.

. . . . Sævior armis
Luxuria incubuit, victumque ulciscitur orbem.

L'intégrité des mœurs, quoi qu'on en puisse penser et dire, sera toujours nommée la vertu, et vertu signifie force et courage. Toujours les bonnes mœurs feront la gloire la plus belle des nations comme des individus, parce que leur conservation et leur triomphe seront toujours le triomphe des facultés supérieures de l'âme et exprimeront sa plus noble indépendance, la domination de l'esprit sur la matière.

C'est plus, Messieurs, c'est mieux que la bravoure qui gagne les batailles, mieux que l'assaut vainqueur des villes, pour emprunter l'expression du Sage dans nos divines Écritures : *Melior est... viro forti, et qui dominatur animo suo, expugnatore urbium* [1].

Et ce que je dis chacun le dit et l'approuve au fond de sa conscience. Car la vertu comme la vérité se fait toujours rendre les hommages secrets du cœur.

Aussi, quand sur cette terre désolée nous apparaît quelque touchante image d'innocence et de candeur, on sent malgré soi qu'on la révère. Il naît en l'âme une intime et douce émotion avec d'intimes regrets peut-être. C'est comme un parfum descendu des cieux que l'on respire : c'est une

---

[1] Prov., xvi, 32.

fleur épanouie parmi les ronces et les épines ; c'est le lis des vallées dont la vue recueille, console et réjouit. Charme et bonheur de l'innocence, que sa pensée, sa vie sont donc souvent bien loin de nous ! C'est que nous sommes, Messieurs, bien plus rapprochés de la faiblesse que du courage, et que dans l'intégrité des bonnes mœurs la suavité, la douceur sont le prix d'une triomphante énergie.

Si de cet instinct naturel de raison et de vertu, qui demeure, je le pense ainsi, même dans les cœurs les plus égarés, nous nous élevons, Messieurs, aux divins enseignements de la foi, nous entendons alors que nos âmes et nos corps sont un temple où réside l'Esprit-Saint ; que nous portons au dedans de nous l'image de Dieu ; et nous concevons cet honneur, cette dignité plus qu'humaine des bonnes mœurs, honneur divin, culte intérieur rendu au Dieu de toute sainteté dans ce sanctuaire qu'il s'est choisi, où il veut surtout se reproduire par les traits de la vertu la plus pure.

Chose étrange toutefois, l'homme infirme et profondément blessé par le péché ; l'homme, que l'aveu sincère de sa faiblesse devrait sans cesse abaisser devant l'homme, s'élèvera, il s'enflera, il se glorifiera même de sa force et de son indépendance dans tous les actes de la vie morale; et il ira jusqu'à dédaigner même comme pusillanimité de cœur et petitesse d'esprit la fidélité et la chasteté chrétienne. Je veux plaindre ici plus que reprendre; mais il m'est bien permis de rendre aux mots leur valeur, aux choses leur vérité.

Le cœur de l'homme est un empire que se disputent des ennemis puissants; sans cesse en présence de penchants impérieux, de séduisants prestiges, au milieu de ces décevantes apparences qui semblent promettre les plus vives jouissances; avoir cessé de combattre et de vaincre, avoir cessé de vivre suivant la pure austérité de la loi chrétienne, c'est chose facile. Mais certes la force, le courage, la gloire, la raison ne sont pas là.

Elle veut, Messieurs, cette divine foi, en apportant à l'homme les secours surabondants du Ciel, lui révéler aussi sa grandeur et sa dignité véritable, qu'il laissa tant avilir, et qui consistait dans le paisible et royal empire de la vertu sur tous les emportements des inclinations déréglées. Empire glorieux, mais bien rare: c'est qu'il en coûte pour le conquérir et le garder.

Avouons-le, du moins, si c'est là s'abaisser et servir, nulle indépendance et nulle gloire ne sont comparables. Quand, Messieurs, pour croire, adorer et servir ainsi le Maître suprême, il faut savoir se vaincre et régner sur soi-même, sur de violents désirs et des passions rebelles, sur la légèreté délirante d'une imagination volage ; quand il faut demeurer indépendant et libre de tous les faux respects humains comme de toutes les séductions ; quand il faut constamment nourrir son âme de tous les sentiments forts et généreux. Ah ! je comprends, en bénissant Dieu à genoux, l'ancienne et belle maxime : Servir Dieu c'est régner ; et la grande gloire, la seule digne d'envie est de suivre ainsi le Seigneur, *gloria magna sequi Dominum*. Car je ne connais rien de plus indocile, de plus indomptable, de plus entraînant par faiblesse que le pauvre cœur de l'homme ; et quand je vois ses penchants enchaînés, ses passions abattues et soumises faire place à la vie pure, à la vie angélique d'un chrétien fidèle, je le proclame avec le prophète, ce changement est l'œuvre de la droite du Très-Haut, mais c'est bien aussi la gloire, la plus grande gloire de l'homme, *gloria magna sequi Dominum*. La loi du respect pour soi-même est alors généreusement accomplie, et l'homme conserve le sentiment le plus élevé de sa dignité propre et des hautes destinées de son âme.

Puissiez-vous tous à jamais le bien comprendre, Messieurs, et puisque notre infirmité est toujours si grande, puissiez-vous retrouver constamment la route de la prière pour remonter sans cesse à la source divine, où se puisent et la force et la vertu véritables. C'est le vœu que je forme au plus profond de mon cœur en vous quittant.

Aujourd'hui, Messieurs, quand je dois descendre de cette chaire de Notre-Dame, pour n'y plus remonter désormais, je ne puis me défendre de la plus vive émotion.

Depuis plusieurs années déjà j'éprouvais dans ma conscience le besoin de remettre aux mains sacrées du pontife qui m'honora si longtemps de sa confiance, cet enseignement de l'antique métropole que je n'ai jamais cessé de regarder comme trop disproportionné pour ma faiblesse. Dieu cependant, je serais bien ingrat de ne pas le dire, Dieu durant ces onze années écoulées a soutenu par la main mon courage et guidé mes pas dans la carrière. Il daigna constamment environner mes efforts de sa plus puissante assistance ; et les bénédictions de l'autorité pastorale, et vos touchantes, vos indulgentes sympathies ne manquèrent jamais non plus au ministère du pauvre prêtre qu'un sentiment profond avertissait toujours et de sa misère et de son incapacité personnelle. De plus, par la grande miséricorde du Seigneur, quelques âmes malades ont eu le bonheur de retrouver sous ces voûtes sacrées la lumière et le repos, c'est ma consolation la plus douce en me retirant de cette chaire; mais je sais bien que tous mes travaux n'ont rien produit et ne méritaient de rien produire. A Dieu seul, à vous, Messieurs, après Dieu, à votre généreuse franchise, à votre catholique indépendance, à vous toutes les joies et tout l'honneur de ces Conférences de Notre-Dame et de nos religieuses retraites. Le moment est venu, il est marqué pour moi dans les conseils divins, je l'ai senti, et j'ai dû faire entendre aux oreilles et au cœur de mon évêque les plus pressantes sollicitations pour obtenir, non pas la liberté ou le repos, je ne cherche ni ne dois chercher le repos, mais un changement raisonnablement nécessaire, et qui sera, j'en suis sûr, profitable à tous, heureux et glorieux pour l'avenir de cet enseignement qui ne doit pas périr. Des voix plus éloquentes que la mienne viendront recueillir ici votre adhésion et vos suffrages, et je demanderai tous les jours au Seigneur que cette institution consacrée, accrue encore de jour en jour, porte pour la religion et la patrie les fruits les plus abondants de foi, de grâce et de salut. Je le demanderai surtout pour ces jours de la retraite, qui ne doivent pas périr non plus. En quelque lieu que la divine Providence occupe alors les efforts de ce ministère que je vous consacrai si longtemps, je n'oublierai pas, je n'oublierai pas jusqu'au tombeau ces heures sacrées des jours saints, et tous les triomphes de la grâce dont ils furent les heureux témoins.

Peut-être vous souviendrez-vous aussi quelquefois devant Dieu d'un cœur qui vous fut tendrement uni par le dévouement le plus sincère et le zèle le plus vrai.

Monseigneur, c'est à vos mains qu'est remis le dépôt de l'enseignement divin; et quand vous fixerez votre choix, chacun de nous est bien assuré que vous saurez mieux remplir l'attente de l'avenir que votre indulgente bonté à mon égard ne l'a pu faire pour le passé.

Et vous, Messieurs, que je vais quitter sans vous abandonner, continuez votre courageuse profession de foi et votre noble pratique des lois divines. Au milieu des souvenirs de l'antique basilique, les générations passées, les générations présentes vous contemplent et vous louent.

Votre mission est grande et belle, vous saurez la remplir, j'en ai la ferme confiance; vous brillerez au sein du libre et beau pays de France comme des flambeaux consolateurs, comme des fanaux bienfaisants pour montrer les écueils, et signaler à tous la route qui conduit seule à l'éternelle vie.

DISCOURS

PRONONCÉS A NOTRE-DAME DE PARIS

PENDANT LA SEMAINE SAINTE

RETRAITE DES HOMMES

PREMIER DISCOURS

LA VIE DE LA FOI

LUNDI SAINT 1846

PREMIER DISCOURS

LA VIE DE LA FOI

> *Justus ex fide vivit.*
> Le juste vit de la foi.
> Hæbr., x, 38.

Messieurs,

Saint Paul nous a répété plusieurs fois, avec insistance, cette parole remarquable déjà sortie de la bouche des prophètes, et que je choisis aujourd'hui pour la matière de notre entretien. L'Apôtre était plein de cette pensée, que le juste vit de la

---

[1] Les douze discours suivants ont été recueillis par la sténographie. Le Père de Ravignan n'écrivait pas ces sortes d'instructions; on ne doit y chercher que les effusions libres et chaleureuses d'un cœur plein de zèle pour Dieu et son prochain. Le pieux orateur se contentait de méditer son sujet dans un esprit de prière, quelque temps avant de monter en chaire; et même plus d'une fois enchaîné par la multitude des confessions qu'il avait à entendre, il ne trouva pour se préparer que le temps d'aller à Notre-Dame.

foi, quand il s'abandonnait librement aux effusions de son magnifique langage dans le chapitre onzième de l'Épître aux Hébreux, où il définit la foi et raconte ses merveilles. La foi forma les patriarches, elle fut leur flambeau sur la terre, voyageurs exilés qu'ils étaient; la foi inspira à Noé de construire l'arche du salut; la foi fut le guide de Moïse marchant à la délivrance du peuple de Dieu qui gémissait dans l'esclavage; la foi fut l'épreuve de ce peuple, la garantie de ses victoires; elle lui assura la possession de la terre promise. La foi fut l'élan de tous les cœurs généreux, l'inspiration de toutes les âmes sages. Et l'Apôtre, découvrant toujours de nouveaux horizons dans la contemplation de la foi, se voit obligé de conclure que le temps lui manquerait pour dérouler aux regards de la terre tous les bienfaits de cette admirable vertu.

Je viens, Messieurs, après l'Apôtre, vous dire ce qu'est cette vie de la foi qui fait le juste. Suivant la doctrine des prophètes et l'enseignement des apôtres, le juste, l'homme qui vit de la foi est celui qui remplit, en vue de Dieu, les devoirs que Dieu lui impose. Mais comme tous nos devoirs viennent de Dieu et se terminent à Dieu, ils se confondent avec les vertus elles-mêmes; et vous comprenez alors sans peine que la justice, cette vertu nommée si souvent dans nos pages sacrées, est l'assemblage et la pratique de toutes les vertus, et qu'elle est en un mot la souveraine sagesse. C'est bien cette vie de la foi qui donne à l'homme sa vraie dignité; c'est elle qui réalise sur la terre le christianisme véritable, le christianisme sortant du cœur de l'homme, et se manifestant dans ses œuvres; c'est en elle qu'il faut reconnaître l'accomplissement des plus grandes choses, et par conséquent l'entreprise la plus haute et la plus généreuse qui soit jamais. Voilà ce que je me propose de vous montrer pendant cette heure de recueillement que nous allons passer au pied des saints autels.

Ainsi, dans la vie de la foi nous trouvons réunies la véritable dignité, la véritable sagesse, et le véritable courage de l'homme.

O Vierge sainte, Mère immaculée du Sauveur, dont je suis le faible et indigne ministre, je vous implore avec amour pour le salut des âmes que je vois autour de cette chaire. Combien de cœurs malades, de consciences qui souffrent, d'âmes qui hésitent et doutent encore! O Marie, faites descendre sur nous, dans ce temple honoré de votre nom, toutes les bénédictions du ciel. *Ave Maria.*

I. P. Disons-le, Messieurs, avec assurance, il

n'y a de dignité véritable pour l'âme humaine que dans cette vie que la foi anime comme son principe et sa source. L'homme ici-bas n'a reconquis la place due à sa nature dans les desseins du Créateur, que lorsqu'il a réalisé dans son cœur et dans ses œuvres tous les enseignements de la foi révélée. Vous aurez beau chercher autour de vous sur cette terre, rassembler tous vos souvenirs, analyser toutes les théories de la philosophie humaine pour connaître ce qui a été conçu de mieux sur la dignité, l'honneur de l'homme; vous pourrez me parler de sa raison et de sa liberté, des chefs-d'œuvre de son génie, des merveilles de ses sciences, des découvertes de son industrie, toutes choses que j'admire volontiers avec vous; il n'en sera pas moins vrai que si vous vous recueillez au dedans de vous-mêmes pour apprécier votre âme, sa nature et ses destinées, vous serez obligés de convenir que l'homme s'élève, se rétablit dans sa dignité propre, alors seulement qu'il se rapproche de Dieu, qu'il s'unit aux pensées et qu'il accomplit les desseins de son Créateur. Oui, c'est bien Dieu qui est le principe de toutes les grandeurs : il nous donne la lumière de l'intelligence et l'énergie de la volonté, il enflamme le désir du bien dans notre cœur, il nous fait fouler aux pieds les vaines craintes et les faux biens de ce monde, il vit au plus intime de notre être, nous vivifiant, nous soutenant, nous gouvernant selon les éternels desseins de sa providence. Or, Messieurs, quoi que vous puissiez penser ou faire, dès que vous vous séparez de Dieu, en cessant de rattacher vos pensées à sa pensée, vos destinées à ses desseins, votre liberté à la divine économie de sa providence, vous vous séparez nécessairement de la grandeur et de la dignité elle-même. Laissez donc de côté les théories fragiles de la pure raison, les infirmités de la philosophie humaine, et demandez à la foi ses enseignements. Elle vous dira que vous êtes créés pour Dieu même et pour Dieu seul, que vous êtes son image auguste, par les nobles facultés de votre âme. Elle vous dira que vous êtes des exilés, des voyageurs sur la terre, que le berceau appelle la tombe, qu'une route bien vite parcourue vous mène de l'un à l'autre, qu'au terme vous trouvez l'immortalité; oui, qu'une heure va bientôt sonner sur vos têtes où s'ouvrira devant vous une région nouvelle, et où vos destinées auront enfin leur accomplissement pour toujours. Et elle vous dira en même temps que la vraie grandeur de l'homme est de connaître ce noble but, d'y tendre avec un courage indomptable, et de l'atteindre par une victoire complète.

Vous le savez déjà depuis longtemps, vous n'en doutez pas, et pourtant vous ne daignez pas y penser! Entraînement déplorable, légèreté, indifférence désespérante qui vous captivent sur cette terre, et que je voudrais détruire en ces jours de réflexion et de prière. Je vous le demande, Messieurs, si le soleil cessait de vous prodiguer ses torrents de lumière; la mer, de baigner vos rivages et d'ouvrir mille routes à vos hardis vaisseaux; si la nature cessait de produire et ses plantes, et ses fruits, et ses riches moissons; si, en un mot, toutes les destinations des choses sensibles que vous voyez remplies avec tant d'exactitude selon les lois de la nature, cessaient de l'être, qu'arriverait-il? dans quel épouvantable chaos tomberait l'univers?

Mais que devient donc le monde de votre âme, quand vous brisez avec la loi suprême de votre être, que vous renversez l'ordre de la Providence, que vous mettez Dieu de côté, et que vous vivez comme si la fin de cette existence n'était pas le commencement d'une vie impérissable.? Que devient sa dignité, sa grandeur dans cet affreux désordre? Mais vous vous dégradez en vous enchaînant à la terre, en vous bornant aux intérêts matériels, et concentrant dans cette sphère basse et étroite vos pensées, vos aspirations journalières, tous les efforts de votre science, de votre génie, de votre industrie et de votre liberté.

Je vous le dirai avec toute l'énergie de mon cœur, l'homme qui ne rapporte plus à Dieu ses désirs, ses projets, ses travaux, qui ne sent plus que la voix et la main qu'il a reçues de la Providence doivent servir à sa gloire, et que le premier et le plus grand devoir de son cœur est de l'aimer par-dessus toutes choses; que les lois de Jésus-Christ et de son Église sont bien plus élevées, plus sacrées et plus nécessaires que les lois de l'ordre naturel, et les besoins de l'ordre politique, cet homme méconnaît sa dignité propre et essentielle; il refuse à ses facultés ce qu'elles demandent par leur nature, il leur refuse leur perfection et leur gloire. Vous tous qui ne cherchez pas Dieu, vous êtes hors de la voie, voyageurs égarés, coupables et malheureux; car vous renoncez à la fois et au foyer de votre famille et à la couronne de votre royauté. Que trouverez-vous, hélas! à placer dans la balance de la justice divine lorsqu'elle vous demandera compte de ses lumières, de ses grâces, de ses biens de toutes sortes? Chrétiens marqués du sceau du baptême, renouvelés plusieurs fois par la grâce de la pénitence, resterez-vous abattus sous le poids de l'indifférence et de la mollesse? ne reprendrez-vous pas cette liberté honorable, cette dignité de l'âme qui vous rapproche de Dieu et vous unit à lui par la foi? La vie de la foi! Ah! si le grand Apôtre des gentils, Paul, était ici, et qu'il fît succéder à ma chétive parole cette voix tonnante qui pénétrait jusqu'au fond des âmes, s'il venait vous développer dans son langage de feu, que sans la foi il vous est impossible de plaire à Dieu, qu'il faut nécessairement, pour vous approcher de Dieu, croire d'abord ; que la foi vivifiée par les œuvres opèrera le prodige de votre conversion, parce que c'est par elle que Dieu gouverne le monde et sauve les âmes; que cette foi est comme la substance des choses qu'il nous faut espérer, qu'elle nous rend visible le monde invisible, le monde à venir; s'il venait vous montrer dans le lieu de la souffrance et de la dégradation les âmes qui comme vous n'accomplirent point ici-bas leur fin surnaturelle, renoncèrent à leurs destinées chrétiennes et moururent dans ce fatal état, et s'il vous entr'ouvrait le ciel des élus, votre véritable patrie : oh! alors, comme toutes les grandeurs de ce monde s'éclipseraient à vos regards! comme vous vous détacheriez de ses biens apparents! comme vous reviendriez à Dieu pour toujours. Pleins de ces sentiments, vous vous rediriez l'un à l'autre en sortant de l'enceinte sacrée : Vanité des vanités que toutes les richesses, que tous les honneurs, que tous les biens de la terre, que ses événements les plus importants et ses plus grands intérêts! Ce qu'il y a de grand, d'important pour l'homme, c'est d'accomplir en soi les desseins de la Providence, c'est de vivre de la foi de Jésus-Christ, c'est de sauver son âme pour l'éternité.

II. P. Cette vie de la foi dans l'âme juste n'est pas seulement la véritable dignité de l'âme humaine, elle est encore, et vous en convenez intérieurement avec vous-mêmes, je l'espère, sa véritable sagesse.

Eh bien alors, à cette heure silencieuse, dans cette obscurité de la nuit, au pied du tabernacle du Dieu vivant, proche de ces insignes de la passion rougis du sang de Notre-Seigneur, dites-vous donc que le temps est venu de replacer votre vie dans la mesure et dans l'ordre de la véritable sagesse. Que vous ne voulez pas dépouiller votre existence et présente et à venir de ce qui peut lui mériter l'assentiment de votre raison et de votre conscience. Un homme sage dont la vie s'écoule dans l'ordre, dans la paix et dans la justice, n'est-ce pas, Messieurs, le spectacle le plus grand et le plus beau ici-bas? Mais cette sagesse vous ne la trouverez pas hors de la foi.

Je ne méconnaîtrai point l'existence de certaines

vertus morales, quelquefois du moins, en dehors de la pratique du devoir religieux; mais vous le lisez dans votre âme bien mieux encore que dans ma parole, l'ordre, la justice, la conscience, la sagesse, la probité, l'honneur avec toutes ses garanties, si le regard de l'homme n'est pas à craindre, si les lois de la société sont impuissantes, si aucun motif d'intérêt ou de gloire ne se fait sentir, eh bien! toutes ces vertus sont sans racine et sans résistance dans le cœur de l'homme. Elles se brisent au moindre choc ou s'évanouissent bientôt d'elles-mêmes quand vous les séparez d'une foi vive, et l'homme tombe dans les folies et les crimes des passions. L'homme de lui-même ne se garantit pas, il ne peut pas refouler ces inclinations perverses qui bouleversent sans cesse son cœur ouvert à tous les souffles. Non, il ne le peut pas sans la force divine de la foi, et il n'échappera aux naufrages de son cœur qu'en se réfugiant dans l'asile tutélaire de la foi.

Je vous en conjure au nom de la vraie sagesse, sacrifiez tout pour donner à votre âme cette vie de la foi, et déployez les plus généreux efforts pour la ressusciter en vous si vous avez eu le malheur de la perdre. Puisque vous sentez bien que la vraie sagesse se trouve dans l'observation de la loi de Dieu, des préceptes de Jésus-Christ, des institutions de l'Église, allez donc puiser sans cesse à ces sources intarissables les eaux vivifiantes de la foi et de la charité. Cette vie de la foi remettra toute chose à sa place dans votre cœur et votre existence tout entière, parce qu'elle vous reportera vers l'immortelle vie, vers la patrie où il faut arriver à tout prix, et qu'elle vous offrira tous les moyens d'y parvenir. Quelle imprudence et quelle folie de violer ses lois! c'est se tromper soi-même et violer les lois de sa propre nature. Reconnaissons-le, vivre pour l'ordre et la sagesse, assurer son immortalité heureuse, accomplir toute la loi du Seigneur dans la pratique du bien comme dans la fuite du mal, voilà l'ordre exprimé dans les termes les plus simples. Hors de là vous n'arriverez jamais à l'idée de la veritable sagesse. Supposez-vous en présence d'un merveilleux édifice élevé au milieu des airs, vous en contemplez les proportions magnifiques, elles vous ravissent, et vous exaltez le génie de son architecte; mais en examinant plus attentivement vous n'y trouvez ni degrés qui y conduisent ni portes qui y donnent entrée. Comment! l'édifice est complet en lui-même, et aucun moyen d'y pénétrer, de le mettre à même de remplir ses destinations diverses! Est-elle sage l'intelligence qui l'a conçu? Et vous, Messieurs, iriez-vous dans vos rêves, dans vos vaines théories, vous bâtir une existence pleine de grandeur et pleine d'utilité, semblable à un splendide palais, et puis n'y pas placer ces degrés qui doivent, les uns après les autres, vous conduire au but réel de votre existence, au couronnement de vos nobles desseins. Dédaignant les règles de la plus vulgaire sagesse, vous négligeriez ces moyens indispensables du salut qui assureront seuls votre bonheur dans votre fin essentielle! Ah! je vous en conjure, voyez autre chose sur cette terre que de l'or à manier, que des joies et des plaisirs à vous créer, que des heures à perdre dans l'oubli du devoir, dans l'insouciance et la mollesse de la volupté, ou dans des labeurs qui n'ont que la terre même pour terme. Non, non, ce n'est pas là l'échelle que vous devez dresser pour monter au ciel. Non, il ne sera jamais digne du nom de sage celui qui ne se nourrit pas de la pensée de ses nobles et inévitables destinées, en qui ne vit pas le désir efficace d'une vie pure et chrétienne, d'une vie de foi et de charité.

III. P. La grandeur et la sagesse ne sont pas les seules couronnes de la vie de foi que mène le juste; il trouve une troisième gloire dans ce noble courage dont il fait preuve. Oui, chrétiens, il en coûte pour suivre cette carrière, il en coûte plus encore pour y rentrer quand on l'a lâchement abandonnée. Je vous le dis, car je n'ai aucun intérêt à vous le dissimuler; mais aussi, quand on s'est une fois engagé d'un pas ferme dans cette voie d'honneur et de conscience, comme on respire à l'aise! comme après chaque victoire les chants de triomphe résonnent agréablement à l'oreille! Messieurs, le soldat chrétien qui est vainqueur de lui-même, loin des regards des hommes, et seul dans ses luttes, a plus de mérite et plus de gloire dans son obscurité, parce qu'il lui faut un effort plus généreux, et qu'il s'inspire d'un motif plus élevé et moins sensible.

Dans cette vie pure de la foi chrétienne qui s'accomplit selon le devoir, et se sanctifie selon l'ordre de la grâce, ah! Messieurs, il y a un grand triomphe de l'homme sur lui-même. Il est plus courageux, nous disent les saintes Écritures, que celui qui prend les villes d'assaut ou qui gagne des batailles [1]. La raison l'honore, le cœur vole vers lui, la conscience lui porte envie, et tous ensemble, prêtres ou fidèles, nous bénissons le Seigneur et la puissance de sa grâce, qui fait remporter de pareilles victoires.

Que cette vie d'ordre, de calme, de prière, de

---

[1] Prov., xvi, 32.

charité, d'abnégation de soi-même, d'amour de Dieu est belle! Qu'elle est belle cette imitation constante de la vie de Jésus-Christ, le modèle comme le sauveur des hommes! Qui ne souhaite de la réaliser? Mais alors qui peut donc vous retenir? Votre faiblesse, avouez-le. Oui, votre faiblesse, c'est elle qui explique tout. Dites donc aussi que la vie de la foi est une vie d'énergie et de courage. Bien plus, chrétiens, ce n'est que là que vous trouverez la force et le courage véritables.

En effet, prenez des villes, détruisez des armées, soumettez des royaumes, si vous restez asservis à vos mauvaises passions, à votre respect humain, à votre indifférence, vous n'en serez pas moins des lâches. Gémissons de nos lâchetés passées, mais ne les éternisons pas. Brisons des chaînes honteuses et indignes d'une âme chrétienne.

Si à cette heure nous ouvrons notre cœur à l'espérance, si nous appelons l'assistance divine, nous sommes sauvés; nous retrouverons la grâce divine, et par elle la force et le courage qui nous manquent. Le moment est venu, mettons la main à l'œuvre, et vivons de la vie pratique de la foi. Prendre des déterminations généreuses, concevoir de grands projets, reconnaître la beauté de la vertu, c'est un premier pas, mais un pas insuffisant. Pensez aux solitaires des premiers siècles de l'Église. Hommes comme vous, ils avaient connu le monde, ils y avaient vécu : ne vous semble-t-il pas que lorsqu'ils s'enfonçaient dans les déserts, renonçaient à leur famille et à leurs biens, fuyaient loin d'un monde qui les avait pervertis, brisaient les chaînes des habitudes et des passions, bravaient les dédains, les mépris qui les poursuivaient dans ces retraites où ils allaient s'ensevelir, croyez-vous qu'ils ne faisaient pas preuve de force, de liberté, de courage véritable ?

Je ne vous dis pas de courir au désert, mais de rentrer au plus profond de votre âme, de consacrer quelques heures solitaires à la méditation et à la prière, et vous fortifiant ainsi vous-mêmes, de combattre et de vaincre avec la grâce du Dieu tout-puissant. L'œuvre est belle et digne de vous. En ce moment où vous êtes recueillis devant Dieu et devant ses élus, qui vous contemplent du haut du ciel, comprenez et sentez combien il est beau, combien il est doux d'appeler Dieu son père, et de conquérir la palme de l'immortalité céleste.

Quelle que soit l'infirmité de ma parole, c'est avec une conviction profonde et un ardent désir de votre conversion que je viens de vous expliquer cette parole de saint Paul : le juste vit de la foi.

J'ai voulu vous rappeler que dans cette vie seulement se trouve la dignité de la vie humaine; vous sentez, j'en suis sûr, que vous vous élèverez à vos propres yeux à mesure que vous vous verrez plus chrétiens, chrétiens pratiquant, chrétiens vivant de la vie de la foi. Je vous ai dit que cette vie du juste et de la foi est la sagesse véritable, la prudence céleste qui dispose les moyens efficaces pour atteindre la fin noble, utile et nécessaire de tout homme en ce monde, qu'elle est donc le plus digne emploi des facultés que le Seigneur vous a départies. Et en gémissant sous le poids de votre faiblesse, reconnaissez enfin que le juste qui vit de la foi est un mâle et noble courage; mais ne perpétuez pas cette contradiction entre vos œuvres et les inspirations intimes de votre âme.

Il y eut, Messieurs, parmi les disciples du glorieux saint Dominique un homme extraordinaire, puissant en œuvres et en paroles, qui renouvela au moyen âge les prodiges et les merveilles du christianisme primitif : je veux parler de saint Vincent Ferrier; lisez sa vie, et vous verrez quelle est la puissance de la foi. Il apparaissait en Europe comme l'ange du Seigneur, annonçant sans cesse les jugements sévères et l'éternité malheureuse qui attendent le pécheur. Dans toutes les régions qu'il évangélisait, se pressait sur ses pas une véritable armée de chrétiens ; ces milliers d'hommes étaient organisés en troupe régulière et vivaient sous une discipline merveilleuse. Les miracles se multipliaient à son gré sous sa main, il les opérait à des heures réglées; aussi sa parole soulevait des populations entières. Les acclamations de la foule, les pleurs et les gémissements des pécheurs repentants, le changement des cités et des bourgades couronnaient partout les travaux de son pénible et admirable ministère.

Ah! Vincent Ferrier n'est pas ici, et je n'ambitionne pas ses succès; mais ce qu'il prêchait, je vous le prêche; la foi qu'il annonçait, je vous l'annonce. Cette vie de la foi qu'il vit se réaliser dans des populations étrangement égarées, et dans des temps malheureux, vous pouvez la réaliser dans vos cœurs; ces merveilles de la grâce qui marquèrent ses pas comme ceux des apôtres, vous pouvez encore les manifester à la terre. Oui, vous le pouvez. Et quand la voix de la grâce se fait entendre, que d'ailleurs vous lui avez donné tant de gages, que votre présence religieuse dans ce temple sacré est une si belle louange pour la vérité et l'autorité de l'Évangile, je ne sais pourquoi je mettrais des bornes à mes espérances, et pourquoi, en m'adressant à vous dans toute la liberté et la confiance du ministère évangélique, je n'en attendrais pas encore des fruits plus heureux que ceux qui sont venus nous consoler les années précédentes.

Il est temps de vous mettre d'accord avec vous-mêmes; ces jours sont précieux, ces heures fécondes; la grâce de Dieu coule à plein bord; que ces fêtes sacrées soient couronnées par la plus heureuse et la plus douce de nos œuvres catholiques. Soyez donc tous chrétiens vrais et généreux, chrétiens par la foi, par l'espérance, par la charité et toutes les œuvres. Alors vos jours s'écouleront plus méritoires et plus paisibles, parce que vous aurez pleuré le vide coupable des années passées, vous en aurez réparé les torts, vous aurez retrouvé tous vos droits à cet héritage que Dieu vous a destiné dans son amour éternel.

DEUXIÈME DISCOURS

LES PASSIONS

MARDI SAINT 1846.

DEUXIÈME DISCOURS

LES PASSIONS

Non veni pacem mittere, sed gladium.
Je ne suis pas venu apporter la paix sur la terre, mais le glaive.
MATTH., x, 34.

Messieurs,

Elle est étonnante cette parole dans la bouche du Sauveur du monde : « Je ne suis pas venu apporter la paix sur la terre, mais le glaive et la guerre! » Quel langage pour Celui que les prophètes nous annoncent comme un roi plein de douceur! *Ecce rex tuus venit tibi mansuetus*[1].

Quoi! une menace sanglante de la part du cœur le plus humble, le plus doux, le plus ami des hommes : *Discite a me quia mitis sum et humilis*

[1] Matth., xxi, 5.

corde [1]. Est-ce qu'il n'est pas venu prêcher l'Évangile de la paix pour les hommes sur la terre : *Et in terra pax hominibus bonæ voluntatis,* en même temps que celui de la gloire pour Dieu au plus haut des cieux : *gloria in altissimis Deo?* Cependant, Messieurs, il faut bien en convenir, c'est Jésus-Christ lui-même, Celui qui passa en faisant le bien, qui vint pour nous prodiguer tous les témoignages de l'amour, c'est lui-même qui nous dit : Je ne suis pas venu apporter la paix sur la terre, mais le glaive, *pacem non veni mittere, sed gladium.* Quel est donc ce glaive, quelle est cette guerre? Est-ce que la véritable paix de la conscience, l'harmonie de nos affections les plus intimes ne se retrouveraient que dans cette lutte incessante? Oui, Messieurs, il n'est que trop vrai : la lutte, la guerre est indispensable ici-bas; il n'y a de paix que dans la victoire. Point de repos dans je ne sais quelle mollesse languissante qui veut se séparer de tout labeur sur sa route. Ce n'est pas là la paix véritable. Le repos que je vous annonce est le fruit de l'abnégation et du dévouement : *Discite a me quia mitis sum et humilis corde, et invenietis requiem animabus vestris.* C'est bien le glaive du combat que Jésus-Christ place dans notre main.

[1] Matth., xi, 29.

Nous portons au dedans de nous des penchants rebelles, des inclinations perverses; nous flatter sur cette terre de les avoir réduits pour toujours, c'est une illusion manifeste! Nos passions vivent au dedans de nous et elles vivront encore. Dès lors, pour jouir de la paix il faut entretenir la guerre. Afin de mieux éclairer cette route, pour faciliter l'usage des armes et pour préparer la victoire, je vous parlerai des passions, et j'espère, avec le secours de la grâce divine, vous voir sortir de cette enceinte animés d'un nouveau courage. J'examinerai les passions sous ces quatre aspects divers : les passions de calcul, les passions d'entraînement, les passions d'habitude, enfin les passions combattues; et c'est l'état dans lequel il faudra vous placer tous. Ainsi le calcul et l'entraînement, l'habitude et le combat des passions, telles sont les pensées graves sur lesquelles j'appelle votre attention ainsi que la protection de la Vierge Immaculée, dont le cœur est mon refuge, et que j'invoque avec vous par la prière de l'Église : *Ave Maria.*

I. P. Les passions de calcul. Je commence par où le pécheur finit, car ce n'est point au calcul des passions, aux passions réfléchies, régularisées et conduites pour agir sans contrainte, que l'on arrive d'abord. Non, la chute de l'âme ne commence pas ainsi; mais c'est ainsi qu'on finit. Il faut, généralement parlant, parcourir auparavant les degrés que je vous signalerai. Mais puisque, grâce à Dieu, ce n'est pas le calcul des passions, leur état froid et systématisé pour ainsi dire, qui est l'état prédominant du cœur de l'homme, j'ai voulu, pour ne rien omettre, vous le signaler d'abord. Il n'appartient pas au jeune âge, au jeune âge temps de la générosité et de la lutte, temps aussi de l'illusion, de l'aveuglement et de l'entraînement; mais à une certaine maturité d'âge, après qu'on a vécu longtemps loin du souvenir des dogmes et des préceptes évangéliques, et que la foi s'est presque éteinte. Alors, Messieurs, on s'assied, non pas comme l'homme de l'Évangile, pour calculer ce qu'il dépensera, *sedit computans sumptus suos*, afin d'élever la tour de la vertu évangélique, mais pour régler sa vie dans un cercle de jouissances déterminées par une sorte de système hygiénique, sans qu'on ait de reproches à se faire, d'excès à craindre. C'est là, Messieurs, cette modération épicurienne des plus mauvaises passions, ce calcul coupable, cette indifférence glaciale que je déplore en ce moment. Plus d'une fois, dans ma carrière, j'ai entendu de ces hommes froids, plus froids que la pierre de ce monument, me raconter eux-mêmes à cet égard leurs pensées et leurs calculs. Ils se sont donc assis un jour dans cette vie de la matière, sur le rivage de ce monde, ne voulant rien refuser à leurs désirs, traitant de crainte chimérique les menaces de la conscience et les reproches de la vertu. Ils ont mis dans leur balance des poids nouveaux, ce ne sont donc point ceux de la justice divine; non, ce n'est pas la mesure de la vérité et de la sagesse, ce ne sont point les inspirations salutaires de la grâce. Quel scandale! Le désordre est ordonné, le vice a une règle, la passion est satisfaite par système: il le faut, dites-vous, pour jouir avec réflexion et longtemps. Et alors, Messieurs, viennent des théories déplorables. Qu'elles ont égaré d'âmes généreuses! J'en ai connu, hélas! quelques-unes ensevelies au milieu de ces erreurs. Elles reviennent toutes à la mesure, à la régularisation et à l'application des passions. Si vous voulez bien connaître le paganisme, savoir ce qu'est la religion sans la foi, étudiez les passions de calcul. Une passion, c'est un dieu, une idole; une autre passion, c'est un autre dieu, une autre idole; autant de passions et autant d'idoles, autant de dieux; il y a donc beaucoup de dieux. Et puis, comme il se trouve dans le cœur perverti de l'homme une sorte de synthèse naturelle du mal, on admet comme légitime le principe même des passions les plus funestes, de tout ce qui remue et corrompt le plus puissamment; alors il s'établit entre tous ces adorateurs de faux dieux comme une sorte de culte identique et universel, dans lequel on se rencontre, on s'entend, on se reconnaît sur tous les points du monde. C'est une ressemblance satanique, c'est un penchant dépravé, c'est un symbole honteux. Certes, vous avez pu assez lire et réfléchir sur les erreurs de tous les temps, pour comprendre que tout vient aboutir au culte de la chair, à la nature pervertie. Les mystères approfondis de la philosophie et de la religion païennes n'en sont que des applications, et on n'y a su rien trouver de plus adorable que le principe même de la génération et de la vie animale. Le calcul, c'est l'ordre établi dans le mal et dans le vice, c'est le paganisme, c'est le règne de Satan. Mais cet affreux calcul des passions ne vous appartient pas, votre seule présence en ce lieu saint proteste contre. Et puis il n'est pas de votre âge, de la verte génération qui remplit cet auditoire. J'ai bien rencontré quelquefois au jeune âge une vieillesse, une décrépitude prématurée; j'ai entendu cette philosophie du vice qui voulait se justifier soi-même. Heureusement ce calcul, cet endurcissement des longues années, ne cherche pas encore à tromper votre conscience, et à détruire l'amour sincère du bien et de la vertu qui vivent encore au fond de vos cœurs. Eh bien! je reprends les passions à leur naissance, triste aurore qui n'annonce pas un jour serein.

Les passions d'entraînement. Racontons, Messieurs, l'histoire d'un trop grand nombre d'entre vous; faisons-le dans la sincérité de nos âmes, en nous rappelant que nous sommes dans le temple et sous les yeux du Dieu vivant, en présence de sa justice, et bien plus encore de sa bonté et de sa miséricorde. Nous devons tous nous confier à son indulgence, mais nous devons aussi déplorer nos erreurs, et c'est dans cet esprit que je veux vous en présenter le récit fidèle.

Ce jeune homme était né avec les inclinations les plus heureuses, objet de la tendre sollicitude d'une mère vigilante et pieuse; il fut formé par elle dès ses jeunes années aux idées les plus pures, aux pratiques les plus saintes de la foi; il croissait ainsi à l'ombre de la religion, l'espoir de la famille et de la patrie. Son air de candeur et d'innocence, sa franchise, son ouverture, je ne sais quelle expression de vertu qui sortait de lui-même inspiraient l'amour et le désir du bien. Digne comme un autre Jonathas de rencontrer un ami du ciel, hélas! dans les sentiers de cette vie que nous parcourons tous, il eut le malheur de rencontrer des amis impies. Leurs discours perfides rapportés de ces régions lointaines où l'on dissipe l'héritage du Père éternel, trésors célestes, excitaient sa curiosité, ridiculisaient son ignorance naïve, et le faisaient rougir de son innocence et de ses vertus conservées. Ces railleries, ces sarcasmes troublèrent bientôt son esprit; sa foi résista d'abord, soutenue qu'elle était par les impressions premières de l'éducation, par ces observances pieuses des premières années; mais il portait au dedans de lui une réponse de mort, il luttait contre un ennemi qui avait mille intelligences au fond de son cœur, et il finit, hélas! par se laisser entraîner sur la pente rapide du vice! Ah! le plaisir a tant d'attraits, il a tant de puissance pour nous fasciner! O pauvre enfant! vous vous précipitez dans la vie, vous voulez jouir, et vous croyez avoir salué le jour de votre affranchissement : malheureux! l'heure funeste des chagrins, des remords et de l'esclavage a sonné; vous suivrez ces amis funestes, vous partagerez leurs plaisirs, leurs festins, leurs orgies, vous vous riverez à des chaînes honteuses; esclave, vous les traînerez misérablement avec eux, puis meurtri et déchiré par leur poids, vous n'aurez pas la force de les briser, et vous voilà tombé pour jamais jusqu'au fond de l'abîme des vices.

Non, pas encore, car ce n'est pas aux passions d'entraînement qu'est donné ce fatal triomphe. Ici l'étourdissement, un je ne sais quoi d'enivrant qui a coulé dans vos veines, vous fascine et vous enchaîne. Oh! jeune homme, que je plains votre cœur! Non, vous n'êtes pas encore entièrement corrompu; vous voulez le paraître, vous parlez haut, vous célébrez, ce semble, un triomphe sur le remords; votre parole est plus audacieuse que ceux qui ont vieilli dans l'expérience du vice et du crime. Mon enfant! votre cœur est oppressé, votre conscience souffre : comment ne pas vous rappeler et votre mère et ce jour de la première communion, et ces sacrements reçus souvent avec tant de bonheur? Ah! ce souvenir est vivant sous vos yeux. Vous voyez encore ce père mourant qui vous lègue à la compagne de sa vie, qui sur son lit de mort vous recommande à sa sollicitude; il vous dit de garder toujours les principes religieux qu'il vous a inspirés. Non, mon enfant, vous n'êtes pas encore perverti; c'est l'entraînement, c'est l'ivresse du moment, et déjà, Messieurs, comme on descend bas! Un instant on se réveille, on s'arrête, la voix de Dieu n'est pas toujours étouffée, sa lumière n'est pas toujours éteinte, la foi défend encore ses droits au fond de la conscience humaine; peut-être, la parole retentissante du ministre de l'Évangile aux heures sacrées de la retraite et de la prière, remue l'âme, on est mal à l'aise; on est descendu trop vite trop bas; on a honte, on a horreur de soi; on connaît le mal, on le hait, et on y tient. Savez-vous bien ce qui arrête davantage ce malheureux jeune homme que vous avez perdu? C'est le respect humain, ce sont vos railleries, malheureux! Vous ne savez pas quelle tyrannie vous exercez! Et quand vous prêchez la liberté et ses droits, que vous réclamez pour chacun l'indépendance de sa pensée, de sa conscience, de son cœur, de ses œuvres, vous les entravez, vous les anéantissez. Oui, la dignité humaine périt sous vos coups : apôtres du vice, soldats de Satan, enrôleurs du désordre, vous le ravissez ce jeune homme. Il n'était pas pour vous, Dieu l'avait fait pour son Église, l'avait réservé pour sa grâce, pour vous servir à vous-mêmes d'exemple salutaire, de maître persuasif, pour vous tracer la voie du ciel. Et vous l'avez fait trembler et reculer : il a peur de rester pur, vertueux, libre, de devenir homme véritablement; il y renonce, et c'est vous qui en êtes coupables. Puis, après un tel crime, vous vous enorgueillirez, vils esclaves du vice et odieux panégyristes des passions dégradantes.

O jeune infortuné, espérez encore en Dieu, levez la tête, ayez le courage du repentir, avouez votre honte, dites à ces funestes conseillers de votre inexpérience que vous les connaissez, et que, sans les haïr, et en leur pardonnant, vous ne voulez plus désormais les imiter et les suivre.

Voilà, Messieurs, ce que sont ces passions d'entraînement dans de jeunes cœurs; voilà l'histoire de plusieurs d'entre vous. Jours mauvais! souvenirs amers! Et lorsque de nouveau Dieu nous apparaît, que la grâce nous presse au fond du cœur, que la prière coule de nos lèvres, que la conscience a retrouvé sa voix, ah! Messieurs, comme on sent qu'ailleurs se trouvent le repos, l'honneur, le bien, la dignité, la liberté! C'est à ce noble banquet que je vous convie! Croyez-le bien, le courage, la grandeur d'âme ne sont pas dans la servitude du respect humain, dans la mollesse qui se plie aux habitudes et aux plaisirs du monde; vous les trouverez dans le cœur qui résiste ou dans celui qui manifeste son repentir et commence une nouvelle vie.

J'en ai assez dit sur ce point, et je vais maintenant vous parler de l'habitude des passions et des combats qu'il faut leur livrer toujours. Ce sera le sujet d'une seconde réflexion.

II. P. Messieurs, c'est la faiblesse, bien plus que le calcul, et jamais la force d'âme, qui malgré les élévations de la pensée d'ailleurs, malgré des efforts utiles dans différentes positions de la société et de la famille, nous explique les égarements de la plupart des hommes et leur éloignement des pratiques religieuses. Oui, nous sommes faibles; gémissons, rougissons, et en même temps consolons-nous : la miséricorde divine est faite pour la faiblesse, son indulgence s'adresse à l'infirmité; mais que le sentiment de cette faiblesse ne s'appuie pas sur un calcul, qu'elle n'autorise pas une habitude. Car les habitudes, quelle affreuse tyrannie! Ce n'est pas le calcul, une satisfaction systématique, l'hygiène apportée pour règle et pour mesure; non, c'est tout autre chose, c'est aussi redoutable. Une passion d'habitude, elle demeure en l'âme comme cette trace des chars romains que vous retrouvez après plus de quinze siècles imprimée sur les voies des villes souterraines rendues à la lumière. Une passion d'habitude, quelle puissance! C'est la pesanteur qui vous fait descendre et qui s'accroît en descendant. Voilà un paysan dont la cognée va, chaque jour depuis de longues années, abattre dans la forêt le bois qui doit alimenter son foyer. Il y entre, et bientôt du milieu d'un fourré épais, comme d'un repaire, sort un brigand qui s'avance, le charge de ses armes, s'appuye sur son épaule, et lui ordonne de le conduire jusqu'à la rive du fleuve. Et le bûcheron, tremblant, marche, ses genoux ploient, mais il porte néanmoins son fardeau et conduit son odieux compagnon jusqu'à la rive indiquée. Le lendemain, je ne sais quelle puissance le ramène en ces lieux, le brigand s'y retrouve, et, le chargeant comme une bête de somme : « Marche, lui dit-il, marche jusqu'à la rive; » et l'esclave d'obéir. Le troisième jour ressemble aux deux autres ; et toujours il va reprendre de lui-même sa chaîne fatale.

Telle est l'habitude. On se soumet, on porte son tyran; on ne l'aime point, on le méprise et on l'abhorre. Oh! qu'il pèse! et cependant on ne le rejette pas. Chaque jour c'est un nouveau sacrifice, l'on est soi-même et la victime malheureuse, et le sacrificateur impie. Quelle étrange puissance de ces actes répétés, de ces chutes perpétuelles! En vain on se méprise, on a horreur de soi-même; en vain le corps s'épuise, la santé se ruine, l'intelligence s'abaisse; l'habitude, elle continue à régner. Vous la connaissez peut-être cette impitoyable souveraine. Un jour l'affreuse connaissance du mal vous fut donnée; vous avez frémi et reculé d'abord, mais vous êtes revenu vers lui, vous avez chargé le tyran sur vos épaules, pour le porter et le porter encore, et cela depuis dix ans, trente ans, cinquante ans peut-être. Aujourd'hui, courbé vers le tombeau, vieillard épuisé par les années et encore plus peut-être par le poids de ces habitudes funestes, ah! qu'allez-vous donc devenir! Vous professerez de nobles sentiments, vous exposerez de belles théories, le langage de la vertu sera sur vos lèvres décolorées, vos yeux presque éteints darderont encore quelques étincelles généreuses, mais malheur à vous! l'habitude est là, cachée au fond de votre nature; elle pèse sur votre cœur, vous enlace et vous étreint. Cent fois vous avez cru être délivré de ses chaînes, commencer une nouvelle existence, mais bientôt l'habitude se fait sentir, et son poids vous écrase cent fois; et cependant vous êtes libre toujours. Ah! souvent vous voudriez bien ne l'être plus, et avoir pour excuse la fatalité. Vous ne l'aurez point; mais vous vous direz au fond de l'âme : Je suis libre; mes faiblesses sont des fautes, elles sont des crimes.

Je sais qu'il vous faut une énergie surhumaine pour arracher votre âme du fond de l'abîme de la dégradation où elle gît, pour la relever et la replacer sous l'heureux empire de la vérité et de la vertu; mais je sais aussi qu'on la trouve dans la grâce de Jésus-Christ sauveur. Invoquez son nom, et marchez au combat dans ces jours sacrés et favorables. Combien y ont réussi par un miracle que la miséricorde divine aime à multiplier! Des hommes avaient gémi longtemps ; dégradés à leurs propres yeux, plus d'espérance ni de paix pour leur conscience, plus de consolation dans la foi et la piété, les mystères du culte sacré ne parlaient plus ni à leur intelligence ni à leur cœur. Quand vient une heure longtemps retardée, ils ont poussé un secret gémissement, il part d'un cœur pressé du besoin de s'élever jusqu'à Dieu et d'abjurer ses erreurs. Alors ranimés et consolés, ils lèvent vers Dieu leurs mains suppliantes, ils parlent le langage de la prière ; et, s'armant de courage, ils rejettent ce tyran impur du vice qui pesait sur leur cœur et s'était enchaîné à leur flanc. Dans ce travail intérieur, dans ces efforts heureux de l'âme, avec le remords apparaît le repentir, et avec le repentir la paix du pardon. Ah! si vous pouviez apprécier leur bonheur et leur liberté véritable, leur foi et leur piété! comme après de longs égarements ils aiment s'asseoir à cette table sainte du pain eucharistique! avec quelle douce facilité ils se font aux habitudes du recueillement et de la prière! comme leur cœur se repose avec calme et avec joie dans le sentiment de la charité divine!

O Seigneur trois fois saint! je vous le demande, rempli d'une émotion profonde, daignez nous inspirer le véritable courage qui dompte les passions, ce don surnaturel et divin de votre plus pure miséricorde. Avec ce secours de votre grâce, la victoire pourra couronner nos luttes, nous la pourrons même quelquefois trouver facile. Que le monde ignore ce qu'elle nous aura coûté, les larmes que nous aurons versées, les assauts que nous aurons livrés et soutenus.

Les anges, Messieurs, seront vos témoins et vos aides, vos noms seront inscrits sur le livre de vie, et un jour vous serez reçus dans le temple de l'immortalité glorieuse. Je vous appelle tous à ces combats, en vous disant qu'il n'y a pas sur cette terre d'autre carrière pour l'âme chrétienne. Interrogez, cherchez : partout vous trouverez la loi du combat contre vous-mêmes ; partout vous rencontrerez Jésus-Christ vous présentant, non l'olivier de la paix, mais le glaive de la guerre : *Non veni pacem mittere, sed gladium.* Ce glaive, j'en voudrais armer ma main, pénétrer jusqu'au fond de votre âme, et y égorger vos passions dominantes ; car c'est là le champ de bataille et la matière du combat. Vous me direz peut-être : mes passions sont si vives, mes habitudes si invétérées, que tous mes efforts resteront sans succès. Mais vous croyez-vous donc seul rempli d'habitudes et de passions, d'illusions et d'erreurs ? Les passions sont dans tous les hommes : tous gémissent de leurs chaînes. Le combat contre elles est ici-bas pour tous, la paix avec elles pour personne. Et ne pourrez-vous pas ce que tous doivent faire, ce qu'un si grand nombre a fait?

Apôtre glorieux des gentils, grand Paul, vous, sanctifié par une grâce miraculeuse et élevé jusqu'au troisième ciel, faites-nous connaître les sentiments de votre cœur si brûlant d'amour pour Jésus-Christ. Saint Paul l'a fait, Messieurs, écoutez-le : « Malheureux que je suis, qui me délivrera de ce corps de mort [1]. Je sens l'aiguillon de la chair, cet envoyé de Satan, qui me soufflette. J'ai demandé au Seigneur de m'en délivrer, et il m'a dit : Ma grâce te suffit, la vertu se perfectionne dans l'infirmité [2]. Je cours, non au hasard ; je combats, non en frappant l'air, mais je châtie mon corps et je le réduis en servitude, afin de ne pas être réprouvé après avoir prêché aux autres [3]. »

Ah ! mes frères, si vous voulez triompher de vos passions, les régler selon les lois de l'Évangile et assurer votre salut éternel, il faut, appeler en vous la grâce puissante de Dieu, il faut, à l'imitation de saint Paul, parcourir la carrière du combat

---

[1] Rom., vii, 24.
[2] II Cor., xii, 7, 8, 9.
[3] I Cor., ix, 26, 27.

en pénétrant vos âmes de ses sentiments de pénitence et d'amour de Jésus-Christ. Tombez à genoux au pied d'une croix, pressez-la contre votre cœur, que ses clous, ses épines pénètrent jusqu'au plus intime de votre âme. C'est par la prière que vous purifierez votre conscience, par la prière que vous recevrez le pardon du passé, la grâce du présent et de l'avenir; c'est par la prière que vous comprendrez, que vous goûterez les vertus évangéliques; par elle que vous trouverez la persévérance, c'est-à-dire la couronne immortelle, la récompense divine des nobles et saintes victoires que vous aurez remportées sur vous-mêmes.

TROISIÈME DISCOURS

LE BIEN ET LE MAL

MERCREDI SAINT 1846

TROISIÈME DISCOURS

LE BIEN ET LE MAL

> *Ignem veni mittere in terram : et quid volo, nisi ut accendatur ?*
> Je suis venu apporter le feu sur la terre, et je ne veux rien autre chose, sinon qu'il brûle.
> Luc., xii, 49.

Messieurs,

Hier je rappelais cette parole de Jésus-Christ : « Je ne suis pas venu apporter la paix, mais le glaive, » et je vous exposais la nécessité du combat intérieur de l'âme contre ses passions. Non! ce n'est pas la paix de l'insouciance et de la lâcheté que le Seigneur veut apporter sur cette terre, mais le glaive du combat, l'arme de la victoire. Aujourd'hui je vous proposerai encore le même devoir dans cette autre image du Sauveur : « Je suis venu apporter le feu sur la terre, et je ne veux rien autre chose, sinon qu'il brûle. »

Sans doute ce feu sacré est avant tout la divine charité, qui est Dieu même, comme les prophètes l'ont nommé : *Deus ignis consumens est*[1]. Ce feu, brûlant dans le sein même de Dieu, qui tend à se répandre, qui cherche à dévorer tout ce qui s'oppose à son action, Jésus-Christ vient l'apporter sur la terre, l'allumer par sa parole et sa grâce; et tous les jours, par son Église, il cherche à en consumer nos cœurs; mais ces cœurs glacés par une indifférence mortelle résistent à son action, et de là ce combat nécessaire contre nous-mêmes pour céder à l'action du Dieu sanctificateur.

Nous devons donc allumer en nous un feu qui dévore le péché, qui y consume les obstacles à la grâce, et qui excite en nous une volonté généreuse de la seconder. Pour mieux déterminer la nature, le théâtre, les conditions, l'importance de ce combat, il est utile, Messieurs, d'opposer à vos yeux le bien au mal, le ciel à l'enfer; de vous montrer la contradiction qui se trouve dans votre propre conscience. Car c'est là que se débattent le bien et le mal, là que se rencontrent déjà le ciel et l'enfer.

O Mère affligée du Sauveur, en ces jours de vos

---

[1] Deut., iv, 24.

grandes douleurs où notre indifférence et nos péchés vous attachent à cette croix d'ignominie et de tortures, je vous implore; par votre intercession, votre protection toute-puissante, délivrez-nous, brisez la dureté de nos cœurs. Mère de douleurs, donnez à nos yeux une fontaine intarissable de larmes expiatrices, et obtenez-nous l'énergie et la persévérance dans ce combat. *Ave Maria.*

Vous donner du bien et du mal, du ciel et de l'enfer, une connaissance non pas spéculative et stérile, mais pratique et fructueuse; vous les montrer au fond même de vos âmes, afin de vous décider à la guerre sainte, de vous arracher aux illusions et aux erreurs qui vous aveuglent; vous faire entrer profondément dans les appréciations de la foi, et comprendre que le bien à cette heure, pour vous, c'est une sincère réparation de vos fautes, c'est votre réconciliation avec Dieu au tribunal sacré du pardon : voilà ce que je me propose en ce moment.

I. P. Je vous le demanderai, Messieurs, quel est le bien et quel est le mal pour vous et en vous? En connaissez-vous la nature, et savez-vous choisir entre l'un et l'autre selon les règles d'une saine raison et d'une foi éclairée, afin de garder votre âme dans la vie et la dignité qui lui sont propres.

1. Qu'est-ce donc que le bien? Pour le connaître, remontez jusqu'à Dieu même. Il est le bien suprême et infini ; sa nature est la bonté souveraine et absolue : ***Deus, cujus natura bonitas.*** Quand notre âme sort des bornes de ce monde fini, se dépouille de ses idées étroites, se recueille par la méditation, s'éclaire par la foi, et s'élance dans le sein même de Dieu, alors, en contemplant l'être infini, absolu, sans commencement, sans fin, sans borne aucune, elle trouve l'idée du bien vrai, du bien suprême, elle le définit : Celui qui est, c'est-à-dire celui à qui rien ne manque, celui qui renferme tout et éminemment : alors, Messieurs, nous avons quelque idée du bien même.

Cependant il faut apprécier le bien en descendant de ces hauteurs jusqu'à nous. Notre âme, par son intelligence, sa liberté, son amour, est une image de Dieu. Le bien se trouve donc dans l'âme quand il y a conformité dans sa vie, ses pensées, ses affections, avec les attributs de la Divinité elle-même ; quand notre prudence et notre sagesse ont pour type la sagesse même divine ; quand notre esprit et notre science s'éclairent de la lumière et de la science divine ; quand notre liberté, dans son usage, se conforme à l'action de la liberté divine ; quand notre volonté et notre amour se trouvent aussi d'accord avec la volonté et l'amour divin. Oui, lorsque l'homme trouvera en lui des traits de conformité avec Dieu, alors il sera bon, le bien sera en lui.

Vous devez déjà voir, Messieurs, les conséquences et les applications pratiques de cette définition du bien. Le bien, en nous, c'est ce qui donnera au cœur, selon le besoin de la nature, la paix, la dignité, la sécurité, la joie intime dont le sentiment surpasse tout autre sentiment.

Quand on sent que Dieu nous place au rang de ses serviteurs, qu'il nous élève à celui de ses enfants, que l'immortalité nous appartient et nous attend, et que, pour nous ramener à lui, Dieu nous environne constamment de sa lumière, de sa grâce, de sa puissance ; qu'il est présent en nous jusque dans nos pensées et nos affections les plus intimes, alors on conçoit l'idée d'ordre, l'idée de bien, on comprend que l'ordre et le bien n'existent pour l'homme qu'autant que les facultés de son être sont en rapport avec sa sublime destinée. Oui, mon Dieu, je descends de vous, je passe rapidement sur cette terre, voyageur exilé, errant, battu par l'orage ; mais je m'élève jusqu'à vous par mon cœur et le but de toutes mes œuvres ; en vous est ma fin, mon repos, ma couronne, mon immortalité, mon devoir, mon besoin le plus intime; et me porter à vous, me donner à vous, voilà l'ordre, voilà le bien. L'ordre, le bien, il n'existera donc pour moi que lorsque ma vie entière, pensées, affections, projets, actes seront soumis à la sainte loi de Dieu, et que chacun de mes pas marqué sur la poussière et la boue de ce monde me rapprochera de ma fin dernière. Je veux dire comme ce peintre célèbre, pour chacune de mes œuvres : « Je travaille pour l'éternité. » *Æternitati pingo*. C'est au chrétien seul, Messieurs, qu'il appartient de parler ainsi; et il le peut quand il travaille, qu'il souffre et qu'il combat pour Dieu et son salut éternel.

Mais si cet ordre et cette dépendance ne sont pas gardés, vous n'êtes pas dans le bien, vous êtes dans le désordre, vous êtes dans le mal. En opposition avec la Providence divine, vous devrez périr. Insensé, vous vous déshéritez vous-même de la dignité de votre nature; votre vie n'est plus que contradiction, et avec vous-même et avec le Ciel. Vous vous endormez dans l'indifférence et dans l'oubli. Malheureux! la mort vient; alors plus de temps, plus de grâces, plus de salut; vous sombrez dans un abîme éternel.

Oh! mes frères, embrassez ces grandes idées, nourrissez-les dans votre cœur, prenez-les pour la règle inviolable de votre vie; allez y puiser vos inspirations et mûrir vos projets. Oui, travaillons pour l'éternité, marchons vers le ciel, mettons tout prix au salut de notre âme. Le monde a un autre bien, a un autre mal à nous offrir : son langage et ses œuvres sont opposés au langage et aux œuvres de la foi. Mais qu'est-ce que le monde, et d'où vient-il? Écoutez l'Apôtre: « Le monde est tout entier dans le faux, le mauvais et le funeste. » *Mundus totus in maligno positus est* [1]. Il est le désordre et l'éloignement de Dieu; il est l'opposition à la fin divine de l'homme; il est le théâtre et l'occasion perpétuelle du mal! Nous allons étudier le mal plus profondément encore, il nous apprendra à juger plus sainement et du monde et de nous-mêmes.

2. L'ange, semblable à un astre radieux, avait été placé dès sa création dans la gloire du ciel; les dons les plus élevés de l'intelligence et de la volonté enrichissaient sa nature supérieure à la nôtre; il paraissait régner auprès du Très-Haut plutôt que le servir. Avant que le temps de l'épreuve fût écoulé, l'orgueil le tenta; il se laissa séduire à l'idée de s'élever plus haut encore, oubliant que sa dignité et son bonheur étaient liés à sa dépen-

---

[1] Joann., v, 19.

dance, et qu'au delà de son trône était creusé un abîme sans fond.

Être soumis à Dieu, adorer et aimer son autorité souveraine, tendre à lui comme au principe et à la fin de toutes choses, voilà quel était son premier devoir, et voilà ce qu'il refusa d'accomplir. Par là l'ange a péché, et il est tombé du ciel dans les enfers. L'apôtre saint Pierre nous a dépeint cette chute par les paroles les plus énergiques; le Sauveur nous montre Satan précipité du ciel avec la rapidité de l'éclair, et plongé dans les feux éternels du gouffre de l'enfer, pour y expier son orgueil et sa révolte d'un moment. Quelle leçon terrible! Le mal, le mal véritable c'est le péché. Renverser l'ordre divin, méconnaître sa fin essentielle, se révolter contre l'autorité suprême, voilà le mal. Ah! Seigneur, à quel degré d'abaissement cette orgueilleuse indépendance doit-elle faire tomber l'homme, tenu comme l'ange, plus tenu encore, à vous être soumis! Vous êtes, ô Seigneur, la source de toute puissance, de toute autorité et de tout bien, et l'homme, aussi insensé que coupable, ira briser tous les liens qui le rattachent à vous!

Le mal de l'ange est bien notre mal, Messieurs, et quels maux n'y ajoutons-nous pas encore! orgueil, indépendance, haine, cupidité, inclinations perverses, révolte des sens, tous les vices pullulent parmi nous. Quels effroyables abus de notre liberté!

Vous vous sentez puissamment attiré vers le Dieu qui vous créa, vers la vertu et son immortelle récompense, et vous choisissez le vice, et Satan qui l'inspire. Vous courez aux plaisirs qui avilissent, vous vous prostituez aux ignominies de la chair, vous descendez à la condition des bêtes : *Homo, cum in honore esset, non intellexit : comparatus est jumentis insipientibus, et similis factus est illis* [1].

Le premier homme aussi avait été comblé des dons les plus précieux du Seigneur; il était fait pour la liberté, le bonheur, la gloire; il avait été placé dans un lieu de délices; une épreuve facile devait lui mériter une récompense immortelle : il céda un jour à une voix enchanteresse, et chercha une science et un plaisir défendus. La faiblesse et l'orgueil l'ont vaincu, et le voilà condamné à consumer les longs jours de son existence dans les regrets et la souffrance; il pleurera amèrement des siècles entiers; il léguera à sa postérité une malédiction féconde en mille fléaux, et sa postérité y ajoutera tous les crimes. A la fin des temps l'univers sera consumé par les flammes; mais l'expia-

---

[1] Psalm. XLVIII, 12.

tion du péché dans l'homme impénitent ne sera pas terminée, et l'enfer en éternisera les suites.

Le mal, Messieurs, est donc toujours dans le désordre, dans la révolte contre Dieu, pour l'ange, pour l'homme, pour tout être raisonnable; maintenant il faut nécessairement vous reconnaître, il faut choisir entre le bien et le mal. Êtes-vous dans le bien, c'est-à-dire avec Dieu? ou êtes-vous dans le mal, c'est-à-dire contre Dieu? Prenez garde, le Seigneur a dit dans l'Évangile : « Celui qui n'est pas avec moi est contre moi. » *Qui non est mecum contra me est* [1]. « Celui qui ne recueille pas avec moi dissipe. » *Qui non mecum colligit, dispergit* [2]. Êtes-vous avec Jésus-Christ ou contre Jésus-Christ? Recueillez-vous avec lui dans vos pensées, dans vos désirs, par l'usage de votre liberté? Obéissez-vous à l'autorité de son Église? Êtes-vous dans cet ordre de Dieu qui conduit l'homme à la cité céleste? Êtes-vous dans ces rapports sacrés avec le sacerdoce chrétien qui unissent l'âme fidèle au divin fondateur de l'Évangile? Recevez-vous par le canal des sacrements les grâces que Dieu vous offre, et qui vous sont indispensables pour être, pour persévérer dans le bien? Hélas! non, votre vie n'est remplie que d'incon-

---

[1] Matth., xii, 30.
[2] Luc., xi, 23.

séquences et d'égarements. Oh! mes frères, que vous êtes éloignés de Dieu! La prière n'est pas même balbutiée par vos lèvres, bien loin de s'élever de votre cœur! La vertu, la grâce divine, la dignité de votre âme, la paix de votre conscience n'ont plus de prix à vos yeux. Et lorsque parfois le remords se fait sentir au fond de vos âmes, qu'une voix intérieure vous presse de revenir à Dieu et de combattre le mal, le péché, vous hésitez, vous cherchez à vous étourdir, et vous reculez encore.

Cependant il vous reste quelques étincelles de foi : la mort, le jugement, les châtiments éternels se dressent de temps en temps devant vous et vous menacent. Ah! je vous en conjure, rendez-vous à toutes ces voix de miséricorde et de justice. Pourquoi accourir dans cette enceinte, remplir cette basilique de vos flots pressés, écouter avec une attention avide et émue l'humble parole du ministre de Jésus-Christ, si dans une sainte indignation contre vous-mêmes vous ne brisez pas les liens qui vous attachent au péché, si vous ne vous élevez pas au-dessus des exigences du monde, si vous ne vous replacez pas dans la dignité, dans la liberté et dans l'ordre du chrétien?

Allons, Messieurs, animez-vous d'un zèle ardent pour le service de Dieu. Combattez pour la liberté de vos âmes, c'est la grâce qui vous le crie!

Voilà le feu sacré que Jésus-Christ apporta sur la terre. Qu'il brûle comme un vaste incendie, qu'il dévore le mal, le péché; que la torche du zèle en main vous détruisiez en vous cet édifice de mensonge et d'iniquité. Ah! quand un humble apôtre de l'Évangile, ici debout dans la chaire de vérité, avec une autorité qui ne vient pas de lui et dont il s'étonne, fait retentir à vos oreilles ces paroles du Sauveur, il croit servir vos âmes, qu'il chérit comme un père, et servir la patrie, qu'il aime comme un fils, sûr qu'en faisant de vous de vrais chrétiens, il en aura fait de bons citoyens.

Courage, Messieurs, cédez noblement aux inspirations généreuses de votre cœur, soyez chrétiens, disciples de l'Évangile, embrassez la loi de Jésus-Christ, foulez aux pieds le respect humain, les irréligieuses opinions du monde, vos passions et leurs honteuses chaînes. L'heure est sonnée! pourquoi différer? pour quel obstacle? pour quel motif? Non, rien ne doit vous arrêter, car vous devez combattre, et vous pouvez vaincre.

Messieurs, s'il vous faut encore une lumière de plus pour voir, une force de plus pour choisir, les voici : je vous les donne dans la méditation du ciel et de l'enfer. Il s'agit de vous décider entre l'un et l'autre. Que je voudrais vous conduire dans un désert, loin de tous les mondes habités, pour approfondir ces grandes vérités! Retirons-nous du moins dans le désert de la pensée chrétienne, sous le ciel de la foi, et là, voyons ces deux extrémités des choses humaines, le ciel, l'enfer. Et ce soir, avant le repos de la nuit, cette vive image de la mort, arrêtons notre choix.

II. P. Le ciel et l'enfer! quel avenir, quelles destinées. Chrétiens, méditons ensemble ces deux éternités, vers lesquelles nous marchons à grands pas.

1. Le souvenir du ciel, de cette patrie qui est la vôtre, revient-il souvent, Messieurs, au milieu des heures et des préoccupations de votre existence? Cependant que de fois vos genoux ploient sous le faix, vos bras tombent de fatigue, et vous vous demandez : Quand donc les peines de cette vie auront-elles un terme? Vous recherchez comme malgré vous un lieu de repos et de paix. Vous ambitionnez aussi la gloire, vous aspirez volontiers à une couronne. Si vous ne savez pas vous rendre compte à vous-mêmes de cette disposition, de ce besoin de vos cœurs, c'est que vous oubliez la pensée du ciel, ce lieu du repos et de la gloire, cette patrie éternelle que les patriarches de l'ancienne loi appelaient sans cesse de tous leurs vœux,

car, suivant l'expression de saint Paul, ils sont morts dans la foi et l'espérance. Ils ont salué de loin les promesses divines, ils se sont regardés comme étrangers et voyageurs sur la terre, et par là ils faisaient bien voir qu'ils cherchaient une autre patrie : *Qui enim hæc dicunt significant se patriam inquirere.*

Le ciel, ah! Messieurs, quand on croit et qu'on prie, combien ce souvenir apporte à l'âme de consolation salutaire! Je verrai donc la splendeur de tes voûtes sacrées, ô céleste Sion; je m'y reposerai des fatigues et des travaux de la terre; je verrai Dieu face à face; je le posséderai, ce bien souverain, je l'aimerai d'un amour éternel! Alors plus de crainte, plus de combat, plus de passions désordonnées, plus d'épreuves; une gloire, un amour, une béatitude qui dépassera toute mesure, qui sera sans terme; Dieu se manifestant, se donnant lui-même tout entier à l'homme comme sa récompense. Ah! il faut se taire, c'est dans le silence seulement qu'on se fera quelque idée de la beauté et du bonheur du ciel. Et le ciel vous attend, Messieurs, le ciel vous appartient. Quels que soient donc la beauté, la grandeur, les souvenirs de cette patrie terrestre où la Providence vous a fait naître, quels que soient votre zèle, votre dévouement à ses intérêts, à sa gloire, il faut bien reconnaître que le ciel est mille fois plus encore votre patrie que la région fortunée que vous habitez, qu'il a mille fois plus de titres à votre amour et à votre dévouement. Eh bien, je vous le demande, cette pensée du ciel vous poursuit-elle? Y trouvez-vous la consolation de vos maux? y voyez-vous le couronnement de vos efforts? Vous pousse-t-elle à de nouveaux travaux? Marchez-vous directement vers cette Jérusalem immortelle? Quand donc, désabusés et fatigués des voies de l'iniquité, vous retournerez-vous vers ce séjour que Dieu vous a préparé, et marcherez-vous dans la carrière qui y mène? Courage, car le royaume des cieux souffre violence : *Regnum cœlorum vim patitur*, et il faut combattre généreusement pour l'emporter, *et violenti rapiunt illud*. Je dois vous le dire : la route est rude, la porte est étroite, *contendite intrare per angustam portam*. Il faut des efforts pour arriver au but, il faut passer par le fer : *Non veni pacem mittere, sed gladium*. Il faut passer par le feu : *Ignem veni mittere in terram; et quid volo, nisi ut accedendatur ?*

II. P. Quel est le feu qui vous consume? car vous brûlez. Est-ce un feu céleste, l'amour de Dieu, le désir du ciel? Non, hélas! non. C'est l'enfer qui brûle déjà dans vos âmes; et si vous ne détruisez votre cœur, si vous n'en créez un qui soit pur et droit, selon la prière du prophète : *Cor mundum crea in me, Deus, et spiritum rectum innova in visceribus meis*, c'est pour l'éternité que l'enfer est en vous, et il allumera bientôt toutes ses flammes vengeresses. Ah! ce n'est pas le feu que Jésus-Christ est venu allumer sur la terre, que ce feu impur du péché qui vous dévore, que vous excitez par vos passions, par vos habitudes criminelles. Hélas! hélas! plusieurs de ceux qui m'écoutèrent ici, sur le pavé de ce temple, mais dédaignèrent ma parole, ne firent aucun profit des enseignements que le Ciel leur donnait, résistèrent à toutes ses grâces, ne sont-ils pas morts dans leur péché, et ne gémissent-ils pas en ce moment pour toujours au fond des enfers? Ils n'avaient pas péché plus que vous, ils étaient peut-être moins coupables; mais ils ont vécu dans leur péché, ils sont morts dans leur péché, et les voilà dans l'abîme éternel avec leur péché. Je vous en conjure, ne vous y jetez pas avec eux, en persévérant comme eux dans votre péché.

Que je voudrais vous faire comprendre ce qu'il renferme de criminel, comme il mérite tous les châtiments! Le péché, c'est la rupture de l'alliance avec Dieu; dans le péché vous êtes en révolte contre Dieu, vous violez sa loi, vous renversez ses desseins, vous manquez à ses fins, vous méprisez ses promesses, vous vous attaquez à lui-même, à tout ce qu'il a fait, à sa triple personne, à son être tout entier.

Comment pourriez-vous vous persuader que vos crimes ne sont pas dignes d'un tel châtiment? Mais qui est l'auteur de la loi, qui sera juge de l'offense, qui en posera la sanction? Ah! croyez-moi, recevez la loi du Très-Haut telle qu'il vous l'impose, et lorsque par sa menace des châtiments éternels il vous excite à l'horreur du péché, fuyez-le avec crainte et réparez-le avec empressement. Voici l'heure de la pénitence qui sonne, le cœur du Seigneur vous est ouvert, une larme sincère peut vous mériter sa miséricorde; ce soir même il vous est donné d'ouvrir votre cœur à l'espérance, d'aller reposer en paix sur cette couche où vous avez tant souffert dans les heures solitaires de la nuit, sous le poids du désespoir et du remords. Quoi! vous chrétiens, enfants de l'Église, appelés à l'héritage du ciel, que Jésus-Christ est venu par son sang arracher à l'enfer, vous hésiterez encore de tomber au pied de la croix, d'appeler l'absolution du ministre de ses miséricordes, de recevoir son corps sacré, victime de propitiation pour vos péchés! Allez, vous prenez l'enfer pour votre partage, il vous appartient, descendez-y seuls; quant à moi, je ne vous y suivrai pas.

L'enfer, oui, il est déjà dans votre cœur, car vous n'avez pas Dieu en vous, ni sa grâce, ni sa charité. Les tourments des sens, les flammes extérieures ne sont que la partie moindre de l'enfer. Si au milieu de ce feu vengeur le damné voyait luire un seul rayon d'espérance, s'il brûlait d'un seul rayon de charité, l'enfer cesserait d'exister pour lui. Mais l'enfer est le lieu où l'on n'espère point, le lieu où l'on n'aime point.

Pour bien comprendre, Messieurs, cette vérité, accumulez par la pensée tous les tourments imaginables, tous les tourments que les bourreaux des chrétiens, que les sauvages féroces ont jamais inventés : charbons ardents, ongles de fer, plomb fondu coulant dans les veines. Accumulez tous ces supplices sur un homme qui aime Dieu, qui espère en lui, qu'aurez-vous? Vous n'aurez pas un damné; non, vous aurez un martyr! On épuisait tous les supplices sur le martyr, et le martyr chantait un cantique de reconnaissance, d'amour et de joie. Écoutez-le : « O mon Dieu, je vous aime et j'espère en vous. Que peuvent contre moi les bourreaux et leurs tortures? Vous êtes avec moi, Seigneur, vous combattez en moi, et je suis heureux de souffrir avec vous. Rien ne me séparera de mon Dieu, ni la faim, ni la soif, ni les tortures, ni les tyrans, ni la mort ; en Dieu est ma vie, mon bonheur à jamais. »

Ah! pécheurs, vous ne souffrez pas encore tous ces tourments redoutables de l'éternel enfer; Dieu dans sa bonté vous épargne encore : que dis-je? il vous presse de faire un pas, il vous tend en ce moment les bras de sa miséricorde dans le tribunal de la réconciliation. Mais prenez garde, la foi qui vit en vous sans la charité ne vous sauvera pas de l'enfer. Les démons croient, et ils en souffrent tous les jours les châtiments; les réprouvés croient, ils croient au bien et au mal, au péché et à Dieu, au ciel et à l'enfer, ils croient à la parole de Jésus-Christ, à l'autorité de son Église, à l'efficacité de son sang, à la miséricorde de son cœur, à la rémission des péchés aux pieds des prêtres : ils croient, et c'est là leur plus grand supplice. Si j'avais voulu je serais sauvé, s'écrient-ils dans leurs remords, dans leur affreux désespoir, et me voici damné pour l'éternité tout entière!

Et vous qui croyez, et ne combattez pas vos passions et ne pratiquez pas vos devoirs de chrétien, vous avez donc l'enfer en vous. C'est au nom de Jésus-Christ, qui vous jugera, que je vous parle, écoutez-moi : Si vous n'accomplissez pas votre premier et plus grand devoir, si vous ne faites pas cesser la contradiction qui existe entre votre foi et votre conduite, entre l'Évangile et vos actions, si vous ne recourez pas au sacrement de la pénitence et de la réconciliation, si vous ne brisez pas les liens du mal, si vous ne travaillez pas sérieusement à parvenir à la patrie céleste, vous périrez misérablement, la malédiction de Dieu tombera sur vous. Elle menace vos intérêts, votre personne, vos familles, votre patrie elle-même. Malheur à vous! vos larmes alors seront stériles, elles ne couleront que sur les coups de la juste vengeance du Dieu trois fois juste dans sa sévérité à votre égard.

Mais quand l'homme s'unit à la croix de Jésus-Christ pour garder son innocence ou expier ses crimes, qu'il vit de la loi et de l'amour de son Sauveur, alors il attire les bénédictions du Ciel sur la terre, et il est l'ange tutélaire de sa famille et de sa patrie. Soyez, Messieurs, dignes de votre nom de chrétiens, soyez véritablement catholiques, ne différez pas davantage: voilà six années que je vous en conjure. Ah! n'épuisons pas le temps et les grâces qu'il nous apporte. Voyez Marie, l'auguste Mère de Dieu, la Vierge Immaculée, le refuge des pécheurs, qui vous tend les bras; écoutez les prières de tant d'âmes ferventes qui supplient pour vous. Je vous en conjure, sortez du sommeil de vos illusions et de vos habitudes;

rompez des penchants impurs, rentrez silencieusement au fond de vos consciences; Dieu vous y suivra, il parlera à votre cœur, il éclairera votre esprit et calmera vos peines. Peut-être que l'expérience de votre faiblesse vous arrête, et qu'une chute a succédé à un retour. Ah! ne désespérez pas. Relevez-vous encore, revenez mais avec plus d'humilité, de bon désir et de confiance, et Dieu vous pardonnera encore. Il n'y a pas de borne à sa miséricorde, elle ne demande qu'à se répandre. O jours trois fois heureux, quand nous verrons vos consciences purifiées, vos cœurs tranquilles, vos pensées et vos désirs portés vers ce lieu de repos et de bonheur que Dieu vous garde dans sa grâce inépuisable.

QUATRIÈME DISCOURS

LES JUGEMENTS DE DIEU

JEUDI SAINT 1845

QUATRIÈME DISCOURS

LES JUGEMENTS DE DIEU

> *Qui judicat me Dominus est.*
> Celui qui me juge est le Seigneur.
> I Cor., iv, 4.

Messieurs,

L'apôtre saint Paul se rassurait contre les jugements des hommes; interrogeant les convictions de sa foi, descendant au dedans de sa conscience, il se disait : Mais après tout il n'y a qu'un juge; et ce ne sont pas les hommes, ce n'est pas le monde, l'opinion humaine, c'est le Seigneur qui me juge, *qui judicat me Dominus est.* Et il s'encourageait ainsi aux travaux de l'apostolat. Il voyait devant lui des obstacles et des combats, je pense; il subissait des privations cruelles, s'imposait de douloureux sacrifices, et il se soutenait en se répétant à lui-même : C'est le Seigneur qui me juge, et sa main ne donne la palme de la victoire qu'à celui-là seul qui a bien combattu : *Non coronatur nisi legitime certaverit* [1].

Messieurs, je voudrais vous inspirer ce sentiment, et vous apprendre à dire dans vos combats de la vie : C'est le Seigneur qui me juge, *qui judicat me Dominus est*.

J'ai donc le dessein de vous parler de ce jugement de l'homme prononcé par Dieu. Demain, au pied de la croix, je vous montrerai Dieu jugé par l'homme, nous trouverons les circonstances de ce jugement affreux dans le récit de la Passion de Jésus-Christ; mais ce soir, c'est le spectacle contraire que je veux vous offrir : l'homme jugé par Dieu.

Dieu juge l'homme non pas seulement à son tribunal redoutable et suprême, à cette heure solennelle qui termine le temps et commence l'éternité; mais il le juge aussi dans sa conscience, il le juge au sortir de cette vie, il le juge dans le tribunal de la pénitence par le ministère du prêtre: jugement de la conscience, jugement après la mort, jugement dans la confession, voilà l'homme jugé par Dieu.

C'est ce que nous allons méditer ensemble.

---

[1] II Tim., ii, 5.

Commençons par invoquer avec confiance Marie, la Mère de douleur. *Ave Maria.*

I. P. Qu'est-ce que la conscience, Messieurs? Est-ce la voix de l'homme? est-ce la voix de Dieu?

La voix de l'homme! mais la conscience est un juge rigoureux qui le condamne, elle est un bourreau impitoyable qui le punit. La voix de l'homme! Non. L'homme ne veut pas se reprendre ni se punir lui-même, quand il s'est abandonné à la fougue de ses passions, aux désirs corrompus de son cœur, quand il a cédé aux illusions des plaisirs. Ce qu'il voudrait trouver dans la conscience, c'est l'approbation et la paix. S'il dépendait de lui, certes il ne se condamnerait pas, il ne donnerait pas le droit à sa conscience de l'accuser, de le condamner, de le bourreler par le remords.

Qu'est-elle donc? Ah! c'est la voix de Dieu; c'est Dieu qui juge, vous ne l'expliquerez jamais autrement, Messieurs. Dieu s'est établi au fond de notre âme avec sa vérité, sa sagesse, sa justice, sa puissance. L'homme néanmoins est libre, et Dieu respecte sa liberté jusque dans ses plus tristes et ses plus déplorables égarements. Oui, vous le savez bien, pécheurs qui m'écoutez, même dans vos plus honteux excès, même quand vous gémissez sous le joug infâme de vos passions, et que vous vous en dites esclaves.

Dieu siége dans la conscience de l'homme libre : comme pour y établir le contre-poids de sa liberté, comprenez bien cette justice du Seigneur.

En vain vous laisserez-vous aller à de spécieux sophismes, vous appuierez-vous sur la miséricorde infinie du Seigneur pour pécher avec sécurité. Dieu a établi son tribunal dans votre conscience, il vous y juge et vous y condamne. Et cette voix, grâce à sa miséricorde, elle n'est jamais entièrement étouffée. Après tant d'années de ministère sacerdotal je puis vous le certifier, dans l'âme la plus égarée, la plus corrompue et la plus endurcie, la conscience demeure encore : sa voix a pu être étouffée à certaines heures, mais elle sait se faire entendre de nouveau, à ses moments opportuns, et prononcer ses jugements irréfragables ; c'est le Seigneur qui juge, *qui judicat me Dominus est.*

Jeune homme, réjouis-toi, *lætare, juvenis,* dans les belles années de ton adolescence, *in adolescentia tua,* livre-toi à tous les désirs, à tous les penchants de ton cœur, *sis in bono cordis tui;* mais, sache-le bien, tu portes au dedans de toi-même le jugement du Seigneur. Toutes tes œuvres, ce que la nuit couvre de ses ombres épaisses, ce que le jour éclaire de ses vifs rayons, Dieu le fera paraître à sa barre, *adducit Deus in judicium*. Et d'avance dans ta conscience tu sentiras par cette voix ce que c'est que la vertu. Que le vice n'ose donc jamais en prendre la place!

Je vous demande, Messieurs, de donner à votre conscience tous ses droits, de la reconnaître pour votre juge, et de suivre ses décisions.

Certes j'ai pu vous dire de bien dures vérités, dans la chaleur de mon dévouement et de mon zèle pour vos âmes, qui me sont si chères. Eh bien! j'en appelle à votre propre témoignage, n'est-il pas vrai que votre conscience vous en disait autant, qu'elle vous en disait davantage? C'était la justice de Dieu, justice sainte, justice supérieure, qui vous parlait en même temps que moi. Et quand vous paraîtrez au pied de cette croix, qui a sauvé le monde et qui au dernier des jours le jugera, alors encore votre conscience sera et votre premier accusateur et votre juge. Et, chose horrible! si le pécheur impénitent et sorti de cette vie a comme besoin de la peine, s'il appelle le châtiment, s'il court vers les enfers et se précipite dans ses flammes vengeresses, pressé qu'il est par une terrible justice, c'est qu'il porte en soi la conscience du mal, qu'il s'est jugé, ou plutôt que Dieu l'a déjà jugé par elle, *qui judicat me Dominus est*.

La conscience, c'est encore Dieu qui rend témoignage de la vérité de la foi. Tous ici, quelque éloignés que vous soyez des pratiques de la religion, je vous l'affirme, vous croyez beaucoup plus que vous ne le pensez. La foi vit au fond de vos cœurs, Dieu y défend par sa grâce la vérité qu'il révéla, il y appuie l'autorité de son Église et de ses ministres. Et quand je vous expose les dogmes de cette foi, vous êtes obligés, malgré votre endurcissement, peut-être même malgré vos sarcasmes et vos mépris, vous êtes obligés de me rendre justice; vous savez bien que je ne prêche pas l'imposture et l'erreur : je suis d'accord avec votre conscience ; elle vous rend témoignage pour moi contre vous. Ah! Dieu ne punit ainsi et n'envoie le remords que pour pardonner et pour bénir. Pécheurs, connaissez quel est le don de Dieu, que par un remords sincère, une larme, un soupir, vous pouvez en un instant laver une vie d'iniquités, bénissez ce remords de la conscience, ce ver rongeur de l'âme, remerciez Dieu de ce jugement anticipé, jugement tout entier de miséricorde et d'amour, et exécutez sans retard, avec courage, avec joie, ce qu'elle vous demande en ce jour.

C'est Dieu qui juge déjà l'homme dans sa conscience, mais ce sera aussi Dieu qui le jugera après la mort; telle est la pensée qui va nous occuper.

II. P. C'est le Seigneur qui juge, quand, au sortir de la vie, chacun devra rendre compte de ses œuvres.

Certes, qu'il importe d'y penser! car il s'avance sans cesse cet instant où la vie finira pour vous; encore quelques heures d'existence, et le temps de l'épreuve sera terminé. A Dieu ne plaise que je veuille vous désespérer; jusqu'au dernier instant vous pourrez vous convertir, je le sais. Placé souvent par mon devoir auprès de la couche des mourants, j'ai vu bien des pécheurs qui avaient passé une longue vie dans l'iniquité, et j'ai vu plus d'une fois la grâce luire au fond de leurs âmes, rayonner sur leurs fronts; j'ai vu de ces réconciliations avec Dieu aussi admirables qu'inattendues. Quand ma bouche prononçait la dernière prière, pour les aider à passer au delà des limites de leur demeure mortelle, j'ai pu m'abandonner à la confiance sur leur salut éternel. J'ai vu des justes mourir, et il y a bien peu de jours encore, j'étais auprès d'un ami tendrement vénéré et chéri; c'était un homme juste, un cœur profondément pieux; en proie à de vives angoisses et à de cruelles souffrances, il voyait s'approcher la dernière heure, heure redoutable et terrible, moment solennel de la justice du souverain Maître. Mais cette âme, elle appartenait à Dieu; ce cœur, il aimait Dieu : il l'avait servi fidèlement depuis un grand nombre d'années, et il se reposait en paix avec une confiance légitime dans les miséricordes du Seigneur.

Il faut donc espérer et espérer toujours. Mais la mort peut venir à l'improviste, elle peut vous surprendre dans votre péché; elle n'envoie pas d'avance, à la conscience égarée, l'indication exacte de sa prise de corps et de sa comparution au tribunal du souverain Juge. Bien peu d'hommes, je vous l'assure, et j'en ai vu beaucoup mourir, bien peu d'hommes savent même qu'ils vont bientôt finir, que leur heure dernière commence à sonner. Hélas! que de ménagements, que de pieux déguisements pour leur en donner le soupçon; et combien meurent sans être avertis de leur fin prochaine! Voilà ce que vous trouvez tous les jours. Pour mourir repentant, il faut vivre repentant; la meilleure assurance d'une bonne mort, d'un jugement favorable, c'est à l'avance de le faire prononcer à sa conscience par soi-même; car Dieu, en nous jugeant au dernier instant, ne fait que confirmer le premier jugement.

Quand une famille éplorée se presse encore autour d'une couche funèbre et d'une dépouille inanimée, le souverain Juge a déjà porté son arrêt, cette irrévocable sentence qui s'exécutera durant toutes les éternités, qui n'éprouvera aucun changement et qui fixera notre destinée dans un bonheur éternel ou un éternel malheur, selon que nos œuvres l'auront mérité. Insensés que nous sommes, nous nous abandonnons aux entraînements de la vie, et nous ne pensons pas au jugement de Dieu! à ce jugement éclairé, complet, rigoureux, divin, sanctionné d'une peine ou d'une récompense éternelle. Là, toutes vos actions seront dévoilées, là vous rendrez compte de vos pensées les plus intimes et les plus secrètes, de ces désirs cachés, de ces penchants que vous avez nourris dans le plus secret de votre cœur; là vous rendrez compte de tous les moments du jour et de la nuit, de ces actes si soigneusement cachés aux yeux du monde, et dont la révélation à deux ou trois personnes seulement vous couvrirait à jamais d'ignominie, vous chasserait de la société de vos semblables. Aujourd'hui vous êtes peut-être environné de l'estime universelle; peut-être les honneurs vous escortent-ils dans tous les lieux où vous passez, peut-être la Providence vous dispense-t-elle avec profusion les dons de la science et du génie, vous enrichit-elle des biens de la naissance et de la fortune, vous entoure-t-elle d'un cercle d'amis et de parents qui vous offrent sans cesse un tribut d'hommages délicats et de vives affections. Mais voici venir le jour des jugements du Seigneur : il va vous réduire à votre propre valeur. En vain le monde est plein du bruit de votre nom, en vain votre influence s'étend au loin, en vain recueillez-vous des lauriers, ou portez-vous une couronne, cœur corrompu, âme avilie, conscience bourrelée, vous savez bien ce que vous valez aux yeux de la vérité, vous connaissez votre ignominie et vos faiblesses, les abus de votre liberté, les crimes de votre vie, et vous sentez qu'il y a un tribunal dressé pour vous par le souverain Juge, où vous serez jugé, où la justice du Dieu vivant prononcera sur vous une sentence terrible et irrévocable. Les anges en seront les exécuteurs : les anges bons vous auraient porté au séjour des bienheureux si vous aviez été fidèle ; mais les anges mauvais s'empareront de vous qui avez été leur serviteur et leur esclave, ils vous entraîneront avec eux dans le gouffre des enfers. Et c'est ainsi que vous serez jugé par le Seigneur : *Qui judicat me Dominus est.*

Ce jugement privé, Messieurs, deviendra public à la fin des temps : la foi nous l'enseigne assez clairement pour le savoir. Rappelez-vous-le donc sans cesse avec les saints : la trompette terrible du jugement dernier retentira un jour à vos oreilles, elle vous convoquera forcément avec toutes les nations au tribunal de votre Dieu ; là vos œuvres seront manifestées ; et quand je contemple ici cette multitude pressée, immense, immobile dans son attention profonde et recueillie, un frisson involontaire circule dans mes veines, il me semble assister par avance aux assises du souverain Juge.

Ah ! grand Dieu, si à la place de votre plus indigne ministre vous paraissiez vous-même, si vous dévoiliez hautement les secrets des consciences afin de prononcer ensuite vos arrêts souverains, comme chacun de nous frémirait d'horreur, sècherait d'effroi, dans l'attente de sa propre sentence ! Le peuple innombrable de cette vaste cité, de cette Babylone livrée aux préoccupations des choses de ce monde et des passions, épouvanté d'un tel spectacle, s'arrêterait à l'instant même dans nos rues, sur nos places publiques ; ces flots agités se calmeraient subitement, et tous se prosternant dans la poussière feraient entendre leurs gémissements et leurs cris : Grâce, Seigneur, miséricorde : *Parce, Domine;* épargnez votre peuple, suspendez les coups de votre juste colère : *Parce, Domine, parce populo tuo, ne in æternum irascaris nobis.*

Vous qui m'écoutez, que le Seigneur a tant aimés et que je voudrais presser contre mon cœur comme des frères que Dieu m'a donnés, quoi! vous n'aurez pas pitié de vos âmes! vous n'aurez pas le courage d'assurer votre irrévocable destinée, de fouler aux pieds le tyrannique empire des opinions humaines, et de secouer la fange de passions avilissantes! Vous ne chercherez pas à reconquérir la liberté des enfants de Dieu, cette liberté si douce à la conscience; vous ne profiterez pas de la puissance du repentir, du repentir qui obtient le pardon, qui purifie, qui crée un cœur nouveau, qui s'élève de l'âme comme un encens d'agréable odeur, comme un sacrifice de prix aux yeux du Seigneur!

Il n'est pas, Messieurs, d'œuvre plus admirable, plus heureuse, plus sainte que la conversion d'une âme! Oui, c'est plus que la résurrection d'un mort! Quand la voix du Sauveur criait à Lazare: « Lazare, Lazare, sors du tombeau, » et que Lazare, sortant de son sépulcre, apparaissait aux yeux des Juifs stupéfaits, elle n'opérait pas un plus grand miracle que lorsqu'elle dit à une âme: « Sors du tombeau de tes vices, je te rends ma grâce, mon amour, ce vêtement d'innocence que tu avais perdu; reprends ta place parmi les enfants de Dieu. » Et ce langage Jésus-Christ veut le tenir aujourd'hui sur vous.

Messieurs, unissez la confiance au courage:

montrez-nous que vous ne voulez plus craindre les jugements des hommes, l'opinion du monde; que vous ne craignez plus que Jésus-Christ, mais que vous ne le faites que dans cette crainte filiale, pleine de repentir et d'amour, qui nous attire sa miséricorde dans le tribunal du pardon.

Dieu nous juge dans la conscience; Dieu nous juge au tribunal suprême après la mort; Dieu juge encore, mais aussi il pardonne, dans la confession. C'est ce qu'il me reste à vous dire.

III. P. Oui, Messieurs, Dieu est le juge au tribunal de la pénitence. Le prêtre n'est qu'un homme, il n'est là que le député, que le ministre de Jésus-Christ : comprenez bien ce ministère, la plus admirable institution qui fut jamais, mais aussi la plus pénible pour le prêtre. C'est Dieu qui juge, car voulez-vous donc qu'un homme par lui-même juge et condamne, ou remette les péchés? Ce n'est pas possible : jamais des peuples entiers, des hommes couronnés de l'auréole de la gloire et du génie, jamais ils ne viendraient se prosterner aux pieds d'un homme pour lui faire l'aveu de leurs infirmités et de leurs ignominies, pour entendre sa sentence et s'y conformer, comme à l'arrêt du souverain Juge, s'ils ne voyaient Jésus-Christ en lui : *Dominus est qui me judicat*.

Je le dis avec confiance et vérité, je ne voudrais pour preuve de la divinité de la religion que le fait même de la confession, son existence et son exercice. Voici une parole qu'on a prononcée depuis longtemps et que je puis bien appliquer au sujet qui nous occupe : Ce n'est pas ainsi que les hommes inventent. Il faut une vertu, une action, une puissance toute céleste pour ouvrir les cœurs et les porter à se décharger dans celui d'un pauvre prêtre, d'un homme semblable à eux, et lui reconnaître cette autorité divine de remettre les péchés.

Il vous sera facile, Messieurs, d'apprécier cette institution, et de comprendre qu'elle est sur la terre votre unique et véritable consolation.

Il est des moments dans la vie où le chagrin nous accable, le remords nous poursuit, tout le monde nous abandonne, où nous sommes en proie à une détresse désespérante, perdus comme dans une nuit noire et sans fin; plus de repos, plus de paix, nous attendons une aurore qui ne se lève jamais : ah! qu'alors les souvenirs, les impressions d'enfance reviennent vivement, comme on se rappelle la confession qui nous fut un abri tutélaire, une planche dans le naufrage, un nouveau baptême régénérateur! on se lève, on avance jusqu'à ce qu'on trouve la porte et le seuil du prêtre et de son tribunal miséricordieux. Là on décharge son cœur, on pleure. Précieuses larmes celles qui sont versées en avouant ses fautes. Qu'il est doux de les répandre, et qu'il est doux de les recueillir! Oh! expliquez-moi donc comment l'âme est consolée, déchargée d'un poids immense. Oui, Dieu a passé par là; c'est l'institution de Dieu; c'est la puissance, le jugement et le pardon même de Dieu. Remarquez ici comme il n'y a rien de l'austère justice, point de châtiment éternel; non, il n'y a que l'expression de la miséricorde et du pardon. Le prêtre, ministre de Jésus-Christ, tenant un instant sa place, assis au tribunal de la pénitence, vous demandera sans doute un aveu humble et sincère de vos iniquités. Mon Dieu! il les connaît bien à l'avance, il a entendu souvent votre lamentable histoire; d'ailleurs son cœur lui suffit pour cela, il y trouve le secret de toutes les infirmités humaines. Il y compatit, et il estime, il aime celui qui s'accuse avec un sentiment de confusion. Il n'a pas de paroles amères, il n'a pas les foudres redoutables de la justice divine à décharger sur cette tête humiliée, sur ce cœur pénitent? Oh! non. Quand le pécheur revient humble, sincère, confiant, quels que soient l'abîme où il s'est enfoncé, la route fangeuse où il s'est traîné, sa faiblesse et ses craintes encore, le prêtre, au nom de Dieu, en vertu de son ministère et par son devoir, consultant aussi sa conscience et son cœur, n'aura que des paroles de consolation, de miséricorde et d'amour, qu'une sentence de pardon. J'en appelle à vous tous : il y en a bien peu, s'il s'en trouve un seul dans cette immense multitude, qui ne se soient un jour, aux jours de leur jeunesse, agenouillés aux pieds du prêtre. Eh bien! dites, y avez-vous entendu des reproches sévères, le dur langage d'une justice et d'un châtiment terribles? Non. Vous n'y avez trouvé qu'un appui, un secours, une tendresse véritables.

Et vous, mes frères, qui dans cette retraite, et il s'en trouve un grand nombre, je le sais ; vous, qui venez après de longues années d'en faire l'expérience, qui avez franchi tout obstacle pour arriver au cœur miséricordieux du Seigneur, j'invoque votre témoignage : vous n'y avez trouvé que consolation, que paix, qu'encouragement, que confiance.

La confession, Messieurs, est notre seul refuge, notre seul moyen de savoir que nous pouvons marcher en paix. Mais dites-le donc : entre Dieu et l'homme, entre l'homme pécheur et le Dieu souverainement juste, quelle garantie de pardon, quel signe d'alliance pourrait exister sans la confession? Je cherche, je ne vois que vagues théories;

un vague élan du cœur, de vagues désirs, de vagues espérances; que sais-je! L'homme restera dans les ténèbres. Il pourra bien chercher son Dieu, aspirer à l'éternelle béatitude; mais de garantie, d'assurance de pardon, mais de témoignage certain d'alliance, non jamais il n'en trouvera de preuve; la confession seule les lui donnera. La philosophie antique s'est tourmentée en vain; il n'est que le christianisme pour donner à la terre la satisfaction de son plus grand besoin, une marque de la réconciliation de l'homme avec Dieu offensé.

Et que prétendez-vous, vous qui voudriez bannir du christianisme le ministère de la confession? que laisserez-vous aux malheureux? quel appui à la faiblesse? quelles consolations à la douleur? comment Dieu se communiquera-t-il à l'homme et l'assurera-t-il de sa réconciliation?

Je vous entends me dire que vous ne pouvez pas admettre les châtiments éternels, cette justice de Dieu, ce jugement qui devra s'exécuter éternellement. Quoi! redites-vous encore, des crimes d'un instant punis par une éternité de peines!

Entrez, mes frères, dans cette chapelle retirée où le prêtre est assis pour juger; il vous attend, il vous appelle; ce soir, demain, nous vous attendons tous: entrez là, croyez-moi, et quand vous auriez accumulé des iniquités plus nombreuses que les sables de la mer, courbé votre âme sous le joug de toutes les passions coupables, et commis même ces crimes que la justice humaine ne pardonne jamais; la justice divine de Jésus-Christ, dans ce tribunal, vous pardonnera, elle effacera vos iniquités, elle vous créera un cœur nouveau et pur. Vous trouverez la paix, et dans le calme de vos consciences vous sentirez que Dieu est juste, que ses jugements sont remplis d'équité; tous vos doutes alors s'évanouiront comme de légers nuages aux rayons ardents du soleil.

O admirable miséricorde de Dieu! là le cœur du Sauveur est toujours ouvert; là la réparation est toujours facile; là le pardon est toujours offert et le secours est toujours prêt.

Ah! mes frères, n'hésitez plus à en faire l'expérience? Vous avez déjà le jugement de Dieu dans la conscience, vous aurez plus tard le jugement de Dieu au tribunal suprême; cherchez le jugement de Dieu au tribunal de la pénitence et par le ministère du prêtre. Oh! pendant qu'il en est temps encore, je vous le demande au nom des saints autels et de votre éternité tout entière, appelez le jugement de la miséricorde et du pardon; il vous sauvera des anathèmes terribles de ce jugement de Dieu après la vie où la justice trouvera ses droits, et vengera la sainteté, l'autorité et la bonté de Dieu trop longtemps outragées et méconnues.

Ici-bas Dieu n'est que père, il ne veut être que sauveur, libérateur, ami; ici-bas ses enseignements les plus terribles ne sont que l'expression de sa bonté et de son amour; les vérités qu'il annonce, les menaces qu'il fulmine, les sollicitations qu'il redouble sont pour vous dire qu'il vous aime, qu'il veut vous amener par la crainte à la réflexion, par la réflexion à la prière, par la prière à la confiance, au regret, à l'amour, pour vous faire comprendre qu'il vous attend, pour oublier tout, pour réparer tout, pour vous pardonner tout, pour vous rendre ses faveurs et ses grâces. Faites-en donc une nouvelle et heureuse expérience en ces jours trois fois saints de la mort de notre divin Sauveur. Puis venez ressuscités vous aussi avec lui et en lui, comme une armée rangée en bataille, entourer la table sainte, participer au pain des anges et rappeler ses devoirs à un siècle distrait, préoccupé, irréligieux, en remplissant fidèlement les vôtres. Puissiez-vous être nombreux, voir déborder vos rangs au delà des murs de cette enceinte, nous forcer de transporter sur la place publique l'autel du Dieu vivant, et de montrer à l'univers entier, sous les voûtes des cieux et à la clarté du soleil, le spectacle d'un peuple catholique, d'une jeunesse catholique qui sait pratiquer aussi bien que croire. Dieu nous jugera encore, mais ce sera pour nous récompenser éternellement.

CINQUIÈME DISCOURS

TROIS PAROLES DE JÉSUS-CHRIST EN CROIX

VENDREDI SAINT 1844

CINQUIÈME DISCOURS

TROIS PAROLES DE JÉSUS-CHRIST EN CROIX

> *Verba quæ ego locutus sum vobis spiritus et vita sunt.*
> Les paroles que je vous ai dites sont esprit et vie.
> JOANN., VI, 64.

MESSIEURS,

Notre-Seigneur Jésus-Christ parlant aux Juifs de son incarnation et de la divine Eucharistie, leur disait : « Vous ne pouvez pas comprendre le sens de mes paroles ; cependant elles sont esprit et vie, » *spiritus et vita sunt*. Elles sont l'esprit de vérité que j'ai reçu de mon Père, que j'ai apporté sur la terre, *spiritus;* elles sont la vie que je suis venu donner par mon amour et par ma grâce, aux nations assises à l'ombre de la mort, *et vita sunt*.

Quand les souvenirs de la croix et de la mort de Jésus-Christ nous rassemblent, que ses douleurs semblent répandre sur l'Église un voile de tristesse, ces paroles viennent se placer d'elles-mêmes sur mes lèvres. Ah! cet enseignement de la croix, ces mots prononcés par le Sauveur expirant, sont plus que jamais esprit et vie : *Verba quæ locutus sum vobis spiritus et vita sunt.*

On recueille avec respect, on garde avec amour les dernières paroles d'un père mourant; c'est une précieuse portion de l'héritage qu'il laisse à des enfants chéris. Aussi je vais, autant que mes forces me le permettront, méditer avec vous les dernières paroles de notre Maître, de notre Père, prononcées sur la croix quand il expirait pour nos communes iniquités, paroles pleines de l'amour qu'il nous porte, de l'amour qu'il nous demande, et où il nous laisse les derniers enseignements de son cœur.

Ne vous laissez pas arrêter, Messieurs, par la faiblesse du ministre de la mission évangélique; mais pénétrez profondément par vous-mêmes le sens de ces paroles du Sauveur; vous le pouvez, car elles sont un grand sens : et vous suppléerez ainsi au défaut d'une préparation que la rapidité du temps ne nous permet pas dans ces longues assises du tribunal de la pénitence.

Je prends seulement trois des paroles du Sauveur; l'une vous montrera son indulgente bonté, l'autre excitera mieux encore peut-être votre confiance, et sera une consolation dans vos maux; enfin la dernière vous manifestera sa puissance et sa divinité.

Dans la première Jésus-Christ demande le pardon de ses bourreaux : « Pardonnez-leur, mon Père, car ils ne savent ce qu'ils font[1]. » *Pater, dimitte illis, non enim sciunt quid faciunt.* C'est bien l'expression de son indulgence et de son amour pour les hommes.

Dans la seconde Jésus-Christ se plaint de l'abandon où son Père l'a laissé : « Mon Dieu, mon Dieu, pourquoi m'avez-vous abandonné[2]? » *Deus meus, Deus meus, ut quid dereliquisti me?* Nous y trouvons de quoi nous consoler dans nos peines.

Enfin Jésus-Christ près d'expirer prononce cette parole mémorable: « Tout est consommé[3]. » *Consummatum est.* Vous y verrez l'énergique et divin témoignage de sa puissance. Rien de plus propre à confirmer votre foi.

Aujourd'hui c'est à la croix que nous nous adres-

---

[1] Luc., XXIII, 34.
[2] Matth., XXVII, 46.
[3] Joann., XIX, 30.

sons : O croix sainte! croix adorable qui avez sauvé le monde, vous, témoignage le plus puissant de l'amour d'un Dieu pour sauver tous les hommes, inspirez-nous à cette heure les sentiments dont notre cœur a besoin; et cette douleur amère de nos égarements passés, et cette confiance entière en la miséricorde du Sauveur, et cette foi courageuse qui surmonte tous les obstacles. *O crux, ave.*

I. P. Jésus-Christ a parcouru la carrière des ignominies et des souffrances, il n'en a oublié aucune; son corps est épuisé, et n'offre plus que des plaies sanglantes; il est au terme des forces qui soutiennent la vie, en butte à l'effervescence d'une populace effrénée, insulté par les soldats, traîné comme un malfaiteur au lieu de son supplice, poursuivi par les blasphèmes, traité comme un séducteur et un impie, victime de la cruauté des bourreaux; ses vêtements ont été arrachés avec violence, les clous ont percé ses mains et ses pieds, une couronne d'épines déshonore et déchire son front divin, il est élevé sur le bois infâme de la croix. C'est de là que contemplant la multitude assemblée, entendant les clameurs de la haine et de la rage, la voix insultante de ceux qui l'immolent; il prononce cette parole qui sort de son cœur, qui retentira dans tous les âges, et que ce soir j'adresse à vos consciences : « O mon Père, pardonnez-leur, car ils ne savent ce qu'ils font. » *Pater, dimitte illis, non enim sciunt quid faciunt.*

Messieurs, voyons le principe et le sens de cette adorable prière.

Son principe, c'est la charité infinie de Jésus-Christ, l'amour de son cœur pour tous les hommes, pour vous, Messieurs ; mais comprenons cette charité qu'exprime la prière de Jésus-Christ.

Son cœur trois fois saint, uni à la Divinité substantiellement, hait le péché, l'impiété, le blasphème, le crime dont il est la victime. Il voit la majesté de son Père outragée, les divins témoignages qu'il apporta dans sa personne et dans sa vie méconnus et foulés aux pieds ; sa sainteté se révolte à la vue de tant de maux, et il meurt pour en sauver les auteurs.

Il hait le péché, il meurt pour les pécheurs ; il déteste l'iniquité et le crime, il en aime les auteurs. Voilà le principe et le sens de cette prière.

Elle avait été prédite par les prophètes et placée à l'avance dans la bouche du Messie ; elle devait nous faire comprendre, selon la parole de saint Paul, que le sang de Jésus-Christ parlerait mieux encore que le sang du juste Abel.

Oh ! quand le premier des fratricides épouvanta

le monde, ce sang, répandu par l'impie Caïn, cria justice et vengeance. Le sang de Jésus-Christ, le sang du Juste par excellence, devra crier aussi vengeance, appeler aussi les châtiments, les foudres de la justice divine; mais sa prière changera ce cri en un cri de pardon et de miséricorde. C'est ainsi qu'il parla mieux qu'Abel, *melius locutum quam Abel*, qu'il demanda miséricorde; ô mon Père, pardonnez-leur, *Pater, dimitte illis*.

Mais pour qui sort-elle du cœur de Jésus, s'élève-t-elle au ciel du sommet du Calvaire, arrive-t-elle jusqu'au trône de Dieu trois fois saint? Elle est faite en faveur de ces soldats, de ces bourreaux, de ces Juifs forcenés, de ces lâches disciples, de cette multitude d'ingrats couverts des bienfaits du Sauveur, qui ont demandé à grands cris son crucifiement et sa mort, ou qui ne savent pas l'empêcher.

Pensez-y, mes frères, vous étiez là, vous aussi, vous avez sollicité cette condamnation; sur votre front, sur le mien est écrite en caractères de sang la condamnation de la victime; prenez garde, tous les temps sont placés à la fois sous l'œil de l'Éternel; vos désordres, vos iniquités, vos trahisons, vos perfidies, votre ingratitude étaient présents à la vue de Dieu, et la voix de vos crimes s'unissait à toutes ces autres pour demander la consommation du déicide. Oui, vous avez crié : *Tolle, crucifige eum.* Vous avez demandé qu'on le crucifiât, vous êtes coupables de cet affreux forfait, *rursum crucifigentes in semetipsis Filium Dei*[1].

C'est donc de vous que parle le Seigneur, et de tous ceux qui l'ont méconnu, outragé, blasphémé, qui ont causé sa mort, la demandant à grands cris et la lui donnant de leurs propres mains.

O Dieu de charité! votre mort a été causée par mes crimes, et c'est votre prière qui est le principe de ma réconciliation et de ma vie.

Admirez, Messieurs, comme le Sauveur donne une excuse au crime dont il est la victime, à tous nos crimes, puisqu'ils se sont réunis pour dresser la croix : « Ils ne savent ce qu'ils font. » *Non enim sciunt quid faciunt.*

Oh! oui, mon Dieu! oui, dans toutes nos erreurs, dans nos désordres, nos déréglements, s'il y a une noire ingratitude, une honteuse dégradation, il y a aussi, il y a beaucoup d'ignorance.

Le crime, le péché est toujours l'effet d'un aveuglement déplorable. Sans doute nous sentons, nous connaissons assez pour avoir la con-

---

[1] Hebr., VI, 6.

science du mal et nous rendre coupables. Toutefois, Messieurs, nous ne le sommes pas toujours encore autant que nous le paraissons; nous ignorons trop ce que c'est que le mal, ce qui nous rend si coupables; nous ne savons pas apprécier une offense de la Majesté divine à sa convenable valeur. Et dans l'empressement de Jésus-Christ à s'emparer de ce voile qui couvre nos yeux, de ces ténèbres qui nous environnent, pour nous excuser auprès de son Père, quelle preuve de sa touchante indulgence, de sa miséricorde infinie!

O Jésus! répétez votre prière constamment pour nous à votre Père, dites-lui toujours : « Mon Père, pardonnez-leur, ils ne savent pas tout ce qu'ils font. » *Pater, dimitte illis, non enim sciunt quid faciunt.*

Il y a en nous, Messieurs, une profonde ignorance. Hélas, vous ne savez pas ce que c'est qu'une vie éloignée de Dieu, séparée de sa fin, plaçant un abîme immense entre la grâce et nous. Cette ignorance coupable que nous entretenons nous-mêmes, cet aveuglement volontaire que nous avons causé et qui produit le crime, le Sauveur en fait un motif d'indulgence et de pardon, *dimitte..., non sciunt.*

Ainsi il ne se plaint pas de l'énormité du crime, il ne parle pas de la durée, de la grandeur, de l'ignominie de ses souffrances, il n'ouvre la bouche que pour dire : « Mon Père, pardonnez-leur, car ils ne savent ce qu'ils font. »

Voilà, Messieurs, l'esprit du christianisme, de la religion que Jésus-Christ est venu fonder, voilà les rapports de l'âme avec son Dieu, voilà la route tracée pour le pécheur, voilà la réconciliation qui lui est facilitée dans de rapides instants, voilà le bain salutaire de la pénitence où nous pouvons toujours descendre pour calmer nos ardeurs insatiables, et retrouver le calme et la santé de l'âme.

En ce moment moi-même, au pied de votre croix, ô mon Sauveur, je vous l'adresse cette prière pour ceux qui ici présents s'étant malheureusement égarés, hésitent, reculent, diffèrent toujours. Mon Dieu, c'est du fond de mon âme que je vous parle : Pardonnez-leur, car ils n'ont point su ce qu'ils ont fait : *Dimitte illis, non enim sciunt quid faciunt.*

Dans cette prière, Messieurs, il y a de plus un admirable exemple, un auguste précepte de l'Évangile.

Jésus-Christ enseigne l'amour des ennemis : « Vous aimerez vos ennemis [1] : » *Diligite inimicos*

---

[1] Matth., v, 44 et Luc., vi, 27 et 35.

vestros, avait-il dit plusieurs fois; il nous le dit encore, mais par son exemple.

Voyez comme il les a aimés ses ennemis, comme il nous aime nous ses bourreaux! A cette heure dernière ses ennemis sont les premiers dont il s'occupe, pour qui il prie; il ne s'occupe point encore de sa mère, de son disciple fidèle, de cette légion de prophètes qui attendent sa venue pour prendre possession de l'héritage céleste, de ces âmes privilégiées et fidèles qui dans tous les temps devaient consoler son cœur et glorifier sa grâce; non, il se presse pour ses ennemis, des traîtres et des bourreaux.

Ah! Messieurs, qu'à cette heure, au souvenir de la croix de Jésus-Christ, il n'y ait au fond de vos cœurs aucune haine, aucun ressentiment. Si au milieu des tristes débats des opinions et des partis, la charité évangélique avait souffert dans vos cœurs, si vous aviez senti violemment et avec colère l'injustice et l'injure, si vos cœurs vous portaient à maudire les auteurs de vos maux, regardez, regardez Jésus-Christ en croix, entendez ses premières paroles; et tous ici, disciples fidèles du Maître, déposons les souvenirs amers, laissons bien loin les ressentiments et les divisions. La charité pour ceux qui nous ont nui, pour ceux qui nous ont persécutés, voilà l'acte héroïque que

Jésus-Christ vous prêche et vous rend facile par son exemple, et par cette touchante prière : « O mon Père, pardonnez-leur, car ils ne savent ce qu'ils font. »

Un grand nombre d'entre vous a déjà trouvé dans ces jours de retraite l'indulgence et le pardon auprès de Dieu, a goûté les fruits de la réconciliation divine ; vous avez bien compris, n'est-ce pas, que le pardon vous était accordé à la condition de pardonner vous-mêmes.

Puisque c'est là une condition du salut, une loi indispensable gravée dans le testament du Sauveur expirant, oui, nous saurons la remplir. L'injustice reste haïssable, le crime odieux, l'injure sensible, l'outrage poignant ; mais avec la foi, avec le baptême, avec l'esprit de Jésus-Christ, avec ses dernières paroles, avec le testament de son amour, nous pardonnons à ceux qui nous ont fait du mal, à ceux qui nous persécutent, à ceux qui nous haïssent, qui nous outragent. Embrassons-les en frères et prouvons-leur quelle est la puissance de l'Évangile, la puissance de la croix, la puissance de cette prière de Jésus-Christ : « Mon Père, pardonnez-leur, car ils ne savent ce qu'ils font. » *Pater, dimitte illis, non enim sciunt quid faciunt.*

Je poursuis. et je vais, dans la plainte même

que le Sauveur adresse à son Père, vous découvrir la source des véritables consolations.

II. P. Messieurs, un cri bien étrange a retenti sur le Calvaire. Le Sauveur avait commandé aux vents et à la tempête, et la fureur des mers s'était apaisée à sa voix : toutes les lois de la nature se tenaient soumises à la puissance de sa parole ; il avait rendu la vue aux aveugles, l'ouïe aux sourds, le mouvement aux paralytiques, la vie aux morts ; il avait avec quelques pains nourri une multitude innombrable ; sous ses pas se multipliaient les prodiges ; et le voilà cloué sur une croix, la tête affaissée sous le poids de ses douleurs, n'ayant plus qu'un souffle de vie, dans une ignominieuse nudité, dans un abandon extrême, le voilà qui élève sa voix vers son Père pour lui dire : « Mon Dieu, mon Dieu, pourquoi m'avez-vous délaissé[1] ? » *Deus meus, Deus meus, ut quid dereliquisti me ?*

Oui, cette parole est étrange, Messieurs, l'Homme-Dieu se plaindre sur la croix de l'abandon où il tombe, s'adresser à Dieu en ne le nommant pas même son Père, comme il disait quand il implorait le pardon des criminels. Quel mys-

---

[1] Matth., XXVII, 46.

tère! méditons-le, Messieurs, demandons-en le sens à Jésus-Christ lui-même.

La divinité du Sauveur dans sa passion a voulu se voiler aux yeux des hommes, laisser agir dans sa nature humaine, quoique unie substantiellement au Verbe de Dieu, la sensibilité naturelle et la vivacité de la douleur. Cependant cette plainte, ce gémissement, ce n'est pas l'expression de la faiblesse qui succombe au désir d'être délivré de ses souffrances. Non, Jésus-Christ ne se plaint pas de ce qu'il endure et de ce qu'il va mourir; sa plainte naît de la vue de nos crimes, de la rigueur de la justice divine, qui demande à son âme sainte, à sa chair innocente, une aussi cruelle réparation, mais qu'il accepte dans toute son étendue. Jésus-Christ veut nous faire comprendre comment la justice de Dieu apprécie le mal, et exige le prix de la rançon de lui-même sauveur, médiateur, représentant de l'humanité tout entière, lien entre l'homme et Dieu, réparateur de la création. Il veut nous faire sentir l'abîme qu'ont creusé les désordres de l'homme, et où il s'enfonce tous les jours.

O Père éternel, en quel état avez-vous donc réduit votre propre Fils? Comment l'avez-vous ainsi abandonné? comment votre justice est-elle obligée de sévir à ce point sur un fils bien-aimé?

comment de si nombreux, de si cruels coups sur la victime? N'y a-t-il donc pas eu assez de souffrances pour elle? le sacrifice dépassera-t-il les dernières limites de la douleur et de l'ignominie?

Justice infinie! le monde ne sera délivré que par les souffrances extrêmes d'un Dieu. Au jardin des Oliviers l'immolation avait été acceptée, les faiblesses, les ignominies, les souffrances, la mort avaient été courageusement accueillies par le Sauveur; il s'était élancé comme le géant qui commence sa course : et maintenant, s'il se plaint d'être abandonné, c'est, Messieurs, pour vous faire sentir ce qu'il supporte, et jusqu'où va son dévouement.

De plus, puisque cette croix était aussi, selon la pensée de saint Augustin, la chaire de son enseignement, *cathedra docentis*, Jésus-Christ a voulu nous apprendre à exprimer une plainte légitime.

Il n'est donc pas défendu de se plaindre à Dieu dans les maux de la vie, et le courage n'exige pas d'étouffer le gémissement du cœur; non. Jésus-Christ, je pense, avait la force et le courage; eh bien, il s'est plaint, il a gémi. Il est venu ainsi en aide à l'humanité souffrante accablée sous le poids de tant de maux divers, en aide aux cœurs désolés, aux âmes broyées par la peine; il leur a dit : « Vous vous plaindrez aussi, vous gémirez, vous représenterez à Dieu votre abandon; et comme moi vous accepterez avec patience et résignation l'accomplissement de ses volontés; vous direz : « Que votre volonté soit faite. » *Fiat voluntas tua.* Et alors vos plaintes, vos gémissements, vos pleurs et vos prières seront un véritable soulagement, un témoignage de plus de votre obéissance et de votre dévouement. »

Nous saurons dorénavant, Messieurs, nous plaindre avec le Sauveur, accepter la croix avec patience et la porter avec résignation, y trouver une compensation immense dans nos maux, une réparation salutaire pour nos péchés, et en même temps une vive consolation dans nos peines.

Voilà le vrai sens de ces paroles mystérieuses; beaucoup n'ont pas su le saisir et y ont trouvé l'occsion de doutes pénibles. Hélas! ce fut bien le prétexte du plus impie blasphème dans la bouche de Calvin : il osa assimiler la position du Sauveur sur le Calvaire et les sentiments de son cœur à l'état même de l'âme réprouvée.

Pour vous, Messieurs, si cette parole avait quelquefois éprouvé votre foi, rassurez-vous. Elle est tirée du Prophète-Roi, David l'avait mise déjà dans la bouche du Messie à venir; elle commence l'un des chants les plus magnifiques du poëte inspiré. Lisez, je vous en conjure, le psaume vingt-unième tout entier, vous y trouverez l'histoire de la passion dans tous ses traits, toutes ses circonstances ; vous y retrouverez la parole que le Sauveur a prononcée; et dite sur la croix, elle nous reporte à ce prophète et à ses célestes prédictions chantées tant de siècles à l'avance. Là vous voyez les outrages, les affronts des tribunaux, les mains percées, les pieds percés aussi, les vêtements déchirés, la robe mise au sort ; vous voyez encore que ce devait être dans la nuit même du tombeau, par sa résurrection glorieuse, que le Sauveur voulait manifester sa puissance ; vous y voyez son triomphe, la prédication de ses apôtres, l'établissement de la foi dans l'univers par les conquêtes de son Église, par la conversion des gentils ; et alors cette parole ne peut plus étonner votre foi.

Terminons, Messieurs, en méditant quelques instants cette dernière parole : « Tout est consommé [1]. » *Consummatum est.*

III. P. Jésus-Christ abreuvé de fiel et de vinaigre, encore suivant la parole des prophètes, arrive à ses derniers moments, il va pencher la tête et rendre le dernier soupir, quand il s'écrie d'une

---

[1] Joann., ix, 19, 30.

voix éclatante : « Tout est consommé. » *Consummatum est.* Ainsi un jour, à pareil jour, il fut dit sur la montagne du Golgotha, à la vue de la nature ébranlée, en présence du peuple déicide, en face de toutes les générations humaines, par un homme expirant dans le plus infâme supplice : « Tout est consommé. » *Consummatum est.* Tout est achevé dans l'univers ; les desseins de Dieu sont remplis, l'économie de ses voies justifiée : *consummatum est.*

Ce que les vœux du juste avaient appelé dans la suite des siècles, tout est obtenu, réalisé, *consummatum est.* Les signes prédits pour présenter aux nations Celui qu'elles attendaient, ses caractères donnés par les prophètes tant de siècles à l'avance, tout est réalisé et vérifié, *consummatum est.* Enfin le duel immense entre le ciel et la terre est terminé, l'alliance est faite, Dieu s'est abaissé jusqu'à l'homme, le ciel s'est ouvert pour recevoir les enfants d'Adam, *consummatum est.* Ainsi la voie de la miséricorde est ouverte, le pardon assuré et garanti ; et sur le théâtre même du désordre et du crime Dieu trouvera des motifs de miséricorde et de gloire ; tout est consommé pour l'humanité, *consummatum est.* Enfin la mesure des souffrances et des expiations de Jésus-Christ est comblée, la victime digne de Dieu est immolée et acceptée, les outrages commis contre la majesté de Dieu sont réparés, *consummatum est.* Enfin la nuit de l'erreur est dissipée, la vérité, la justice et la charité possèderont la terre jusqu'à la consommation des siècles, *consummatum est.* Enfin l'Évangile est confirmé, les apôtres ont reçu leur mission, ils vont conquérir l'univers, l'Église s'élève sur un roc inébranlable que les flots en furie ne pourront ébranler; tout est consommé, *consummatum est.*

Et si au milieu de ces ignominies, de ces souffrances, de ces faiblesses extrêmes de Jésus-Christ, le crime du déicide se consomme, la volonté de Dieu se consomme aussi. Sa gloire et son règne s'établissent par la consommation du sacrifice de l'Homme-Dieu, par la honte et la fureur de ses bourreaux, par sa croix, par ses flots de sang, son agonie, sa mort, par la régénération du genre humain; tout véritablement, tout est consommé de la part du Sauveur, *consummatum est.*

Ah! quand ce cri a retenti sur le Calvaire, les légions des anges ont dû se précipiter des cieux, entourer la croix et son crucifié, le saluer de leurs hommages et lui répondre d'un écho unanime : « Oui, tout est consommé. » *Consummatum est.*

Eh bien! chrétiens régénérés par le saint baptême, lavés dans le sang de Jésus-Christ, marqués au front du caractère indélébile de ses disciples, nourris du lait le plus pur de l'Évangile, dont les âmes autrefois chastes et innocentes ont connu les charmes de la piété, vous que dans ces jours saints un religieux empressement rassemble sous les voûtes de la maison de Dieu, comprenez la force, la douceur, la dignité de votre foi, comprenez tout ce qui vous est donné par le sacrifice de Jésus-Christ! Quelles en seront les conséquences, quelles sont vos résolutions généreuses? Quoi! faiblir encore, reculer encore, céder encore lâchement; sacrifier aux préjugés du monde, aux passions, aux tristes illusions des sens, à ces penchants qui vous subjuguèrent et vous abrutirent! Quoi! revenir à des erreurs que vous avez si amèrement déplorées, profaner encore le sang de Jésus-Christ, mépriser ses enseignements, briser le joug de ses lois! Non, jamais, tout est consommé aujourd'hui pour vous, *consummatum est.*

En ce jour du triomphe de la grâce, je puis faire éclater avec joie l'expression de la douleur de mon Sauveur, c'est le cri de sa victoire et de son propre triomphe sur le monde.

Vous aussi, chrétiens, frères bien-aimés, vous arriverez à cette heure dernière, où vous aurez à consommer votre sacrifice; la mort est un sacrifice que tout homme doit offrir à Dieu pour ses péchés; elle est le « salaire du péché : » *stipendium peccati, mors*. Eh bien! il faut qu'à cette dernière heure, ayant parcouru fidèlement la carrière, soutenu jusqu'au bout votre courage, vous puissiez dire au Seigneur comme Jésus-Christ expirant : « Tout est consommé. » *Consummatum est*. J'ai combattu, j'ai vaincu, j'ai achevé ma course, *cursum consummavi;* mon Dieu, j'ai cru à vos paroles, j'ai gardé vos lois, j'ai lutté pour les exécuter, j'ai porté votre nom écrit sur mon front, je n'ai pas rougi de l'Évangile; maintenant tout est consommé, *consummatum est*. Seigneur, j'ai obéi à votre Église; en elle j'ai reconnu l'autorité de vos paroles, votre autorité infaillible : maintenant il ne me reste plus qu'à recevoir la couronne de justice, c'est ce dépôt qui a été fait aux cieux pour moi; tout est consommé, *consummatum est*. Mon Dieu, je vous offre ma vie, j'expire avec douleur mais avec confiance; arrivé au terme de la carrière, je sais que le juge devant lequel je dois comparaître est mon Sauveur, mon frère et mon ami; j'ai honoré sa croix, j'ai adoré ses souffrances, elles ont pénétré mon âme d'une sainte et religieuse compassion, j'y ai cherché le pardon de mes fautes et le mérite de mes œuvres; tout est consommé pour moi, *consummatum est*.

Si je suis revenu à mes égarements, si ma faiblessé m'a entraîné, j'ai trouvé dans ma foi, dans vos sacrements divins, dans le ministère de votre prêtre, dans les secours de votre Église les forces du retour; animé par elles, j'ai marché de nouveau, et me voici au terme, tout est consommé, *consummatum est.* Seigneur, recevez mon âme, recevez ma vie, mes pensées, mes affections, mes désirs; tout est consommé ici-bas pour moi : *consummatum est.*

Et cette âme, elle s'envole de la vallée de larmes, du triste séjour de la terre; elle va prendre sa place, son trône, marqué parmi les saints et les élus, et pour l'éternité; alors tout est consommé pour elle en tout et pour toujours, *consummatum est.*

Et le pécheur impénitent, à son heure dernière, il entendra aussi retentir au fond de sa conscience la terrible parole : « Tout est consommé. » *Consummatum est.* Tout est fini pour moi : plaisirs, grandeurs, richesses, amis, protecteurs, tout est perdu pour moi, *consummatum est.* Je vais mourir, j'ai repoussé les enseignements de ma foi, ses devoirs et ses consolations; je vais mourir, tout est consommé, *consummatum est.* L'abîme s'ouvre sous mes pas, le gouffre est prêt à me recevoir, tout est consommé, *consummatum est.* J'entre dans une voie remplie de ténèbres : grand Dieu! je ne sais plus où je suis, je me perds : où mes pas me portent-ils ? ô mon âme, où vas-tu donc descendre ? Je le sens, tout est affreusement consommé, *consummatum est*. Ah ! tout s'évanouit, je meurs en proie à la souffrance, à l'effroi, au désespoir, tout est perdu, tout est consommé, *consummatum est*. Jamais une parole consolante ne résonnera à mon oreille et à mon cœur ; jamais dans cette éternité qui s'ouvre je ne trouverai ni joie ni repos ; pour mon éternel malheur, tout est consommé, *consummatum est*.

Messieurs, choisissez, il le faut, j'en appelle à votre raison, à votre conscience, à votre cœur. Les yeux fixés sur la croix du Sauveur mourant, sur sa Mère, arrosée du sang qu'elle lui donna, choisissez, prenez votre place pour l'éternité.

O mes frères, vous embrasserez la carrière bénie de la réparation et de la douleur, vous vous étendrez avec amour sur ce bois réparateur de la croix, vous y trouverez le pardon et la paix, l'espérance et le bonheur.

Pécheurs, ne vous désespérez pas davantage, ne résistez plus. L'heure est venue, croyez-moi, levez-vous ; dites aussi : « Tout est consommé. » *Consummatum est*. Allez vous montrer au prêtre, allez vous réconcilier avec Jésus-Christ, allez boire à la source de la grâce et de la vie. Au même instant vous sentirez descendre au fond de votre conscience une paix inconnue, vous serez soulagés du poids de longues années, de tristes égarements et de cruelles erreurs. Vous retrouverez l'amitié de Dieu dans la rémission de vos péchés, vous participerez dans deux jours à la table sainte, vous serez replacés dans l'assemblée des fidèles, vous serez les amis des saints, et vous commencerez sur la terre cette fraternité des cieux, cette félicité bienheureuse qui ne devra jamais finir.

SIXIÈME DISCOURS

LA CHUTE ET LA PÉNITENCE DE SAINT PIERRE

SAMEDI SAINT 1846

SIXIÈME DISCOURS

LA CHUTE ET LA PÉNITENCE DE SAINT PIERRE

> *Misericordiam volo, et non sacrificium.*
> Je veux la miséricorde, et non le sacrifice.
> MATTH., IX, 13.

MESSIEURS,

Hier il fallait demander l'immolation et le sacrifice au nom du Dieu immolé sur la croix ; il le fallait pour annoncer à la fois sa miséricorde et sa justice, pour faire bien comprendre que la paix de nos consciences était achetée au prix du sang, des douleurs et de la vie de la victime divine. Ce sacrifice, j'en ai la ferme confiance, vous l'avez offert du fond de vos cœurs au Fils de Dieu immolé pour vous sur la croix. Aujourd'hui je viens vous dire que votre sacrifice est récompensé.

Oui, lorsque, dans la sincérité de votre pénitence, dans l'ardeur de votre foi et de votre repentir, vous avez accepté la réparation divine, pleuré amèrement vos péchés, conçu les résolutions les plus généreuses, votre sacrifice est accompli, et je n'ai plus qu'à vous prêcher sa miséricorde et sa bonté pour vous inspirer la confiance, la joie et la persévérance.

Pour vous exprimer mieux cette bonté et cette miséricorde du Seigneur, à laquelle vous ne répondrez jamais assez par votre confiance et votre amour, je choisis, Messieurs, entre mille exemples, l'un des plus touchants, ce me semble, et des plus propres à répondre aux dispositions actuelles de vos cœurs, l'exemple de saint Pierre.

Saint Pierre tomba, il renia son maître, il se releva ; saint Pierre fut pardonné. Nous allons rencontrer l'histoire de plus d'une âme dans quelques-uns des traits de l'histoire du prince des apôtres. Je la raconterai simplement, exprimant comme je les sentirai moi-même les impressions et les conséquences auxquelles elle donne lieu. Nous nous adresserons d'abord à Marie, nous lui demanderons d'agrandir notre confiance, de combler notre joie, et de donner à notre courage une ardeur et une constance dignes des grâces de son Fils. *Ave Maria.*

I. P. Un jour[1], Messieurs, le Seigneur suivait les bords du lac de Génésareth ; il y voit Simon et son frère André ; ils étaient occupés à jeter leurs filets dans la mer ; car ils étaient pêcheurs. Le Sauveur les regarde, et avec cet œil plein de puissance et d'amour, avec cette voix qui attire toute volonté, il leur dit : « Suivez-moi, et je ferai de vous des pêcheurs d'hommes. » Ce mot a suffi. André et Pierre quittent leur barque et leurs filets, quittent tout, et ils attachent désormais leurs pas aux pas du Seigneur. Plus tard[2], Jésus-Christ voulut faire manifester à ses apôtres quelle était leur foi à son égard, et il leur fit cette question : « Que dit-on du Fils de l'Homme ? » Les uns répondent : « Ils disent que vous êtes Jean-Baptiste, d'autres que vous êtes Élie, d'autres que vous êtes Jérémie ou un des prophètes. » Jésus reprit : « Et vous, que dites-vous de moi ? » Alors Simon-Pierre, prenant la parole, fit la première profession de foi solennelle en ces termes : « Vous êtes le Christ, Fils du Dieu vivant. » *Tu es Christus, Filius Dei vivi.* Et ce fut dans cette circonstance que le Sauveur Jésus, récompensant la foi de son apôtre, et scellant en même temps de sa parole la foi de sa divinité, lui dit : « Vous êtes

---

[1] Matth., IV, 18 et seq.
[2] Matth., XVI, 13 et seq.

heureux, Simon fils de Jonas, car ce n'est pas la chair qui vous l'a révélé, mais mon Père, qui est dans le ciel. Et moi je vous dis que vous êtes Pierre, et que sur cette pierre je bâtirai mon Église, et que les portes de l'enfer ne prévaudront jamais contre elle. » *Et ego dico tibi : Tu es Petrus, et super hanc petram ædificabo Ecclesiam meam, et portæ inferi non prævalebunt adversus eam.*

Lorsque Simon-Pierre fit cette éclatante profession de foi, c'était le disciple fidèle, l'apôtre dévoué, le cœur plein de courage et d'amour. Bientôt encore, quand l'heure des épreuves, du sacrifice va sonner [1], Jésus ayant autour de lui ses apôtres, ou, pour mieux dire, ses amis, leur adresse une de ces paroles qui doivent les pénétrer, les remplir de lumière et d'attendrissement; il leur annonce sa passion, les outrages, les souffrances qu'il doit endurer, et ajoute avec sa douceur, mais avec sa certitude divine : « Tous, cette nuit, vous serez scandalisés en moi. » Pierre se récrie : « Quand même tous se scandaliseraient à votre sujet, pour moi je ne me scandaliserai jamais, je suis prêt d'aller avec vous en prison et à la mort. Oui, je mourrai pour vous. » — « Vous mourrez pour moi? lui répondit Jésus.

---

[1] Matth., xxvi, 31 et seq.

En vérité, en vérité, je vous le dis, Pierre, avant que le coq ait chanté deux fois [1] aujourd'hui, cette nuit, vous me renoncerez trois fois. » Pierre insistait davantage : « Quand même il me faudrait mourir avec vous, je ne vous renoncerai pas. »

A l'heure de l'agonie, au jardin des Oliviers, Pierre commence à délaisser son Maître : ses yeux se sont appesantis par le sommeil et la fatigue, il dort quand son maître prie, quand il souffre. Une troupe armée entraîne le Sauveur au tribunal des prêtres, et Pierre... ah ! « il le suit de loin, » *sequebatur eum a longe*. Quoi, déjà ! mais il y a peu d'heures nous l'entendions protester de son dévouement jusqu'à la mort. Il est vrai, et même il a fait acte de courage en voulant défendre, les armes à la main, le Sauveur qui marchait à la mort sans résistance. Mais à peine a-t-il remis son épée dans le fourreau, qu'il laisse son Maître s'éloigner, qu'il ne le suit plus que de loin, *sequebatur eum a longe*.

Ah ! Messieurs, il y eut plus d'une heure dans notre vie, dans le premier âge, dans la jeunesse, dans l'âge mûr, et peut-être dans la vieillesse, où la grâce nous pénétrant de vives lumières et d'une ardente charité nous inspirait un généreux cou-

---

[1] Marc., xiv, 30.

rage ; nous aussi nous avons fait profession solennelle de foi en la divinité de Jésus-Christ; nous avons embrassé l'Évangile, nous avons lutté contre la tempête des tentations, résisté, protesté, promis un dévouement et une fidélité inviolables. On jurait à Dieu de ne pas rougir de son Évangile, de ne pas abandonner sa croix, d'être soumis en tout à son Église. Oui, vous l'avez juré, signé même. Mais ensuite vient une autre heure, où vous ralentissant dans la vérité et dans la vertu, vous cheminez plus lentement, vous vous attardez dans la foi et ne suivez plus que de loin votre Sauveur, *sequebatur eum a longe*. Voulez-vous savoir la fin de votre histoire? Je vais vous la dire, non pas pour vous affliger, mais pour vous consoler et vous soutenir.

Jésus est conduit dans l'intérieur du palais du grand prêtre, il est livré à tous les outrages de la troupe qui l'a arrêté. Pierre est entré timidement dans la cour de ce palais, il ne voudrait pas abandonner son maître qui l'a comblé de ses bienfaits : ni la foi ni l'amour ne sont éteints dans son cœur; mais, hélas! le courage lui manque, voyez-en la triste preuve.

Il est là au milieu des gens assemblés, ennemis de son maître; il est là se chauffant assis près du feu, craintif, cherchant à n'être pas reconnu et écoutant autour de lui. Voici qu'une étrange autorité prend la parole. Est-elle donc supérieure au vent des orages qui déracine les cèdres du Liban, ébranle les montagnes, et soulève les profondeurs de la mer? Car la colonne de l'Église, le fondement de la vérité à qui doit être donné le privilége de la vérité, l'infaillibilité, va chanceler et tomber, tomber et retomber à la voix d'une servante, d'un serviteur : « Pierre [1] était donc assis en bas dans la cour, une servante du grand prêtre vint là ; et voyant Pierre, elle dit, après l'avoir regardé : « Vous aussi vous étiez avec Jésus de Nazareth. » Mais il le nia devant tout le monde, disant : « Femme, je ne le connais point, je ne sais ce que voulez dire. » Ensuite il se retira dans le vestibule et le coq chanta. Mais comme il sortait de la porte, une autre servante l'aperçut, et dit à ceux qui étaient présents : « Cet homme-là aussi était avec Jésus de Nazareth ; » et peu de temps ensuite un autre le voyant, dit : « Vous êtes aussi de ces gens-là. » Pierre nia une seconde fois avec serment, disant : « Je ne sais pas ce que vous dites ; je ne connais pas cet homme-là. »

Environ une heure après, un des domestiques du grand prêtre, puis un autre, puis ceux qui

---

[1] Matth., XXVI, *passim*; Marc., XIV, *passim*; Luc., XXII, *passim*; Joann., XVIII, *passim*.

étaient dans la cour, s'approchant, dirent à Pierre : « Assurément vous êtes aussi de ces gens-là, car vous êtes Galiléen. » Pierre le nia une troisième fois. Il se mit à faire des imprécations et à dire avec serment : « Je ne connais point cet homme-là que vous dites. » Aussitôt, comme il parlait encore, le coq chanta pour la seconde fois.

Pierre, vous ne connaissez pas cet homme-là... C'est Lui pourtant qui vous a appelé à sa suite sur les bords du lac de Génésareth quand vous y jetiez vos filets. C'est Lui pourtant qui vous a comblé de ses bienfaits, vous a rangé au nombre de ses disciples, de ses amis, qui vous a établi le chef de ses apôtres, qui vous a choisi pour annoncer sa foi dans l'univers, y établir son Église sur des fondements inébranlables, et la diriger à jamais par vous-même et vos successeurs.

Pierre, vous ne le connaissez pas... C'est pourtant Celui dont vous avez proclamé la mission divine, la filiation divine, la divinité; Celui que vous avez promis de n'abandonner jamais, mais de suivre au péril de votre vie. — Pierre, vous ne le connaissez pas... C'est pourtant Celui que vous avez vu marcher sur les eaux, venir à vous et vous tendre la main, que vous avez vu nourrir plus d'une fois, avec quelques pains, des milliers d'hommes; Celui que vous avez accompagné dans les cités, les hameaux et les campagnes de la Judée, guérissant les maladies, rendant l'ouïe aux sourds, la vue aux aveugles, le mouvement aux paralytiques, la vie aux morts. Pierre, vous ne le connaissez pas... C'est Lui pourtant qui hier soir encore lavait humblement vos pieds, vous nourrissait de son corps et de son sang, laissait épancher son cœur dans le vôtre, vous dictait le testament de son amour, vous demandait de demeurer en lui comme il demeurait en vous? Pierre, vous pouvez dire : Non, je ne connais pas cet homme!...

Ah! Messieurs, quelle indignité! Prenons garde, ne nous indignons pas trop : cette lamentable histoire de l'infirmité humaine est la vôtre, elle est la mienne... Certes, au jour où nous avons conçu de généreux sentiments, juré fidélité à toute épreuve, senti l'onction sainte de la grâce, et le bonheur de la réparation divine, nous aussi nous avons protesté de notre constance à toute épreuve, de notre persévérant amour. Et puis je ne sais quelle voix de la passion, du respect humain, s'éleva, et nous avons tremblé; faibles, timides, nous avons reculé devant des discours moqueurs, devant une langue séductrice, devant les attraits des plaisirs, l'entraînement des passions. Je ne sais dire tous les bouleversements qui s'opèrent dans une âme lorsqu'elle cesse de prier, de recourir aux canaux divins des sacrements. Ah! bientôt nous oubliâmes tout : promesses, convictions, foi, courage, ce que méritait et exigeait ce Sauveur. Nous l'avons renié par nos paroles, nos lâches concessions, nos scandales, notre insouciance, notre indifférence; nous avons dit mille fois : Non, je ne connais pas cet homme-là.

Vous reconnaissez-vous vous-mêmes? Confesserez-vous votre faiblesse, vous défierez-vous une bonne fois de votre lâcheté? Vous en repentirez-vous?

Il est vrai, Messieurs, dans cette chute, dans ce reniement de saint Pierre, tous, plus ou moins, nous retrouvons notre histoire; mais ce n'est pas assez, il faut aussi la retrouver dans la réparation de saint Pierre. Elle est un modèle à suivre, une consolation à goûter, un triomphe à remporter; c'est ce que nous allons vous faire voir.

II. P. Pierre avait renié son Maître. Glorieux apôtre régnant au haut des cieux, permettez-nous de le dire, votre chute doit nous consoler, nous rassurer, nous instruire, nous faire comprendre la miséricorde infinie du Dieu qui voulut pour chef des élus, prince de son Église, fondement de la foi, celui-là même dont la faiblesse l'avait renié.

Comme il arrive presque toujours, Pierre n'avait pas perdu la foi, et un Père de l'Église dit de lui : « Il a bien renié Jésus-Christ, mais il n'a pas renié la foi. » *Christum negavit, fidem non negavit.* Son cœur cherchait encore ce Maître outragé si indignement. Et voilà, Providence paternelle de Dieu! voilà qu'un regard divin de sa bonté infinie rencontre les yeux de l'apôtre infidèle. Les yeux de Jésus-Christ lui ont exprimé sa peine et son amour ; Pierre en est pénétré jusqu'au fond des entrailles; il rentre en lui-même, et, plein d'horreur de son crime, il abandonne à l'instant cette compagnie funeste et « s'en va dehors pleurer amèrement. » *Egressus foras flevit amare.* Les anges de la paix pleuraient aussi : *Angeli pacis amare flebunt.* Il sort, rien ne l'arrête. Cette fois la voix de la tentation ne l'enchaînera pas. On lui a dit sans doute : Pierre, où allez-vous, restez ici. Il ne répond pas, ses liens sont brisés, et il ne sacrifiera plus à ces préjugés, à ce honteux pouvoir du respect humain qui courbe souvent les plus mâles courages; il sort. La lutte, le triomphe est dans la fuite d'occasions dangereuses, dans la rupture éclatante avec un monde funeste; comprenez-le bien. Il sort et il pleure amèrement.

O douces larmes, amertume bénie que celle du repentir! Une respectable et touchante tradition, Messieurs, nous dit que les larmes de Pierre coulèrent chaque nuit sur son visage jusqu'au jour de son martyre. Ah! nous aussi sachons conserver les souvenirs de la pénitence et la componction du cœur, cette douleur purifiante et glorieuse; si elle ne remplit pas nos yeux de larmes, qu'elle remplisse notre cœur et y demeure comme un préservatif salutaire. Pierre est sorti, il a pleuré son crime, il est animé du désir de le réparer, et il attend le moment propice à ses desseins.

Le troisième jour paraît, ce jour consolant et glorieux entre tous; les saintes femmes sont venues en toute hâte lui annoncer que le tombeau est vide, que les anges leur ont annoncé la résurrection de Jésus-Christ. A cette nouvelle Pierre s'élance, il court vers son maître offensé, mais il connaît son cœur. Oui, Pierre, vous avez raison, vous connaissez votre maître; c'est nous, Messieurs, qui ne connaissons pas le nôtre.

Ah! apprenons aujourd'hui comme il pardonne, et Pierre va le savoir encore mieux lui-même. Le Seigneur lui apparaît avant tous les autres apôtres, le jour même de sa résurrection. Pourquoi? C'est qu'il l'avait offensé davantage, il lui fallait une preuve plus grande de son pardon, une tendresse plus explicite; représentez-vous donc cette scène, je vous prie. Jésus-Christ dans l'éclat de sa puissance et de sa gloire se montre à son apôtre infidèle; Pierre contemple de ses yeux son maître qu'il a renié, il n'y a pas encore trois jours; il lui parle, il l'entend. Qui ne trouverait pas dans son cœur un fidèle écho de leurs paroles? Le Seigneur pouvait bien lui reprocher sa lâcheté, sa trahison, son ingratitude. Pierre, vous m'avez renié quand je vous avais prodigué tous les témoignages de ma confiance et de mon amour : malheureux! qu'avez-vous fait? pécheur, qu'avez-vous mérité? Messieurs, c'est ainsi que parleraient les hommes, mais ce n'est pas ainsi que parle un Dieu sauveur.

Jésus dit à Simon-Pierre [1] : « Simon, fils de Jean, m'aimez-vous plus que ne m'aiment ceux-ci? — Oui, Seigneur, lui répondit-il, vous savez que je vous aime. » Alors Jésus lui dit : « Paissez mes agneaux. » Il lui dit encore : « Simon, fils de Jean, m'aimez-vous? — Oui, Seigneur, vous savez que je vous aime. — Paissez mes agneaux, lui dit Jésus. » Il lui dit pour la troisième fois : « Simon, fils de Jean m'aimez-vous? » Pierre s'affligea de ce que Jésus lui avait dit pour la troisième fois, m'aimez-vous? Et il lui répondit : « Seigneur, vous connaissez toutes choses, vous savez que je vous aime. » Jésus lui dit : « Paissez mes brebis. »

---

[1] Joann., XXI, 15 et seq.

Voilà le reproche, voilà la punition du coupable. Cela suffit à Jésus-Christ : Pierre fera paître et les agneaux et les brebis. Il sera le chef, le père de tous les fidèles. Il portera la gloire du nom de Jésus jusqu'aux extrémités du monde, il soumettra cette Rome idolâtre, la maîtresse des nations; il y règnera sur ses empereurs et son sénat, et cela jusqu'à la consommation des siècles. Sa chute elle-même se transfigurera dans les rayons de son apostolat, de son martyre, de sa papauté et de sa gloire. Maintenant connaîtrez-vous votre Dieu, que vous deviez servir, et que vous avez outragé et trahi, à qui vous avez préféré les ignominieuses jouissances des sens, les préjugés du monde, le joug abrutissant des passions? Rien n'a échappé à Jésus, pas une pensée, une affection, un désir, pas une trahison qui lui soit restée inconnue; vous voici en sa présence. Eh bien, écoutez-le : que vous dit-il au fond du cœur? M'aimez-vous? voilà le reproche. Et si vous répondez avec vérité : Oui, je vous aime, tout est oublié. O Jésus! vous demandez si je vous aime. Je sens toute l'horreur de ma trahison, je ne puis plus me supporter moi-même, Seigneur, je ne suis pas digne d'être aimé. O Jésus! vous me demandez si je vous aime; Seigneur, vous le savez, oui, je vous aime.

C'est ainsi, Messieurs, que vous réparerez le

passé, que vous confirmerez l'avenir, que vous vous rassurerez contre vous-mêmes, que vous témoignerez à Dieu votre reconnaissance, que vous vengerez son saint nom, honorerez sa justice, rendrez gloire à la vérité de sa foi. C'est ainsi que vous remplirez cette auguste et grande mission du zèle dont je vous parlais hier.

Se trouverait-il ici un cœur qui hésitât encore à dire à Jésus-Christ : Seigneur, je vous aime. O mon frère, est-ce que sa bonté n'est pas assez prodigue, sa tendresse assez expressive, son indulgence assez entière; alors même que vous armez les créatures contre lui pour le blasphémer et le maudire, que vous renversez ses lois, que vous le chassez de votre propre cœur, de ce temple qui est à lui; et lorsqu'il retient le tonnerre de sa justice qui voudrait éclater sur vos têtes, et qu'il ferme sous vos pas l'enfer entr'ouvert pour vous engloutir? Ah! rendez-vous, tombez à ses pieds, dites-lui comme Pierre : Oui, je vous aime, et je suis à vous pour toujours.

Saint Pierre ne perdit pas le souvenir de la bonté divine. Vous savez quels ont été ses travaux, son courage, ses épreuves. Vous savez comment, la tête penchée vers la terre selon son désir, le corps fixé sur la croix, il endura le supplice même de Jésus-Christ et mourut avec joie et avec gloire.

Ah! marchez sur les traces de la pénitence de Pierre, vous qui l'avez suivi dans ses égarements; redevenez les serviteurs et les amis de Jésus-Christ. Demain l'alliance sera scellée, la divine communion vous unira comme un faisceau sous le drapeau glorieux du Sauveur ressuscité. Rien ne manquera à vos vœux, parce que rien ne manquera à votre bonheur. Trop heureux que la faiblesse de nos efforts, que l'infirmité de notre parole et de notre ministère ait pu servir d'instrument aux miséricordes du Seigneur, confirmer des cœurs fidèles, ramener des âmes égarées et réjouir le cœur de Jésus-Christ et de son Église.

RETRAITE DES DAMES

PREMIER DISCOURS

LES QUATRE CLASSES

LUNDI SAINT 1844

PREMIER DISCOURS

LES QUATRE CLASSES

Mesdames.

Je demande à Dieu, par l'intercession de la Mère des douleurs, que ces jours soient véritablement saints pour nous, qu'ils nous apportent des fruits abondants de salut, c'est-à-dire que vos cœurs soient consolés, vos esprits éclairés, votre faiblesse fortifiée, et vos progrès dans la vertu de plus en plus marqués.

Dans cette vue j'ai cherché ce qui vous conviendrait mieux à l'entrée de la carrière, et je me suis naturellement demandé quelles dispositions vous apportez ici. Permettez-moi de parler avec franchise, et de vous dire en combien de classes je crois devoir vous partager. Ce sera comme la statistique de cette assemblée, charité sauve; et même, si vous le voulez, une statistique abrégée du monde. Il y a beaucoup de diversité dans le monde, et même dans le monde chrétien, il faut donc savoir où nous placer.

En précisant chacune de vos dispositions diverses, j'aurai soin d'en indiquer et les imperfections et les remèdes. Mais voici avant tout une recommandation importante :

Quand on entend désigner une classe de personnes, préciser et définir ses dispositions, on est naturellement porté à en faire l'application à autrui, et l'on se dit : voilà qui lui convient à merveille. Mesdames, gardez-vous bien de porter votre attention hors de vous-mêmes, c'est à vous seules qu'il faut penser très-sérieusement et très-sincèrement, je vous en conjure. Si je ne devais ici que satisfaire une vaine curiosité, je descendrais à l'instant de cette chaire, pour n'y remonter jamais. Il est dans mon cœur, il est dans mon devoir de prêtre de vous être utile; je ne tends qu'à un seul but, la sanctification de votre âme, de vous qui m'écoutez.

C'est dans cet esprit, Mesdames, que nous allons indiquer les classes différentes des âmes qui sont au milieu du monde, et qui se retrouvent, je le crois, dans cette religieuse assemblée.

I. P. Nous commencerons par la classe la plus élevée, par ce qu'il y a de mieux en fait de dispositions. Que je désirerais comprendre dans cette catégorie vous toutes qui m'entendez! Il y a des âmes, et beaucoup sous mes yeux, j'en suis sûr, qui sont remplies d'une piété véritable, des âmes agréables à Dieu, la joie des anges, les anges de la terre, les bénédictions de la famille, la source pour tous de consolations abondantes. Mais je me demande ce que c'est qu'une âme pieuse, et en quoi consiste la piété.

Ce qu'on nomme la piété est un de ces dons de l'Esprit-Saint qui dispose intimement l'âme à s'occuper de Dieu et à l'aimer comme un père, à l'aimer d'un amour véritablement filial. Énoncer seulement la nature de cette disposition précieuse me paraît être déjà pour celles d'entre vous qui en ont à déplorer la privation, un baume consolateur même par le regret, si ce n'est par le désir que l'âme en ressent. S'il y a, Mesdames, une béatitude qui nous soit accordée pendant notre voyage sur la terre, c'est bien la piété, la piété vraie, profonde, calme. Ainsi une âme pieuse aura la sainte habitude, une douce facilité de s'entretenir avec Dieu comme avec un père, j'oserai dire comme avec un ami. Il y a quelque chose de mystérieux dans cette familiarité, les anges seuls entendent ce langage et sont témoins de ces rapports intimes. En dehors, dans le monde, cette âme sera, ce semble, comme les autres. Elle se prêtera à l'accomplissement des obligations, des convenances de sa position, mettant au premier rang ses devoirs d'état; mais au fond de son cœur elle retrouve Dieu comme une joie et comme un besoin. La pensée de Dieu est son occupation, l'affection de Dieu sa demeure, le lieu de son repos, le port où elle s'abrite quand elle a été quelque temps ballottée sur la mer du monde.

La piété porte doucement vers les exercices de la religion et leur donne une grande douceur. La communion fréquente, la confession régulière, l'assistance quotidienne au saint sacrifice de la messe, les œuvres de la charité, le dévouement pour les pauvres, la douceur et le support pour le prochain, voilà la vie des âmes pieuses.

Et ne venez pas dire, je vous en prie, que les âmes ainsi pieuses ont des défauts. Et qui n'en a pas? La perfection pleinement acquise n'est pas de cette terre. Vous vivriez ici-bas, Mesdames, avec des anges, que vous trouveriez en eux, je pense, quelque chose à redire. Vous auriez le bonheur d'être admises dans une société de saints, que vous croiriez avoir à exercer à leur égard la charité, la patience, l'indulgence; non pas qu'il y eût jamais des torts réels du côté de ces âmes vraiment parfaites, ou du moins qui tendent fortement à le devenir ; mais vos impressions, vos jugements, votre susceptibilité, vos exigences, votre sévérité déplacée, votre amour-propre, qui nous dissimule ce qui est à reprendre en vous, et qui veut toujours avoir à reprendre chez les autres, et surtout chez les âmes pieuses : tout cela vous ferait mal juger ce qu'elles sont. D'ailleurs, s'il y a des défauts dans les personnes pieuses, ce sont des défauts de caractère, des habitudes que l'on combat sans cesse ; songez donc à ce que l'on serait, à ce que vous seriez sans ce don de la piété, et sans les secours répétés de la religion.

Mais je parle en ce moment aux âmes pieuses elles-mêmes, nombreuses ici, j'aime à le croire, devant Dieu ; je leur dirai : Soyez bénies, vous êtes le repos et la consolation de notre ministère, la portion chérie du troupeau de Jésus-Christ. Croissez et multipliez-vous. Supportez avec une douce soumission à la volonté divine les maux de cette vie ; exercez toujours la patience, l'indulgence et la charité, ne vous occupez pas des jugements du monde ; et puis encore que leur recommanderai-je ? Ah ! pour des âmes qui cherchent Dieu, qui se rapprochent de lui, qui lui portent l'affection des enfants pour un père, je leur dirai : Votre besoin à vous, le fruit d'une retraite de ces saints jours, c'est... quoi? la paix, entendez-vous, la paix. Lorsqu'une volonté est unie à la volonté de Dieu, qu'un cœur cherche sincèrement le Seigneur, lorsqu'on a reçu vraiment la piété en partage, je dirai que, quoi qu'il arrive, imperfections, fautes, mécomptes, peines, il faut rentrer dans sa demeure intérieure, retrouver son cœur, la prière, Dieu et sa pensée, se reposer en lui, laisser passer tout le reste sans raisonner, sans s'inquiéter, sans se débattre avec soi-même : voilà la paix ; il faut la concevoir ainsi. Mais ces âmes ont peu besoin de ma parole, c'est l'Esprit-Saint qui les enseigne et les dirige. Ah! qu'elles sont donc heureuses! et que je remercie le Seigneur des grâces qu'il répand sur elles!

II. P. Mesdames, nous descendons l'échelle, nous voici à un degré qui est pourtant encore digne d'éloges : la classe des femmes simplement chrétiennes. Que voulez-vous? il faut bien le reconnaître, la piété est un don de Dieu. Il y a dans le cœur de Dieu, parfaitement bon et juste, des affections privilégiées et des faveurs spéciales qu'il départit à certaines âmes. Il a lui-même rendu certaines natures plus propres à la piété, au recueillement, aux exercices du divin amour. Mais il y en a d'autres qui ne laissent pas d'être véritablement chrétiennes, régulières, ordonnées dans la vie, qui ont des vertus sincères sans comprendre, ni désirer, ni recevoir ces dons gratuits et de choix. Ces âmes sont dans la voie du salut, sans aucun doute, quoique moins portées aux choses divines, quoique ne fréquentant pas si assidûment nos saints mystères, n'étant point admises aux conversations intérieures et aux secrets de Dieu. Leur vie est simple, vous la voyez aujourd'hui ce qu'elle était il y a vingt ans, toujours estimable, vraiment utile dans le monde, quoique n'offrant aucun progrès sensible dans la pratique de leurs devoirs.

En général ce sont des âmes sages, que Dieu approuve, bénit; et il ne faut pas toujours chercher à les faire sortir de l'état médiocre, du degré ordinaire où Dieu les a placées. Cependant je dois leur dire que les consolations les plus douces de la religion leur manquent. Elles n'ont pas ces affections divines qui souvent élèvent et agrandissent le cœur, qui quelquefois inondent l'âme fervente de délices et de joie. Elles n'exercent pas autour d'elles, pour le bien, toute l'influence que leur donne la Providence par leur position. Est-ce la grâce intérieure qui ne leur en demande pas davantage? Cela peut être. Mais n'est-ce pas trop souvent parce qu'il leur manque devant Dieu un certain élan de dévouement et de générosité? Peut-être ont-elles marqué sur la route, de leur propre autorité, le terme où elles s'arrêteraient, et elles cheminent tranquillement en ne voyant rien au delà devant elles.

Je leur dirai, à ces femmes véritablement chrétiennes, régulières, exactes dans leurs devoirs, qu'un désir leur convient encore, celui qui naît de cette béatitude du Sauveur : « Bienheureux ceux qui ont faim et soif de la justice, parce qu'ils seront rassasiés [1]. » Heureux ceux qui ont faim et soif de la justice, c'est-à-dire du perfectionnement de leurs âmes, de l'accomplissement de tous les desseins de Dieu! heureux ceux qui ont faim et soif de la vertu parfaite!

Il y a d'ailleurs un motif qui doit les exciter à passer au delà du strict devoir, de cette vie simplement régulière et chrétienne, bonne sans doute et plût au Ciel que vous y fussiez toutes bien établies! il y a, dis-je, un motif de monter plus haut.

Dans les choses de ce monde, affections de famille, rapports d'amitié légitimes, dites-moi si vous posez une borne, si vous établissez une

---

[1] Matth., v, 6.

ligne de telle sorte, c'est-à-dire si vos affections et leurs témoignages sont toujours tellement mesurés, que jamais un jour ne dépasse l'autre. S'il en était ainsi, n'y aurait-il pas souvent quelque chose de plus à désirer de vous? Eh bien! au service de Dieu, quand sa bonté nous presse, quand son amour infini nous étale les trésors de sa grâce, et que ses mains sont plus ouvertes; quand, pour sa gloire, l'honneur de l'Église, la gloire et l'honneur du Ciel, il a lui-même soif de la justice, de la perfection et de l'avancement des hommes; quand chaque année il vous rassemble, vous représente le souvenir de ces grands et touchants mystères où son amour épancha pour vous jusqu'à la dernière goutte de son sang; dites-moi, âmes chrétiennes, mais froides au service de Dieu, mais arrêtées: croyez-vous qu'un désir, un effort de plus, un élan plus généreux ne vous conviendrait pas? Croyez-vous que dans ces régions avancées que d'autres habitent déjà avec bonheur, vous n'aurez pas à recueillir des biens, des joies inestimables? Est-ce que Dieu, ayant tant fait pour vous, vous ne devriez pas augmenter les témoignages de vos affections et de votre dévouement pour lui, et faire entrer plus souvent la participation aux saints mystères dans votre vie régulière et chrétienne? Est-ce que Jésus-Christ ne dit jamais rien à vos cœurs, n'a aucun titre pour vous attirer à lui, vous en inspirer le désir?

Ames chrétiennes, mais qui n'êtes pas pieuses, je vous le demande au nom de Jésus-Christ et de vous-mêmes, examinez devant Dieu, en présence des saints autels, dans le recueillement et la prière, s'il n'y a pas en vous quelque chose de plus à faire pour Dieu et pour vous-mêmes.

III. P. Mesdames, nous avançons encore, mais c'est pour descendre, tandis que, hélas! je voudrais monter et vous retrouver toutes dans le sein de la charité divine, dégagées des illusions et des liens du monde, fidèles et dévouées. Mais nous dirons ce qui est, il le faut. Eh bien! en troisième lieu, il y a des âmes qui sont lâches, indifférentes, molles et tièdes, de mauvaise humeur avec Dieu comme avec les hommes, qui se rendent la nausée du Seigneur en traînant son joug avec peine et dégoût. Créatures fort honorables vraiment pour leur auteur, qui les a comblées de bienfaits : ne semblent-elles pas faire à Dieu une grâce de le servir quelquefois, de se réveiller de temps en temps, toujours bien tard!

Il y a des âmes qui ne sont pas chrétiennes parce qu'elles n'ont que des velléités de le devenir. Quelquefois, dans de rares moments de sincérité, d'élan, elles se lèvent et courent dans la carrière ; mais bientôt elles s'arrêtent, doutent, se dégoûtent, et leurs cœurs vont chercher je ne sais où des distractions, des consolations, des jouissances.

Il y a de ces âmes qui rêvent, s'égarent, se perdent ainsi sans avoir cependant entièrement abandonné la foi; il leur en reste quelque chose, pas grand chose!

Il est considérable le nombre de toutes ces âmes. Elles désolent le cœur du Très-Haut, elles affligent l'Église, elles sont l'ivraie parmi le bon grain.

Ah! si vous méditez un peu sur la passion du Sauveur, si vous daignez vous rappeler ses souffrances au jardin des Oliviers, sa sueur de sang, larmes de douleurs qu'il versait pour vous; si vous l'envisagez agonisant dans la prière, vous reconnaîtrez là ce que vous lui avez causé de tourments, lâches, tièdes, indifférentes et rebelles que vous êtes! Faute de dévouement et de courage, faute de descendre au dedans de vous-mêmes, d'y chercher la grâce et le principe de vie que le Seigneur y déposa; faute de vous rappeler les pensées de la foi, votre vocation et votre destinée, les engagements du saint baptême, les bienfaits dont vous avez été comblées; faute de vous indigner contre vous-mêmes, de rougir de votre lâche conduite et de la réparer, qu'arrive-t-il? Vous êtes mal à l'aise, la vie vous est à charge, vous ne connaissez pas cette joie, cette consolation intime de l'âme que la foi et la piété seules peuvent donner. Comme vous ne voulez pas embrasser une vie franchement chrétienne, participer à ces sacrements qui sont la piscine salutaire où vous devez vous retremper et le banquet où vous devez vous nourrir, il vous en coûte de résister à la grâce, de vous débattre ainsi sous la main de Dieu, contre les sacrifices à faire. Il vous en coûte bien plus que de céder à la voix de votre conscience.

Daignez écouter l'expérience, daignez nous croire, et vous serez désabusées. Mesdames, si vous êtes entrées dans ce temple avec un vrai désir de votre salut, si vous croyez que Dieu a établi un ministère de réconciliation et de paix, que l'éternité vous attend, que le terme approche (il se rapproche de vous peut-être bien plus triste que vous ne pensez), je vous conjure, par charité pour vos âmes, pour la consolation de vos jours, pour le soulagement de vos peines, je vous conjure, vous qui êtes languissantes, indifférentes, lâches, tièdes, rebelles sous la main de Dieu, de descendre courageusement au fond de vos consciences durant ces saints jours, de vous examiner, de reconnaître le mal qui vous consume, d'ouvrir la plaie, de la faire saigner abondamment, s'il le faut, sous la main du médecin que Dieu vous envoya. Faites-vous connaître, humiliez-vous bien aux pieds de Dieu et devant son ministre, et alors je vous le promets au nom de Dieu, vous renaîtrez à une nouvelle vie. Ce sera l'aurore d'un beau jour qui se lèvera sur votre existence. Oui, dans les heures qui suivent ces violents remèdes qui guérissent et sauvent, vous goûterez une paix, un bien-être inconnu. Sans doute vous aurez encore besoin de combattre; il faut pousser sans cesse à la roue pour qu'elle tourne sans cesse : ainsi avec la persévérance, avec le courage à vous examiner, à vous découvrir, avec l'obéissance fidèle à accomplir les enseignements qui vous sont donnés, vous monterez à ce degré supérieur de la vie chrétienne et régulière, vous y persévèrerez pour le moins. Qui sait? peut-être d'un seul pas vous arriverez sur les hauteurs de la montagne sainte où Dieu vous remplira de ces chastes délices qu'il prodigue aux âmes qui lui sont toujours fidèles, ou qui reviennent à lui avec une parfaite sincérité et un grand courage.

Déjà nous avons vu que pour des âmes pieuses, il faut s'établir dans la paix; que pour des âmes chrétiennes et régulières, il faut exciter le désir du mieux; que pour des âmes froides, lâches, indifférentes, il faut rentrer sérieusement en soi-même par un examen sévère de sa conscience : il nous reste à considérer la dernière classe, la classe des femmes irréligieuses.

IV. P. Nous allons descendre encore, Mesdames, et descendre bas, bien bas. Je voudrais que ce ne fût qu'une supposition chimérique. A Dieu ne plaise que j'applique ce que j'ai à dire à quelqu'une des âmes qui m'entendent! mais enfin elle existe parmi le monde : et qui ne l'a rencontrée plus d'une fois la femme incrédule et impie? Je dois donc en parler également.

Oui, il y a la femme impie, incrédule; la femme désordonnée sous tous les noms, dans tous les rangs, dans toutes les positions, et je frémis en mon âme pour l'avenir de mon pays quand je me rappelle l'étrange ressemblance de certains désordres du jour, entendez-vous! avec ceux qui longtemps à l'avance ont préparé tous nos malheurs! Je veux vous parler franchement : sous la Régence, époque de désastreuse mémoire, il y eut des usages, des habitudes qui engendrèrent tous les maux, des réunions de ce nom, orgies criminelles, où les femmes prenaient une grande part, et précipitaient de tout son poids la société française dans l'abîme de la dissolution, de l'impiété et des révolutions. Hélas! aujourd'hui, on revient, ai-je ouï dire, à de semblables mœurs; des femmes, de jeunes femmes, perdant tout respect d'elles-mêmes et de la famille, renouvellent ce qu'elles en savent de hideux et d'effrayant.

Il y a donc la femme impie, la femme gâtée par une éducation mauvaise, par la licence de nos théâtres, de nos romans et de nos sociétés, se livrant à des conversations désordonnées, étonnant et effrayant même les coryphées du vice. Oui, leurs conversations sans frein, dans la sphère où je suis entré, vont au delà de ce que des hommes déréglés pensent et disent eux-mêmes. Mères coupables qui ne songez qu'à vous dissiper et à vous réjouir, vous devriez pleurer avec des larmes de sang cet oubli de vos devoirs maternels qui a pu préparer des générations pareilles. Et vous aussi, pères (hélas! ils ne sont pas ici) dont l'incrédulité et l'impiété ont corrompu ces intelligences naguère si pures et si religieuses. Je ne parle pas de ces habitudes clandestines, de ces désordres voilés, de ces folies, de ce délire portés à l'excès. Je ne puis pas tout dire, et il ne convient pas de le faire. Et ici encore que le nombre des coupables est grand! Si par hasard, sous ces voûtes sacrées, en présence de la plus pure des vierges, de l'autel de ses douleurs, de l'image sanglante de la croix, s'il y avait une de ces âmes désordonnées et ravagées par le vice, s'il y avait la femme incrédule et impie, je la supplie de profiter de ces saints jours, de conjurer le Seigneur de lui donner la foi, la foi qui lui manque : et elle seule peut sauver cette âme qui est bien le champ désolé, la vigne ravagée du Seigneur.

Vous avez vu, sur de vastes exploitations, ces instruments puissants qu'on emploie dans le défrichement des sols les plus ingrats et les plus rebelles. Qu'il faut de force pour déchirer violemment ces terres, arracher les ronces, les pierres qui s'y rencontrent! L'industrie courageuse de l'homme en triomphe : il fend, il retourne, il broie, il extirpe toutes ces causes de stérilité, et bientôt de riantes moissons vont réjouir les yeux du laboureur.

Pour ces âmes aussi il faut le soc de la charrue qui déchire et qui retourne; il faut le rouleau qui écrase et qui broie; il faut les cris de la douleur et les gémissements de la prière. Remarquez bien, il y a en elles répugnance, dégoût, haine de la prière et de la contrainte; les choses de Dieu, la parole divine, le temple, les abstinences de l'Église, on a tout laissé; et même au commencement de la semaine qui s'ouvre on veut encore trouver nécessaires ces heures indéfiniment prolongées d'un repos qui doit remettre des longues veilles, des désordres et de la folie, mais qui tiennent éloigné de l'autel et de la prédication évangélique.

Il faut lutter contre cette mollesse du repos, contre cette répugnance, cette haine de la prière; il faut la parole de Dieu, il faut la lutte, il faut la prière. Il faut se prosterner là, s'attacher là, se lier, se garrotter aux pieds de Dieu: il faut n'en pas sortir qu'on n'ait inondé le pavé de ses larmes; il faut se débattre comme au jardin des Oliviers, afin de sortir régénérée dans le baptême de sang que le Sauveur a préparé.

Ces âmes, dont le souvenir a flétri la mienne, dont la présence désole mon cœur; ces âmes rebelles à notre sollicitude, aux instances de notre ministère; ces âmes, condamnation de ceux qui ont dirigé leur jeunesse et favorisé leurs écarts; ces âmes, elles ont aujourd'hui des occasions de salut, c'est à elles que je parle, c'est pour elles que je prie, c'est sur elles que le sang de Jésus-Christ va couler de toutes ses veines, c'est pour elles que l'Église est en pleurs, que les prières des justes fatiguent le Ciel, que les grâces sont prêtes; elles peuvent encore être inondées des faveurs célestes comme d'un déluge bienfaisant. Oh! mais il faut leur prière, et leur prière courageuse; il faut la lutte, ce travail de la charrue qui déchire l'âme, la brise et la féconde ainsi pour le ciel. Quoique je sois descendu bien bas, au dernier degré, vous ne direz pas que c'est par une supposition chimérique. Hélas! peut-être, dans ce qui vous est cher, vous gémissez sur une aussi triste réalité. Vous, Mesdames, réunies sous ces voûtes séculaires, en si grand nombre et dans des intentions vraiment chrétiennes, afin d'y recevoir la bénédiction du Seigneur et la consolation de son amour, je vous invite à unir vos vœux et vos prières en faveur des âmes les plus égarées, les plus méprisées même aux yeux du monde; ces âmes-là sont encore plus à plaindre qu'à blâmer. Le cœur du Seigneur n'a pour elles sur la terre que des sentiments de miséricorde et d'indulgence. Si elles savaient quel bonheur suivra leur pénitence, quelles consolations récompenseront leurs sacrifices, comme je les verrais accourir aux sources de la miséricorde! Nous formons tous le même vœu à cet égard. Vous prierez donc, vous prierez toutes. Permettez-moi de vous le dire, sans que je veuille assurément le moins du monde ni vous offenser ni vous blesser, si vous n'êtes pas les auteurs de ces désordres, vous en êtes au moins les complices en quelque chose. Pouvez-vous répondre que jamais, à aucune époque de votre vie, vous n'avez pas préparé pour ces âmes de tels malheurs? Vos exemples n'ont-ils rien encouragé? vos paroles n'ont-elles rien conseillé? votre consentement, votre facilité, votre silence n'ont-ils rien laissé faire? Dites-moi, avez-vous pris assez de précautions pour la préservation de vos enfants dès leurs jeunes années? Grand Dieu! quel compte vous pouvez avoir à rendre! Alors, pour mieux réparer, pour ne pas vous décourager, il faut vous unir par la prière afin de faire au Ciel une sainte violence. Entendez-moi bien, car c'est très-sérieusement que je vous parle : vous ne priez pas assez pour les âmes qui sont dans le désordre, dans le péché; vous n'avez pas le zèle, le véritable zèle de la conversion des âmes, même des âmes qui vous sont le plus chères. Et que sert-il que je m'épuise à émouvoir vos consciences et vos cœurs, si vous ne joignez pas les mains, si vous ne restez pas aux pieds de Dieu jusqu'à ce que vous soyez exaucées?

Bénie soit la piété qui comprend et qui aime. Elle sait prier, elle prie. Je lui souhaite la paix, elle n'a pas besoin d'autre chose dans ce monde.

Bénie soit l'âme d'une conduite chrétienne et régulière, elle est dans la voie du salut. Seulement qu'elle conçoive un généreux désir. Qu'elle avance encore pour la gloire de Dieu, pour sa consolation et son bien.

Je dirai à l'âme tiède, froide, indifférente et lâche, qu'il lui faut la réflexion intime et l'examen sévère d'elle-même, il lui faut découvrir au médecin le fond même de la plaie, et alors elle sera victorieuse.

Pour l'âme égarée, désolée par l'impiété et par le vice, je lui demande de prier, de demander au Seigneur avec courage et opiniâtreté le don précieux de la foi. Alors elle pourra renaître et compter aussi ses jours par les consolations et les œuvres de la vertu, et enfin recevoir un jour la couronne immortelle du salut.

DEUXIÈME DISCOURS

LA FEMME FRIVOLE

MARDI SAINT 1845

DEUXIÈME DISCOURS

LA FEMME FRIVOLE

Mesdames,

On reproche la frivolité à la femme; que de fois l'avez-vous entendu dire dans le monde! Permettez-moi d'en parler à mon tour dans cette chaire chrétienne et d'en faire la matière de notre entretien d'aujourd'hui. Ce sujet est sérieux; quoiqu'il s'agisse de la frivolité; il s'adresse directement, je crois, à la classe la plus nombreuse des femmes qui ne sont pas véritablement chrétiennes. La femme frivole et mondaine se rassure assez facilement sur son état, sur sa vie; elle recule, je le veux, devant de grandes fautes, du moins devant celles qu'elle croit très-grandes; elle veut encore sauver son âme, elle n'y a assurément pas renoncé positivement; elle a des sentiments de foi, quelques-uns, ils ne sont pas très-vifs, mais ils ne sont pas éteints. Regarderiez-vous cependant comme rassurante une vie qui mérite le nom de vie frivole, de vie mondaine? Je voudrais vous persuader du contraire, je voudrais non pas vous décourager, à Dieu ne plaise, mais, sans rien exagérer et en restant dans le vrai, vous faire mieux sentir ce que vous êtes et ce qui vous manque, vous faire apprécier à sa juste valeur la femme frivole et mondaine, pour vous rendre plus chrétiennes et plus ferventes.

Voyez, Mesdames, je vous prie: avec ce caractère, ce genre de vie, cette femme manque à tous les devoirs envers Dieu, envers son mari, — je la suppose mariée, — envers ses enfants, envers le prochain, envers une foule de personnes.

I. P. D'abord la femme frivole et mondaine manque à ses devoirs envers Dieu. Entraînée qu'elle est par son esprit de dissipation et de frivolité, perpétuellement agitée, flottante, évaporée, peut-elle s'occuper beaucoup de la connaissance de Dieu, des enseignements religieux, de l'appréciation de ses devoirs? Travaille-t-elle à maintenir Dieu dans la première place de son cœur? Oh! non, elle est occupée de bien autre chose. Et cependant servir, aimer Dieu, c'est un commandement; ce n'est pas simple conseil, simple perfection, c'est obligation stricte, c'est le premier et le plus obligatoire de tous les commandements.

Cette femme frivole et mondaine s'occupe-t-elle du soin de son âme et de son salut? Regarde-t-elle le service de Dieu comme le premier de ses intérêts, et le place-t-elle avant toutes ses affaires temporelles, avant tous ses plaisirs? Se rappelle-t-elle habituellement sa fin nécessaire et dernière, son avenir éternel? Non, encore une fois: c'est la pierre que le torrent emporte, la feuille que le vent balaie; ou si elle semble quelquefois dans ses réflexions toujours attachée à la tige chrétienne, à la racine de la vérité, ce n'est pas pour longtemps. Ses impressions sont trop fugitives et son bon vouloir trop éphémère.

Croyez-vous qu'avec votre vie tout au dehors, sans réflexions, sans prières attentives, sans conscience réfléchie de vos obligations religieuses, sans dévouement et sans soin sérieux de votre salut, croyez-vous que vous accomplissiez vos devoirs? je parle du devoir strict et rigoureux selon nos saintes Écritures. Par exemple, Mesdames, il y a une obligation qui nous est imposée dans l'Évangile, celle de la pénitence. Ne voudriez-vous pas refaire l'Évangile, en retrancher du moins les phrases qui vous déplaisent? Vous auriez alors beaucoup à raturer pour en effacer la loi de la pénitence. Or, qui fait pénitence dans le monde? Qui s'occupe d'expier ses péchés? On se confesse, je le veux, c'est encore une bonne chose; mais comment, et de quoi s'accuse-t-on? Avec quelle exactitude, avec quels regrets? Il y a des points dont on ne s'accuse jamais, et qui sont entièrement opposés à la loi de Dieu et à l'esprit de l'Évangile. Les lois humaines punissent les crimes, les délits, elles purgent la société des malfaiteurs; pour Dieu, il pardonne avec une miséricorde infinie, mais avant tout il veut le repentir, il veut la pénitence sincère.

Considérez deux choses dans le péché : la tache et la dette. La tache, qui nous rend justiciables, quand ce sont des fautes mortelles, de la damnation éternelle; la dette à payer, même après l'absolution du péché. C'est la pénitence qui expie et qui paie la dette due à Dieu. Pensez-vous sérieusement à faire pénitence, entraînées que vous êtes par votre vie frivole et mondaine? La femme sensuelle, tout occupée de ses délicatesses, de ses plaisirs, de mille frivolités, n'expie pas, ne répare pas, et éloigne toute souffrance. La peine devra venir pourtant, et, si on y échappe dans ce monde, on la retrouvera dans l'autre. Ne l'oubliez pas, tant qu'il n'y aura pas eu de réparation suffisante, des actes sentis, véritables, de pénitence, Dieu exigera l'acquit de votre dette. Négligeant donc vos devoirs envers Dieu, ne songeant pas efficacement à sanctifier votre âme, à opérer votre salut, vous ne menez certainement pas une vie rassurante. Vous êtes hors de l'Évangile, vous n'en pratiquez pas les préceptes, vous n'en gardez pas l'esprit; vous devez vous inquiéter de votre état.

L'âge viendra, dites-vous, la vieillesse, n'est-ce pas? Et qu'en savez-vous? Mais on peut mourir auparavant; on meurt alors sans s'être repentie, sans avoir satisfait à Dieu. Ignorez-vous donc que dès qu'on a commis une faute, et peut-être même rempli sa vie d'oppositions avec l'Évangile, c'est une souveraine obligation de réparer l'œuvre de son salut. Il faut une douleur, une peine qui soit équivalente à tout ce qui a contredit les desseins de Dieu sur nous. Trouvez-vous en vous-mêmes assez de larmes, assez de douleur, assez de courage, assez de dévouement pour endurer les peines et les sacrifices nécessaires à la réparation de cette vie légère et scandaleuse? Non, mais vous n'y pensez donc pas, femmes frivoles et mondaines, tout occupées des choses de la terre et de vos plaisirs? Comparez, je vous en conjure, votre existence avec ce qui remplit une vie chrétienne; vous en avez des modèles à vos côtés, j'en suis sûr, vous connaissez plus d'une âme fidèle. Demandez-leur si elles croient en trop faire; mais elles ne peuvent se rassurer, on a grand'peine à calmer leurs inquiétudes.

Et dans le cloître le plus austère, à mille lieues du monde, quand on est exclusivement dévoué aux pensées de l'éternité, il y a toujours la juste appréhension des jugements du Seigneur. Et vous, vous ne craignez rien; non, rien ne vous ébranle, rien ne vous fait rentrer en vous-mêmes, juger de votre vie à la lumière de la foi. Vous êtes donc sûres de ne pas être en opposition avec Dieu. L'Évangile n'a donc pas condamné le monde.

J'en suis épouvanté pour vous. Prenez garde, vous vous préparez des jours bien amers; vous le sentez déjà quand un plaisir échappe, un mécompte trouble, une désillusion abat. Vous sentez combien il est fâcheux de marcher hors de la voie chrétienne; vous souffrez, vous vous désespérez, et à quels excès n'avez-vous pas la pensée de vous porter? J'en frémis. Ah! voyez donc combien il est funeste d'en agir ainsi.

Oui, envers Dieu, la femme frivole et mondaine a méconnu ses plus importants devoirs. Pour elle, la prière de règle, c'est une parole distraite; l'assistance au sacrifice adorable de nos autels, c'est une vaine occupation extérieure; la participation aux sacrements, c'est une cérémonie obligée. En elle, vous n'avez rien qui soit l'accomplissement sincère et religieux d'un devoir. Et puis, dans cette vie frivole et mondaine, on n'a plus de temps pour revenir à soi; le carême, c'est un carnaval continu de bals, de spectacles, de réunions plus dissipantes les unes que les autres. La semaine sainte arrive: peut-être qu'elle s'arrêtera la femme frivole, qu'elle sortira un peu de ce tourbillon. Mais toute remplie des folles distractions précédentes, elle n'a pas le courage d'un retour sérieux et pénitent. Ce carême qui se termine maintenant, ce temps de la pénitence, de l'examen de soi-même, de la réparation de ses péchés, comment l'avez-vous passé cette année? Avez-vous accompli consciencieusement les lois générales de l'Église et vos obligations personnelles d'expiation? Et vous vous rassurerez, vous n'aurez pas d'inquiétude, vous ne chercherez pas à sortir de cet état!

II. P. La femme frivole qui manque à ses devoirs envers Dieu sera-t-elle plus fidèle aux autres? Il ne le semble pas. Examinons comment elle remplit ceux qui regardent son mari.

Je veux bien qu'elle s'arrête devant les plus graves égarements, cela ne suffit pas. Et encore, je le suppose, car en est-il toujours ainsi? Par exemple il y a une loi de Dieu qui vous demande la soumission et l'obéissance à votre mari : c'est dans l'Évangile, c'est dans saint Paul, c'est partout dans nos saintes Écritures. J'ai connu autrefois une femme constamment irritée contre saint Paul, elle ne pouvait pas entendre prononcer son nom. Est-ce que saint Paul est sévère à cet égard? Non, il est juste. Sachez-le bien, Mesdames, la bénédiction pour vous et pour nous tous est attachée à la soumission et à l'obéissance.

Les femmes soumises, obéissantes à leur mari sont-elles nombreuses même dans ce temple? Je ne sais. Cependant c'est un devoir positif; non pas certes si l'on vous commande d'offenser le Seigneur, de commettre l'iniquité; mais pour le reste, pour vos relations, vos dépenses, vos intérêts, le gouvernement de votre maison, l'éducation de vos enfants, en un mot pour votre vie à l'intérieur, comme pour vos rapports au dehors. Tenez-vous exactement en ligne de compte de vos devoirs cette soumission, cette dépendance ? Femmes frivoles, mondaines, légères, je vous le demande, répondez-moi, si vous l'osez.

La femme frivole a tout autre pensée qui l'occupe. Elle est surtout obsédée du désir de plaire : car voilà sa vie. Mon Dieu! Mesdames, je ne voudrais pas me montrer sévère, c'est une chose qui vous est naturelle, je dirai même qui vous est nécessaire, je l'entends dans l'ordre le plus légitime pour le bien, pour l'accomplissement de tous vos devoirs, pour vous attirer les cœurs, ceux qui doivent vous être attachés; mais il n'en est pas ainsi pour la femme dont nous parlons. Préoccupée que l'on est de ce besoin de plaire, on se livre perpétuellement à la coquetterie; il y a là danger, immoralité, outrage envers Dieu, oubli de ses devoirs envers un mari. Il y a danger : on se compromet, et une femme compromise où aboutira-t-elle? Il y a immoralité : on scandalise, on perd des âmes. Il y a outrage envers Dieu : et à quoi prétendez-vous avec cette recherche, cette coquetterie de tous les instants? à des hommages, à des adulations, à des adorations. Comment! voilà des cœurs qui sont créés pour Dieu, qui lui doivent la louange et l'amour, et vous les voulez pour vous, pour votre jouissance cruelle, pour votre amour-propre, pour votre orgueil, pour exercer une tyrannie et remplacer le démon dans le monde. Il y a là oubli de ses devoirs envers son mari. Cette femme frivole, mondaine, coquette, est encore fidèle, je le suppose, soit : elle respectera encore ses plus graves devoirs; mais elle se donnera facilement toute liberté dans la pensée, les préoccupations, les affections, les relations intimes du cœur. Cependant vos affections n'appartiennent-elles pas à votre mari? Quand il y a des préoccupations de ce genre, et elles ne sont que trop communes, elles deviennent le mobile de toute la conduite : c'est ce qui dicte toutes les démarches, ce qui fait sortir et rentrer à telle heure, ce qui fait rendre ou recevoir telle visite; vous allez dans le monde, c'est pour y rencontrer telle personne; c'est ce qui préside à la toilette; et le reste. Avec de telles préoccupations, dis-je, les pensées, les affections sont ailleurs. Et la femme frivole et mondaine ne manque pas à ses devoirs! Vous le reconnaissez, vous l'avouez, et vous vous placeriez encore dans cette situation! et vous repousseriez les quelques réflexions sérieuses qui vous feraient sentir les inconséquences, les dangers, l'immoralité, l'irréligion de ce genre de conduite! En vérité, c'est bien là le monde, et ce qui lui attire les malédictions de l'Évangile. Qu'est-ce qu'une telle existence, quelle place y donne-t-on à Dieu, à ses devoirs, à son mari, à sa famille, à la bonne tenue de sa maison?

Votre maison, comment la gouvernez-vous? comment dirigez-vous, surveillez-vous les gens qui vous servent? comment présidez-vous à votre intérieur? Déterminez-vous avec soin l'emploi de votre temps? ne faites-vous pas pour soutenir un train ruineux des dettes croissantes? éteignez-vous activement celles qui existent? payez-vous avec une exactitude scrupuleuse vos dépenses courantes, vos serviteurs? Comment réglez-vous toutes ces choses, femmes frivoles, inconséquentes, dissipées, préoccupées? Vos dépenses, elles sont folles; vos économies, nulles; votre maison, en désordre; vos domestiques, non surveillés. Votre mari est mécontent, vous êtes en butte à des plaintes et à des reproches, c'est trop juste; vos intérêts sont compromis, et la ruine vous menace. Voilà, Mesdames, où mènent la frivolité, la coquetterie, les préoccupations étrangères à la vie de famille.

Et cette femme, elle osera peut-être se rassurer sur l'état de sa conscience : elle n'aura rien à vouloir de mieux, rien à faire davantage pour le salut éternel de son âme. Comment, dans ces jours de recueillement et de prière, vous ne pourrez pas retrouver l'onction de la grâce et de la piété, adresser à Dieu une fervente prière, sentir vos obligations du passé : vous avez tant à réparer! vos besoins du présent, ceux de l'avenir. Vous n'êtes pas heureuse ainsi; non, vous ne l'êtes pas; vous n'êtes pas contente de vous-même, cela n'est pas possible. Et le monde, il vous sait bon gré sans doute de ce que vous avez fait pour lui : vous avez raison de lui donner vos soins; ayez confiance, il vous récompensera : oui, par le mépris.

III. P. La femme frivole et mondaine s'occupe-t-elle de ses enfants, de leur éducation solide et chrétienne, elle qui oublie ses devoirs envers Dieu comme ceux envers son mari. Qu'elle réponde en ce moment. Le matin, à quelle heure donnez-vous à vos enfants vos premiers soins maternels et chrétiens ? Vous vous couchez si tard, qu'il faut bien vous lever tard aussi. A quelle heure ? vers dix à onze heures, j'imagine, pour un premier repas. Jusque-là, qu'ont fait vos enfants ? Ils se sont levés un peu de meilleure heure, et les voilà qui restent entre les mains des domestiques : pauvres enfants ! ils voient leur mère à table quelques instants. Peut-être la mère, cette femme légère et frivole, veut-elle être encore un peu mère : elle voudra donc donner quelques leçons à ses enfants, mais quelle méthode, quelle suite, quelle préparation y met-elle, y peut-elle mettre, car le roman du jour la préoccupe, et les emplettes à faire la pressent. Cette leçon, comme on la donne avec impatience et irréflexion! comme on l'omet au premier motif et sans motif! Point de paroles sérieuses, point de jugements judicieux, point d'instructions religieuses, point d'impressions de piété : où les puiserait-elle pour les communiquer? C'est ainsi que vous développez des âmes que Dieu vous a confiées et dont vous répondrez au dernier jour. Et vous vous dites bonnes mères!... Non, vous ne l'êtes pas. Pauvres enfants si intéressants, si tristement abandonnés! Ce sont les marchands, les romans, les visites inutiles qui remplissent vos journées; vous sortez, vous rentrez sans raison pour vous distraire et perdre votre temps. Après le repas du soir, l'enfant vous quitte bientôt, et il ne le fait pas trop vite à votre gré.

La petite fille, elle assiste à la toilette de sa mère ; cette âme naïve voyant tant d'attention et de soin, de finesse et de ruse à ce travail, s'imagine facilement que c'est la chose la plus importante du monde. Elle n'a pas besoin de beaucoup de leçons dans ce genre pour se former ; elle en garde bon souvenir, et bientôt elle est digne de sa mère.

A qui confiez-vous vos enfants? A une bonne anglaise, à une bonne allemande. Est-elle catholique ou protestante? peu importe : savoir l'anglais, l'allemand, voilà le nécessaire. Ah! si vos enfants sont gâtés, corrompus, c'est votre faute. Qu'est-ce qu'une femme anglaise ou allemande, si elle n'est pas catholique, et catholique sincère et fervente?

Vous serez punies, hélas! par où vous péchez. Vos enfants ne vous respecteront pas, ne vous obéiront pas, ne vous consoleront pas; ils ne vous aimeront pas, ils ne prieront pas pour vous : quand vous ne serez plus, votre souvenir s'effacera de leur esprit, ils ne vous devront rien, car vous n'aurez rien fait pour eux. Et ces jeunes filles que vous aurez ainsi élevées, elles en élèveront d'autres à leur tour, et vivant de votre esprit et de vos leçons, elles les inoculeront à leurs propres enfants, qui seront aussi les vôtres; c'est ainsi que le péché, pendant des siècles, s'incarnera, par votre faute, dans vos générations successives. Et ce mal que vous avez causé, vous en serez responsables, et vous l'expierez éternellement dans les flammes vengeresses de l'enfer.

Mais que voulez-vous? c'est une femme frivole, légère, mondaine; elle s'amuse, elle est jeune: Il faut bien, dit-elle, que jeunesse se passe agréablement. Oui, elle passe, et la mort arrive au milieu de cette vie frivole et stérile, pour la jeter coupable au tribunal de Deu.

Connaissez donc votre grande et belle mission. Une mère, mais c'est elle qui doit former l'âme de son enfant : former ses idées, ses jugements, son cœur; c'est à la mère que l'enfant devra ses impressions et ses principes véritablement religieux : rien, non, rien ne remplace l'éducation de la mère.

Pour vos fils, nous le savons, et vous l'entendrez de tous ceux qui s'occupent de l'éducation de la jeunesse, on dira d'eux, en les jugeant : Cet enfant a eu une mère chrétienne. Quant à cet autre, l'éducation de la mère lui a manqué; cela ne se répare pas.

Et vos filles aussi, elles vous échappent dans un âge bien tendre. Vous n'en avez que les premières années, et vous n'exercerez d'influence sur la suite de leur vie qu'en produisant en elles, dès cet âge, de profondes impressions maternelles de piété et d'amour de Dieu.

Ah! sans doute, même après l'éducation la plus chrétienne et la plus vigilante, soit par vous-mêmes, soit dans ces maisons religieuses que dirigent le dévouement et l'expérience, vous pourrez avoir à gémir sur les égarements de vos enfants. Mais, croyez-moi, les souvenirs et les leçons d'une mère pieuse durent longtemps. Que dis-je? le souvenir d'une mère pieuse, comme ses leçons, il vit dans notre cœur jusqu'à la fin de notre carrière.

La mère qui n'a pas été mère chrétienne, qui a négligé les premières années de son enfant, qu'elle s'attribue toutes les amertumes dont sa vie sera remplie, les égarements de ce jeune homme, les malheurs et les hontes de cette famille.

Mères frivoles et mondaines, que faites-vous? Mais vous ignorez, mais vous violez vos plus essentiels devoirs; vous n'avez donc pas d'entrailles pour ces enfants que Dieu vous a donnés? Quoi! ces jeunes âmes, vous ne les porterez point dans vos mains, vous ne les suivrez point de vos yeux, vous ne les accompagnerez point de vos pas, et vous les abandonnerez à des soins mercenaires. Cet enfant n'aura pas entendu de votre bouche une parole sérieuse, pieuse, sainte, affectueuse, et ce sera là sa vie, son éducation première. Qu'êtes-vous donc pour vos enfants?

IV. P. A quels devoirs ne manquez-vous pas, femmes frivoles? Que cherchez-vous dans vos relations du monde, dans ce mouvement, ces agitations, ces préoccupations sans fin? Ah! puissé-je vous faire sentir dans ces saints jours le malheur de votre état. Vous cherchez tout ce qui vous dissipe et vous amuse. Et comme le scandale amuse, quelle liberté dans vos conversations! On se permettra tout, parce qu'on ne veut faire tort à personne, mais seulement savoir quelque chose et se distraire un peu. Observez donc que cette conversation est méchante, qu'elle déchire, qu'elle compromet la réputation; on n'écoute rien, on ne veut pas en comprendre les conséquences. Oui, la femme légère et frivole est médisante, sans pitié, sans respect pour le prochain. Le monde ne la ménage pas à son tour, vous le savez : de quel droit pourrait-elle s'en plaindre?

C'est ainsi qu'on brouillera des amies, qu'on divisera des familles, qu'on empêchera des mariages, qu'on occasionnera des duels, que sais-je? et cela pour le plaisir de dire un mot piquant, de relever un ridicule, de découvrir une chose secrète à tout autre. N'est-ce pas boire l'iniquité comme l'eau?

Avec cette vie frivole et mondaine on a besoin du luxe; le luxe dans les maisons, dans l'ameublement, dans l'immodestie des parures; mais, Mesdames, vous répandez sur vous le sang du pauvre, et c'est pour outrager la pudeur et scandaliser les âmes. Pour vous, il n'y aura donc pas de raison, de règle, de mesure. Vous avez, dites-vous, certaines barrières, certaines limites infranchissables : vous les franchissez souvent, vous dis-je. Vous ne pouvez pas lutter, vous êtes sans défense, sans force, vous serez sans résistance. Et vous vous croyez chrétiennes! Vous ne voyez rien à réformer en vous, malgré ce luxe, cette immodestie effrénée, ces conversations scandaleuses et déchirantes, et tranquillement vous irez vous confesser, et vous oserez faire vos pâques!... Fervente communion que la vôtre! Il vaudrait mieux ne pas la faire. Mais vous devez la faire, et la bien faire. Ah! veuillez-le sérieusement, et vous retrouverez dans vos cœurs la foi, le courage, la fidélité à Dieu, les plus nobles sentiments qui ont pu y être étouffés, mais non entièrement éteints. Allons, roidissez-vous contre le torrent, résistez à ces usages irréligieux et coupables du monde, et commencez une vie nouvelle.

Mesdames, c'est au nom de Dieu que je vous parle. Je rends hommage à votre empressement et à votre zèle. Comme je serais heureux de faire du bien à votre cœur et de féconder en vous le germe de la grâce! quelle consolation pour moi si vous sentiez un véritable repentir, si vous reconnaissiez vos égarements, si vous me disiez : Oui, je vais changer, je réformerai ma conduite, je redeviendrai la femme sérieuse, chrétienne, ordonnée; je serai attentive à l'accomplissement de mes devoirs, dévouée à Dieu, dévouée à mon mari et à mes enfants; je veillerai avec sollicitude sur eux, je serai bonne dans mes paroles, modeste dans ma mise, attachée à mon foyer; je retrancherai de ma dépense tout ce qui est au delà des justes proportions de la raison, et les pauvres s'enrichiront de mes économies! Quelle joie pour Jésus-Christ et pour le ciel!

Je ne vous ai pas parlé des pauvres, je le ferai un autre jour. En ce moment je voudrais que vous vous établissiez juges de vous-mêmes, que vous vous prêchiez, que vous vous confessiez, que vous vous dirigiez vous-mêmes, que vous vous appliquiez avec force tout ce que je viens de vous dire. Jeunes femmes du monde, qui l'avez scandalisé, entendez-vous ensemble pour devenir chrétiennes et réparer vos scandales. Vous avez usé de votre influence pour entraîner le monde à votre suite dans mille égarements, c'est à vous de travailler de concert et par l'exemple à le ramener à une conduite plus morale et plus religieuse. Que le respect humain ne vous enchaîne pas; brisez la tyrannie du monde, il n'y a pas d'engagements avec lui contre Dieu.

Ah! si vous ne pouvez pas rompre, c'est que vous ne voulez pas prier, que vous ne l'essayez pas. Ne me dites pas : Prier, je m'y efforce en vain, je ne le puis. Comment, vous ne le pouvez pas! Mais c'est précisément parce que vous y trouvez des difficultés, de la répugnance, que vous devez le faire. La prière, pour vous, c'est l'effort, la résistance, la lutte unie aux gémissements du cœur. On demande ce que l'on craint d'obtenir, ce que l'on redoute le plus ; on se prosterne, on étend ses mains suppliantes, on demande avec David pécheur et pénitent le renouvellement de son âme, le changement de son cœur : Mon Dieu, créez en moi un cœur nouveau, un cœur pur; arrachez de mon âme l'esprit du monde; que je ne sois plus la femme frivole, mondaine et coupable, mais la mère chrétienne, pieuse et dévouée à mes devoirs; voilà ce que l'on dit à Dieu. Et quand, à ses pieds, au fond de son cœur, on lutte intérieurement contre tous les obstacles, contre ses inclinations, ses habitudes, l'esprit du monde, ses engagements pris; en un mot, contre ses passions et ce qui les alimente, c'est alors qu'on prie. Imitez le Sauveur agonisant au jardin des Oliviers; dans ce combat suprême il se prosterne la face contre terre. La nature humaine repousse ce calice; et dans les répugnances intérieures de cette humanité qu'il a voulu prendre pour la sanctifier, voilà sa prière : « Mon Père, tout vous est possible, éloignez de moi ce calice; mais cependant que votre volonté soit faite, et non la mienne [1]. » Priez, combattez, et par la prière vous triompherez dans le temps pour l'éternité.

[1] Marc., xiv, 36.

TROISIÈME DISCOURS

L'HUMEUR

MERCREDI SAINT 1844

TROISIÈME DISCOURS

L'HUMEUR

Mesdames,

Nous rencontrons dans l'affaire de notre sanctification, de notre salut, un moyen ou un obstacle qu'on sent mieux qu'on ne le définit. Il a toutefois son nom, et un nom très-connu; il sort de toutes les bouches : c'est l'humeur. L'humeur joue un grand rôle dans l'histoire de notre vie, il faut nous en occuper sérieusement.

Il y a des personnes de bonne ou de mauvaise humeur : on dit des unes qu'elles ont l'humeur égale, ou l'humeur inégale, capricieuse; des autres, qu'elles ont l'humeur douce, ou l'humeur insupportable; d'autres, qu'elles ont l'humeur triste, ou l'humeur gaie. Ces âmes d'élite d'une humeur douce, égale et agréable, sont le charme de la famille et de la société; mais le nombre en est petit. Je vois des personnes qui sont aujourd'hui d'une joie folle, et demain d'une tristesse mortelle; bruyantes à l'excès, puis d'un silence sépulcral et effrayant; des personnes vives, emportées, insupportables; des personnes molles, indolentes, désordonnées, désespérantes; des personnes complaisantes, faciles à l'excès; des personnes fières, rebelles, impatientes, difficiles : et l'on dit qu'il y en a beaucoup. On les accuse ou on les excuse, comme elles s'accusent ou s'excusent elles-mêmes par ces mots : C'est l'humeur, que voulez-vous? Qu'est-ce donc que l'humeur?

L'humeur n'est pas la passion; mais l'une excite l'autre, il y a action et réaction entre elles. Et quoi qu'il en soit du mot, que l'on appelle ainsi le naturel, le tempérament, le caractère, les inclinations, la fantaisie, la disposition de l'esprit ou du cœur, il y a là un sujet utile de réflexion; et je dois vous dire, dans la sincérité de mon ministère évangélique, qu'il faut d'un côté corriger les défauts de cette humeur, et de l'autre profiter des avantages qu'elle présente. Voilà ce que nous allons chercher à reconnaître et à bien préciser ensemble.

I. P. Avec le désir sincère, que je vous suppose, Mesdames, de vous sanctifier et de vous sauver, vous appliquez-vous à réprimer les saillies de l'humeur et du caractère?, faites-vous une de vos occupations de corriger vos défauts? Y pense-t-on seulement d'une manière sérieuse? Hélas! non : on va devant soi, et de fait on reste toute la vie ce qu'on est. Connaissez-vous, en effet, beaucoup de personnes qui aient changé d'humeur, de caractère, qui aient même pris beaucoup d'empire sur elles et modifié leurs inclinations les plus fortes? Qu'il y en a peu!

Eh bien! sans cette application sérieuse et ce travail constant, il n'y a pas, Mesdames, dans la vie chrétienne, soit intérieure, soit de famille, soit du monde, de vertus véritables et solides. Il n'y a pas de douceur, ni d'humilité, ni de patience, ni de charité; non, certainement, sans cette application à prendre sur soi, à se corriger, il n'y a point de bonheur intérieur, de véritable paix, point d'union de famille, point de charme dans les relations sociales.

Combien de personnes sont au dehors tout autres qu'au dedans. Avec des étrangers quelle amabilité, quelle grâce, quel esprit! elles sont admirables; dans leur intérieur quelle froideur, quelle brusquerie, quel ennui! elles sont insupportables.

Quelquefois un même instant les voit passer de cette extrémité à l'autre. Quelqu'un entre, on se compose, c'est la joie peinte sur le visage, la douceur, la politesse la plus exquise, et cela au moment où on se livrait précisément à de brusques saillies de son humeur inquiète et fâcheuse. Chose trop triste et trop vraie, on sera au dedans de soi, vis-à-vis de Dieu et vis-à-vis des siens, d'autant moins égale et moins modérée qu'on saura le paraître davantage aux yeux du monde. Il faut une compensation.

Parmi les personnes qui se piquent d'une vie régulière et même pieuse, qui fréquentent les sacrements, il en est peu qui vivent du véritable esprit de renoncement, de sacrifices intérieurs, et d'efforts sans cesse renouvelés sur leur caractère et leur humeur. Leur rareté donne lieu d'accuser la piété.

Mesdames, ce n'est pas la piété qui a tort, ce sont les personnes qui se disent pieuses, veulent le paraître, et ne le sont pas véritablement. Il faut donc travailler à connaître son humeur et à la corriger. Vous connaissez à merveille celle des autres, vous aimez à définir le caractère des gens, et vous trouvez juste. Mais le vôtre..., que d'illusions! mille excuses, mille palliatifs pour vos défauts. On est si difficile, on est si injuste et si exigeant pour vous, vous avez tant à souffrir, un ange n'y tiendrait pas. Au fond, on ne veut pas se dompter, se corriger; on n'y pense même pas. Cependant il y a dans les âmes des inclinations, des habitudes, des goûts, des dispositions qui forment pour chacune de vous un caractère, une humeur qui la domine et la détermine d'une manière spéciale. Et des vices de cette humeur, de ce caractère découlent toujours de tristes et quelquefois d'affreuses conséquences.

Une personne est vive, sensible, susceptible; elle arrive bientôt à la colère, à l'emportement, et devient véritablement insupportable. La voilà cause de mille fautes dans ceux qui l'entourent; elle éloigne de la religion, elle fait blasphémer Dieu, la foi et la piété qu'elle prétend pratiquer. Croyez-vous que l'on se sauve ainsi, en faisant damner les autres?

Certains caractères complaisants, mous, ont un laisser aller inimaginable. Ils serviront les passions des autres, et les passions les plus désordonnées, parce qu'ils n'ont point su prendre sur leur mollesse et leur facilité de refuser un concours coupable. On viole ainsi les devoirs les plus impérieux de la conscience.

Quoi de meilleur en soi que la complaisance du caractère! et quel est son danger néanmoins, si on n'en arrache pas le défaut, si on n'y apporte pas la correction chrétienne! Hélas! par cette même facilité de caractère où ne tombe-t-on pas tous les jours? dans des abîmes, des abîmes d'où l'on ne sort que blessée mortellement.

Je vois des personnes qui sont à merveille pour ceux de qui elles dépendent ou de qui elles attendent je ne sais quoi d'estime et d'avantage. Mais pour tout ce qui dépend d'elles, leurs domestiques, leurs enfants, leurs parents même, ce sont de vrais tyrans! Pourquoi? c'est qu'on est l'esclave de son humeur, de son caractère.

Ne vous méprenez pas: en vous demandant la mortification des vices de votre caractère, je ne vous parle pas d'une œuvre de perfection, de conseil; je ne vous appelle pas à la vie contemplative, aux œuvres claustrales: je vous parle de devoirs communs et importants pour votre salut éternel. Il faut dans la vie du monde éviter l'enfer, gagner le ciel, et par conséquent et nécessairement il faut travailler sur ses défauts, et sur son caractère, et sur son humeur. Il le faut à tout âge et toujours, même dans la vieillesse.

Remarquez, je vous prie, que la jeunesse fait pardonner bien des choses, tandis que la vieillesse pèse, et lourdement quelquefois! Mais la douceur, la bonté, l'habitude de prendre sur soi et de se sacrifier, qui doit composer la vie, donne jusque dans un âge avancé cette influence heureuse que l'on exerce d'autant plus qu'on veut moins la retenir.

Je vous entends me demander : Comment travailler à se réprimer, à corriger ses défauts, son humeur vive, variable, volage, impatiente, irascible, insolente, que sais-je encore? Il y a, Mesdames, une chose fort simple à faire, mais dont vous ne vous avisez jamais, on vous l'a répété plus d'une fois, tant cela vous semble l'entreprise la plus difficile du monde. Il faut avoir une idée, et une idée fixe. Je vous l'ai dit moi-même, je ne me rappelle plus en quelle année; je le redis aujourd'hui, il faut avoir devant soi un but, se le rappeler chaque matin, se recueillir dans ses pensées et les diriger vers cette fin, au lieu de se répandre, comme les eaux de nos fontaines sur nos voies publiques. Il faut avoir l'idée présente de la correction de ses défauts, s'y exciter avec constance et énergie. Il n'y a sans doute rien en cela qui flatte une imagination poétique et vaporeuse; mais c'est une pratique de réforme excellente, nécessaire; mettez-la à la place de tous les rêves où vous vous perdez journellement.

Vous ne choisirez qu'un défaut, un seul. Vous voyez que je ne suis pas exigeant, je ne demande rien de trop. Prenez-en un seul à surveiller et à suivre, mais sans cesse, dès la première heure du jour, dans vos prières, au lieu saint, dans les instructions que vous entendez, dans vos communions, si vous en faites, comme je l'espère. Que la correction de ce défaut soit votre idée fixe, votre but. Vous y penserez, je ne vous demande que cela ; vous y penserez le matin pour vous connaître, pour vous prémunir ; puis, vers le milieu du jour, quand vous pouvez être un instant assise et tranquille, — vous ne l'êtes pas longtemps sans doute, mais quelques instants suffisent, — vous penserez à ce point d'humeur, à ce défaut de caractère, pour reconnaître si vous avez cédé en quelque occasion, pour vous humilier et vous proposer de mieux faire le reste du jour ; enfin le soir, vous vous examinerez encore sur ce même sujet. Le lendemain matin vous recommencerez, et ainsi toujours, toujours. L'eau qui tombe goutte à goutte creuse le rocher; la lime, qui frotte le fer doucement, l'use peu à peu, le polit et le façonne. Je ne vous demande que cette pensée; elle agira comme la goutte d'eau, comme la lime. Est-ce donc si difficile, si intolérable? Et que de biens réunis, que de mortifications pratiquées, de vertus exercées, de mérites amoncelés devant le Seigneur! Cette pensée, je vous la demande habituelle, parce que notre humeur est vivace, et que vous ne détruirez pas radicalement votre nature. Les saints eux-mêmes en général n'ont pas changé leur caractère, mais ils ont su le réprimer, le corriger, et s'en faire un moyen de vertu et de mérite.

Les saints ont eu leurs défauts, je vous le dis pour votre consolation et la mienne. On ne l'écrit guère dans leur vie; nous les y voyons comme ils sont au ciel, avec leur héroïsme, leurs vertus, leur sainteté vraie et réelle; mais on laisse dans l'ombre ce qui leur restait d'humain sur la terre. Voyez saint Augustin dans ses confessions, saint Paul dans ses épîtres, sainte Thérèse dans sa vie qu'elle a écrite elle-même, sainte Chantal dans ses lettres. Ils ont, je le sais, exagéré leurs défauts par humilité; mais au fond il y avait du vrai dans ces accusations d'eux-mêmes.

Eh bien! qu'est-ce qui fait un saint, qu'est-ce qui fait la vertu? Est-ce de ne pas avoir de défauts? Au contraire, c'est d'en avoir beaucoup, mais de les combattre sans cesse, de les vaincre, de les réprimer. Vous enfoncez un morceau de liége au fond de l'eau, il remonte et reparaît; vous l'enfoncez encore, il revient toujours : ainsi du naturel, du caractère. Patience et courage, recommencez toujours ce travail de répression, d'amendement et de vigilance chrétienne, et vous accumulerez des trésors dans le ciel.

On vous saura gré, beaucoup de gré de vos efforts, de vos progrès; vous serez bénie et consolée, on aura plus d'égard pour les avis que vous serez en position de donner, car on saura que vous vous avertissez d'abord vous-même et que vous profitez de vos propres conseils. Que si vous êtes embarrassée sur le choix de ce défaut à combattre, consultez quelqu'un de judicieux, de désintéressé dans la question. N'allez pas chercher des flatteries, de l'indulgence, commencer par votre apologie et vos qualités. Demandez souvent à une amie sûre, c'est bien un des dons les plus précieux du Seigneur; demandez-lui, dans l'intimité de la véritable amitié, de vous avertir de vos défauts, défendez-lui de vous louer; que ce soit un contrat passé entre vous deux. Vous vous imposerez la loi d'écouter, avec la reconnaissance d'un service reçu, sans jamais vous justifier, sans rien dire autre chose que : Oui, vous avez raison, je vous remercie. Vous penserez tout le contraire, n'importe, n'importe; vous croirez peut-être mentir, et vous ne direz que vrai : renoncez à votre jugement, trop partial dans votre propre cause.

Ah! je comprends ainsi la piété; voilà l'intelligence des livres mystiques, la bonne spiritualité.

La correction des défauts, voilà notre pierre de touche pour juger des âmes que nous dirigeons.

Après avoir vu les inconvénients, les défauts de l'humeur, la nécessité et le moyen d'y porter remède, je vais vous parler de ses avantages; nous y trouverons une confirmation de ce qui précède.

II. P. Les avantages qu'on peut retirer de son humeur, de son caractère, de son naturel ne se trouvent pas seulement dans le travail méritoire, incessant, dans le sacrifice quotidien dont nous venons de traiter, mais dans le choix de l'objet sur quoi doit s'exercer cette humeur. Je vous suppose un caractère tendre et sensible, ce peut être un inconvénient grave et un grave défaut, comme une qualité à jamais précieuse. Que cette âme délicate et affectueuse se dévoue à son Dieu, qu'elle aime à s'entretenir avec lui, qu'elle le cherche au pied des saints tabernacles, qu'elle s'en nourrisse souvent à la table sainte, qu'elle porte là toute la vivacité, toute la tendresse de ses affections; que même ce retour sincère ait lieu après de tristes erreurs, de funestes abus : oh! comme elle pourra plaire au Seigneur, et avancer dans une vie nouvelle et parfaite!

Voyez Madeleine! elle avait cette nature-là, le

Sauveur ne l'indique-t-il pas dans ses paroles? Qu'est-elle devenue cette pécheresse? L'âme la plus dévouée au Sauveur, le cœur le plus aimant pour lui, l'âme pénitente, réparatrice, unie au sacrifice de la croix plus que bien d'autres âmes qui sont restées plus fidèles. Vous voyez que l'avantage se trouve dans la vivacité des inclinations, du naturel; mais vous changerez d'objet, vous prendrez votre cœur là où il est, parce qu'il y est mal, et vous le mettrez ailleurs où il soit bien. Ah! il y aura souvent en vous lutte, peine, déchirement; mais un moment peut décider de tout, d'une vie entière. La grâce est avec nous; si on ne peut rien sans elle, on peut tout avec elle. Quels prodiges peuvent s'accomplir en vous!

Voyez encore saint Augustin. Il fut victime assurément des sentiments de son cœur. Mais quand les larmes de sa mère, coulant depuis longtemps goutte à goutte, ont creusé pour lui la voie du repentir, il s'y est engagé, la grâce a amolli cette âme : que ne fait-il pas pour Dieu, pour son salut? Tous ses sentiments s'épurent, il les féconde par la divine charité, par de saints regrets. Ne profiterons-nous pas de nos inclinations, de nos passions, même de nos torts, de nos égarements, pour servir Dieu davantage?

Et saint Paul! persécuteur acharné, âme indomptable, vous le savez bien. Il recherchait les chrétiens pour les persécuter, il excitait contre eux la haine et la rage des Juifs. Il se convertit; et ce caractère de fer, quel apôtre n'engendre-t-il pas sous l'action de la grâce? Mais c'est un miracle qui le change. Soit. S'il n'y a pas toujours de miracle aussi éclatant, aussi visible, que de miracles secrets! comme la grâce sait bien encore terrasser un cœur après des mécomptes, des chagrins utiles! Lisez les Actes des Apôtres, parcourez les Épîtres de saint Paul, et jugez des voyages, des dangers, des souffrances, des luttes de saint Paul.

Et saint François Xavier! Il enseignait dans cette vaste cité, le cœur plein d'ardeur, de vanité et d'ambition, comptant sur ses succès déjà obtenus, et plus encore sur ses talents et son génie; aveuglé par l'orgueil, et méprisant les conseils de la sagesse et de l'amitié. Bientôt il se décide à faire une retraite, à entrer dans cette solitude de trente jours, que vous connaissez au moins par ouï-dire, et là ce feu et ce zèle, cette amabilité et cette douceur, qui font sa nature, le transforment en un apôtre des Indes et du Japon. Il plante l'étendard de la croix sur un espace de trois mille lieues, il évangélise cinquante-deux royaumes, et convertit plus de douze cent mille païens. Combien son caractère lui a servi!

Vous devriez remercier le Ciel de vos inclinations, puisque vous seriez des apôtres, des saintes, si vous vouliez être fidèles à la grâce qui vous presse si souvent. On est meilleur qu'on n'en a l'air : au fond, nous avons tous quelque chose de bon, une précieuse disposition d'être à Dieu, de le servir, de retrancher ce qui lui déplaît; en théorie c'est admirable. Par exemple, vous avez fait de beaux projets, ici, à Notre-Dame ; dans nos retraites, dans ces heureux jours, vous vous êtes placées dans de hauts degrés d'amitié divine, de sanctification véritable : eh! pourquoi ne chercheriez-vous pas à les réaliser ces projets, et ne changeriez-vous pas les obstacles en moyens ? Vous le voyez, il y a donc là des avantages. Il faut donner le change à nos inclinations, à nos passions; il faut les diriger dans le sens de la grâce, avec l'appui de la prière et des sacrements, sans se décourager jamais : on acquiert alors les vertus de ses défauts.

Un autre avantage d'une valeur inappréciable, c'est qu'en prenant sur soi beaucoup, on apprend parfaitement à supporter les autres : et là se trouve un des grands exercices de la charité chrétienne, comme un des grands moyens de paix et de bonheur intérieurs. Vous savez ce qu'il vous en coûte pour vous modérer, pour vous corriger; vous êtes alors bien plus indulgente, car les plus exigeants pour les autres sont les plus faciles pour eux-mêmes : qui ne le remarque pas tous les jours? Toute âme, au contraire, qui se règle et se combat, prend comme point particulier de vertu et de perfection, le support, l'indulgence, la charité à l'égard des défauts et de l'humeur d'autrui. Comme saint Paul nous recommande cette vertu, le support : « Supportez-vous, et quand vous aurez supporté les défauts des autres, dit-il, vous aurez rempli la loi de Jésus-Christ[1]. » *Alter alterius onera portate, sic adimplebitis legem Christi.* La loi de Jésus-Christ est loi de patience, de douceur et de charité par excellence, et c'est en l'observant ainsi que vous donnerez quelque utilité à votre vie de famille et du monde.

Qui pourra énumérer combien l'effort sur vous-mêmes et le support du prochain vous éviteront de fautes, de réprimandes, de longs discours, d'inquiétudes?

Qui saura bien, et à propos, avertir, conseiller, reprendre, diriger, influencer? Celui qui travaillera sur soi-même. La modération et le calme donnent l'autorité et la victoire.

Pauvre mère désolée, depuis longues années

---

[1] Gal., vi, 2.

votre cœur est déchiré par les égarements d'un enfant chéri; il est sourd à vos avertissements, à vos sollicitations. Croyez-moi, ne dites plus rien, rien; priez, supportez, attendez, travaillez à votre sanctification; ne montrez que douceur et indulgence, et vous ramènerez ce prodigue bien-aimé.

Sainte Monique consultait sur ses douleurs de mère un saint évêque; elle lui parlait de son fils, qu'elle poursuivait de Carthage à Rome, de Rome à Milan, par tous pays. Le saint évêque lui répondit : « Priez, et attendez. » Elle pria, elle attendit, et saint Augustin fut donné à l'Église.

A ce travail intime, sérieux, constant, d'épuration, de réparation, de retranchement dans votre humeur et votre caractère, ah! je vous l'assure, vous gagnerez à la fois et le ciel et la terre!

Mesdames, puisque j'ai prononcé ce mot de réparation, sacrifice agréable au Seigneur, permettez-moi, à la veille du grand jour qui nous rappelle l'institution sacrée de l'Eucharistie, de vous parler d'une œuvre qui s'établit dans cette vaste cité, œuvre de réparation et d'expiation, œuvre d'adoration et d'immolation intérieure des âmes, chef-d'œuvre de la piété, et de vous la recommander avec toute l'effusion de mon cœur. Il s'agit de l'adoration perpétuelle du très-saint Sacrement.

Vous savez déjà presque toutes, je pense, qu'avec l'autorisation du pontife, dans plusieurs églises de cette vaste capitale, à un jour donné et choisi de manière que le jour d'une paroisse ne soit pas celui d'une autre, il se fait une exposition publique du très-saint Sacrement. Les âmes chrétiennes, celles qui veulent le redevenir, y portent leur demi-heure de présence et d'adoration. Là, ce jour est consacré à solliciter le Ciel pour tous les besoins de l'Église et de la patrie; à demander pardon de toutes nos offenses, à implorer sur nous la miséricorde divine, à dédommager notre Sauveur de tant de froideur, d'indifférence, d'oubli, d'abandon, d'irrévérence, d'outrage dans ses adorables tabernacles. Bientôt, je l'espère, cette sainte pratique sera adoptée dans toutes les églises de cette vaste capitale; et comme à Rome, dans la capitale de la chrétienté, nous aurons perpétuellement exposé sur quelque autel, dans un quartier de notre grande cité, le divin Sauveur, son corps adorable, le sacrement de son amour, afin que nous puissions lui rendre avec plus de ferveur l'hommage, la réparation qui lui est due.

Ce culte d'expiation publique ne vous demande pas de sacrifice de santé ou d'argent, mais un sacrifice seulement de prière, d'adoration et d'amour. Accueillez-le, pratiquez-le comme un fruit de la retraite, propagez-le avec le zèle que mérite Jésus-Christ notre divin Maître. Il sera pour vous et pour tout ce qui vous est cher une source de bénédictions éternelles.

QUATRIÈME DISCOURS

L'AMOUR DE JÉSUS-CHRIST

JEUDI SAINT 1844

QUATRIÈME DISCOURS

L'AMOUR DE JÉSUS-CHRIST

Mesdames,

Tout nous rappelle aujourd'hui l'institution de l'adorable Eucharistie, ce témoignage de l'amour de notre Dieu pour les hommes, ce miracle permanent dans l'Église, qui sans cesse reproduit notre plus intime union avec le cœur de Jésus-Christ. Aussi ai-je pensé qu'il serait convenable de vous parler de l'amour que la reconnaissance et la justice nous demandent pour Jésus-Christ.

Assurément c'est la première loi de notre existence, le premier besoin de nos cœurs; et il n'en est aucune parmi vous qui n'en reconnaisse la nécessité et la douceur. Cependant je crois qu'il est utile de résumer ici les motifs qui peuvent nous porter à l'amour de Jésus-Christ.

Nous en verrons donc d'abord l'obligation et le bonheur. Nous déterminerons ensuite à quel signe on peut le reconnaître, et enfin par quel moyen on peut l'obtenir. Ce seront là les points qui appelleront votre attention.

Je demande à Dieu, malgré ma faiblesse et mon indignité, la grâce de pénétrer vos âmes dans ces saints jours des sentiments de dévouement et d'amour que le Sauveur a si bien mérités. *Ave Maria.*

I. P. Nous sommes tellement entraînés, aveuglés par les illusions du monde, que ces seuls mots : l'amour de Jésus-Christ, les devoirs qu'ils renferment, les avantages qu'ils apportent, sont comme l'expression d'une chose étrangère pour beaucoup d'âmes. Cependant cet amour est une véritable obligation pour nous, et vous allez, je l'espère, le bien comprendre.

Dieu, dans sa grandeur et sa puissance, dans sa béatitude éternelle et infinie, ne dédaigne pas d'aimer une infirme créature, et comment donc la créature ne serait-elle point obligée par un véritable retour de consacrer ses affections à son auteur? Dieu nous a contemplés dans son Verbe, il nous a nommés, il a préparé de toute éternité notre existence dans l'économie de ses voies. N'est-ce pas un devoir de reconnaître cet éternel amour de Dieu par un dévouement véritable?

Jésus-Christ, malgré les infidélités, malgré les iniquités de l'âme, l'attend patiemment, il la supporte avec indulgence et avec douceur; loin de la repousser, il l'appelle, il l'attire, il emploie à son égard les supplications les plus touchantes; et quand le mystère de ce jour vous montre, Mesdames, Jésus-Christ prosterné aux pieds de Judas, lavant les pieds du traître, de cet apôtre perfide et infidèle, vous devez, pensant à vous-mêmes, y reconnaître l'humilité profonde du Fils de Dieu, les sollicitations pressantes de son cœur à votre égard. Combien de fois, abaissé devant vous, il renouvela, du fond de son tabernacle, tous les mystères de ses ignominies et de sa douleur! combien de fois il vous pressa, vous supplia de revenir à lui. Quoi! vous ne trouveriez point dans cette démarche de votre Dieu, dans ses humiliations à votre égard, la leçon d'un devoir et d'une obligation à remplir?

Si le devoir n'avait plus d'empire sur vos cœurs, peut-être la pensée d'un vrai bonheur devrait-elle vous exciter à l'amour de Jésus-Christ. Et qui suis-je donc pour venir ici vous rappeler les ineffables joies d'une âme qui se donne à l'amour du Sauveur! Si, à défaut de mon propre langage, j'empruntais la langue des âmes saintes; si elles vous disaient par ma bouche leurs consolations et leurs délices toutes célestes, mon Dieu! j'apporterais au milieu du monde des discours bien étranges, peut-être même que j'offenserais la délicatesse de vos oreilles, et vous rappellerais je ne sais quel langage, quelles illusions qui se mêleraient comme malgré vous à ma parole.

Si la possession d'un trésor est un bonheur, qu'est-ce donc que de posséder l'amour de son Dieu! Si se rapprocher de ce qu'il y a de plus élevé, de plus parfait, de plus délicat, de meilleur en ce monde, est ce qui nous flatte davantage, qu'est-ce qu'être uni à Jésus-Christ dans les sentiments d'un véritable amour, de parler la langue familière de son amitié, de puiser dans ce cœur sacré les ineffables inspirations de toutes les vertus? Demandez à une âme dont la vie peut vous paraître une suite de privations et d'amertumes, à celle qui s'enfonce dans la solitude, après avoir tout sacrifié à son Dieu, qui s'emprisonne dans le cloître sous une règle sévère, qui a renoncé aux joies de la famille, aux délassements de ce monde, à tout ce qui peut attacher un cœur ici-bas, demandez-lui si elle est heureuse; et si vous savez comprendre son langage, vous comprendrez aussi qu'ici-bas il y a déjà pour cette âme un avant-goût du ciel.

Mais si je ne puis vous exprimer ce bonheur, vous faire sentir la joie qu'apporte l'amour de Jésus-Christ, oh! du moins que je vous dise son utilité pour vous, les fruits qu'il vous procure, les besoins auxquels il satisfait.

D'abord, quels biens ne nous a pas donnés l'amour de Jésus-Christ? Nous devons à ce Sauveur la vie de la nature et de la grâce; c'est lui qui nous a rachetés par son sang, son sacrifice, son expiation douloureuse. Que vos pensées, vos souvenirs, vos affections, au moins en ce jour, à cette heure, se transportent sur le Calvaire, afin de bénir ce Dieu d'amour de tous les biens qu'il versa sur vous avec son sang. Vous ne serez pas toujours froides, indifférentes, lâches, dissipées, légères, infidèles, perfides; et, comme les bourreaux du Sauveur, vous finirez par apprécier votre bon maître. Il vous a fait naître dans son Église, il vous a placées dans la société de ses enfants les plus privilégiés; il vous a préparé son sacrement divin, la communion, la participation à son corps et à son sang, que vous avez négligée longtemps, que vous dédaignez peut-être, toutes de feu pour les choses du monde, ses biens, ses intérêts, ses plaisirs, ses folles prodigalités, son luxe, ses égarements si honteux, ses abus ; et toutes de glace pour votre Dieu, pour son cœur, pour les dons célestes qu'il vous offre dans le sacrement de son amour.

Utilité de l'amour de Jésus-Christ : il vous légua pour héritage ses touchants exemples, ses touchantes leçons. Il a déposé dans son Évangile tout ce qui peut être le plus utile pour notre consolation, pour notre salut éternel ; il a entouré nos jeunes âmes des instructions chrétiennes et d'une sollicitude toute religieuse. C'est l'amour de Jésus-Christ pour nous, qui, par le mérite de son sang et l'institution de l'Église, nous procure pendant notre vie tout ce qui conduit dans la voie, tout ce qui établit dans un repos véritable.

Mais si vous ne trouviez pas assez grands les avantages que l'amour de Jésus-Christ vous apporte, pensez à ceux que votre amour pour lui vous donnera.

Mesdames, dans ces saints jours, pleins des plus grands mystères, dans cette vieille métropole où vous venez vous presser à l'appel de l'Église pour entendre la parole de Jésus-Christ, ne sentirez-vous donc pas tout ce qui est renfermé de consolation, de bonheur et d'appui dans l'amour du Sauveur ? Malgré ces joies, malgré ces richesses que le Seigneur peut vous donner en abondance, malgré toutes les affections et les jouissances de famille, malgré tous les avantages que votre position dans le monde semble vous offrir, malgré tous les rêves riants de la jeunesse, ou les souvenirs que vous en conservez dans un âge plus avancé; souvent, oui, bien souvent vous sentez le poids du jour, le fardeau de la vie, l'aiguillon de la douleur; la loi de la croix s'applique à vos œuvres, marque vos pas dans la vallée des pleurs, et dans le cours de votre vie vous l'avez plus d'une fois arrosée de larmes bien amères.

Peut-être, au moment où je vous parle, votre cœur est traversé par une poignante douleur. Mais, ô âmes affligées, qui cheminez par les plus tristes sentiers, votre unique consolation se trouve dans l'amour de Jésus-Christ, son cœur divin est le lieu du rafraîchissement et de la paix, les mystérieuses communications de sa grâce, l'onction intime de sa divine charité pourront seules soulager vos maux et relever votre volonté. Ah! dans quelques rapides moments de votre existence, vous l'avez reconnu, peut-être vous l'avez senti! Mais ces moments se sont dérobés devant vous comme la lumière qui se cache derrière d'épais nuages; cette belle aurore qui se levait sur votre vie s'est éteinte dans la nuit profonde de l'indifférence et au milieu des tristes plaisirs du monde. Revenez, je vous en conjure, revenez aux sentiments de la piété, demandez à Dieu le don ineffable de son amour, et vous serez consolées et sauvées vous-mêmes.

L'amour que nous portons à Jésus-Christ est encore, Mesdames, un bouclier qui nous sert de défense, un rempart qui nous met à l'abri. Faibles, infirmes, abattus, sous le poids de nos devoirs, ou traînant avec lâcheté la croix du Sauveur, nous avons besoin de force et de défense. Quand l'amour de Jésus-Christ a pénétré dans notre âme et lui a inspiré un sentiment véritable pour son Dieu, quand il habite en elle, elle peut dormir en paix, elle repoussera toutes les attaques, elle échappera à toutes les embûches, et les tentations quelquefois les plus dangereuses s'évanouiront devant elle comme une vaine fumée, car ce Dieu veille, combat et triomphe avec elle.

Comparez encore, Mesdames, l'amour de Jésus-Christ à une barque qui nous transporte à travers les écueils de ce monde, au port de la patrie céleste, à un coursier ailé qui nous enlève de cette vallée vers le sommet de la montagne sainte; répétons sans cesse avec les désirs du prophète : « Qui me donnera les ailes de la colombe, pour que j'aille me reposer là-haut? Quand serai-je, ainsi que le passereau solitaire, élevé au-dessus de cette fange qui me salit, loin de cette poussière qui

m'aveugle, de cette agitation qui m'étourdit? »
L'amour de Jésus-Christ, voilà ce qui élève une
âme et la porte jusque dans le sein de Dieu.

Ils sont bien suffisants ces motifs, elle est claire
cette obligation d'aimer le Sauveur, de vous attacher à sa personne adorable, de le choisir pour
père, pour ami, pour consolateur, pour soutien,
pour époux. Essayez un peu, tâchez de vous iso-
ler de vos affections mondaines, de rompre avec
quelques-unes des habitudes qui vous enchaînent,
de retrouver la vie et la pensée de la foi : alors
comme vous sentirez l'obligation et la douceur
d'aimer Jésus-Christ !

Mais si Jésus-Christ est le Dieu infiniment grand,
infiniment puissant, il mérite un amour de défé-
rence et d'obéissance ; s'il est le Dieu infiniment
doux et soigneux dans le gouvernement de ses
créatures, et mille fois il nous prouva sa patience,
sa bienveillance, sa miséricorde, nous lui devons
donc un amour de tendresse, de docilité, de confiance ; s'il est un Dieu infiniment parfait, nous
devons l'aimer, surtout en imitant ses perfections,
et en tâchant de reproduire quelques traits de
cette divine vertu. Voilà, Mesdames, quel doit
être notre amour pour Jésus-Christ.

Maintenant me demanderez-vous à quels signes
vous pourrez reconnaître en vous un véritable

amour pour le Sauveur, par quels moyens vous pourrez l'obtenir; je vais essayer de vous satisfaire en peu de mots.

II. P. Vous seriez bien heureuses, j'en suis sûr, si en énumérant les marques qui indiquent l'amour de Jésus-Christ vous en reconnaissiez dans vos cœurs et dans la suite de votre vie; si je pouvais, descendant au fond de vos consciences, vous dire : « Vous aimez le Sauveur, vous possédez le don inappréciable de son amour; réjouissez-vous et demeurez en paix. » J'ignore quel est votre état, peut-être croirez-vous entendre un langage qui semblera propre à vous décourager; mais à Dieu ne plaise, vous pourrez et vous devrez y trouver au contraire un motif de plus pour vous animer à la confiance et vous faire prendre les moyens, très-simples d'ailleurs, que je vous indiquerai plus tard.

L'amour de Jésus-Christ, comme il est marqué dans l'Évangile, se connaît par les œuvres. Il a bien des degrés, et le premier est assurément la fuite du mal qui offense Dieu. La fidèle observation des commandements du Seigneur sera donc la première marque qui fera reconnaître si on aime Jésus-Christ. Ses lois sont-elles la règle de votre vie, l'esprit de l'Évangile est-il bien votre esprit? Ses leçons, ses exemples sont-ils le chemin que vous vous empressez de suivre? Oui, répondez-vous. Oh! alors vous êtes au commencement de la bonne voie, vous possédez déjà l'amour de Jésus-Christ. Cependant ce n'est pas assez, et nous allons pénétrer dans des secrets qui vont certainement vous toucher et vous être utiles.

L'amour de Jésus-Christ vit dans l'intérieur de nos âmes. C'est une ardeur spirituelle du cœur qui nous anime et nous porte vers lui comme vers l'objet le plus digne d'être aimé. C'est un feu puissant, actif, qui ne s'éteint pas de lui-même : dans l'amour de Jésus-Christ ni lâcheté ni mollesse, on agit toujours en vue de celui qu'on aime.

L'amour de Jésus-Christ est un feu qui consume en nous les penchants déréglés des passions ; l'Écriture sainte parle ainsi : « Le Seigneur Dieu est un feu consumant[1]. » *Dominus Deus ignis consumens est.* Jésus-Christ en parlant de son amour a dit lui-même : « Je suis venu apporter le feu sur la terre[2]. » *Ignem veni mittere in terram.*

Eh bien! votre amour pour Jésus-Christ, votre dévouement pour ce divin Sauveur, a-t-il consumé, détruit toutes vos affections désordonnées, vos inclinations mauvaises, les ardeurs de vos

---

[1] Deut., IV, 24.
[2] Luc., XII, 49.

passions? Si cela est, si du moins vous vous sentez toujours prêtes à vous combattre vous-mêmes, si vous savez résister avec force à cet entraînement universel du monde, si son luxe vous blesse, si ses prodigalités vous irritent, si ses plaisirs vous dégoûtent, si ses conversations vous déplaisent, si vous vous prêtez au monde sans vous y livrer, si vous placez avant tout dans votre cœur l'accomplissement de la volonté divine, vous conformant au modèle que vous avez sur le Calvaire, oh! oui, alors vous possédez l'amour de Jésus-Christ.

Cet amour de Jésus-Christ tend sans cesse à élever les âmes. Les pensées d'une âme qui se dévoue à l'amour et à l'imitation du Sauveur, ne tracent point de vils sillons sur la terre que nous foulons aux pieds, mais elles montent par l'échelle mystérieuse de la méditation et de la prière jusqu'au séjour bienheureux de la gloire. Elle vit, cette âme, au milieu des chœurs des anges et des bienheureux, dont elle doit reproduire ici-bas la vie en quelque sorte, pour participer un jour à leur félicité et à leur gloire. Cette âme a le désir de la patrie, elle voit sans horreur le terme de son existence; elle sait, après tout, que la vie est un rapide voyage, une vapeur qui s'exhale, un éclair qui brille et disparaît, qu'elle ne laisse pas de trace après elle, et que l'amour seul de Jésus-Christ dans son cœur peut lui préparer une demeure éternelle.

L'amour de Jésus-Christ éclaire, dissipe les illusions, sépare de l'erreur, habitue au langage de la vérité et de la vertu. Sous son influence, les conversations sont chrétiennes, c'est-à-dire morales, convenables, portant au bien, à la piété, à un plus grand amour de la vertu et de Jésus-Christ.

Est-ce là, Mesdames, la portée de vos paroles, l'objet de vos discours, les habitudes de vos conversations, de vos pensées, de vos désirs? Sentez-vous le besoin de penser à Dieu, de vous en occuper, d'en parler souvent? Cherchez-vous à le faire connaître et à le faire aimer? Non, me répondez-vous; alors vous ne l'aimez pas de cet amour plus parfait qui nous occupe.

L'amour de Jésus-Christ est fort et puissant; il ne se laisse pas abattre par les difficultés, il recommence toujours, et se défie par-dessus tout du découragement et de la faiblesse. Il sollicite et obtient l'appui de la grâce toute-puissante pour triompher de tout obstacle.

L'amour de Jésus-Christ se reconnaît donc aux caractères du dévouement, de l'esprit de sacrifice, du besoin de se dévouer à Dieu.

L'amour de Jésus-Christ s'exprime encore par les œuvres du zèle et de la charité. Une âme qui aime le Sauveur aime tout ce qui est affligé, tout ce qui est délaissé; une âme dévouée à Jésus-Christ, elle a besoin des pauvres, elle chérit les pauvres, elle monte jusqu'au réduit le plus élevé de l'indigence, elle souffre quand un cœur souffre, elle est malade auprès d'un malade, elle va s'asseoir aux pieds de sa couche, la remuer, la refaire. Quelquefois même, dans le profond mystère de sa charité, elle baisera respectueusement ses plaies, comme l'image des plaies du Sauveur. Elle domptera toutes ses répugnances, et se dépouillera avec joie de l'apparence de l'opulence et des avantages du monde. Partout ailleurs vous la trouverez aussi se faisant tout à tous, et ne sachant que s'oublier elle-même. Oh! le touchant mystère que celui du véritable amour pour Jésus-Christ!

Une âme qui aime Jésus-Christ s'occupe de méditations saintes, et se nourrit de la vie de Jésus-Christ. Ah! elle ne supporte pas impatiemment le poids de la prière, elle ne trouve pas trop long le temps des saints offices; elle se plaît à fréquenter la maison de Dieu, c'est la maison de son père, de son époux, c'est la sienne. Elle s'y trouve bien surtout dans ces moments où, solitaire et inconnue, elle vient offrir ses hommages à Dieu dans la paix et dans le silence du sanctuaire et de son cœur.

Voilà plusieurs des signes de l'amour de Jésus-Christ dans un cœur. Si vous ne reconnaissez pas dans le vôtre ces bienheureux caractères, ne vous désespérez pas, je vous le dis, ne vous découragez pas, car notre divin Sauveur nous offre toujours les moyens de l'acquérir. Et, Mesdames, en quelque état que soient vos âmes, je ne vous demanderai que votre bonne volonté, qu'une véritable et généreuse confiance dans les souffrances et dans la croix du Sauveur.

Seulement, n'allez pas vous abuser, et quand on vous représente ainsi les charmes de cet amour du Sauveur, n'allez pas croire qu'on goûte à l'instant même ces douceurs, qu'on reçoive immédiatement cette ineffable récompense. Non, veuillez avec humilité et courage commencer par ce qu'il y a de plus simple, travaillez avant tout à la connaissance de vous-mêmes par l'examen de votre conscience, et à la loi sincère d'observer la sainte volonté de Dieu. Hélas! où en êtes-vous par rapport même à ces préliminaires, à ce premier degré?

Pour arriver à l'amour de Jésus-Christ, il faut d'abord le connaître. Connaissez-vous Jésus-Christ? Avez-vous étudié sa vie, parcourez-vous de temps en temps les pages évangéliques? choisissez-vous pour sujet de vos lectures, de vos méditations et de vos réflexions, la vie et les mystères du Sauveur? Quand vous le connaîtrez bien, comme vous pourrez facilement l'aimer! Et il y a aussi déjà là un signe de l'amour de Jésus-Christ à s'occuper de lui, de ses actions, de ses leçons, de ses miracles, en un mot à se rappeler souvent l'histoire de cette vie divine.

Si vous voyez dans l'amour de Jésus-Christ un trésor précieux à acquérir, eh bien, achetez-le, comme dit l'Évangile: faites à Dieu le sacrifice qu'il vous demande depuis longtemps. N'allez pas croire qu'avec un cœur livré aux vanités mondaines, plein des illusions du monde, avec des affections désordonnées, n'allez pas croire que l'amour de Jésus-Christ pourra prendre racine en vous. Priez, demandez votre délivrance, demandez un cœur pur et libre, demandez enfin l'amour de Jésus-Christ et un amour qui règne sur toutes vos affections. Que les plus légitimes, les plus pures soient purifiées encore et sanctifiées par l'impression de la foi, et par cet amour souverain. Que cet amour de vous-mêmes, que ce désir de plaire qui vous remplit, que ces affections mondaines qui vous enlacent et vous entravent sans cesse, viennent se brûler au feu de cet amour allumé par la prière.

Demandez malgré vous et contre vous-mêmes, demandez dans le combat de la prière, contre les répugnances et les dégoûts de la nature qui se révolte, la force de triompher de toutes les résistances, de ce qui offense Dieu en vous; demandez le feu qui consume, la lime qui use, la goutte d'eau qui creuse; demandez la grâce d'accomplir la première leçon, celle de l'abnégation de vous-mêmes. Et de cette sorte vous serez admises à la participation de tous les biens de cet amour ineffable.

Il est temps, Mesdames, de revenir à Dieu. Les consolations et les douceurs de la piété, le bonheur d'aimer Dieu est le seul vrai bonheur, la seule vraie joie, le seul vrai bien de cette terre et des cieux; croyez-moi, je vous en conjure. Mais vous en êtes déjà persuadées depuis longtemps: eh bien, en ces saints jours, reprenez la voie, ne craignez rien. Qu'en dira-t-on? N'importe. Vous commencerez une nouvelle existence, vous recevrez les bénédictions du Seigneur, vous les répandrez autour de vous, et vous aurez trouvé le calme, la paix; vous n'aurez plus de ces mécomptes amers, de ces soucis cuisants, de ces chagrins qui dévorent et qui tuent un cœur que n'anime pas l'amour sacré de Notre-Seigneur Jésus-Christ.

Pour appuyer vos prières et obtenir cet amour de Jésus-Christ, sanctifiez ce grand jour de l'institution eucharistique. Voici une bonne œuvre:

secourir les pauvres de la paroisse Notre-Dame, de la Cité, ce premier Paris, aujourd'hui quartier si abandonné, si privé de ressources malgré le zèle du pasteur et le dévouement des âmes charitables. C'est le jour marqué, le jour si longtemps attendu pour le soulagement de nombreuses familles, car c'est le jour qui voit notre antique métropole remplie par l'opulence de ce monde mieux disposée que jamais à donner à la misère secours et consolation ; et c'est le seul jour de l'année. Ah! qu'il soit celui de vos plus grandes largesses, de votre plus chrétienne générosité. Mesdames, et vous tous mes frères, je vous en conjure au nom de l'amour de Jésus-Christ pour les pauvres, au nom de tous les biens qu'il versa sur vous, par cette divine charité qu'il vous montre et qu'il vous recommande d'avoir pour les pauvres, donnez; donnez, je vous en prie, au nom de vos intérêts les plus chers et des entrailles de la charité de Jésus-Christ.

Le riche est établi sur cette terre pour être la providence du pauvre. Et quand on lit l'Évangile, on voit que l'aumône est pour le riche la condition la plus nécessaire du salut, puisque au moment où le Sauveur va juger les hommes, il semble ne mentionner que cette condition pour être admis dans le royaume de la gloire. « Ah! dira Jésus-

Christ, vous avez secouru l'infirme, revêtu celui qui était nu, nourri celui qui avait faim, logé celui qui était sans asile, venez, entrez en possession de la gloire qui m'appartient et que je vous donne. » Vous cèderez à cette douce et pressante invitation du Sauveur, vous donnerez en sortant de cette enceinte, à l'intention de vos propres besoins, de tous les vœux de vos cœurs, pour la conservation de ce qui vous est cher, pour les fruits de cette sainte retraite; vous nous réjouirez tout à l'heure par votre amour des pauvres, et vous aurez un jour les biens et les récompenses éternelles du divin consolateur.

CINQUIÈME DISCOURS

L'HUMILITÉ DE JÉSUS MOURANT

VENDREDI SAINT 1844

CINQUIÈME DISCOURS

L'HUMILITÉ DE JÉSUS MOURANT

Mesdames,

Les plus tristes souvenirs de ce jour sont remplis d'une véritable douceur : cette agonie, ces tortures, ces ignominies, cette mort du Sauveur pour notre amour, tout, quand on se recueille et qu'on se pénètre des sentiments de la foi, tout doit porter au fond de l'âme de bienheureuses et salutaires impressions.

Je suis obligé de me restreindre, je vous adresserai seulement quelques paroles sur l'humilité de Jésus mourant. Nous considèrerons l'admirable exemple qu'il nous en donne, et nous y apprendrons à pratiquer et à aimer cette sublime vertu.

I. P. Nous considèrerons d'abord dans son étendue l'humilité de Jésus mourant. Elle n'a pas de bornes. Le cœur de Jésus a voulu boire jusqu'à la lie le calice de l'ignominie et du déshonneur. Nous avions tant besoin de ses leçons et de ses exemples à cet égard, qu'on peut dire qu'il a porté jusqu'à l'excès la volonté de s'humilier. Il a été humilié devant tous les hommes, devant les grands et devant les petits, devant le peuple et devant les chefs du peuple. Il a été humilié de toutes les manières.

Il l'a été dans son esprit : lui la Sagesse incréée et le Fils de l'intelligence divine, semblable en tout à son Père ; lui en qui étaient renfermés tous les trésors de sagesse et de science, il a passé pour un insensé, on l'a traité comme un fou, il a revêtu les livrées de la folie. Hérode et sa cour, avec l'insolence d'un tyran et de ses courtisans, l'ont accablé de leur dérision et de leur mépris. Et le Sauveur, dans son cœur, savourait avec délices ces humiliations et ces ignominies. Traité comme un insensé, il a donc été humilié dans son esprit.

Il a été humilié dans sa divinité, qu'il voulait alors voiler et déguiser sous les dehors de la faiblesse et de l'impuissance ; lui, le Dieu que les anges adorent, dont la vue fait leurs plus pures et leurs plus nobles délices ; lui dont les regards pendant toute l'éternité pénètreront les élus de joie; lui, le Dieu infiniment beau, infiniment saint, infiniment parfait, il a voulu être traité comme un blasphémateur et un impie, il a été accablé d'exécrations et d'outrages. Il a horreur des blasphèmes : sans doute il les supportait avec douleur, comme des outrages adressés à son Père; mais quant à l'ignominie, il la chérissait, il l'embrassait. Quelle leçon pour nous, pour nos subtilités, pour notre orgueil, pour notre vanité, pour la recherche de l'honneur et de l'estime parmi les hommes! Le voilà le modèle, voilà le Dieu mourant et humilié pour nous! Au moins devrions-nous désirer de croire ce que nous ne pouvons pas comprendre.

L'humilité de Jésus-Christ n'a pas eu de bornes dans son étendue. Il a été méconnu et outragé dans sa doctrine, sa doctrine toute céleste et toute pure, qui venait répandre le bienfait de la vérité parmi les hommes. Eh bien, son auteur, lui qui nous légua dans l'Évangile le code le plus parfait de toutes les vertus, la loi d'amour, de sainteté et de perfection, il a passé dans sa doctrine pour un imposteur, un séducteur, un impie, un blasphémateur.

Seigneur, je vous bénis d'avoir soutenu ma foi au milieu de vos outrages; je comprends vos desseins sur votre Église et sur nous : vous avez voulu nous faire comprendre par vos ignominies et votre passion qu'il fallait que la loi de l'Évangile s'accomplît, et que vos fidèles disciples seraient éprouvés par l'humiliation et le mépris.

Jésus-Christ a été outragé et humilié dans ses miracles. Il ne les opérait cependant que pour soulager et pour guérir les maux de notre humanité. Ses miracles! il les faisait par le secours du démon; ou bien ils étaient le jeu de je ne sais quelle habileté rare. Ce n'était qu'imposture, prestige et séduction. On ne consentait nullement à y reconnaître le caractère de la puissance et de la bonté divine. Quelle odieuse humiliation!

Jésus-Christ a voulu être humilié dans ses bienfaits. Ce peuple, il l'avait instruit et consolé, il avait guéri ses malades, porté secours à toutes ses misères. Il répandait sa parole comme le bon grain dans les âmes avides de s'instruire, et elle tombait comme une rosée salutaire dans les cœurs affligés, qu'elle remplissait de consolation et de joie. Eh bien, ce peuple s'abandonne à la haine, à la colère, à la vengeance contre son bienfaiteur; il tourne contre lui, à cette heure dernière, jusqu'au souvenir des biens qu'il en a reçus.

Enfin Jésus-Christ a voulu être humilié dans sa personne, dans son caractère, dans ses perfections, sa sainteté, sa bonté, sa puissance; et comme son cœur uni au Verbe divin avait une soif dévorante d'humiliations et d'outrages, qu'il en était insatiable; que sa volonté de satisfaire à son Père, de nous racheter, de nous léguer les exemples et l'amour de ses sublimes vertus, l'engageait à demander sans cesse de nouvelles ignominies et de nouvelles injures, nous ne pourrons jamais mesurer l'étendue de son humilité.

Et nous, Mesdames, où en sommes-nous pour cette vertu? Il s'agit de la vertu fondamentale de l'Évangile, de la leçon chérie et capitale du Sauveur. Quand la moindre parole nous irrite, quand le moindre défaut d'attention nous blesse à l'instant, quand nous sommes si exigeants d'honneurs qui ne nous sont pas dus, quand nous nous déguisons à nous-mêmes notre profonde misère pour nous enorgueillir des dons que nous aurions reçus, que faisons-nous, que sommes-nous aux yeux de Dieu? O Jésus, mourant humblement au milieu des opprobres et des ignominies pour enseigner l'humilité à mon cœur, oh! donnez-moi de marcher sur vos traces, au premier degré du moins de cette divine vertu. O Sauveur, au pied de votre croix, me rappelant les injures qui vous y ont poursuivi, et dont je vois la cause dans mon orgueil, ma vanité, mon perpétuel amour de moi-même, je sens en mon cœur l'amour de votre personne adorable, un mépris sincère de moi-même, quelque chose de l'estime que mérite votre adorable humilité. Oui, j'endurerai patiemment, pour votre amour, les humiliations qu'il vous plaira de m'envoyer. Ah! si je ne puis pas comprendre toute l'étendue de votre humilité, je m'avancerai du moins chaque jour dans cette science sacrée, j'y affectionnerai mon cœur de plus en plus, et j'y trouverai la pureté, le détachement du monde et de ses tristes vanités.

II. P. L'humilité de Jésus mourant, qui n'a pas de bornes dans son étendue, dépasse toute mesure dans son élévation. Ici encore, Mesdames, quel nouveau sujet de réflexions touchantes et instructives. Quand Jésus-Christ, dans sa Passion, va consommer l'œuvre de la régénération du monde, que l'amour de son cœur va s'épancher avec son sang sur la croix en notre faveur, il nous marque l'objet de notre ambition la plus élevée: c'est une victoire complète sur l'amour des honneurs, de l'estime, du respect, de la confiance, de l'affection des hommes.

Voyez son déshonneur, le déshonneur de l'Homme-Dieu. Il réunissait tous les mérites, il méritait toutes les dignités, il avait droit à toutes les gloires, on aurait dû le porter sur un char de triomphe, dans toutes les contrées du monde, pour y recueillir les hommages du respect, de l'amour, de la reconnaissance, du dévouement universel. Tout au contraire, il est mis en comparaison avec un vil brigand, avec un odieux assassin; et le brigand, l'homicide lui est préféré! Cela devait être. On le met donc au rang des derniers malfaiteurs, et plus bas encore; on le condamne non au supplice des hommes libres, mais au plus douloureux et honteux des supplices, au supplice des esclaves, au supplice de la croix. Cette croix, que nous adorons aujourd'hui, qui nous paraît si grande, dont le souvenir a tant de charmes, qui verse un baume consolateur sur tous nos maux, qui est l'appui de notre faiblesse, qui est l'honneur des braves, qui brille sur leur poitrine, qui domine la couronne des rois et des empereurs, cette croix était alors, comprenons-le bien, le supplice ignominieux d'un vil esclave, de cet être qu'on ne regardait pas comme un homme. Jésus-Christ pourra donc vraiment dire avec son psalmiste : « Je suis un ver de terre, et non plus un homme; je suis l'opprobre des hommes et le rebut du peuple [1]. » *Ego autem sum vermis, et non homo : opprobrium hominum et abjectio plebis.*

---

[1] Ps. xxi, 7.

Le déshonneur de Jésus-Christ : vous le voyez dans un abandon universel. Ceux mêmes qu'il a comblés de ses attentions les plus prévenantes et les plus tendres, le délaissent, le méconnaissent ou le renient. Suivez-le quand on le livre à la juridiction et à la puissance de ce tribunal païen. Lui, le législateur suprême, l'auteur de la loi nouvelle descendu des cieux pour rétablir le règne de la vérité, il reçoit une sentence de condamnation de la part d'un juge impie et idolâtre. Il est condamné dans un jour solennel où le concours du peuple s'est fait des pays les plus lointains; il est dépouillé de ses vêtements et présenté à tous les yeux dans l'attitude la plus humiliante; il voit du haut de sa croix sanglante les têtes se remuer en passant devant lui, pour insulter à sa nudité, à sa faiblesse et à ses souffrances, les bouches s'ouvrir, comme le Prophète l'avait encore prédit, pour l'injurier, le défier et le maudire : non, il ne descendra pas de la croix, il y mourra attaché pour notre amour.

Et nous, Mesdames, nous n'avons pas fait encore un premier pas dans la carrière de l'humilité. L'histoire des ignominies du Sauveur semble être pour nous une histoire étrangère, et ses exemples un modèle inutile, un modèle sans copie. C'est bien pourtant à nous qu'il a dit de son vivant :

« Apprenez de moi que je suis doux et humble de cœur. » Ah! Mesdames, ce qui vous donnera la paix de l'âme au milieu du monde, ce qui répandra autour de vous l'onction et l'influence de la piété, c'est une humilité sincère et profonde, une humilité non de paroles mais silencieuse et patiente, mais soumise et résignée intérieurement, mais douce dans ses plaintes et ses reproches. Sachez-le bien, la source des grâces, le préservatif des chutes, la garantie de la vertu, c'est l'humilité. Et nous-mêmes nous reconnaissons souvent, dans notre ministère triste et consolant tout à la fois, que l'orgueil est puni par le péché; que les mécomptes, que les chutes dans les occasions dangereuses trouvent leur cause dans l'orgueil et la présomption, dans cette faim et soif d'hommages, d'honneurs qui ne nous sont pas dus. Nous reconnaissons aussi qu'une âme simple, recueillie et humble dans le Seigneur, qui lui renvoie fidèlement toute louange comme à l'auteur de tout don, ne s'expose pas témérairement, et dans l'occasion résiste victorieusement à la tentation.

Dieu la conduit et la soutient par la main comme un enfant docile. Mais vous l'avez peut-être compris déjà dans ces jours où la piété ouvrait vos cœurs aux impressions les plus douces de la grâce; vous sentiez que l'amour d'une humilité vraie vous rapprochait du Sauveur, type de toute perfection, source de toute bénédiction.

Quoi qu'il en soit, vous n'avez pas besoin ici de raisonnements ni de recherches; isolez-vous du bruit et de la dissipation, mettez-vous en présence d'une croix, méditez dans l'Évangile la naïve et sublime histoire de la passion du Sauveur, et déposant votre cœur aux pieds de Jésus-Christ, demandez-lui d'en faire sortir l'orgueil, l'amour désordonné de vous-mêmes, la vanité, la hauteur, la délicatesse extrême, l'amour de vos aises, l'amour du luxe, qui n'est que l'enflure de l'orgueil et l'aliment des passions mauvaises. Aimez le Sauveur, qui vous a tant aimées; aimez-le dans sa divine humilité, et que ce soit avec l'effusion la plus sincère que vous lui demandiez la grâce de l'imiter. Que si vous n'avez pas encore conçu assez d'amour pour cette vertu à la considération de son excellence et de son élévation infinie, je vous proposerai encore, en peu de mots, quelques autres de ses caractères bien propres à gagner vos cœurs.

III. P. L'humilité de Jésus mourant a été bienfaisante, douce et affectueuse. Il s'est humilié pour ceux qui l'outrageaient, il a prié pour ceux qui le persécutaient, et sa prière embrassait les pécheurs de tous les degrés, de toutes les générations. C'est encore par un sentiment d'amour et pour notre bien qu'il se cache aujourd'hui dans le sacrement de son amour.

L'humilité si bienfaisante de Jésus-Christ doit rendre la vôtre, Mesdames, toujours indulgente et charitable. Vous devez apprendre à cette école à pardonner toujours, à ne pas garder le souvenir d'une injure. Quand vous êtes offensées, regardez, en vous-mêmes et devant Dieu, comme un avantage et une grâce de souffrir quelque chose pour ressembler à votre Maître; et alors la bonté sur les lèvres, la douceur sur les traits du visage, approchez-vous de celui envers qui vous devez pratiquer les enseignements miséricordieux du Seigneur.

Cette humilité de Jésus a été aimable et douce dans sa passion. Doux, humble, et aimable de cœur pendant toute sa vie, il ne pouvait se démentir à son dernier jour. Il avait bien dit au jardin des Oliviers : « Mon âme est triste jusqu'à la mort. » Tristesse sainte et réparatrice : plaise au Ciel que vous la partagiez dans ces heures sacrées de l'agonie du Sauveur! Il avait ainsi parlé; mais une fois le sacrifice accepté au jardin des Oliviers, et consommé dans son cœur par la prière, le Sauveur n'a plus, durant le cours de sa passion, ressenti la tristesse au sujet de ses ignominies ni de ses souffrances. Non, il se trouvait à l'aise en souffrant; en étant humilié et rassasié d'opprobres, son âme était inondée de joie. C'est sur les enfants d'Israël qu'il voulait qu'on pleurât, comme il avait pleuré lui-même dans son amour paternel. Aussi c'est par lui que les saints, et vous le savez bien, ont pu souvent rechercher les ignominies et les injures avec cette joie et cette ardeur que vous mettez à rechercher le plaisir et les honneurs.

Oui, Jésus mourant goûtait une joie intime dans les humiliations par la force de son amour pour nous. Il était triste des offenses faites à la gloire de son Père, il souffrait du malheur des hommes qui l'outrageaient, il avait pitié de leurs crimes; mais il les excusait, implorait leur pardon, offrait son sang pour leur salut. Et ne doutez pas que parmi ceux qui furent acharnés contre cette victime adorable, plus d'un n'ait recueilli les fruits les plus précieux de ses souffrances et de ses humiliations.

Non, rien de plus bienfaisant, de plus doux, de plus tendre que cette humilité de Jésus-Christ. Sachons, nous aussi, à son exemple, unir la piété douce et affectueuse à l'humilité du cœur : ce sera une preuve de notre amour pour Dieu que cette charité tendre et modeste pour nos frères.

O divine humilité de la croix, éloquente, persuasive leçon du Sauveur, quand saurons-nous te comprendre, te goûter, et surtout te mettre en pratique? Mesdames, si dans la prière nous recherchons ce don précieux, si nous le demandons avec instance contre les répugnances de la nature, contre les dégoûts de l'amour-propre; si, dans ces circonstances où il se présente quelque sacrifice de vanité, quelque pratique d'abnégation intérieure, nous y sommes fidèles; si, nous unissant au cœur doux et humble du Sauveur, nous recueillons comme une parcelle de sa croix, comme une goutte de son sang cette petite participation à ses ignominies et à ses outrages, quel bonheur est le nôtre! Mais on se laisse entraîner par les habitudes, fasciner par les illusions du monde; les pensées de la foi, l'amour de Jésus-Christ, le souvenir de son humilité, les ignominies de sa passion, ses souffrances, ses outrages, son déshonneur, tout cela ne nous regarde pas, ce semble. Et cependant il y a une si douce jouissance, un si grand bonheur, un calme si intime pour l'âme qui souffre persécution pour la justice dans l'amour de Jésus-Christ.

Si vous estimez cette humilité du cœur de Jésus, si, dans ces jours et à cette heure, vous avez quelque amour pour cette vertu, bénissez le Seigneur, ce sera un des fruits les plus heureux de la retraite, et une vive satisfaction pour mon cœur.

Bientôt vous allez mettre fin à ces heures du recueillement et de la prière, bientôt nous allons cesser, après avoir adoré les grands mystères de la mort du Sauveur, de vous adresser la parole du salut. Si du moins quelque âme coupable a su en profiter, si quelque cœur flétri par le malheur, par les égarements et les illusions du monde, a pu être consolé, nous en serons bien récompensé! Et puissions-nous tous, Mesdames, dans ces jours précieux de la retraite, unis par la charité, déposant tout l'orgueil, toutes les irritations, toutes les vanités d'une vie mondaine et qui n'a que trop déplu au Seigneur, commencer à marcher dans une carrière nouvelle, dans la carrière des vertus chrétiennes, la carrière de Jésus-Christ, notre bon, notre divin Maître, la carrière qui conduit au ciel, en portant notre croix de chaque jour avec humilité, amour et persévérance, afin d'arriver au sommet de la montagne sainte où nous devons habiter toujours avec Dieu lui-même.

SIXIÈME DISCOURS

LES CONSOLATIONS DE LA FOI

SAMEDI SAINT 1845

SIXIÈME DISCOURS

LES CONSOLATIONS DE LA FOI

Mesdames.

Il est juste de prendre, au moins en terminant, pour sujet de nos entretiens une vérité consolante, et il me paraît que je vous le dois. Je vous parlerai donc, si vous le trouvez bon, de la consolation elle-même. C'est bien dans la foi, dans la piété que l'on trouve la véritable joie, la véritable consolation du cœur. Hors de là, vous avez pu en faire l'expérience, il peut y avoir l'étourdissement, les agitations du plaisir; mais il n'y a pas le contentement intime de l'âme, il n'y a pas surtout la consolation dans les craintes, les peines et les maux divers qui remplissent presque entièrement notre misérable existence. Il me semble utile de vous proposer quelques-unes de ces consolations : par exemple, les consolations du repentir, le repentir soulage; les consolations de la prière, la prière répare; les consolations de la ferveur, la ferveur réjouit et dilate; les consolations de l'espérance chrétienne, la confiance anime.

I. P. Consolation du repentir. Nous avons tous besoin de nous repentir, de nous retourner vers Dieu. Cette loi de la douleur et de la pénitence oblige toutes les âmes, parce qu'il n'y en a pas une qui n'ait offensé Dieu. Ai-je donc besoin de vous apprendre, Mesdames, que le repentir porte avec soi une grande douceur, qu'elles sont délicieuses les larmes qu'on répand sur ses fautes, et que Dieu semble réserver toutes ses faveurs pour l'âme repentante? Souvent, oui, souvent l'âme juste et courageuse, l'âme innocente et pure ressent elle-même moins de joie et de consolation : ce sont les réjouissances pour l'enfant perdu et retrouvé. Le souvenir de nos égarements passés, dont nous avons horreur, rappelle la miséricorde, la bonté divine, qui efface tout, oublie tout, répare tout, qui nous revêt encore de la blanche parure de la vertu; et dans cette succession, dans ce mélange de sentiments, de regrets et de confiance, de tristesse et de joie, il y a une douceur intime, une consolation suave que la terre ne peut jamais offrir.

Le repentir bien sincère et bien pur renferme aussi l'amour divin. Et pourquoi pleurerait-on ses anciens égarements, serait-on déchiré par le regret, si ce n'est parce qu'on aime le Dieu qu'on a offensé, parce qu'on reconnaît aujourd'hui sa bonté, tous ses titres; tous ses droits sur notre cœur et sur nos œuvres. Or, quoi de plus doux que l'amour de Dieu? Enfin on rend justice à Dieu, on le nomme encore bon, juste, miséricordieux et sage; on comprend davantage sa longanimité, sa patience infatigable à nous attendre, à veiller sur nos jours pendant nos longs oublis, nos coupables égarements, à nous garder des abîmes de l'enfer que nous creusions sans cesse, à nous tenir ouvert son cœur divin avec le trésor de ses grâces.

Oui, encore une fois, elles sont ineffables les consolations du repentir.

Mesdames, le repentir apporte une autre sorte de consolation. Dieu est tout à la fois miséricordieux et juste : quand une âme ne veut pas revenir à lui par les avertissements intérieurs, la voix de la conscience, les instructions du ministère évangélique, que voulez-vous, il emploie souvent alors les remèdes douloureux, les malheurs, les épreuves, les chagrins, la perte de ce que nous avons de plus cher, les mécomptes dans nos affections les plus vivement senties. Dieu est prêt à frapper, il va punir, pour ramener cette âme et la forcer à se tenir sous la main de sa volonté souveraine; mais cette âme se repent dans la sincérité de son cœur. Dieu alors arrête la foudre qui allait éclater : sa fortune ne croulera pas, son honneur restera intact, son époux, son enfant lui sera conservé. Oui, Dieu lui pardonne, elle ne sera pas frappée.

Je ne veux pas dire qu'il n'y aura plus pour cette âme de douleurs, de larmes, d'épreuves, de croix. Non, je ne le pense pas, et même nous savons tout le contraire. Mais Dieu lui épargnera ces châtiments terribles dont on ne se console jamais entièrement, et il accordera à son retour, à sa pénitence fervente, des grâces capitales et inespérées. Elle avait négligé, quelle faute et quel malheur! de rendre ses enfants religieux, de les former à la pratique des vertus chrétiennes et d'une piété véritable. Cette mère aveugle et coupable devait pleurer toute sa vie sur la conduite criminelle et ingrate d'enfants non pas trop aimés, mais mal aimés. Eh bien! son repentir pourra écarter les malédictions du Seigneur, réparer le tort de cette éducation manquée du premier âge. Le cœur de ses enfants lui reviendra tôt ou tard, quand ils reviendront à Dieu.

Un jour ces enfants respecteront et aimeront leur mère, parce que, la voyant sincèrement chrétienne, pieuse, dévouée, vigilante, elle leur sera devenue respectable : alors ils céderont volontiers à la douceur de ses avis, elle pourra les former à l'école de sa propre expérience. Et quel préservatif ils trouveront dans l'expérience, les leçons et l'amour de leur mère! En attendant cet heureux moment, son amertume, sa douleur sera moins poignante, comme leur endurcissement moins désespérant.

II. P. Toute âme chrétienne, innocente ou pénitente, trouve toujours dans la prière consolation et appui. Mon Dieu! comme on s'abuse, comme on se tourmente dans le monde. Sans doute il y a bien des raisons de s'attrister ; mais, je vous le demande, toutes ces peines sont-elles bien réelles? Que l'imagination y a de part, comme une sensibilité excessive en dépasse la réalité, que d'impressions douloureuses on en ressent, et toujours par défaut des pensées de la foi et des prières intimes du cœur!

Mesdames, quand on sait prier, quand l'âme a pris la sainte habitude de tout rapporter à Dieu, a-t-elle de la peine, l'aperçoit-elle seulement venir, lui manque-t-il quelque chose? Elle a son asile, son lieu de repos toujours ouvert. Oui, la prière est un sanctuaire où Dieu nous est propice, un abri et un port où nous échappons à la tempête, un charme merveilleux pour adoucir, endormir nos peines de la vie, pour les changer en douceurs et en consolations. Goûtez et voyez : *Gustate et videte.* L'expérience personnelle, voilà la preuve décisive que je vous offre et que je vous demande.

Quand on ne sait pas prier, on ne sait pas supporter ses chagrins, on les rend soi-même plus amers : voyez, Mesdames, ces cœurs infortunés, ils ne savent que se retourner sur leur douleur, y penser sans cesse, en raisonner ; ce qu'on leur dit sert peu, leur oreille est distraite, ce sont des cœurs fermés. Mais qu'une âme en peine prie avec foi et persévérance ; la pensée de la croix et des douleurs du cœur de Jésus, son divin époux, celles du cœur de Marie, sa tendre mère, debout au pied de la croix, leurs admirables exemples de résignation et de charité, la pénètrent, la consolent, la calment, quelquefois même l'inondent de joie.

La prière nous donne encore la consolation d'un besoin impérieux de l'âme satisfait, et d'une grâce toujours obtenue. Nous avons mille grâces à demander et à obtenir pour nous-mêmes et pour les nôtres. Une mère ne doit-elle pas sans cesse prier pour ses enfants, pour sa famille? Quelle est la mère qui ne recourt pas à la prière aussitôt que son enfant est malade, quand un danger le menace? Votre prière assurément sera toujours agréée de Dieu, et même exaucée, du moins dans une mesure utile à la sanctification de cette âme, qui lui est chère; mais il faut se donner à la prière et lui communiquer toute sa vertu et son efficacité, en y joignant un sacrifice intérieur et extérieur, comme le retranchement de quelque vanité, de quelque superfluité. C'est ainsi que vous soulagerez cet enfant chéri et que vous vous soulagerez vous-même. Saint Bernard donne deux ailes à la prière: la mortification de la chair et le mépris du monde.

Mesdames, vous priez, vous priez sincèrement, j'en suis sûr; mais cherchez-vous à assurer l'efficacité de votre prière par cet esprit de sacrifice, par la correction de vos défauts, par le travail sur votre mauvais caractère, par la destruction en vous de l'esprit mondain, par l'acquisition de l'esprit évangélique? Oui, dites-vous; votre prière sera bénie : Non; elle sera bien faible. Ah! Mesdames, rendez-la triomphante par les moyens que je viens de dire.

Ainsi donc, consolation de la prière dans un devoir rempli, et dans une grâce obtenue. Je dis une grâce obtenue, mais je ne dis pas toujours aussi vite que nous la demandons, ni telle que nous la demanderons, car nous sommes aveugles et impatients. Nous voudrions Dieu à nos ordres. Prenons garde, nous sommes aux siens; après l'avoir fait peut-être souvent attendre dans notre vie, permettons au Seigneur de nous faire attendre nous-mêmes, c'est bien juste. Ses faveurs ont assez de prix pour que vous les cherchiez avec patience et persévérance.

III. P. Consolation de la ferveur. Si nous étions judicieusement occupés de notre bonheur, si nous le recherchions dans sa vérité, nous nous adonnerions au service de Dieu avec dévouement, avec ferveur. Jamais une âme fervente n'est triste, n'est malheureuse : elle s'affligera des maux de cette vie, des douleurs de ses amis plus que des siens, mais néanmoins elle a la paix de Dieu au fond de son cœur, parce que Dieu y habite avec sa grâce. Le royaume intérieur de Dieu est fondé sur la joie et la paix, car l'Esprit-Saint est un esprit de paix et de consolation. Il voit cette âme courir dans le chemin des commandements divins empressée, dévouée, généreuse : comment voulez-vous qu'il l'afflige? Elle a ses difficultés, ses soins, ses devoirs; appelez cela ses croix, je le veux bien; elle les embrassera, les pressera contre son cœur, et elle y trouvera la joie dans la peine elle-même : *Superabundo gaudio in omni tribulatione nostra*[1].

Au contraire, une âme tiède, nonchalante dans le service de Dieu, sera triste, malade; quelque chose lui manque : de là l'ennui de soi-même, l'inquiétude, l'agitation fébrile qui la fatiguent. Ah! la ferveur est un fruit du cœur de Dieu et du cœur de l'homme unis par la grâce. Demandez-la donc et exercez-vous-y.

Les temps consacrés au mystère de la croix ne sont pas encore passés : c'est au nom de la croix que vous obtiendrez la ferveur, le dévouement véritable au service de Jésus-Christ. C'est à la vue de la croix que vous ferez ces actes généreux qui vous mériteront l'accroissement de la ferveur; c'est dans la croix que vous en goûterez toutes les consolations.

J'aime à penser que quelques âmes sont sorties du triste état de la tiédeur, et qu'elles commencent à goûter les dons de Dieu; si elles sont courageuses, je leur promets, avec les bienfaits du ciel, des joies et des consolations bien supérieures à toutes celles du monde.

Enfin, Mesdames, je veux compter parmi les consolations de la ferveur les joies de la famille.

---

[1] II Cor., vii, 4.

Et pourquoi? c'est qu'on ne goûte bien que par elle les affections de la famille. La ferveur, la piété donne en particulier à la tendresse maternelle, à ces liens si intimes, si forts, si admirables, toute leur suavité et tout leur charme.

Dans le foyer de la charité divine, tout s'éclaire, s'échauffe, s'anime, se coordonne; les peines de la vie s'évaporent, et c'est bien là que se trouve le plus de consolation et de bonheur possible. Dites-moi, quand vous vous êtes approchée du Dieu que vous aimez et que Jésus-Christ a reposé sur votre cœur, quand quelques jours de retraite vous ont ranimée dans la ferveur, ne portez-vous pas dans votre demeure plus de paix et de joie, en y portant plus de charité? Comme votre tendresse pour vos enfants devient plus noble et plus pure! comme vos soins deviennent plus judicieux et plus dévoués! comme vous répandez autour de vous bien plus de charme et de bonheur! comme vous attirez bien mieux les cœurs! comme on vous sert avec plus de contentement! comme on vous respecte et on vous aime davantage! C'est que Dieu vivant et régnant au dedans de vous, sa douce influence se fait sentir au dehors. Eh bien! n'est-il pas vrai que tous les dons nous arrivent avec la piété?

IV. P. Consolations de l'espérance chrétienne, même pour les cœurs qui en paraissent les moins dignes. Tous nos jours appartiennent au Seigneur : différer sa conversion, la remettre et la remettre encore, c'est un crime et c'est un malheur. Vous dites à Dieu par le fait : L'avenir, s'il vient, vous l'aurez; mais pour le présent, pour ces jours de ma jeunesse et de mon âge mûr, pour ces jours pleins de chaleur et de vie, je veux en jouir en dehors de vous, et je le ferai malgré vous.

Quel mépris, quelle ingratitude renferme votre conduite! Et que n'avez-vous pas à craindre, car l'enfer regorge des malheureux qui ont ainsi réglé leur conduite.

Eh bien, néanmoins je dirai à la femme coupable qui résiste encore aujourd'hui aux sollicitations de la grâce : Vous refusez de vous convertir, vous rejetez toujours dans un lointain inconnu et douteux le sacrifice de vos passions coupables, tout n'est pas perdu sans ressource; conservez dans votre âme les sentiments de vertu qu'elle éprouve parfois encore, nourrissez le désir de cette conversion à venir, priez Dieu d'avoir pitié de vous, d'abréger les temps, et ne vous abandonnez pas à un fatal désespoir, ou à un oubli plus profond de Dieu et de vos destinées. Je m'adresserai au cœur sacré que vous blessez si cruellement, à ce cœur de père, de sauveur, d'ami ; je lui demanderai de redoubler ses grâces, et, s'il le faut, de vous frapper dans les biens de ce monde pour vous garantir ceux de l'éternité.

Je dirai à la femme frivole et mondaine : Votre vie me désole : vous pourriez faire tant de bien en consacrant au Seigneur votre jeunesse, vos qualités du cœur et de l'esprit, les dons de la naissance et de la fortune; vous pourriez exercer une si puissante et si heureuse influence, vous goûteriez vous-même un bonheur si vrai en accomplissant chrétiennement vos devoirs. Loin de là, vous dissipez follement les grâces de Dieu par cet esprit, ce langage, cette vie si opposés à l'Évangile; vous négligez vos devoirs d'épouse, de mère, de maîtresse chrétienne dans l'intérieur de votre famille; vous éloignez de Dieu par vos tristes dissipations les âmes que vous devez lui conduire, et vous confirmez par vos exemples le monde dans sa vie de frivolité si coupable.

Et vous aussi vous manquez de courage pour vous convertir; vous trouvez plus facile de crier à l'exagération de mes paroles. Je vous plains et je crains pour vous; mais je vous dirai néanmoins: Espérez toujours, ne vous découragez pas; gémissez dans le secret de votre cœur de votre faiblesse; demandez à Dieu sa lumière et sa force. Il ne veut pas briser le roseau qui ploie, ni éteindre la mèche qui fume encore. Dans votre âme je vois la foi; je vois, non une volonté franche, mais du moins quelques désirs, des regrets de ce qui n'est pas, la conscience de ce qui devrait être : elle est bien faible cette âme, bien à plaindre, elle est coupable; et cependant qu'elle espère toujours.

Et la femme chrétienne, pieuse, dévouée, comme il s'en trouve ici un grand nombre, ah! pour celle-là, je n'ai, Mesdames, que des paroles de consolation et de paix. Je voudrais ne parler jamais que la langue de la piété, mon cœur s'en trouverait mieux lui-même; mais la vue de ces innombrables péchés qui se renouvellent chaque jour m'oblige d'armer ma parole de toutes les rigueurs évangéliques. Quand, sous mes yeux, tant de cœurs résistent, tant d'esprits sont égarés; quand le sang de Jésus-Christ coule sans fruit sur leurs têtes, mon âme se désole, mes entrailles sont déchirées, et je m'élève de toute la puissance de mon zèle contre ce monde qui arrache tant d'âmes à Jésus-Christ notre Sauveur pour les précipiter dans les enfers.

Ames fidèles, je vous dois des consolations, car vous aussi vous avez des inquiétudes et des peines. Mais retenez-le : quand on aime Dieu, tout tourne à bien, tout sans exception. Que faut-il pour cela? Ce que vous avez déjà au fond de l'âme : l'amour de Dieu, le désir de le servir et de lui plaire. Soyez donc en paix, soyez confiantes. Ne voyez en Dieu qu'un père, et foulez aux pieds les jugements du monde : il est si peu digne de vous! Vous êtes comme les disciples du Sauveur, le sel de la terre, vous qui la conservez en arrêtant la main de la justice divine; c'est vous qui attirez les bénédictions du Ciel sur notre ministère, qui consolez l'Église aux jours de ses chagrins, qui assistez son sacerdoce, qui prodiguez votre or et vos soins à ces misères de toutes sortes qu'elle vous recommande sans cesse.

Je vous demande à toutes, Mesdames, sans exception, de vous donner en quittant cette enceinte une des grandes consolations de la religion, la consolation de l'aumône faite pour l'amour de Notre-Seigneur Jésus-Christ : vous la connaissez bien depuis longtemps cette consolation, vous ne la connaîtrez jamais assez. Je vous offre et je vous demande cette consolation par la bouche de cette femme pieuse et bénie qui a adopté les enfants délaissés, famille nombreuse qu'elle créa, et qui est si digne de votre pitié et de votre générosité. Oui, soyez généreuses pour couronner votre retraite, pour consoler notre ministère, pour obtenir la conversion de beaucoup de pécheurs, pour goûter une des plus douces consolations de Dieu, pour votre salut éternel.

DISCOURS DÉTACHÉS

DISCOURS

SUR LES CAUSES DE L'INDIFFÉRENCE

EN MATIÈRE DE RELIGION

DISCOURS

SUR LES CAUSES DE L'INDIFFÉRENCE

EN MATIÈRE DE RELIGION

> *Ecce positus est hic in ruinam et in resurrectionem multorum in Israel.*
> Voilà celui qui sera la ruine et la résurrection de plusieurs en Israël.
> Luc., ii, 34.

Madame [1],

Ce fut, vous le savez, au moment même où, pour éclairer toutes les nations de l'univers, venait de se lever en Orient une nouvelle et divine lumière; quand, porté sur les bras de sa mère bienheureuse, l'Enfant sauveur s'avançait pour la première fois vers son temple, dominateur doux et paisible, ainsi que l'avaient prédit les oracles

---

[1] Discours prononcé en présence de la reine Marie-Amélie, le 26 février 1841.

sacrés; ce fut alors qu'une voix prophétique se fit entendre, et traça dans ce peu de paroles l'histoire anticipée du christianisme et de son adorable auteur. « Voilà celui qui sera la ruine et la résurrection de plusieurs en Israël. » *Ecce positus est hic in ruinam et in resurrectionem multorum in Israel.*

Venu pour être la vie et le salut du monde, Jésus-Christ voyait donc s'ouvrir devant lui, devant cette Église fidèle qu'il allait fonder, la longue et douloureuse carrière des contradictions et des combats. Une triste et constante succession de déchirements et d'erreurs devait se développer avec le cours des siècles et tendre sans cesse à altérer la touchante unité de la société chrétienne. Des esprits et des cœurs égarés devaient pour leur malheur et pour leur ruine répudier l'héritage des enseignements révélés, et repousser leur divine influence. A côté du triomphe toujours subsistant de l'Église et de son inébranlable durée, nos yeux devaient contempler l'affligeant spectacle des perpétuelles aberrations de la pensée humaine, qui veut se séparer de la colonne de vérité et de l'appui infaillible dans la foi.

Et tel est encore de nos jours l'état de contradiction déplorable qui vient contrister nos regards. Il est vrai, sous nos yeux, plus d'un catholique généreux et fidèle puise encore la vie dans sa foi, suivant l'expression de saint Paul; aime à nourrir constamment son âme de convictions fortes et pures. La Providence, toujours admirable dans ses voies, se plaira encore, par les plus sincères et les plus augustes exemples, à manifester tous les trésors de sagesse et de bonté que porte en elle une foi vive; à montrer parmi les grandeurs et les sollicitudes d'une royale existence, une piété toujours égale, une charité compatissante, dignes d'unanimes et reconnaissants hommages. Mais un trop grand nombre d'hommes, tout en estimant, en louant le chrétien qui agit selon sa foi, en enviant même son bonheur, semblent avoir réduit pour eux toute la religion à je ne sais quelle abstraction vague, à je ne sais quel respect stérile, sans aucun effet réel, ni sur leurs croyances, ni sur leur conduite, ni sur leurs mœurs; ou bien ils ne retiendront guère du christianisme que certains souvenirs historiques et littéraires, riche et poétique parure de leur langage, riche matière pour les conceptions de l'art; ou bien encore ils le transformeront en théorie philosophique et rationnelle susceptible de perfectionnement et de progrès; pour d'autres, c'est à peine l'objet d'une pensée; plusieurs encore, par de lâches égards pour des préjugés et des opinions tyranniques, reculent devant une profession extérieure et pratique de la religion; et nous les verrons en foule délaissant la tutélaire action de la foi et des institutions positives du christianisme, réaliser dans leur vie cette disposition funeste qu'un mot nomme et exprime malheureusement trop bien : l'indifférence.

Pour apprécier cette maladie déplorable, sous quelque nom et sous quelque couleur qu'elle se présente, il faut en rechercher soigneusement les causes.

Serait-il bien possible que ce triste état d'indifférence fût le résultat d'un amour sincère de la vérité, l'effet de considérations attentives, d'une conviction paisible et réfléchie? Non sans doute, Messieurs; mais nous devrons reconnaître que cette indifférence est le fruit d'une inconcevable légèreté d'esprit, du défaut de réflexions sérieuses, première cause de l'indifférence; mais nous devrons dire encore qu'elle ne saurait avoir sa place dans un cœur pur et bien réglé, maître de lui-même et de ses penchants, et qu'elle vient des passions : seconde cause d'indifférence.

Ainsi l'irréflexion et la passion, un esprit inconsidéré et un cœur déréglé, telles sont les deux sources trop communes du plus grand des malheurs pour l'homme, de l'abandon de la foi.

Tel est aussi tout le dessein de ce discours sur les causes de l'indifférence.

Puissions-nous, en recherchant les caractères et les sources de nos erreurs, apprendre à mieux connaître et à goûter mieux toutes les douceurs de la vérité!

Implorons avec ferveur le secours de Marie, le siége de la sagesse éternelle. *Ave Maria.*

I. P. Pour arriver, mes frères, à la connaissance de la vérité, comme pour revenir à la pratique du bien si on avait eu le malheur de s'en écarter, la condition première, la plus nécessaire de toutes peut-être, avec la prière, c'est une attention calme et réfléchie; car s'il y a malheureusement beaucoup d'esprits indifférents en religion, c'est, on doit le dire, qu'il y a peu d'esprits attentifs. Dans la perpétuelle mobilité d'idées qui nous emporte, il faut que l'âme sache s'arrêter, s'asseoir au dedans d'elle-même, et considérer attentivement pour discerner le vrai du faux; autrement, et par la précipitation de nos jugements, dans combien d'erreurs ne sommes-nous pas entraînés? L'expérience l'atteste assez chaque jour.

Quel est donc l'homme prudent, sage, l'homme uniquement digne du titre d'homme raisonnable, sinon celui qui sait, par une application paisible et attentive, exercer librement les facultés de son âme à la recherche de la vérité ; qui, surtout, peut se rendre au plus intime de la conscience le sincère témoignage qu'au milieu du besoin de croire dont le monde est si fortement travaillé, il a embrassé le parti que la saine raison approuve, que les plus mûres réflexions confirment?

Nous serons donc forcés de reconnaître qu'en se laissant aller à je ne sais quelle indifférence vague et indéfinie à l'égard des croyances et des lois positives du christianisme, un trop grand nombre d'hommes abjurent en ce point, par la plus déplorable injustice envers eux-mêmes, le caractère qui convient à des esprits capables de considérer et de réfléchir.

Pour s'en convaincre et pour mieux sentir toute l'inconséquence et tout le malheur de ce défaut de considération attentive touchant les vérités de la foi, il faut observer, mes frères, que le gouvernement providentiel de l'univers nous donne perpétuellement et l'exemple et la haute leçon de la sagesse véritable.

Dieu, nous disent nos livres saints, s'est proposé en tout une fin unique, lui-même et sa gloire; car l'infini ne peut pas se proposer un but inférieur à lui-même : *universa propter semetipsum operatus est Dominus*. Il tend avec force à cette fin : *ad finem fortiter;* il dispose avec suavité et douceur les moyens de l'atteindre : *et disponit omnia suaviter.*

L'homme, intelligente et active image de l'intelligence divine, ne remplit la condition première de sa nature qu'en imitant son type auguste. Aussi doit-il avant tout se proposer une fin digne de sa céleste origine; la fin qui peut seule satisfaire les besoins de son esprit et de son cœur, la même fin que Dieu se propose, Dieu lui-même, vérité souveraine à connaître, bien souverain à aimer, hors duquel il n'y a que mensonge et déception amère.

Cette fin essentielle et dernière de tout notre être une fois reconnue et embrassée, prendre les moyens convenables et sûrs qui nous y mènent, telle est la véritable raison, la sagesse véritable. Voilà cette considération attentive et consciencieuse qui doit présider à la plus importante, à la seule importante détermination dans la vie.

Est-ce bien ainsi qu'on agit?

Quant à cette fin unique et nécessaire de notre existence, Dieu même à chercher ici-bas, puis à atteindre un jour, quel est le cri de votre conscience?

Non, je n'admettrai pas que vous renonciez, même en théorie, à l'idée de ce Dieu créateur, maître souverain de toutes choses, digne de tous nos hommages d'adoration, de reconnaissance et d'amour, de ce Dieu dont la paternelle providence conserve et gouverne ce vaste univers.

La voix intime de votre conscience, la voix unanime du ciel et de la terre, s'élèvent pour proclamer et célébrer leur auteur.

Je n'admettrai certes pas non plus, qu'embrassant par conviction les plus déplorables sophismes, alors qu'une sorte de pudeur philosophique en a fait enfin justice de nos jours, vous consentiez à n'être qu'un mécanisme organisé comme la brute, voué tout entier à la pourriture et à la corruption du tombeau, sans espérances ni destinées immortelles. Non; vous savez bien que vous vous survivrez à vous-même; vous sentez la nécessité d'une réparation par delà cette terre pour tant de crimes et de désordres dont elle est inondée; la nécessité d'une réparation par delà cette vie pour ce pauvre qui souffre, pour la vertu qu'on outrage, pour ce riche aussi engraissé d'injustice : vous croyez, je vous l'assure, que vous ne mourrez pas tout entier avec le corps.

La voix de la conscience vous signale encore cet élan d'une nature immortelle vers une vie qui ne doit pas finir.

Eh bien! je n'en veux pas en ce moment davantage.

Votre raison seule vous rappelle ces grandes vérités malgré vous-même : est-ce en leur présence et pour assurer leurs graves, leurs éternelles conséquences; est-ce avec la pensée présente de l'existence d'un Dieu rémunérateur et vengeur, et d'une âme immortelle, que vous laissâtes un jour échapper de vos mains toute pratique religieuse ; que vous vous fîtes l'habitude peut-être permanente d'une vie futile, légère, inconsidérée, dans laquelle on voit vos journées s'écouler vides de réflexions sérieuses ; qui jamais ne vous dit à aucune heure du jour ni de la nuit, ni qui vous êtes, ni d'où vous venez, ni où vous allez; qui n'élève jamais vers le ciel au moins cette prière du prophète : Seigneur, faites-moi connaître ma fin : *Notum fac mihi finem meum*, afin que je sache ce qui me manque, *ut sciam quid desit mihi?*

Engourdi par la nonchalance et le désœuvrement, ou bien entraîné par une dissipation continuelle, on redoute et l'on fuit la réflexion, la pensée religieuse ; on ne veut point se rendre compte de soi-même à soi-même, on s'en va flottant à l'aventure à tout vent d'opinion, de sentiment et de doctrine, comme la barque abandonnée sans gouvernail et sans pilote.

C'est-à-dire qu'abjurant la dignité de l'âme

humaine, abjurant et la raison, et le bon sens avec la foi, on s'enfonce en aveugle dans l'abîme de l'indifférence, et l'on consent à errer dans la vie durant de longues années, sans daigner même considérer une fois attentivement ni le but, ni le résultat de ses démarches.

Un temps précieux s'évanouit ainsi en frivolités et en folie, non sans d'amers soucis, non sans des avertissements terribles; mais on s'endurcit le cœur : cependant la mort approche à grands pas, elle vous saisit en dehors de la voie véritable qui seule conduit à l'immortel bonheur, et votre malheur est consommé à jamais.

Avouez-le, pour vous les montrer dans toute leur secourable énergie, ces moyens sauveurs, pour vous frayer cette route qui mène à la vie, l'Église catholique vous apparaissait environnée de la vénération de dix-huit siècles, toujours debout et immobile parmi des ruines, toujours la même, et survivant seule aux attaques d'ennemis sans cesse renaissants, mais qui passent quand elle demeure. Appuyée sur la suite non interrompue de ses pontifes, chaîne indissoluble dont le premier anneau se rattache à son divin fondateur lui-même; comme lui pleine de douceur et de majesté, elle vous offrait avec ses honorables cicatrices, témoins de ses souffrances et de ses longs combats, les innombrables prodiges qui ont attesté sa génération divine, et scellé l'œuvre du ciel dans ses dogmes révélés, dans son autorité, dans sa morale et dans son culte.

Quand vous fûtes ébranlé par le doute intéressé du sophisme et des passions, elle opposait sa durée, ses docteurs illustres, ses martyrs, ses signes et ses caractères tout divins. Les connaissez-vous bien? Avez-vous quelquefois daigné arrêter un moment vos regards sur cette noble étude?

Si l'Église se dit fille du ciel, si à ce titre, et comme fidèle interprète de la parole divine, elle vous demande une obéissance entière, mais souverainement raisonnable par les motifs souverains qui la dictent; avant de tant dédaigner ses enseignements, et la prière qu'elle vous adresse en suppliante de l'écouter sans prévention, vous êtes-vous bien assuré de la fausseté de sa doctrine, de la vérité, de la sûreté de votre indifférence et de vos opinions commodes?

Cependant vos intérêts les plus sacrés l'exigeaient. N'importe : vous vous détournez, vous évitez de poser franchement une fois devant vous, pour la résoudre, la question : Faut-il croire, faut-il faire, faut-il vivre conformément aux enseignements catholiques?

J'en conviens, la religion de Jésus-Christ vous

propose des maximes parfaitement pures, qui pourraient vous sembler par là même austères, quoique bien adoucies cependant par les seules consolations véritables; mais s'il y a un Dieu, s'il a parlé, si sa parole est certaine, si l'Église est établie son organe, et son organe infaillible, que faites-vous? où allez-vous? Y avez-vous pensé, ô homme aveugle et tant à plaindre?

Eh quoi! si de misérables intérêts de fortune, si des intérêts inférieurs de santé ou d'honneur mondain se présentent à conserver pour vous, si des questions d'art, d'industrie, de science, de politique s'agitent, qui vous regardent, ou même bien souvent qui ne vous regardent pas, vous vous en occupez vivement, on vous voit vous livrer à d'actifs efforts, prévoir, disposer, prendre les moyens qui doivent conduire au but désiré :

Et quand il s'agit de religion et de foi, de cette immense question qui pèse sur vous, sur vous-même, de tout le poids de son éternité; quand la grande société catholique vous affirme et vous prouve avec les mille voix de la gloire et du génie, avec la voix invincible des faits, quand elle vous prouve que sa parole, sa loi sont la parole et la loi de Dieu même; quand elle vous presse de les suivre pour apprendre enfin à connaître le repos et le bonheur véritables, vous demeurez inattentif, insensible; vous répondez par une froide indifférence; vous ne daignez pas secouer un moment votre long rêve, pour penser enfin et réfléchir mûrement à Dieu, à vous-même, à Celui qui seul est la voie, la vérité, la vie, au sauveur Jésus!

On prétendra cependant avoir des idées arrêtées sur la religion, s'être fixé sur les grandes questions qui réclament l'attention de tout homme sensé; même on se dira religieux, et l'on se bercera de je ne sais quel vague d'idées et de langage qui n'offre rien de précis, rien de fondé sur la vérité des principes ni des faits. Et l'on se paiera de grands mots vides de sens, on s'égarera dans des conceptions ténébreuses et chimériques dont le résultat sera d'obscurcir toute doctrine raisonnable, et de fermer tout accès à la lumière des vrais principes.

Mais des réflexions vraiment solides et saines, mais des convictions établies et vivantes, cette vie de la foi si féconde et si belle, non, vous ne la trouvez pas dans cette foule d'esprits inconsidérés dont je parle, ils dorment dans une mortelle indifférence.

Pour un grand nombre, il faut encore leur souhaiter d'imiter, sans recevoir comme lui la leçon du malheur, cet écrivain célèbre qui, ramené à la raison et à la foi après de longs égarements, a dit ces mémorables paroles : « J'ai examiné, et j'ai cru ; examinez comme moi, et vous croirez. » Il eût pu ajouter : J'ai prié ardemment, et mon âme a été éclairée; priez comme moi, et vous serez éclairés.

Je n'ai encore parlé que de cette cause d'indifférence qui vient du défaut de réflexion et de considération attentive de l'esprit, parlons maintenant des passions du cœur.

II. P. On se demande avec étonnement, mes frères, comment il se peut faire que s'affaiblissent pour les esprits et pour les cœurs cette lumière et cette vérité pures de la foi, qui appellent et qui réclament si puissamment l'assentiment de la conscience, qui dans tous les temps conquirent et gardèrent les hommages des plus beaux génies et des plus généreux courages ; cette lumière si divine et si pure, que l'âme vierge de l'enfant s'ouvre comme d'elle-même à ses douces influences, l'accueille avec amour, s'identifie avec elle, et par elle s'élève aux enseignements les plus sublimes comme aux plus héroïques vertus.

Comment ces vivifiantes et célestes clartés sont-elles donc étouffées sous d'épais nuages, et semblent-elles pour plusieurs languir inaperçues sans force et sans chaleur?

La cause en est dans les passions du cœur, lors même que ces passions se couvrent de séduisants prétextes et d'honorables apparences, comme par exemple autour de nous un certain enthousiasme d'industrie et de progrès.

Ici, Messieurs, veuillez comprendre bien ma pensée.

Il est dans l'homme un principe intérieur d'activité et d'énergie que la main libérale du Créateur y déposa pour être une source féconde de prospérité publique et privée. Le vaste champ de la nature et des connaissances humaines fut ouvert devant les générations, afin de le cultiver par des travaux utiles, et d'exercer librement ce royal domaine donné à l'homme sur toutes les parties de cet univers. A certaines époques fixées par l'impartiale histoire, le puissant génie de la science recula les bornes anciennes et s'élança vers de glorieuses conquêtes. On me pardonnera si je rappelle en passant où s'opéra d'une manière plus marquée la renaissance des lettres et des arts pour notre Europe. La postérité juste et éclairée nommera toujours Rome chrétienne, et célèbrera les prodiges enfantés dans le siècle de Léon X, sous l'influence trop méconnue de l'autorité pontificale. Je ne puis m'empêcher d'ajouter cependant que dans ces temps mêmes qu'il avait été convenu, qu'il n'est plus convenable d'appeler des temps d'ignorance, au moyen âge, la religion sut allumer le feu sacré du génie et en faire jaillir d'immortels chefs-d'œuvre. Je n'en citerai d'autre preuve que ces admirables basiliques, illustres monuments de la foi de nos pères, qui couvrent notre sol catholique : témoignage éclatant du dévouement et du génie chrétien, et dont la seule vue réveille tant de souvenirs et d'émotions religieuses.

Gloire donc, Messieurs, je le proclame volontiers, gloire aux veilles laborieuses du savant consciencieux qui prend pour guide la bonne foi, pour but la vérité. Gloire à l'historien vraiment philosophe dont les vues élevées et sûres sauront saisir dans le torrent des faits la haute raison providentielle du gouvernement du monde; gloire au littérateur, hardi sans être téméraire, qui sait renouveler et embellir par de jeunes couleurs les charmes de l'honnête et du vrai, mais non pas flatter le vice corrupteur, fléau des sociétés et des familles. Gloire à l'heureux enfant des arts qui, s'inspirant des grandes et nobles pensées du génie, saura donner la vie, l'esprit, la vertu, le courage aux formes muettes et insensibles de la matière.

Gloire enfin au patient scrutateur des secrets de

la nature qui lui dérobe ses forces merveilleuses, multiplie ses produits, simplifie les procédés, surtout s'il a su en même temps pourvoir aux immenses besoins des classes pauvres et souffrantes.

Non, non, la religion n'est pas l'ennemie de pareils progrès; elle bénit les auteurs du bien public, elle accueille et consacre toutes les illustrations de la patrie ; et de même qu'elle suspendit aux voûtes de ses temples les trophées de nos guerriers, juste et solennel hommage rendu au Dieu des armées, elle voulut jadis décerner, par les mains de son Pontife suprême, les honneurs et les lauriers du Capitole chrétien au poëte malheureux et persécuté [1].

Mais si, vous abandonnant sans frein et sans mesure à une soif insatiable d'acquérir ou de produire, sans vous occuper du soin de bien vivre ; si, laissant entièrement de côté l'étude et l'amélioration en vous de l'homme religieux et moral, vous vous livrez à une activité dévorante qui absorbe toutes vos pensées, tous vos désirs, tous vos moments, qui incessamment se repaisse de théories ou d'inventions nouvelles, sans cesse nourrisse mille projets inquiets de cupidité ou

---

[1] Le Tasse.

d'ambition, rêve sans relâche et sans fin combinaisons sur combinaisons, spéculations sur spéculations, vraiment jusqu'à présenter dans l'ensemble l'image d'une sorte de fureur; si vous vous embarrassez et vous enlacez continuellement dans une complication violente de vues, d'affaires, d'intérêts tout matériels et terrestres, mes frères, je ne crains pas de le dire, ce n'est plus là l'usage de la science, de l'art, de l'industrie ni de l'énergie humaine, digne d'une âme intelligente et libre, qui doit demeurer maîtresse d'elle-même, et dont la gloire, préférable à celle des conquérants, est de savoir modérer ses penchants. Car il y a dès lors déréglement et renversement de l'ordre; le bien moral ne domine plus, il est dégradé, anéanti; il y a passion, que la raison condamne comme la religion. Et cette activité désordonnée de nos jours est, entre les passions du pauvre cœur de l'homme, une des causes d'indifférence en religion.

Étrange aveuglement! le cœur de l'homme, plus grand que l'univers, devrait tenir à honneur de faire régner au-dessus du domaine de toute science, au-dessus de toute prospérité matérielle et extérieure, les influences religieuses et morales, qui font sa dignité propre et sa félicité véritable; et il s'enfonce, il se dissipe et se perd au milieu de mille soins petits et pénibles; il se meut dans un cercle perpétuel et borné de fatigantes agitations; toujours à la recherche de changements et surtout de gains nouveaux; jamais à soi, jamais au repos, jamais à la réflexion sur son origine et ses destinées, jamais à l'étude, encore moins à la pratique de la religion, jamais à la prière. On devient étranger à la langue de la foi, on ne la sait plus; on n'a plus l'intelligence des vérités premières, c'est réellement une vue intellectuelle qui s'est perdue. On vit dans un monde faux et factice, terre funeste qui dévore ses habitants. Hommes enivrés de tumulte, de mouvement et de bruit, qui ne savent ni ce qu'ils sont, ni où ils vont, ni ce qu'ils font: ils s'agitent, voilà tout, et ne distinguent pas l'arrêt terrible qu'une main divine trace au-dessus de leurs têtes. Telle est cette activité extérieure et malheureuse au milieu de laquelle l'esprit de foi languit et s'éteint.

Il est encore dans le cœur de l'homme une passion puissante qui a rempli le monde d'affliction et de désordres. Attrayante et subtile, elle se glisse parmi toutes les conditions et tous les âges. Elle a infecté les palais des rois comme les obscurs réduits de l'indigence. L'âge tendre de l'enfance n'est pas à l'abri de ses funestes atteintes, quelquefois elle a su même prévenir les premières lueurs de la raison pour en flétrir d'avance la pureté. Une jeunesse ardente lui fournit ses plus ordinaires et ses plus nombreuses victimes, et les glaces de l'âge dans le vieillard décrépit n'ont pas toujours amorti ses violentes influences.

Elle porta la désolation dans les familles et fit verser des larmes bien amères ; dans l'État elle excita des dissensions sanglantes, et fut quelquefois le ressort secret de grandes commotions politiques.

Active comme le feu qui l'alimente, cette passion ennemie de l'homme pénètre et s'insinue par tous les sens et pour ainsi dire par tous les pores. La toile et le marbre, la presse et le burin, les relations les plus communes et les plus légitimes de la vie la présentent de toutes parts à l'âme avide. Cœur, esprit, imagination, souvenir, elle asservira tout l'homme pour le courber tout entier sous le tyrannique empire de penchants grossiers. Et quand il a subi cet empire, les pures lumières de la vérité ne sont plus pour sa noble intelligence que de faibles lueurs qu'elle entrevoit à peine, si même l'aveuglement d'esprit ne vient les éteindre. La beauté de la vertu n'a plus d'attraits pour son cœur. Tous les ressorts de l'âme pour le bien sont relâchés et comme dissous, sa vigueur spirituelle est émoussée, ses forces supérieures et morales sont abaissées et captives sous le joug des sens : et le cœur devient dur, inaccessible à tout autre genre d'émotion. Cette passion, j'en ai dit assez, je n'ai pas besoin de la nommer : croyez-vous que sans elle il y eût tant d'indifférence pour la religion? L'expérience parle ici bien haut.

Ce jeune homme était né avec les dispositions les plus heureuses. Objet de la vive tendresse d'une mère pieuse et vigilante, il fut nourri par elle dès ses premières années du lait le plus pur de la foi et de la piété. A l'ombre d'une éducation chrétienne, il croissait espoir de la religion et de la patrie. Son air de candeur et d'innocence charmait tous les regards et inspirait le désir de la vertu. Il croyait alors, il professait, il aimait sa foi. Digne comme un autre Jonathas de rencontrer un ami chéri du Ciel, il eut le malheur de trouver des amis perfides. Sa foi le soutint d'abord, des railleries l'ébranlèrent, l'exemple l'entraîna; faible il se laissa emporter à la pente si glissante et si rapide des inclinations corruptrices. Les jours de paix et de bonheur qu'il avait coulés dans la maison du Seigneur s'évanouirent comme un songe. Leur souvenir importun fut banni. Les premières barrières franchies, il se précipita tête baissée dans l'abîme. Il dut alors accueillir avec empressement, chercher même ce qui pouvait le justifier à ses propres yeux, et il dut trouver plausible et commode une complète indifférence à l'égard des enseignements sacrés qui réprouvaient ses passions. Sans retrouver la paix, il vit aujourd'hui errant dans la région lointaine, hors de ces paternelles et divines influences qui firent autrefois sa plus pure et plus douce joie. Que dirai-je, Messieurs, je ne veux ici que déplorer le sort de tant de victimes infortunées. Mais au moins je puis le demander : que penser donc de l'indifférence dans laquelle vit un grand nombre d'hommes? Que la source en est trop souvent honteuse et dégradante! On le sait, je ne dois pas insister davantage; mais pourquoi donc, ô mon Dieu, demeurer dans l'abîme? Une dernière cause de l'indifférence à l'égard de la foi nous reste à rappeler; une dernière passion, principe de beaucoup d'autres, je veux parler de l'orgueil.

L'homme, au milieu des maux qui l'environnent, malgré les penchants qui l'abaissent vers la terre, non-seulement porte sur son front l'empreinte de sa grandeur, mais encore sent au dedans de lui-même la dignité de son âme, sa force et sa propre excellence. Si parfois, contemplant l'univers, il est contraint d'avouer sa faiblesse et de reconnaître les marques de sa royauté déchue; ramené à lui-même par l'amour nécessaire qu'il se porte, et se repliant sur son propre esprit, il oublie volontiers sa petitesse et son infirmité. Identifié avec les nobles facultés qui lui restent, facilement il se complaira dans des qualités et des avantages qu'il s'exagère; et tout occupé de soi, n'aimant que soi, il laissera enfler son cœur d'un fol excès d'estime et d'affection pour son excellence imaginaire, sans songer que Dieu seul est grand, qu'il est seul l'auteur de tout bien.

Tel est l'orgueil, erreur grossière, folie véritable, et qui, chose étrangement déplorable, se rencontrera non-seulement parmi les pompes de la richesse et du luxe, parmi les honneurs et les succès, mais encore sous les haillons de l'indigence et dans la plus basse dégradation du vice.

On veut être ce qu'on n'est pas; ce qu'on est, on ne veut le tenir que de soi, ne le rapporter qu'à soi, pas même à Dieu, qu'on méconnaît et qu'on oublie; à ce Dieu à qui seul tout appartient. On s'irrite à l'idée imposée d'une dépendance et d'une soumission absolue envers la Divinité même; on écarte comme importune l'idée d'une autorité suprême qui demande des hommages, l'obéissance, le culte; ses hommages et son culte on les réserve pour la prééminence de sa pensée ou de ses caprices. Et si la passion des plaisirs et la cupidité vont chercher au dehors leur idole, l'orgueilleux est la sienne propre, le moi est son Dieu.

Semblable à ce roi insensé de Tyr qui disait : Je suis Dieu, et auquel le prophète [1] adressa au nom du Seigneur ces paroles : « Te voilà donc plus sage que Daniel, il n'y a plus de secret caché pour toi. Tu ne reconnais plus de force et d'autorité que dans ta sagesse et dans ta propre prudence..., ton cœur s'est enflé de ton pouvoir..., tu mourras... Diras-tu alors : Je suis Dieu, quand tu n'es qu'un homme?... Malheureux! poursuit le prophète à qui il est ordonné de plaindre et de gémir, tu étais le sceau de la ressemblance divine, plein de sagesse et de beauté... Tu fus heureux et parfait dans tes voies, jusqu'à ce qu'un orgueil inique fût trouvé en toi... Ton cœur s'est enflé de ta beauté, tu as perdu la raison et la sagesse... »

Oui, mes frères, tel est l'effet de l'orgueil, la ruine des idées saines et de la véritable sagesse. On se repaît de ses pensées propres, on se fie uniquement à son propre jugement, et l'on s'abandonne à toute l'exaltation d'un esprit en délire. On dédaigne, on laisse bien loin derrière soi les travaux des vrais sages et les conseils de l'expérience; on rejette comme superflues et vaines les tradi-

---

[1] Ezech., xxviii.

tions du passé, et les recherches laborieuses et vraiment solides. Il semble que chaque jour on découvre pour la première fois, ou même que l'on crée la vérité, la vérité, qui est éternelle comme Dieu.

De là le mépris de l'autorité et des traditions paternelles, dont le respect fut longtemps la seconde religion des peuples. De là l'esprit de système et de nouveauté qui veut faire céder les antiques doctrines devant des conceptions téméraires. De là l'esprit de schisme, de révolte, et les plus déplorables égarements. De là même ces monstrueuses productions en littérature qui, s'affranchissant de toute règle, outragent à la fois le bon sens, le bon goût et les mœurs. De là ces aberrations si funestes aux nations, ces rêveries qu'on décorera d'un titre pompeux, et qui remplacent les principes immuables et uniquement vrais en religion et en morale. De là cette impatience de tout frein et de toute autorité dans l'Église, dans l'État, dans la famille. De là enfin l'indifférence et le dédain des choses de la foi, car tel est bien le fruit de cet orgueil effréné, le mépris de Dieu même, *impius cum in profundum venerit, contemnit*. Nous pouvons ici comprendre, ce me semble, une expression énergique de nos divines Écritures. L'exaltation de l'orgueil est cette sorte d'ivresse qui empêche de se tenir debout dans la vérité; on chancelle, on tombe, et l'on s'évanouit au milieu du tourbillon de ses propres pensées.

C'est ainsi que l'orgueil est une source trop féconde et trop commune de l'indifférence religieuse et de l'incrédulité de cœur et de conduite.

Avouons-le, Messieurs, de bonne foi, il est impossible de justifier au tribunal de la saine raison la triste indifférence d'un grand nombre d'hommes. Ils ne sauraient la justifier à leurs propres yeux, s'ils voulaient un instant réfléchir sans prévention. Rendus à eux-mêmes et s'interrogeant sérieusement dans le silence des passions, ils retrouveraient leur âme naturellement chrétienne, pour me servir de l'expression d'un ancien. Le Créateur, avec sa divine image, y grava en traits ineffaçables les caractères de l'éternelle vérité : heureux celui qui consent à les y lire seul, retiré à l'écart, comme autrefois Augustin; qu'il fasse trêve un moment au tumulte et à l'agitation du monde, qu'il élève son cœur fatigué de la poursuite des faux biens vers Celui qui se nomme le Père des lumières et le Dieu de toute consolation. Une paix inconnue descendra bientôt dans son âme.

Une clarté céleste attirée par son humble prière viendra le désabuser de ses longues erreurs. Il comprendra mieux alors la véritable grandeur et les glorieuses destinées de l'homme, de l'homme, fait pour s'unir à Dieu même, au sein de la gloire et de la béatitude infinie. Les jours qui furent traversés par tant d'orages redeviendront plus purs et plus sereins; et si la vie lui apportait encore, pendant qu'il habite la vallée de larmes, des vicissitudes et des peines, du moins il saura trouver le remède à ses maux et un appui consolateur dans l'infortune. Fasse le Ciel qu'un seul de ces cœurs égarés, plus digne encore d'intérêt que de blâme, daigne en faire sur ma parole la douce expérience. J'ose bien le lui promettre de la part de mon Dieu, jusqu'au terme de son pèlerinage ici-bas il bénira le jour qui l'aura rendu à lui-même, à sa foi, à son Dieu et au bonheur pour toute une éternité.

DISCOURS

SUR LE BONHEUR DE CROIRE

DISCOURS

SUR LE BONHEUR DE CROIRE

Beati qui non viderunt et crediderunt.
Heureux ceux qui n'ont pas vu et qui ont cru.
JOANN., xx, 29.

MONSEIGNEUR,

Autrefois le Sauveur multiplia sous ses pas les plus étonnants prodiges, il manifesta par les signes les plus éclatants la vérité de sa mission divine. Il établissait ainsi la foi chrétienne sur des bases inébranlables. Mais en fondant pour toute la durée des âges l'autorité du témoignage et de l'apostolat dans son Église, Jésus-Christ voulait que l'on crût sans les avoir vus les faits divins attestés par ses

[1] Ce discours a été prêché dans la cathédrale de Besançon, en présence de l'Archevêque, le 27 novembre 1842.

disciples. Il se plaignait qu'on exigeât de lui, pour croire, des preuves nouvelles et des miracles nouveaux. La révélation, certainement connue et fidèlement transmise par ses premiers témoins, devait dès lors produire en tous, avec la grâce, la conviction la plus raisonnable et la plus sûre; à cette soumission d'esprit et de cœur étaient attachés pour jamais les biens et la vie même que le Fils de Dieu venait apporter au monde; et tel est ce bonheur de la foi dont parlait Jésus-Christ quand il disait : « Heureux ceux qui n'ont point vu, et qui ont cru. » *Beati qui non viderunt, et crediderunt.*

J'ai pensé, mes frères, qu'il vous serait consolant et utile de vous présenter quelques traits d'un tableau qui ne vous est pas étranger, et de vous rappeler un bonheur qui est le vôtre, le bonheur même de croire.

Pour ceux qui ont conservé l'inappréciable trésor de la foi, pour ceux qui en seraient, hélas! à le chercher encore, il est toujours salutaire de ramener la pensée sur ces biens, les seuls vrais biens, et que l'on trouve uniquement dans la soumission sincère et courageuse aux enseignements du Sauveur.

Nous sentons mieux les biens, vous le savez, par le contraste des maux opposés.

Nos maux ici-bas sont les désirs qui nous fatiguent, les douleurs qui nous assiégent, notre faiblesse qui succombe sous le poids de nos devoirs.

Nos désirs, la foi les modère et les dirige; nos douleurs, la foi les console et les féconde; notre faiblesse, la foi la change en force.

Modération et fixité dans les désirs, consolation et mérite dans les peines, force dans les combats de la vertu, tels sont tout ensemble et les remèdes pour nos maux et les biens véritables apportés à nos cœurs par une foi vivante et généreuse. C'est le bonheur de croire dont j'ai à vous entretenir.

Heureux moi-même, mes frères, au fond de l'âme, de vous parler des biens de la foi en présence d'un pontife occupé tout entier à les répandre sur vous, et qui, joignant à la science élevée du docteur le zèle ardent et la tendre piété du bon pasteur, puise constamment comme à leur source, dans ses propres sentiments de foi et d'amour, les plus abondantes bénédictions pour le glorieux troupeau confié à ses soins.

Puissions-nous donc tous comprendre de plus en plus que nous chercherions en vain hors de la foi le bonheur qu'elle seule renferme. Puisse l'auguste Marie faire descendre sur nous du haut du ciel un rayon de cette félicité qui fut à un si haut degré la sienne sur la terre. Car à Marie aussi il avait été dit : « Vous êtes bienheureuse, vous qui avez cru. » *Beata, quæ credidisti.* Demandons cette grâce par son cœur immaculé. *Ave Maria.*

I. P. Une force irrésistible pousse l'homme à la recherche du bonheur. Destination divine, cet instinct de nos cœurs ne saurait jamais être déposé ni détruit. Il est le témoin même intérieur de la fin que Dieu se proposa en créant l'homme, savoir, de le conduire à la béatitude souveraine. « Car ce n'est pas Dieu qui a fait la mort, dit l'Écriture, et il ne se réjouit pas de la perte de ceux qu'il avait enfantés à la vie [1]. » *Deus mortem non fecit, nec lætatur in perditione vivorum.*

Or il est arrivé que par le péché le cœur de l'homme a corrompu ses voies. Il naît enclin au mal dès le premier âge, disent encore nos livres saints. Une vaine fascination obscurcit pour nous les vrais biens ; et « l'ardeur, comme l'inconstance de nos désirs, renverse le sens droit de notre âme [2]. » *Inconstantia concupiscentiæ transvertit sensum sine malitia.* Mais au désordre est attachée

---

[1] Sap., I, 13.
[2] Sap., IV, 11.

sa peine; cette ardeur et cette inconstance de nos désirs nous fatiguent et nous trompent sans cesse.

Ardents, nous le sommes à poursuivre le but qui nous semble promettre les plus vives jouissances. Et quand une fois l'alliance est consentie, quand toutes les forces de l'âme sont livrées à la passion qui domine, alors nulle tyrannie n'est comparable à l'oppression subie : et dans quels abîmes ne faudra-t-il pas descendre! C'est bien la plus grossière corruption qui infectera de ses poisons l'âme asservie.

Il vaut mieux arracher vos pensées à des objets trop pénibles, et voir seulement l'homme que l'ambition ou l'intérêt possède et absorbe.

Ce n'est plus le soin légitime, intelligent et libre des besoins de la vie, qui laisse la conscience dans le repos et dans une juste modération; c'est la vive préoccupation du jour et de la nuit; c'est la perpétuelle agitation des espérances et des craintes; c'est le travail rongeur de tous les moments. Au gain donc, aux faux biens du temps toutes les pensées, tous les souvenirs, toute l'énergie des facultés morales, sont voués sans relâche, comme le coureur qui s'élance dans l'arène, et, penché vers la terre, tout haletant, s'efforce d'atteindre à une futile couronne.

Si l'on obtient, on cherche encore : la joie

d'avoir est impérieuse et cruelle comme le chagrin de perdre. Elle commande, il faut obéir. Et quand de funestes revers la châtient, que reste-t-il?

Est-ce vivre, est-ce mourir que d'être ainsi attaché, cloué à la matière et ballotté comme un jouet par les vicissitudes des choses humaines? Le but, le bonheur est-il ainsi atteint? Le bonheur n'est point là. Jamais, sans les biens de la foi, le cœur de l'homme ne verra ses désirs remplis ; il n'est plus alors que le sépulcre vide qui s'ouvre pour recevoir la mort, et sa pourriture, et ses vers. Telle est alors sa famille, voilà son père, et sa mère, et ses frères, et ses sœurs, comme disait Job dans son énergique langage [1]. Oh! oui, cette ardeur des désirs loin de Dieu n'est qu'une consomption longue et douloureuse.

L'inconstance. Hors de Dieu l'homme n'a pas son bien-être et la paix; alors il s'en va, comme l'esprit mauvais dont parle l'Évangile, dans les lieux arides, dans les déserts habités du monde. A la terre maudite, par les œuvres de ses mains, il veut arracher des jouissances: il prend, il laisse; il est repris, délaissé. C'est le roseau agité par le vent, et par le vent brûlant des désirs, *quasi ventus*

---

[1] Job., XVII, 14.

desiderium; mais de ces désirs qui tuent, disait le Sage, *desideria occidunt*[1].

Aux plaisirs et au luxe, à la science peut-être et au talent, au pouvoir et à l'honneur, surtout à la fortune il a demandé le bonheur; à la création tout entière il a dit : Est-ce toi? Et la création a répondu : Non, ce n'est pas moi, *non sum.*

Qui donc chercha les vrais biens loin de Dieu, et les trouva jamais? Cependant un besoin nous travaille et nous presse, le besoin d'être heureux; et l'expérience l'atteste, l'univers entier ne suffit pas à le satisfaire. Heureuse foi qui nous ramène au but véritable, à Dieu même, vers lequel nous devons tendre sans cesse ici-bas pour le posséder un jour. Ce but reconnu et embrassé, Dieu vu et désiré comme la fin unique et dernière de toutes choses, alors la foi arrête l'intempérante saillie des désirs déréglés, ils tombent devant elle; et de même qu'elle chasse cet esprit de sommeil dont parlait le prophète, *spiritum soporis*, elle redresse les désirs d'erreur, *desideria erroris.*

Elle sait que le désir du pécheur doit périr, elle sait après tout qu'une seule chose est nécessaire : Dieu même; qu'il est lui seul à notre âme le principe et la fin, l'ordre, la vérité, la

---

[1] Prov., xxi, 25.

justice, un trésor infini de richesse et de bonheur; qu'il s'offre pour se donner à nous, pour être possédé par nous.

La foi fonde ainsi l'espérance, l'espérance nous élève à l'amour du bien souverain; cette vie est peu de chose alors ; la terre est basse et vile, on y passe en courant; le regard, la pensée, le cœur sont déjà fixés plus haut, c'est la conversation dans le ciel dont parle saint Paul, *conversatio in cœlis*, et c'est la vie du chrétien fidèle.

Considérez, en effet, mes frères, le touchant spectacle que vous offre une âme sincèrement chrétienne, nourrie dès l'enfance du lait le plus pur de la foi et de la piété. Elle s'est élevée à l'ombre du sanctuaire au sein des croyances et des pratiques religieuses comme dans un abri sûr et tranquille, elle a choisi sa demeure. Le flux et le reflux des opinions humaines, les orages des passions la trouvent, la laissent paisible et fixée. Avec la foi elle possède la lumière et le repos; par la foi elle résout toutes les graves questions qui l'intéressent; elle sait d'où elle vient, où elle va, quelle est son espérance, quelle est sa fin, quelle est sa béatitude, que c'est Dieu même et son éternelle possession. L'onction intérieure l'éclaire et la dirige. Le souvenir arrêté des faits divins, qui appuient et confirment les enseignements révélés, l'établit dans une douce et inébranlable conviction ; l'esprit est satisfait, le cœur content ; le grand, l'immense besoin de l'âme est rempli, le besoin religieux. Et c'est déjà, avec le noble cortége des vertus qui accompagne pour l'ordinaire la foi vive, un éclatant témoignage rendu à la nécessité comme au bonheur des convictions religieuses.

Telle est donc l'œuvre d'une foi sincère : les penchants désordonnés se redressent, les passions diminuent, les désirs se règlent et se dirigent vers le but véritable ; il y a un appui trouvé, une garantie d'ordre intérieur dans les divines promesses ; on sait chercher, désirer, mais atteindre et tout subordonner à la fin. Sous la conduite de la foi l'âme entière se porte vers Dieu, et là seulement est le bonheur. Voilà comment la foi calme et règle nos désirs.

Elle console nos douleurs et les féconde.

II. P. La douleur, il y a longtemps qu'on s'en plaint, elle est le constant apanage de la triste humanité ; et l'irritation qu'elle cause, l'opposition qu'elle rencontre toujours, ce désaccord perpétuel entre l'état de souffrance et toute l'énergie de l'âme, nous prouvent assez que nous n'étions pas faits pour souffrir. Mais le joug fut originairement subi, il pèse sur les enfants d'Adam, *jugum grave super filios Adæ.*

A nos yeux se déroulent de vastes tableaux d'infirmités humaines. Les prodiges de la charité, ses somptueux édifices, ses magnifiques et religieux secours, répandus, fondés partout, excitent sans doute, et ils méritent la plus vive admiration. Mais ce ne sont, après tout, que des besoins reconnus par des bienfaits, des palais bâtis pour l'infortune; et quand on contemple par le regard ou par la pensée ces immenses asiles ouverts de toutes parts sous les influences chrétiennes à d'innombrables misères, bon gré mal gré on doit lire dans de terribles et réelles images l'universelle loi : il faut souffrir.

Quoi que l'on fasse encore, par des efforts ou par des rêves, toujours la masse des peuples, vouée à un pénible travail, arrosera son pain de sueurs, souvent de larmes. Tel fut l'arrêt de la déchéance primitive, il est devenu comme une loi fondamentale des sociétés; l'ordre même s'y trouve attaché, et la douleur en reste inséparable.

Toutefois, l'hospice et l'atelier de l'indigent, qui déjà couvrent la terre, ne sont pas les seules demeures où l'homme souffre et gémit.

Il souffre, et bien cruellement quelquefois, dans les prisons dorées du riche, esclave de besoins, de passions, de chagrins sans cesse renaissants, et qui, pour être secrets, n'en sont pas moins amers. D'ailleurs, l'action de la mort est de tous les jours et de toutes les situations ; par l'âge, avant l'âge elle s'attaque à la vie, qu'elle tourmente pour la détruire enfin. Nous mourons à chaque heure, suivant une expression de saint Paul ; il faut donc souffrir.

Le cœur non plus n'est pas un abri contre cette loi, il est au contraire le siége et le séjour premier de la douleur.

Douleur et peine dans nos espérances et nos désirs trompés ; il semble mille fois que nos maux vont finir, que le terme est atteint, que nous allons nous reposer et puis jouir ; la roue tourne, et la vie recommence toujours la même, nous ramenant toujours à la peine.

Douleur et peine dans les assauts d'infortune publique ou privée, dans les objets de nos affections les plus chères, leur perte, leur absence ou leur ingratitude, dans l'injustice des hommes et les coups de leur haine. Douleur et peine dans les cris de la conscience, dans le trouble et le malaise même des plaisirs, ils passent, ils laissent de cruels souvenirs ; douleur dans la mollesse et l'indifférence, qui pèsent à l'âme et ne la remplissent pas.

Se croire, se dire heureux ; croire, dire heureux

un sort qu'on envie sur la terre, c'est s'abuser étrangement.

L'organe sacré de la vérité l'attestait il y a trois mille ans; et les trente siècles écoulés n'ont fait que confirmer son témoignage. « J'irai, disait-il, j'abonderai de biens, je m'enivrerai de délices. » Il ajoutait : « Je n'ai rien refusé à mes yeux de ce qu'ils ont désiré, et j'ai vu que tout était faux et vain. J'ai regardé le rire comme une erreur, et j'ai dit à la joie, pourquoi t'abuser ainsi? » *Risum reputavi errorem, et gaudio dixi : Quid frustra deciperis* [1] ?

Que faire donc, et surtout à certains moments où le poids de l'existence accable, où la vie ne semble plus être qu'une longue nuit inquiète, agitée, sans position, sans relâche, une fièvre et un malaise insupportables?

Que faire alors?

Vous souffrez, et vous ne croyez pas; tout vous désole, tout vous manque et vous abandonne, et vous ne voulez pas de Dieu! Que vous reste-t-il?

Si l'affreux suicide s'est multiplié dans une progression effrayante, c'est que la douleur n'avait plus les consolations de la foi.

---

[1] Eccl., II, 2.

Si tête baissée on court se précipiter dans les excès du vice ou du crime, c'est que les maux de l'âme, les souffrances de la vie n'ont pas la foi pour adoucissement et pour remède; reste le désespoir qui se plonge et se noie dans le désordre. Ceci explique bien plus d'hommes qu'on ne pense.

Si, croyant, vous n'espérez pas, si vous vous laissez vaincre à la peine et succombez sous le faix, une foi vive vous manque encore.

La foi qui vit au fond d'une âme sait voir dans les maux la main de Dieu qui frappe et qui éprouve; la foi sait, elle croit que c'est la main d'un père, et nul comme Dieu n'est le nôtre.

La douleur est sentie, on peut se plaindre et gémir sans doute; mais retiré au fond du sanctuaire on prie et l'on adore; l'orage se calme et passe.

La foi dans la douleur envisage la fin, la grande fin assurée à la constance, elle nous dit que nous avons besoin d'expiation et de peine. Elle nous dit que les souffrances du temps ne sont pas même dignes d'entrer en comparaison avec le poids immense de gloire qui va bientôt les suivre. Les fatigues du voyage s'adoucissent par la pensée de la patrie; Dieu a promis, il attend au terme; la foi le montre et nous console.

La foi console, elle féconde nos douleurs. Elle révèle qu'une haute et divine économie attacha au creuset laborieux des souffrances la régénération et le salut du monde. Il le fallait bien, la pente au plaisir est si rapide et si funeste; il fallait la douleur consacrée, déifiée comme la source même de la joie et de la béatitude; il fallait la croix de Jésus-Christ.

Jésus-Christ a souffert, a dû souffrir, *oportuit pati Christum.*

Nous ses membres, les branches de cette vigne que le Père a plantée, il nous faut aussi subir la main qui coupe, qui taille et qui retranche ; à ce prix nous portons les fruits du salut, à ce prix nous demeurons unis à la séve divine. En Jésus-Christ nos douleurs sont une émanation, un retour de sa grâce qui jaillit jusqu'à l'éternelle vie.

On souffre, mais la foi mène aux douleurs du Calvaire; on souffre, mais Jésus-Christ a souffert, et sa mère est nommée la mère des douleurs. En lui et avec elle, par la plus intime alliance, on expie et on répare; on dépouille l'antique Adam, on revêt le nouveau. C'est la douleur qui nous transforme, qui nous rend semblables à l'image divine apparue à la terre, qui la reproduit en nous, suivant la parole de saint Paul : *Conformes fieri imagini Filii sui.*

On souffre, mais on croit, on espère, on aime; et s'il n'est pas donné à tous, comme aux saints, de changer en joie les douleurs, du moins par la foi on arrive à la résignation et à la patience; par la foi et par la prière qu'elle inspire on trouve Celui qui console, Celui qui féconde nos maux, et en fait sortir des trésors de mérite et de gloire.

Heureux qui sait croire.

Ainsi, nos désirs, la foi les modère et les fixe; nos douleurs, elle les console et les féconde; de plus, notre faiblesse, la foi la change en force : ce qu'il faut maintenant exposer.

III. P. Ce n'est pas la foi seule, mes frères, qui nous révèle notre faiblesse extrême pour le bien et pour la vertu. L'expérience a suffi, dans tous les temps, pour s'en convaincre; et nous avons encore d'éloquentes plaintes du paganisme philosophique à ce sujet.

Tous nous portons au dedans de nous-mêmes la lutte du bien et du mal qui remplit aussi le monde. Nous savons trop que le cœur de l'homme, libre qu'il est, recèle cependant avec le désordre originel un tyrannique empire d'inclinations et de passions perverses.

Si parfois elles semblent apaisées ou amorties,

c'est qu'on a pu leur céder tous les droits de la victoire, et subir leur joug aveuglément.

Si le courage se réveille et résiste, on sent alors toute la chaleur du combat et tout le poids de l'esclavage. Saint Augustin l'observa. Saint Paul lui-même en gémissait, il demandait avec larmes sa délivrance ; il sentit bien, et il nous enseigna d'où seulement nous vient la force. Ce n'est pas de nous-mêmes.

En nous le pouvoir primitif de l'âme reçut une atteinte profonde; il y eut un renversement étrange; la nature, de soumise qu'elle était à la grâce, lui devint rebelle ; c'est le vice inoculé dès l'origine.

Puis les défaites que la liberté si souvent accepta, les habitudes contractées, une lâcheté intérieure consentie, et le laisser aller si facile et si commode, et cette molle indifférence du vouloir qui ne sait plus s'élever jusqu'aux efforts généreux : ce sont autant de progrès faits dans la faiblesse.

En ce genre on avance rapidement.

Voyez-vous ces mains détendues et ces genoux débiles, *manus dissolutas et genua debilia*, ces têtes languissantes et ces cœurs malades, *caput languidum, cor mœrens,* dont parlait le prophète [1] ?

---

[1] Is., xxxv, 3.

Tel est l'homme, infirme vraiment, à porter et à guérir.

Chose étrange toutefois! l'homme renouvellera aux yeux du Seigneur ce que le Seigneur hait, disent nos livres saints, le spectacle du pauvre superbe, *pauperem superbum.* Au sein de sa profonde misère il s'enflera et s'exaltera ; il se glorifiera bien de force et d'énergie, et même il ira jusqu'à dédaigner comme pusillanimité et faiblesse d'âme l'humble vertu de l'homme religieux, et le culte fidèle qu'il rend à Dieu.

Mais il faut ici donner aux mots leur valeur, aux choses leur vérité.

Qu'est-ce donc que cette force d'indépendance prétendue dont on fait tant de bruit, dont on croit avoir la conscience, dont on a du moins le langage et l'orgueil quelquefois ? qu'embrasse-t-elle ?

Indépendance pour tous les actes de la vie morale, comme pour toutes les opinions religieuses.

Indépendance, oui, pour secouer tout examen consciencieux de la vérité et des faits qui appuient la foi, pour se livrer en aveugle à tout vent de doctrine, pour s'affranchir du joug et des prescriptions gênantes de la foi, pour ne distinguer plus guère ni bien ni mal, pour n'avoir au-dessus de sa liberté de tout penser et de tout faire, ni autorité de parole divine, ni ministère divin de pasteur, en sorte qu'on soit tout soi-même à soi-même, sa foi, sa loi, son Église, sa règle et sa conscience.

Indépendance et force donc; oui, pour s'engourdir, pour céder au torrent et en descendre la pente, pour céder aux préjugés, aux délires fantasques, aux illusions, aux passions qui veillent toujours et toujours règnent, pour céder au vice et à l'erreur. Et ces tristes effets, chacun peut les retrouver autour de soi, peut-être au dedans de soi. C'est là le courage? Non, c'est l'extrême faiblesse.

Seule une religion sincère et la foi qui en est l'âme peuvent élever l'homme au-dessus de la renommée des conquérants et des héros, en le rendant maître et vainqueur de lui-même. Nos divines Écritures déjà l'attestent, et la conscience le proclame.

Le cœur de l'homme est un empire que se disputent des ennemis puissants; en présence de penchants impérieux, de séduisants prestiges, à la vue d'exemples et de leçons commodes, au milieu de ces biens qui semblent promettre de si vives jouissances, cesser de croire, ou du moins de vivre selon sa foi, avoir cessé de résister et de vaincre, c'est chose facile; mais y placer la force et le courage, mais en tirer vanité, c'est la plus amère dérision.

La gloire et l'énergie sont dans la foi.

Ce que le paganisme admira, mais seulement dans ses théories et ses poëmes, ou tout au plus dans des ébauches fort imparfaites, le christianisme lui seul est venu le réaliser dans ses justes et ses héros.

Il nous les montre aux prises avec leurs passions, qu'ils savent dompter sans faiblir; avec l'infortune, qu'ils supportent sans s'abattre.

Elle vint cette divine foi apporter à l'homme les secours surabondants du ciel; elle vint lui révéler sa grandeur et sa dignité véritables, qu'il avait laissé tant avilir et qui consistent dans le paisible empire de la vertu sur tous les emportements des inclinations déréglées. Empire glorieux, mais bien rare : c'est qu'il en coûte pour l'obtenir, avouons-le.

Voilà ce que la foi demande et ce qu'elle inspire, et voilà pourquoi tant de gens n'ont pas la foi, ou n'en ont guère, ou bien, en la portant au fond du cœur, ne la mettent pas en pratique. Ah! il faudrait soumettre l'esprit, le cœur, les passions au joug des lois divines, et c'est ce qui les arrête.

Là seulement il y a force, il y a courage.

Que l'homme doive s'abaisser devant un maître

souverain, captiver ainsi son intelligence et sa liberté sous le joug d'une parole divine, un esprit orgueilleux et futile peut y voir une faiblesse.

Mais quand, pour s'abaisser et obéir ainsi, pour croire et servir ainsi, il faut savoir se vaincre et régner sur soi-même, sur de violents désirs, sur des passions rebelles, sur la légèreté délirante d'une imagination volage; quand il faut demeurer indépendant et libre de toutes les craintes, de toutes les séductions, de toutes les opinions et de toutes les influences humaines; quand il faut constamment nourrir son âme de sentiments forts et généreux, ah! je comprends l'ancienne et belle maxime : Servir Dieu c'est régner, et la grande gloire, la seule digne d'envie est de suivre ainsi le Seigneur : *Gloria magna sequi Dominum;* n'eût-on que Dieu même et ses anges pour témoins.

Aussi, pour le dire en passant, la fidélité généreuse d'un seul homme religieux est une plus forte preuve en faveur de la vérité de la religion que ne sont contre elle toutes les attaques, toutes les défections, tous les systèmes, les dédains et les rêves des hommes indifférents ou irréligieux. Et la raison en est évidente.

Ceux-ci, sans principes, sans doctrine fixe, ne sont d'ailleurs au fond que des témoins prévenus et intéressés, qui défendent en tout sens leur propre cause, leurs pensées propres sous un manteau prétendu d'impartialité; qui nomment raison, vérité, religion même, ce que leur dictent leurs caprices, leurs passions, leur ignorance, d'arbitraires et décevantes illusions.

Mais le catholique généreux et fidèle, le catholique de croyance et d'action est le témoin le plus sûr et le plus désintéressé, le juge plus qu'impartial et juste; car il parle, il agit, il témoigne, il décide contre les affections les plus puissantes de la nature pour rendre hommage à la vérité de sa foi : on peut en croire un pareil témoignage.

On peut y lire où se trouvent réellement la force et la dignité de l'âme. C'est que la foi, du sein de l'infirmité, se jette avec confiance dans le sein de Dieu; elle s'appuie, se nourrit, vit en Dieu même, y puise la force, et soutient ainsi par la patience le combat proposé; l'alliance est faite de cette sorte entre l'extrême faiblesse et la toute-puissance, l'alliance est faite en Jésus-Christ médiateur de Dieu et des hommes. Le combat intérieur de désir, de douleur, et de faiblesse continue, il est vrai : lutte utile, et peine juste que Dieu même imposa. Mais la foi nous avertit que, glorieuse conquête d'une rédemption divine, nous devons unir nos travaux et nos efforts à ceux d'un chef généreux pour partager les fruits de sa victoire. Il nous en donne le pouvoir avec sa grâce.

Ainsi l'homme uni au Sauveur sait-il bien qu'il est citoyen libre de l'éternelle patrie, exilé pour un temps ici-bas, pressé par les attaques d'ennemis nombreux; qu'il est redevenu en Jésus-Christ maître encore de lui-même; qu'il sera vainqueur s'il le veut, vaincu s'il consent à l'être. Couvert de l'armure de Dieu, selon l'Apôtre, il se tient debout; il ceint ses reins dans la vérité, revêt la cuirasse de justice, prend en main le bouclier de la foi pour éteindre tous les traits enflammés de l'ennemi. Il arme sa tête du casque du salut et son bras du glaive de l'esprit, qui est la parole même de Dieu. Ainsi le soldat de Jésus-Christ, véritable et vaillant héros, se fortifie dans le Seigneur lui-même, et bientôt par la foi, par la grâce, il aura reconquis le céleste héritage.

Divin bienfait de ma foi, je vous bénis et vous révère. En vous je chéris le joug imposé à ma raison, le frein mis à mon cœur. Sans vous, je le sens bien, l'orgueil de l'homme et l'abaisse et l'égare; faible sans vous, manquant de guide et d'appui, il flotte incertain et malheureux. O foi sainte, foi vénérable, avec vous nos pas sont assurés, nos désirs fixés et purs, nos douleurs consolées et fécondes; notre faiblesse devient force,

Ce sont les maux guéris, les vrais biens apportés ; c'est le bonheur de croire.

Vous avez donc besoin de croire, besoin surtout de vivre selon la foi pour être heureux, ô vous qui m'écoutez, peut-être jouet encore de jeunes illusions et d'opinions généreuses en apparence ; non, non, la parole humaine, les rêves de l'enthousiasme, les théories qu'un jour voit naître et voit mourir ne rempliront pas le besoin de votre âme ; il faut la foi.

Vous avez besoin de croire pour être heureux, vous qui, rendu au langage de la conscience, n'y rencontrez quelquefois qu'un doute pénible, combat dans vous de vous-même contre la vérité ; vous doutez, l'Église affirme ; il faut croire.

Vous avez besoin de croire pour être heureux, vous que le tourbillon des affaires emporte, que des passions tyranniques fatiguent et oppriment, qui fuyez la réflexion et la prière, qui n'y voyez que trouble et malaise ; qui voudriez un lieu de repos, et ne le trouvez pas ; vous avez besoin de foi.

Vous avez besoin de croire encore, vous, mes frères, heureux de croire déjà. Augmentez notre foi, disaient les apôtres à leur maître ; Seigneur, disait un autre, je crois, aidez mon incrédulité ; *Credo, Domine, adjuva incredulitatem meam*. C'est la prière que tous nous devons faire ; et pour demeurer fermes dans la foi, pour la conserver vive et pure, quand tout tendrait à l'ébranler et à l'altérer; et pour la féconder par les œuvres bénies de la charité; pour la faire aimer, désirer de ceux qui la délaissèrent; pour accomplir en elle avec courage les jours donnés de notre pèlerinage; pour jouir du seul et vrai bonheur qu'on puisse goûter ici-bas; et voir enfin succéder à ses ombres et à ses obscurités saintes les claires manifestations de la gloire et de la vision des cieux.

DISCOURS

SUR LA FIDÉLITÉ DUE A JÉSUS-CHRIST

DISCOURS

SUR LA FIDÉLITÉ DUE A JÉSUS-CHRIST [1]

Esto fidelis usque ad mortem.
Soyez fidèle jusqu'à la mort.
APOCAL., II, 10.

Monseigneur,

Entre tous les titres que notre Seigneur Jésus-Christ s'est plu à prendre dans les divines Écritures, nous rencontrons souvent cet attribut et cette gloire de la fidélité que les écrivains inspirés de l'Ancien et du Nouveau Testament rapportent à Dieu même. « Dieu est le Dieu fidèle. » *Deus fidelis.* « Il est fidèle en tout, » dit le psalmiste. *Deus fidelis in omnibus.* « Dieu est fidèle,

---

[1] Ce discours a été prononcé le 12 janvier 1851, dans la cathédrale d'Amiens, en présence de Mgr l'Évêque, pour la clôture du Jubilé. L'orateur ne l'a pas écrit, mais on l'a recueilli par la sténographie.

dit saint Paul, et c'est lui qui nous a appelés dans la société de son Fils. » *Fidelis Deus, per quem vocati estis in societatem Filii ejus.* « Dieu est fidèle, et c'est lui qui ne souffrira pas que nous soyons éprouvés et tentés au-dessus de nos forces. » *Fidelis Deus est, qui non patietur vos tentari supra id quod potestis.*

Ainsi, mes frères, dans sa condescendance miséricordieuse, le Seigneur a voulu s'appeler, il a voulu être nommé fidèle, *Deus fidelis;* et nous ne devons pas nous étonner si à notre tour les divines Écritures nous recommandent sans cesse cette fidélité. La solennité même de ce jour ne nous en présente-t-elle pas le plus magnifique exemple ?

Du fond de l'Orient, des Mages sont venus, avertis par l'étoile mystérieuse; ils ont marché à sa lumière, sans s'écarter de la voie. Ils s'enquièrent du lieu où le Roi des Juifs vient de naître; et toujours dirigés par cette lumière céleste, ils arrivent, malgré les difficultés et les obstacles, jusqu'au berceau du Sauveur. Là ils déposent à ses pieds l'hommage de leurs adorations et les riches présents qu'ils ont apportés. Ils s'en retournent glorifiant le Seigneur, et vont répandre au loin la bonne nouvelle de ce qu'ils ont vu et de ce qu'ils ont entendu, fidèles à leur glorieuse et sainte vocation.

Sachons le comprendre, Dieu nous appelle à lui témoigner notre fidélité et notre amour; et par notre vocation au christianisme, par ses bienfaits multipliés il nous oblige tous à lui garder une fidélité inviolable. Quelle douce et noble obligation!

Aussi ai-je cru convenable, pour clore la série de nos instructions, de vous parler une dernière fois de la fidélité que nous devons tous à Jésus-Christ. Je vous montrerai comment elle nous est demandée à un double titre, qui, à vrai dire, repose sur un seul et même fondement; comment elle découle de la souveraineté même de Jésus-Christ, et de notre dépendance, qui en est une conséquence immédiate.

C'est donc la fidélité que nous devons à Jésus-Christ, souverain et roi des âmes; et la fidélité que nous acquitterons par une dépendance dévouée et complète, qui formeront les deux parties de ce discours. Nous les placerons encore sous la protection de Marie, notre puissante protectrice. *Ave Maria.*

I. P. Si nous voulons, mes frères, nous rendre bien compte de ces liens de fidélité qui nous enchaînent à Jésus-Christ, il faut étudier la nature et l'étendue de sa royauté sur nos âmes, et y reconnaître trois caractères qui la distinguent: d'abord, l'autorité, qui constitue l'obligation de l'obéissance; ensuite la force, qui appuie l'autorité et assure l'obéissance; enfin la majesté et la bonté, qui font aimer et préférer l'obéissance.

En Jésus-Christ nous devons, dis-je, considérer, adorer l'autorité et lui rendre l'hommage de notre entière obéissance. C'est à lui que tout pouvoir a été donné dans le ciel et sur la terre : cette bouche modeste et sacrée qui ne s'ouvrait jamais qu'à la vérité et à la sagesse, nous a rendu témoignage du pouvoir qui lui appartient et sur la terre et dans le ciel; c'est en vertu de cette même souveraineté qu'il envoya ses apôtres; car ils tenaient leur mission de son autorité divine: Allez, tout pouvoir m'a été donné; oui, allez et enseignez toutes les nations, *euntes docete omnes gentes*. C'est donc en Jésus-Christ, Dieu fait homme, sauveur et rédempteur de l'humanité, que Dieu a voulu, et pour le ciel, et pour la terre, et pour le temps, et pour l'éternité, placer toute son autorité.

Comment à cette autorité de Dieu qui constitue la souveraineté de Jésus-Christ, pourrions-nous, mes frères, nous dispenser de payer la dette de l'obéissance? Il est venu, législateur et roi, établir son pouvoir inaliénable sur la montagne de Sion, et cimenter par son sang cette noble conquête. C'est en lui, suivant la parole du prophète, que toutes les nations ont été appelées à l'héritage, et je vous rappellerai cette magnifique devise que nos pères plaçaient sur leurs monnaies, et par laquelle ils reconnaissaient l'autorité souveraine du Christ. C'est le Christ qui a vaincu, *vicit Christus*, et c'est lui qui commande. Comment Jésus-Christ sur cette terre aurait-il pu renoncer à son empire? Qui donc aurait pu porter atteinte à une autorité toute divine? Comment ses droits auraient-ils pu être un instant mis en question? Et n'est-il donc pas sans cesse l'image éternelle et consubstantielle du Père? N'est-il pas la splendeur de la lumière éternelle? N'est-il pas le dispensateur de toutes les grâces, le réparateur de toutes les offenses? N'est-ce pas lui qui a apporté parmi nous la vérité? N'est-ce pas lui qui est venu tendre la main à l'humanité souffrante? N'est-ce pas lui qui, par le sacrifice réparateur de la croix, nous a régénérés? N'est-ce pas lui qui, dans la suite des siècles, rend sans cesse à Dieu son Père l'hommage que nous lui devons?

Aussi, mes frères, je vous en conjure, que cette divine et indéclinable souveraineté de Jésus-Christ soit véritablement reconnue par vos esprits et par vos cœurs. Et si, par malheur, vous vous étiez établis dans je ne sais quelle indépendance de la pensée et de la volonté; si quelquefois vous aviez pu vous persuader qu'à Jésus-Christ n'est pas due votre obéissance et votre soumission tout entière, je vous adjure de descendre profondément dans votre conscience, d'interroger le témoignage des siècles et de vous demander quel est donc, dans le ciel et sur la terre, le roi que vous devez servir, l'autorité que vous devez reconnaître, les lois que vous devez observer et contre lesquelles il n'est aucune autorité qui puisse prévaloir. Ah! pour le cœur chrétien, quelle joie et quel honneur de reconnaître cette royauté de Jésus-Christ, qui nous rappelle l'effusion du sang du Calvaire et les trente-trois années de la carrière laborieuse et mortelle du Sauveur! Quelle joie et quel honneur quand la foi nous révèle en lui le Fils de Dieu consubstantiel à son Père, l'auteur et le consommateur de notre foi, le fondateur de cette Église éternelle! Qu'il est consolant de se prosterner devant lui avec obéissance et respect! Si nous trouvions au dedans de nous-mêmes je ne sais quel orgueil rebelle; si la fidélité, l'obéissance envers l'autorité de Jésus-Christ, y rencontraient des obstacles qui nous parussent invincibles, il faudrait nous rappeler qu'à cette autorité qui exige l'obéissance est jointe la puissance, la force, qui en fait la sanction.

A cette heure encore nous lisons dans l'Évangile que c'est au Fils de Dieu, à Jésus-Christ établi roi sur la montagne de Sion que le jugement des hommes est déféré, *judex in monte Sion*.

Tous, sur cette terre, puissants et faibles, pauvres et riches, savants et ignorants, tous nous avons à comparaître devant ce tribunal souverain : là est la puissance; là est la justice; inévitablement nous sentirons l'empire de cette force, et nous la sentirons au seuil de l'éternité. Eh! comment, lorsque nous sommes encore sur cette terre, dans une vie passagère, ne la reconnaîtrions-nous pas à l'avance! Eh! comment une crainte, un respect salutaires ne nous feraient-il pas tomber aux pieds de Jésus-Christ, le Juge suprême de l'humanité tout entière!

Cette force, cette puissance se voile souvent ici-bas, je le sais : il en est ainsi dans nos divins mystères; Jésus ne nous apparaît sous le nuage eucharistique qu'à l'état d'immolation et de victime. Autrefois, pendant ces jours de sa vie mortelle, il a toujours aimé à se montrer sous les traits du père le plus compatissant, de l'ami le plus tendre, sous l'image du bon pasteur. C'est aujourd'hui le lion de la tribu de Juda, qui semble dormir au sein des orages et des tempêtes. Mais il sait se réveiller à temps : c'est par exemple quand la barque de Pierre, son Église, va être submergée sous les assauts des vagues mugissantes; alors, Dieu puissant, il commande aux vents déchaînés, et le navire poursuit sa course paisible et triomphante.

Vous pouvez facilement, en parcourant les annales de l'Église, compter ses triomphes sur la force. Ah! certainement, elle fut en butte à d'étranges attaques : quelquefois des peuples entiers se sont ligués pour renverser son trône et pour détruire son autorité sur la terre; ils ont passé : Jésus-Christ demeure; et son autorité, sa puissance sont toujours adorées parmi nous. Comme je voudrais reconnaître au fond de l'âme du chrétien, alors qu'il se rappelle dans la méditation les leçons de la foi, cette puissance qui réside en Jésus-Christ, qui constitue sa souveraineté inaliénable; comme je voudrais y voir une crainte salutaire de violer ses lois; comme je voudrais qu'on ne vécût plus à l'aventure, flottant à la légère, sans s'interroger jamais, sans se demander si l'on accomplit le devoir d'une fidèle obéissance et d'une crainte respectueuse envers le Dieu sauveur!

La puissance de cette autorité de Jésus-Christ paraît encore quand la mort vient à s'annoncer et que d'étranges douleurs nous assaillent, quand des malheurs inévitables nous menacent : alors accablés par les chagrins, on se recueille plus volontiers dans la prière; alors on se prosterne aux pieds de Dieu comme involontairement; alors les cœurs, les lèvres le nomment ce Dieu, l'appellent cette providence de qui tout dépend; et, bon gré mal gré, on humilie son front sous la main du Seigneur, qui se plaît à frapper et à châtier, mais pour bénir et pour sauver.

Cependant, il faut bien le redire après saint Paul, si nous nous obstinons à nous étourdir nous-mêmes, si nous ne voulons jamais à cet égard réveiller notre foi, ah! combien il sera horrible pour nous pécheurs de tomber dans les mains du Dieu vivant! Oui, Jésus-Christ est mort; mais il est ressuscité, et il ne meurt plus, suivant l'expression de saint Paul. Oui, ce Dieu même a combattu les puissances infernales sur la terre, il les traîne enchaînées et frémissantes à la suite de son char de triomphe. Il est venu vaincre pour nous, suivant la parole encore de l'Apôtre; mais certes ce sera aussi au dernier jour que sa justice toute-puissante, si nous avons sans cesse repoussé sa miséricorde, exigera de nous un compte exact et nous fera subir un châtiment rigoureux. Mes frères, la puissance et la force appartiennent à Jésus-Christ, et il les exerce quand il juge successivement chacun de nous, à mesure que la mort nous mène à son tribunal.

Toutefois ne nous contentons pas de rendre hommage à cette puissante autorité dans le Roi que les Mages adoraient, dans la royauté divine prédite par les prophètes, quand couverte du voile de l'humanité elle parut sur la terre au jour marqué par les décrets éternels; mais sachons encore y reconnaître ce qui commande davantage peut-être notre respect et notre amour, la majesté et la bonté. Jésus-Christ parcourait toutes les villes, les campagnes et les bourgades de la Judée : il passait en faisant le bien, suivant la parole de l'historien sacré, et partout les prodiges naissaient sous ses pas. Sur ses traits reluisait l'expression de la sagesse et de la bonté ; il inspirait la confiance et l'amour; les regards s'attachaient sur lui, et ne pouvaient s'en déprendre. Je ne sais quoi de divin respirait dans toute sa personne, saississait celui-là même qui ne voulait pas croire en lui; et plus d'une fois l'incrédulité lui a rendu ce témoignage que sa sainteté élevait les esprits et ravissait les cœurs.

Ah! si quelque souvenir nous est resté de ceux que nous avons aimés; si quelque image chérie tracée profondément dans nos âmes nous rappelle ce qu'il y eut pour nous de plus digne de vénération et d'amour, je vous le demande, tout ne le cède-t-il pas à la pensée, à l'image de Jésus-Christ? Cherchez à vous le représenter tel qu'il a paru sur cette terre, ne vivant au milieu des enfants des hommes que pour les consoler et les bénir, et dites s'il y eut jamais plus de beauté vraie et ravissante, s'il y eut une bonté plus douce et plus touchante. Quel bien avez-vous que vous n'ayez reçu de sa munificence et de son inépuisable amour? Et, au milieu des afflictions, des peines de votre vie, n'est-ce pas les mérites du Dieu sauveur qui ont pu vous soulager, vous soutenir et vous retirer de l'abîme? Combien donc, à tous ces titres, Jésus-Christ a droit de régner sur nos cœurs.

Oh! mes frères, que nous sommes à plaindre! que nous sommes coupables et insensés! Car dans les habitudes de notre vie Jésus-Christ est l'étranger, il est l'absent; à peine son nom revient-il quelquefois à la pensée; mais son règne et son autorité, mais sa puissance et sa bonté sont méconnues. Non, Jésus-Christ n'est pas celui qui règne au fond de nos âmes. Eh! qu'est-ce qui domine donc dans la pensée et le cœur des hommes? Hélas! au lieu des affections célestes, de l'esprit de l'Évangile, des enseignements divins qui survivront à ce monde de passage, c'est je ne sais quels frivoles et vains intérêts, quelles déplorables passions, c'est je ne sais quelle fascination, je ne sais quelle dissipation insurmontable qui vient sans cesse arracher les hommes à la pensée de la fidélité qu'ils doivent tous à Jésus-Christ!...

Cependant, mes frères, ce n'est pas assez de vous avoir rappelé dans ce peu de mots les droits de la royauté de Jésus-Christ. Je veux encore vous rappeler la nature de notre dépendance envers Jésus-Christ, vous dire comment notre soumission à la grâce doit être l'exercice de notre fidélité. Ce sera le sujet d'une seconde réflexion.

II. P. Il est bien nécessaire, mes frères, de nous rappeler souvent ces graves et religieux rapports qui nous rapprochent sans cesse de Dieu. De Dieu tout est rempli ; dans son immensité sont compris tous les mondes. De Dieu toute énergie, toute action émane et descend ici-bas : hors de nous, au dedans de nous, rien ne se fait, non, rien n'arrive, si ce n'est par la volonté et l'action de Dieu même ; et lorsque le Sauveur, avec sa simplicité et sa familiarité divines, nous dit, dans l'Évangile, que pas un seul cheveu ne tombe de notre tête sans l'ordre de Dieu, que pas un oiseau du ciel ne trouve sa pâture sans la dispensation même des mains de Dieu, il nous rappelle à tous ce principe de la plus haute philosophie, que l'action de Dieu nous environne, nous soutient, nous porte, nous vivifie sans cesse et nécessairement. Les anciens mêmes, au milieu des épaisses ténèbres du paganisme, l'avaient compris; et leur philosophie, forcée de reconnaître que Dieu était en tout, mais changeant la vérité en une erreur monstrueuse, avait conclu que tout était Dieu. Erreur monstrueuse, dis-je, mais qui, dans son excès, dans son déplorable excès, se rapprochait le plus de la vérité. Dieu est si fortement, si réellement présent au dedans de nous-mêmes, que jamais nous ne pouvons nous en séparer; pas une âme, pas une de ses pensées, pas une de ses respirations, pas un de ses soupirs, pas une minute, pas une seconde qui échappe et à l'autorité et à l'action de Dieu.

Mais je ne veux pas m'appesantir davantage sur cette idée purement philosophique, et qui appartient à l'ordre naturel. Vous le savez, nous sommes tous élevés par la grande munificence de notre Dieu à une dignité surnaturelle; et cette action sacrée et mystérieuse au dedans de nous-mêmes, qui nous donne les moyens de conquérir le ciel, la béatitude suprême, c'est la grâce, secours divin, secours puissant qui n'est jamais refusé à l'humble prière, qui n'abandonne jamais celui qui n'abandonne pas lui-même son Dieu.

Or, mes frères, cette grâce, trésor précieux du

cœur, fruit de la conquête et de la royauté de Jésus, cette grâce, c'est la lumière de Dieu apportée à nos âmes et qui ne peut nous tromper si nous sommes attentifs, obéissants et fidèles. Au lieu de nous renfermer dans les faibles raisonnements de notre esprit, et de vivre de la misérable nourriture des opinions humaines; au lieu de borner nos regards et nos désirs à des intérêts matériels, terrestres, qui nous environnent; au lieu de nous renfermer, avec notre âme immortelle et nos éternelles destinées, dans l'étroite enceinte du temps et de la terre, il faut marcher à la lumière de la foi, nous élever au-dessus de la terre et nous regarder comme enfants de Dieu, héritiers du ciel, frères et cohéritiers de Jésus-Christ, conquérant et sauveur! Ah! chrétiens, nous portons au dedans de nous-mêmes la lumière qui conduit à la patrie; elle luit, suivant l'expression de saint Pierre, dans un lieu ténébreux : *in caliginoso loco*. Il est vrai, elle a un côté obscur, comme la nuée bienfaisante qui conduisit les Hébreux dans le désert; mais elle a aussi un côté lumineux : c'est la multitude d'hommes courageux et fidèles qui ont suivi Jésus-Christ, ces apôtres de la foi, de l'Église, qui nous gardèrent, nous transmirent le dépôt des vérités révélées; c'est ce concert unanime de la vie des chrétiens sur la terre; tout cela nous montre, dans un jour manifeste, la vocation de nos âmes à la possession de Dieu : tout cela nous dit qu'étrangers, hôtes et voyageurs sur la terre, nous devons à peine marquer nos pas sur la poussière, sur la boue que nous foulons un instant, et que nos regards, nos vœux doivent monter vers le ciel.

Aussi, qu'il est donc nécessaire de méditer de temps en temps avec attention ces grandes vérités de la foi! Non, ce n'est pas au milieu du bruit, de l'agitation, ce n'est pas dans le combat continuel des intérêts terrestres et mondains que nous pourrons saisir la lumière pure et céleste qui doit guider nos pas ; mais c'est en rentrant silencieusement au fond de nos âmes, en nous unissant à Dieu par la prière, c'est dans les habitudes d'un saint recueillement.

Ne devons-nous pas déplorer l'existence de la plupart des hommes qui ont pu sans doute vaquer ici-bas à des occupations utiles, donner l'exemple de vertus estimables ; mais qui, destitués de la vie supérieure et surnaturelle de la foi, ont peut-être, comme ceux dont parlait saint Augustin, montré de grandes qualités, fait de grands pas, hélas ! hors de la voie, et pour qui tout est perdu !

Quant à nous, mes frères, nous apprécierons cette lumière de la foi qui brille dans les ténèbres, et qui nous montre le véritable objet de nos plus chères espérances et de tous nos vœux. Nous conserverons précieusement cette foi vivifiante, cette vie surnaturelle que nous avons trouvée dans l'eau sainte du baptême, en tenant l'œil ouvert à sa lumière et le cœur soumis à son action intime. Ce sera le triomphe de la grâce dans nos âmes. Elle est d'ailleurs dispensée à l'enfant comme au vieillard; et le Ciel ne la refuse à personne.

Il fallait aussi, mes frères, à notre faiblesse, à notre infirmité, la force, la puissance divine. Or cette royale action de Jésus-Christ dans les âmes par sa grâce est précisément notre force; c'est là qu'est l'appui sur lequel nous devons sans cesse compter. Saint Paul, voulant exhorter les premiers fidèles, et les encourager à la vertu, décrivait ses propres combats : il les excitait sans cesse à la confiance, à la foi; il leur disait que c'est par l'espérance que nous régnons, que c'est par l'espérance que nous avons la ferveur et le courage. Cette obéissance, cette confiance, mes frères, n'est pas autre chose que le repos de notre misérable et faible cœur entre les bras de Dieu. Quelquefois, réduits à la tristesse, à l'angoisse, nous ne savons plus comment répondre et satisfaire aux exigences de notre conscience et assurer nos destinées éternelles. Ah! au lieu de nous laisser affaisser et abattre sous le poids et à la vue de notre faiblesse, il faudrait, pour retrouver des forces et un appui, serrer contre nous-mêmes cette croix de Jésus-Christ, et l'embrasser avec ardeur.

Mes frères, il y a quelquefois dans la vie de ces moments critiques et suprêmes où Dieu amène, pour ainsi dire, une âme aux bords de l'abîme et lui présente la mort; cette âme, il semble que tout lui manque à la fois; c'est le malheur qui la saisit, l'agite, la presse, l'accable, qui la met sous la puissance de ses ennemis du dedans et du dehors. Pauvre âme! elle ne sait qui invoquer pour son salut. Eh bien! c'est là que Dieu l'attend pour la couronner, pour la bénir; c'est là le triomphe de l'âme. Oui, à ce moment d'angoisse et d'agonie, quand on a mesuré toute la profondeur de l'abîme, après s'être déjà plus de cent fois éloigné de la voie de Dieu dans laquelle on avait entrepris de marcher, c'est à ce moment qu'une détermination généreuse va vous rendre la force avec la vie. Il en a été souvent ainsi pour les hommes éminents que l'Église a placés sur nos autels; ils ont été en butte à de grandes faiblesses, ils ont senti le poids des infortunes qui nous accablent: eh bien, à un jour, ils se sont souvenus de cette royauté du ciel, et ils ont retrouvé au plus profond de leur être la grâce de Jésus-Christ, qui est la force, la vérité, la vie. Alors, méprisant la terre, et par obéissance brisant les liens qui les tenaient enchaînés, ils ont marché ; leurs cœurs, libres et dilatés par l'espérance, n'ont plus rencontré que les encouragements, et la consolation dans la foi.

Cette grâce est bien la lumière dans nos ténèbres, la force dans nos faiblesses, la consolation dans tous nos maux.

Mais je n'aurais pas dit suffisamment quel est le règne de Jésus-Christ dans nos âmes si je ne vous parlais pas de nos devoirs à remplir envers lui. Mes frères, c'est surtout l'amour et le dévouement qui nous conduisent à Dieu. A vous donc, âmes généreuses qui m'écoutez, d'embrasser cette voie et de vous rappeler que Jésus-Christ est bien Celui qui mérite d'être aimé ! Et qui eut jamais sur cette terre autant de titres à la reconnaissance et à l'amour ? Cependant voyez l'indifférence, l'abandon du plus grand nombre des hommes, que ne dément pas suffisamment l'autorité d'un esprit qui savait penser, d'un cœur qui savait sentir, alors que relégué sur un rocher solitaire, bien loin de la patrie, abandonné des siens et ramené par le malheur aux enseignements précieux de la foi, il réfléchissait profondément sur la destinée de ceux que le monde encense comme héros, comme triomphateurs ou souverains, et s'écriait : « Ah !

Jésus-Christ est le seul qui soit encore aimé après dix-huit cents ans, et nous, nous passons, mais jamais l'amour n'accompagne notre souvenir!... »

Oui, pour l'âme chrétienne et fidèle, le nom de Jésus, sa pensée, la méditation de sa vie dans un recueillement profond au pied des saints autels, ah! c'est la plus douce, la plus tendre, la plus heureuse occupation de la vie. Quand nous rencontrons sur notre chemin de ces âmes abandonnées, comme destituées de tout secours, disons-leur, répétons-leur qu'il faut aimer Jésus-Christ, le servir fidèlement; rappelons-leur que la divine charité, l'amour que nous devons à Jésus-Christ doivent être surtout notre bien et notre partage : et nous leur aurons rendu la confiance et la paix.

Rien, mes frères, ne peut remplacer cet amour que nous devons à Dieu, remplacer les jouissances, les délices qu'il procure. Non, les plaisirs les plus bruyants du monde, les triomphes les plus flatteurs du talent et du génie, toutes les pompes du luxe et de la richesse, les affections du foyer domestique, n'ont rien de comparable à ces saintes joies, à ces douces consolations réservées au divin amour.

Que la paix et la lumière de Jésus-Christ descendent sur vous et vivifient vos cœurs! Puissiez-vous, chrétiens obéissants et fidèles, lui prouver votre amour par votre dévouement!

Si ce qu'on appelle honneur, ce mot puissant sur un Français, a un vrai sens, ce doit être quand il s'agit surtout du bien, du devoir le plus inviolable. Nous devons alors porter au service de Jésus-Christ, et par amour pour lui, dans toute son étendue l'honneur du dévouement.

On attache un grand honneur à se signaler dans le monde par ses travaux, par son dévouement à la patrie, à manifester son zèle pour les œuvres qui peuvent soulager l'humanité souffrante. Assurément je rends hommage à ces sentiments généreux et à cet honneur juste et vrai; mais, au service du Seigneur, du Roi des rois, de Jésus-Christ, est-ce que nous ne pouvons pas aussi vouloir nous distinguer? N'avons-nous pas, avec les mages venus de l'Orient, des présents à lui offrir? N'avons-nous pas à lui immoler, dans le sanctuaire intime de notre cœur, quelque victime dont il réclame le sacrifice? Oui, il y a là des penchants à vaincre, des devoirs à accomplir, des injures à pardonner, des actions de grâces à rendre. Oh! les sujets comme les motifs ne pourraient nous manquer, quand il s'agit de donner à Jésus-Christ des preuves de notre amour.

Mes frères, je vous laisse avec ce peu de mots.

Nous avons terminé la carrière qu'il nous a été donné de parcourir ensemble, avec une assiduité patiente de votre part, avec un dévouement intime et vrai de la mienne. Le temps, rapide comme l'éclair, emporte les hommes et leur voix. Cette faible voix qui a retenti à vos oreilles va bientôt s'évanouir; mais la vérité demeure, et cette vérité donnée par Jésus-Christ à vos cœurs fidèles, ne s'effacera jamais, j'en ai la ferme confiance.

Ici, je me plais à le reconnaître, sous l'égide du pasteur vigilant en qui nous aimons à vénérer, avec des dons éminents de l'intelligence et du savoir, les dons plus heureux de la piété et de la charité, sous la conduite et la direction de prêtres vertueux et éclairés; ici, dis-je, vivante et entourée de respect est demeurée la foi; ici, l'Église, les vertus chrétiennes ont conservé leur paisible et légitime empire. Je rendrai grâces au Seigneur, auteur de toute consolation et de tout bien, d'être venu, sous les voûtes de cette antique église, où ma voix débuta jadis dans la carrière du ministère évangélique, reprendre ces fonctions sacrées, et vous dispenser pendant quelque temps la parole apportée du ciel par le cœur du Sauveur.

Vivez toujours de la foi! témoignez au Seigneur, chaque jour de plus en plus, votre fidélité et votre amour! Aussi bien, les temps sont venus; Dieu semble nous pousser à la réflexion et à la prière, et encore à une ferme foi et à une généreuse espérance. Pour nous, chrétiens, tout ce qui se passe sur la terre ne doit avoir qu'une bien secondaire importance. Le but, le terme sont ailleurs. C'est là, dans l'éternelle patrie, qu'on doit se retrouver pour ne plus se quitter; c'est là qu'est récompensé le fidèle dévoué qui a servi le Seigneur; c'est là que sont payés tous les travaux, tous les combats nécessaires de cette terre. A cette heure dernière, nous nous retrouverons donc devant le souverain Juge; je l'attends de sa grâce et de votre généreuse détermination, nous nous y retrouverons dans la paix, dans la charité, dans la vue de la couronne immortelle que je vous souhaite avec la bénédiction de Monseigneur.

DISCOURS

SUR LA FORCE ET LA DOUCEUR

DES INSTITUTIONS CATHOLIQUES

DISCOURS

SUR LA FORCE ET LA DOUCEUR

DES INSTITUTIONS CATHOLIQUES [1]

> *Attingit a fine usque ad finem fortiter et disponit omnia suaviter.*
>
> La sagesse atteint la fin avec force et dispose avec douceur les moyens de l'atteindre.
>
> Sap., VIII, 1.

Mes frères,

Cet éloge décerné à la sagesse divine dans nos livres saints convient, vous le savez, éminemment à l'Église, à ses institutions et à ses œuvres. L'Église est bien en effet l'expression de la sagesse et de la bonté divines. L'Église, sur cette terre, est l'instrument que Dieu a préparé pour

---

[1] Prêché à Saint-Sulpice, le 3 mai 1844, pour l'œuvre de la Propagation de la foi.

accomplir ses desseins; les trésors de la création, comme ceux de la rédemption, ont pour motif d'établir dans l'Église des moyens salutaires et efficaces d'arriver à la fin qu'il s'était proposée; et dans cet établissement divin la force se montre toujours unie à la douceur.

L'œuvre de la Propagation de la foi devait aussi, mes frères, nous offrir ce double et admirable caractère. OEuvre chérie de ces derniers temps, moyen heureux dont la Providence s'est servie pour renouveler les merveilles des anciens jours, elle est bien cette force qui atteint la fin, et cette voie douce qui dispose les cœurs à l'atteindre: *Attingit a fine usque ad finem fortiter, et disponit omnia suaviter.*

Je ne séparerai pas dans ma pensée l'Église de son œuvre de prédilection. Et, en vous montrant dans l'action de l'Église la force et la douceur, ce sera vous dire quels doivent être les caractères de votre zèle pour l'admirable association de la Propagation de la foi.

Nous demanderons à Marie, protectrice de toutes les œuvres saintes, de nous faire comprendre cette alliance bénie de la force et de la douceur, dont son cœur nous offre aux regards de tous les fidèles une si parfaite et si admirable image. *Ave Maria.*

I. P. Si nous voulons désigner, mes frères, quel est le principe de vie, de force et de durée dans l'Église, il faut nommer l'unité. Elle est un de ses caractères les plus divins.

Ce fut la pensée du Fils de Dieu en venant sur la terre, comme il s'en est expliqué dans l'Évangile, de rassembler ceux qui étaient dispersés, *ut congregaret in unum*. Admirable dessein, de tout renfermer dans un seul bercail et sous la conduite d'un seul pasteur, *unum ovile et unus pastor*. Et quand, près de quitter cette terre, il adresse au Seigneur ses derniers vœux pour ceux qu'il avait chéris jusqu'à la fin, il demande cette consommation dans l'unité, *ut sint consummati in unum*.

Aussi l'apôtre saint Paul, portant partout la parole triomphante de l'Évangile, s'appuyait-il sur cette vérité comme sur la base même de la religion : « Il n'y a qu'une foi, comme il n'y a qu'un seul Seigneur [1]. » *Unus Dominus, una fides*. Il disait aux Éphésiens que « Dieu nous avait laissé ici-bas les pasteurs, les docteurs, les prophètes, les évangélistes, afin que nous ne fussions plus comme des enfants, flottant à tout vent de doctrine. » Il s'attachait énergiquement à proscrire

---

[1] Eph., iv, 5.

toutes ces opinions qui s'éloignaient de la doctrine évangélique. « Quand moi-même, ou un ange descendu du ciel, viendrions vous annoncer une autre doctrine que celle que vous avez reçue de ma bouche, rejetez-la [1]. »

Le Sauveur du reste en avait fait une loi formelle : « Celui qui n'écoutera pas l'Église, qu'il soit pour vous comme le païen et le publicain [2]. » *Si ecclesiam non audierit, sit tibi sicut ethnicus et publicanus.* Ne vous en étonnez pas, mes frères ; la vérité de la parole divine est une et immuable comme Dieu, son unique auteur.

Dieu est un, et dans son unité nécessaire et substantielle réside en quelque sorte son incommunicable nature. Il est tout-puissant, il est infini, parce qu'étant essentiellement un, il possède seul et en lui-même toute la plénitude de l'être, *unus Deus;* par là, il est le maître et le souverain de toutes choses, *unus Dominus omnium.*

Voilà comment la méditation de cette unité de Dieu nous conduit à sa majesté suprême, à sa puissance, à son universel domaine, *unus Deus, unus Dominus omnium.* L'Église dépositaire et interprète de la vérité révélée devait être une comme elle. Sa foi, son enseignement, sa hiérarchie, en

[1] Gal., i, 8.
[2] Matth., xviii, 17.

un mot l'ensemble de ses grandes institutions devait présenter une image parfaite de la Divinité dans son unité. C'est par son unité de foi que l'Église est invincible ; c'est bien par là qu'elle est comme le roc inébranlable au milieu de toutes les tempêtes. Que d'orages, que d'attaques multipliées fondent sur elle! que de bouleversements autour d'elle! Et cependant elle demeure toujours la même, toujours appuyée sur le siége de Pierre, son fondement indestructible. Quand tout se divise, tout change, tout varie, tout se renouvelle à ses côtés : sa force et sa durée se trouvent dans son unité.

Et si vous me demandez maintenant, mes frères, la raison de l'apostolat catholique, du zèle, des généreux efforts, des succès dont nous sommes les témoins, et que féconde si admirablement l'œuvre bénie de la Propagation de la foi, je vous répondrai : c'est l'unité de l'Église. Il n'y a qu'une Église, qu'une épouse chaste et pure du Sauveur; il n'y a qu'un Évangile descendu des cieux. Alors l'apôtre part, il rompt les liens de la patrie et de la famille, il s'arrache à ses affections les plus douces, il renonce courageusement aux espérances les plus flatteuses, et soldat vaillant de l'unité il s'élance vers les plages lointaines, sur les rives inhospitalières, parmi les peuplades sauvages et ennemies, afin d'y planter le drapeau de l'Évangile qui porte écrit : Une foi, un baptême, un Dieu.

Ah! s'il n'y avait pas dans l'Église l'unité nécessaire et divine de la foi, si nous étions abandonnés, troupeau errant, aux caprices de l'opinion humaine, si nous, prêtres catholiques, nous vivions dans une indifférence pour l'unité qu'on décore du beau nom de tolérance, à l'instant tomberait le zèle, cesserait l'apostolat avec ces bienfaits de la civilisation et des vertus qu'il répand parmi les nations idolâtres et barbares.

Mais ne craignez pas; nous savons que l'Église de Jésus-Christ, la sainte Église catholique, apostolique et romaine, est une, nécessairement une, qu'elle est la seule barque du salut pour tous les hommes; et la grâce de notre apostolat universel reconnue et admise par la voix de notre conscience ne cessera de régner dans nos cœurs. Non, il n'y aura point de mer assez orageuse, point de sable assez mouvant, point de soleil assez brûlant pour arrêter le missionnaire de l'Église catholique; il n'y aura pas de sacrifice assez cruel, de danger assez terrible pour l'effrayer et l'abattre. Sainte unité de mon Église et de ma foi, je te bénis, je te révère; je me dévoue tout entier à te servir. Puissé-je ne dépenser que pour toi tous les instants et toutes les forces de mon existence, répandre pour toi jusqu'à la dernière goutte de mon sang, et ramener dans ton sein, aux pieds de Jésus-Christ, quelques-unes de ces âmes si malheureusement égarées !

Voilà, mes frères, le vœu de nos cœurs d'apôtres; et ne vous étonnez pas si avec ce principe d'unité, principe de force et de vie pour l'Église et pour ses œuvres, vous voyez constamment conservée, reproduite, exercée sur cette terre, la plus haute expression de la vérité et de la foi, le martyre. Et notre France peut à bon droit, certes, parmi toutes les nations catholiques, s'enorgueillir d'envoyer sur les rives lointaines des missionnaires nombreux, qui savent confesser la foi de Jésus-Christ devant les tyrans et les bourreaux, et mourir pour elle. Ah! le martyr, ce qui l'anime, ce qui le soutient dans sa glorieuse entreprise, c'est toujours la pensée de l'unité. Elle produit en lui l'invincible charité : il aime les hommes comme ses frères, comme les enfants de Dieu son père, il les voit victimes des plus cruelles erreurs : alors il n'est plus maître de lui, il se lève, il part, il surmonte tous les obstacles, il brave toutes les menaces, il affronte tous les périls et se consume dans tous les travaux. Puis quand, après des années d'apostolat, vingt, trente peut-être, il sera tombé aux mains des persécuteurs, alors, comme saint Paul, il baisera ses chaînes, il saluera les murs de son cachot, il appellera le plus beau jour de sa vie celui où, broyé dans tout son corps par de cruelles tortures, il ira se réunir à la phalange glorieuse des soldats du Crucifié, qui avant lui confessèrent la foi et surent mourir pour la défendre. Son dernier jour sera encore un triomphe pour elle; il paraîtra avec assurance devant ses juges impies; il les étonnera par sa constance; il sera insensible à leurs promesses et à leurs menaces; il sera plus fort que leur rage et leurs bourreaux; il soutiendra par son intrépidité les œuvres de la foi et la constance peut-être chancelante de ses néophytes. Son sang versé sur la terre étrangère fécondera d'âge en âge la chrétienté qu'il a fondée; et dans sa patrie, son nom, couronné de l'auréole du martyre, fera palpiter des cœurs d'apôtres. D'humbles et pauvres prêtres, que le monde dédaigne dans sa superbe sagesse, entrevoyant de loin ses travaux récompensés par le martyre et sa palme éternelle, ambitionneront à leur tour ces tourments et ces souffrances, et ils iront annoncer l'Évangile de Jésus-Christ devant les nations, dans l'héroïque espérance de mourir pour la confirmation de leur foi.

Gloire du martyre, que tu es belle! que tu es

digne d'envie! Hélas! que n'est-il donné à notre faiblesse de traverser les mers, d'aller planter la croix du Sauveur au milieu de ces populations idolâtres, sur ces rivages arrosés des sueurs de François Xavier, de verser notre sang pour Jésus-Christ! Hélas! mes frères, il est dans la destinée du plus grand nombre des ministres de l'Église de rester au sein de nos vieilles civilisations, armés contre toutes les erreurs, en lutte avec tous les mensonges et toutes les calomnies; et peut-être même vous aurez pensé quelquefois que le martyre des rives lointaines était plus désirable pour eux et moins rempli de peines et de chagrins. Quoi qu'il en soit, nulle part la liberté évangélique ne sera enchaînée, la parole de Dieu retentira à l'oreille de nos populations indifférentes ou révoltées contre elle; dans notre humble ministère nous ne fléchirons pas, et le Dieu qui règne au plus haut des cieux donnera à la fois la force aux missionnaires des peuplades sauvages et infidèles, et aux prédicateurs de nos vieux peuples chrétiens pour la sanctification de ses élus.

Voilà, mes frères, quel est le principe de force de l'Église et de ses œuvres d'apostolat pour arriver à sa fin, la gloire de Dieu dans le salut des âmes: *Attingit a fine usque ad finem fortiter.*

J'ai à vous parler maintenant du caractère de

douceur qui se trouve dans l'Église de Dieu et dans l'œuvre qui vous réunit; ce sera le sujet de la seconde réflexion.

II. P. Le monde veut quelquefois voir dans les vertus évangéliques un caractère de faiblesse qui ôterait à l'homme une partie de son énergie et de son courage. Il ne veut pas comprendre que ces leçons d'humilité, de patience, de douceur, d'abnégation, demandent un courage énergique et une force surhumaine. Au reste, nous avons toujours accepté avec saint Paul ce reproche de faiblesse apparente; vous savez qu'il s'en faisait même gloire : « Je suis faible... et volontiers je me glorifierai de mes faiblesses [1], *libenter gloriabor in infirmitatibus meis;* car c'est ainsi que la vertu de Jésus-Christ habitera en moi, *inhabitet in me virtus Christi :* la force se perfectionnant dans la faiblesse, *virtus in infirmitate perficitur.* » Il allait encore plus loin, il reconnaissait que la puissance de son apostolat, les merveilles de la prédication évangélique, les secrets de la foi du Sauveur, venaient de sa faiblesse même : *cum infirmus, tunc potens sum.* Et alors sortait de sa bouche un chant de victoire pour cé-

---

[1] II Cor., xii, 9.

lébrer le triomphe de cette croix et de cet Évangile si méprisé du siècle : « Dieu a choisi ce qu'il y a d'infirme pour confondre les forts; il a choisi ce qui est folie aux yeux du monde afin de confondre les sages; il a choisi ce qui paraît méprisable au monde, et ce qui n'est rien, afin de détruire ce qui est [1]. » *Quæ stulta sunt mundi elegit Deus ut confundat sapientes; et infirma mundi elegit Deus ut confundat fortia, et ignobilia mundi et contemptibilia elegit Deus, et ea quæ non sunt, ut ea quæ sunt destrueret.*

C'est dans ce caractère de faiblesse que je trouve surtout la douceur évangélique : je vois des moyens faibles en apparence, des moyens qui participent à la folie de la croix, et qui réalisent sur la terre d'étonnantes merveilles.

Voilà vingt-deux ans aujourd'hui que quelques pauvres âmes eurent la pensée de travailler efficacement à la propagation de la foi. Et quelle force, quel moyen imaginèrent-elles pour assurer le succès de leur œuvre? O croix de mon Sauveur, que je suis heureux de retrouver ici votre faiblesse et votre folie ! elles demandèrent un sou, un sou par semaine! Voilà bien, mes frères, la simplicité, la faiblesse apparente d'une œuvre de Dieu, voilà

---

[1] I Cor., I, 27.

un de ses caractères évangéliques. Oui, un sou par semaine : l'impôt du pauvre, l'aumône du pauvre. Et dans quelques années vous compterez par millions. Admirable extension de cette œuvre de la Propagation de la foi! Ne pensez pas toutefois que votre concours soit superflu : non assurément ; mais, réjouissez-vous, bénissez le Seigneur dans la manifestation de sa force et de sa douceur, de sa force par la douceur : c'est le grain de sénevé qui devient un grand arbre, dont les rameaux ombragent la terre au loin. Voyez donc d'un côté ces pauvres, car ce sont les pauvres qui forment la grande majorité des associés ; ils réunissent leur modique offrande : et d'un autre côté voyez le monde couvert de missionnaires et d'apôtres envoyés et soutenus par eux ; voyez dans l'univers des églises nouvelles fondées, des évêchés établis, toutes les institutions catholiques créées et florissantes. Toutes ces merveilles de peu d'années sont, mes frères, le fruit béni du sou hebdomadaire de la Propagation de la foi.

Quelle différence entre les œuvres de Dieu et les œuvres de l'homme! Celui-ci, pour agir, fait toujours grand bruit ; il lui faut de l'éclat, il lui faut de grands efforts : c'est que l'homme est faible, toujours faible. Pour Dieu, il en est autrement ; voyez dans la nature comme tout s'accomplit en silence : Dieu se cache, si j'ose le dire, humble et modeste dans cette grande économie de la création du monde : les plus riches moissons se fécondent au sein de la terre, loin de l'œil qui voudrait les suivre dans leurs transformations diverses.

Ainsi dans les œuvres catholiques, inspirées par l'Esprit-Saint, vous trouverez et faiblesse apparente et réelle douceur. La charité et la simplicité chrétienne ont proposé ce tribut, la charité et la simplicité chrétienne l'ont accepté et le paient sans se lasser, et l'œuvre existe dans toute sa magnificence.

Cependant, mes frères, je dois vous le dire, tous les résultats à désirer ne sont pas encore obtenus dans cette vaste cité. Paris, l'immense foyer de moderne civilisation, c'est-à-dire le foyer où se concentrent et se développent à la fois et tant de maux et tant de biens, est loin d'avoir donné à cette œuvre son entier développement. Combien de familles, combien de pauvres et de riches l'ignorent encore, et l'embrasseraient avec joie s'ils en avaient une juste idée! C'est à vous de vous y employer avec zèle : si tous, avant de quitter le temple sacré, vous promettiez à votre Dieu, pour l'amour de son saint nom, pour le salut de ses enfants, d'étendre cette œuvre, de la féconder dans les lieux que vous habitez successivement, et au dehors et au dedans, comme vous pourriez facilement doubler les ressources de l'apostolat catholique pour l'extension de l'Église, et en restant dans cette apparence de faiblesse, dans ce caractère de douceur, multiplier les fruits déjà si heureux de cette grande œuvre de charité chrétienne!

Cette faiblesse et cette douceur évangéliques de notre institution catholique de la Propagation de la foi ne se trouvent pas seulement dans le tribut modeste du sou de la semaine, mais encore dans cette autre aumône du cœur qui féconde les sueurs du missionnaire, qui le soutient, le console et le fortifie sur les plages lointaines; c'est... eh! quoi donc? Ah! mes frères, il y a ici-bas une force qui paraît faiblesse, et qui est à la fois puissance et douceur; elle est méconnue, dédaignée par les sages de ce monde, qui n'y voient pour l'homme qu'un inutile et humiliant aveu d'impuissance : c'est la prière. La prière, nous en convenons, elle est le langage de notre faiblesse, l'expression de notre misère et de nos besoins; la prière, elle a bien ses peines et ses dégoûts, mais elle a aussi ses charmes et ses douceurs. On aime, n'est-il pas vrai? à répandre son âme dans la prière aux pieds du Seigneur. Penser affectueusement à Dieu, s'entretenir avec lui, lui recommander ses propres misères, toujours si grandes, les besoins des âmes qui nous sont chères, avec la foi et la charité de Jésus-Christ, c'est, mes frères, produire une force qui s'élève jusqu'au trône de Dieu, qui fait violence au ciel. Il y a dans la supplication unie de l'innocence et du repentir sortant de milliers de cœurs une éloquence qui entraîne le cœur de Dieu et féconde les œuvres entreprises pour la gloire et le bien de son Église.

Aussi n'oubliez pas, mes frères, qu'il ne suffit point d'apporter votre aumône métallique, fût-elle mille fois plus grande, qu'il ne suffit pas même de vous employer avec un zèle infatigable à répandre l'œuvre, et auprès et au loin, pour lui créer de nouvelles et plus abondantes ressources; mais que vous devez y joindre l'aumône de la prière ; que la prière, la fréquentation des sacrements, les actes des vertus évangéliques sont une force nécessaire à lui ajouter pour assurer le succès du ministère apostolique dans tous les lieux où il s'exerce. C'est une économie de la Providence qui nous est connue : Dieu veut qu'on lui demande les grâces, qu'on les sollicite avec instance; c'est à cette condition qu'il les répand avec abondance.

Vous prierez, chrétiens, pour l'exaltation de la sainte Église, pour la destruction des erreurs de toutes sortes, pour le salut de tous les hommes, pour l'union par la charité surnaturelle des chrétiens, pour la propagation du règne de l'Évangile, pour la sanctification du nom du Seigneur. Ne pensez-vous pas trop exclusivement à vous-mêmes? n'êtes-vous pas trop égoïstes dans vos prières? ne vous repliez-vous pas trop sur vos misères? Mais ne savez-vous donc pas que les grâces les plus précieuses, pour nous comme pour les autres, se donnent au zèle des âmes dans la prière. Demandez donc pour ceux qui sont égarés, qui méconnaissent la loi de l'Évangile, ou qui ne la connaissent pas encore, la foi qui éclaire, l'espérance qui anime, la charité qui touche et convertit, et que la prière dans la douceur et la paix de vos âmes remporte de nouveaux triomphes.

La faiblesse et la douceur évangéliques apparaissent encore dans l'instrument chargé de porter la lumière de la foi jusqu'aux extrémités du monde; et nous dirons encore que Dieu conduit tout avec douceur : *Disponit omnia suaviter*. Le prêtre lui-même est entouré d'infirmités, comme parle saint Paul : *Quoniam et ipse circumdatus sum infirmitatibus*. Il le sent dans son cœur, et c'est par là qu'il trouve les sentiments de pieuse commisération qu'il témoigne aux plus égarés. Mais si le prêtre est faible, si son ministère ne se présente pas aux yeux du monde avec l'appareil de la puissance ou du génie, il n'en a aucun regret. Bien plus, il méprise les moyens humains : il sait que là ne se trouve pas sa force, que ce n'est pas par l'autorité humaine, par le talent, par la science, par le génie, par la richesse, par ce que les hommes estiment et honorent le plus, que le monde a été régénéré ; il sait comment les mystères de la croix se sont accomplis, et comment la foi s'est répandue dans l'univers. Le prêtre se voit pauvre, infirme, faible, méprisé, quelquefois dénué de toutes les ressources… : peu lui importe. Il a été revêtu d'une force divine ; et la croix de Jésus-Christ à la main, la parole de l'Évangile sur les lèvres, la charité du Saint-Esprit dans le cœur, après avoir monté à l'autel du sacrifice pour présenter au Seigneur la victime trois fois sainte, s'environnant des vœux et des prières des fidèles, il se présentera avec assurance devant les peuples et les rois ; il fera quelquefois pâlir sur leurs siéges les tyrans et les puissants du siècle ; il annoncera les mystères du salut aux civilisations avancées et aux nations barbares, et il le fera partout avec l'autorité de sa mission, comme l'envoyé de Dieu, comme l'ambassadeur de Jésus-Christ : *Pro Christo legatione fungimur.*

Je ne veux pas célébrer la puissance et la gloire du ministère catholique, il n'en a pas besoin ; il découle d'un principe supérieur aux choses de ce monde. Il sait qu'il est le dispensateur de biens dont Dieu seul est la source, et qu'il ne peut en rapporter l'origine et l'honneur à son action, si faible et si disproportionnée; et quand il voit son apostolat ramener des nations à l'unité, le flambeau de la civilisation chrétienne éclairer les plages plongées jusqu'à lui dans les ombres de la mort, il chante un hymne de reconnaissance pour les miséricordes gratuites du Seigneur. Et c'est ainsi que ce caractère de faiblesse et de douceur se retrouve dans les œuvres de Dieu, dans les institutions de l'Église catholique, lié à tous les effets de la puissance et de la fécondité de la grâce de Jésus-Christ.

Puissent, mes frères, ces paroles que mon cœur vous adresse, féconder vos généreuses intentions. Chaque année vous vous réunissez pour demander au Seigneur l'accroissement de votre œuvre, pour renouveler votre dévouement et votre zèle. J'aime à vous le dire : c'est à vous qu'est confiée dans ce temps, trop souvent d'affliction pour l'Église, la gloire de Dieu et l'espérance de l'avenir: songez à ce que produira un accroissement de ressources, que d'âmes devront à ce denier du pauvre, de la veuve et de l'orphelin, de naître à la lumière de l'Évangile ; ayez dans la pensée que vous êtes véritablement associés aux œuvres, aux fatigues et aux succès du missionnaire, de l'apôtre; c'est vous qui l'envoyez sur ces rives lointaines, vous qui le revêtissez, le nourrissez, le soutenez au milieu de ses souffrances et de ses dangers, par vos prières comme par vos largesses. Continuez donc cette œuvre, qu'elle s'accroisse sans cesse par vos mains. Vous le savez, le Père commun des fidèles, le successeur des apôtres, l'héritier de l'apostolat universel chérit et bénit cette œuvre; il la regarde comme la consolation de l'Église, comme celle de son pontificat, et tout à l'heure, au saint autel, vous avez vu son digne représentant offrir au Seigneur, en son nom, des vœux de reconnaissance et d'amour. Réjouissez-vous des succès et des triomphes que vous avez déjà obtenus; mais marchez par votre dévouement à des succès nouveaux. Redoublez, je vous en conjure, vos prières et vos largesses pour l'amour du Seigneur, et vous recevrez avec abondance les consolations divines et ces grâces de choix qui nous conduisent à la béatitude éternelle.

DISCOURS

SUR LA CONCEPTION IMMACULÉE DE MARIE

DISCOURS

SUR LA CONCEPTION IMMACULÉE DE MARIE

> *Quæ est ista quæ ascendit de deserto.*
> Qu'elle est celle qui s'élève du désert.
> CANT., VIII, 5.

MES FRÈRES,

Quelle est donc celle qui s'élève ainsi du désert? C'est l'humble et pure Marie, en qui le Tout-Puissant opéra tant de merveilles, et dont l'Église célèbre aujourd'hui la gloire avec toutes les pompes et tout l'éclat du culte sacré? D'où vient qu'au seul nom de Marie, le peuple fidèle, dans toutes les contrées de l'univers, s'émeut encore après tant de siècles, semble suspendre le sentiment

[1] Ce discours a été prêché, à Besançon, le 4 décembre 1842.

de ses maux, et qu'il salue comme une bienfaisante aurore les saintes solennités de la Mère de Dieu? Comment une femme pauvre et obscure de la Galilée se voit-elle proclamée Reine du ciel et de la terre, Souveraine des anges et des hommes, environnée à jamais de vénération et d'hommages, élevée sur nos autels à côté du divin Rédempteur lui-même, comme à la première place auprès du trône de la Majesté infinie?

Quand Dieu, dans les conseils de cette éternelle charité avec laquelle il aima les hommes, eut résolu l'œuvre admirable de la rédemption du monde, il daigna, pour l'exécuter, choisir l'ineffable moyen de l'incarnation divine. Il voulut envoyer son Verbe converser parmi les hommes; le Fils de Dieu devait revêtir une chair semblable à la nôtre, afin de venir lui-même nous instruire, souffrir pour nous, et par le prix infini de son sang répandu sur la croix expier toutes les iniquités et tous les crimes de la terre.

Dès lors la miséricordieuse Providence destina une mère à l'Homme-Dieu. Une pure créature fut désignée dans les décrets éternels pour concevoir et enfanter Celui qui devait être le salut du monde.

Afin d'opérer ce prodige, ou, pour mieux dire, cette réunion d'incompréhensibles prodiges, une vierge devait se rencontrer, digne de la maternité divine. Le Très-Haut dut sanctifier son tabernacle, suivant la parole du prophète, et Marie apparaître au monde, humble et cachée il est vrai, mais portant au dedans de son âme tous les dons et tous les trésors célestes, légitime apanage de la fille chérie du Roi des rois : *Omnis gloria filiæ Regis ab intus*. Appelée à la plus intime coopération dans l'œuvre de la régénération du monde, quand elle allait former de ses chastes entrailles le nouvel Adam, l'Homme-Dieu, elle devait à l'avance devenir le plus glorieux trophée de la rédemption de son fils. En donnant à la terre l'auteur de la vie, elle ne pouvait être elle-même que comme inondée par l'abondance des eaux vivifiantes de la grâce dont elle recélait la source. Une plénitude de vie divine devait transformer son être, et en faire, après le Sauveur Dieu, le plus admirable assemblage de toutes les vertus.

Tel fut le principe de la grandeur de Marie : elle reçut des mains du Tout-Puissant, qui la nomma sa Mère, ce qui pouvait la rapprocher davantage de la Divinité unie à la nature humaine dans son sein virginal. Par son moyen l'humanité allait être régénérée, il était juste que, placée comme dans un état intermédiaire, élevée au-dessus de tous les hommes, elle leur offrît en sa personne cette régénération même opérée au degré le plus sublime et le plus parfait.

L'homme était déchu de l'état d'innocence dans lequel il avait été créé; Marie, parfait modèle de la régénération en Jésus-Christ, possède le plus glorieux caractère de l'état d'innocence dans sa conception immaculée.

Toute la perfection de l'homme est dans l'union avec Dieu, centre unique de l'être et de toute perfection. Marie est élevée à l'union divine la plus intime et la plus haute que nous puissions concevoir. Et c'est là le double caractère de son incomparable grandeur.

Aujourd'hui, Messieurs, nous ne pouvons considérer que le premier; mais il suffira, je l'espère, pour reconnaître déjà comment l'inconcevable privilége de Mère de Dieu a fait d'une simple créature un ordre à part dans la rédemption et dans la création même. Ainsi rétablissement de l'état d'innocence en Marie; nous en verrons la vérité d'abord, puis la dignité et les fruits admirables.

Implorons la lumière divine par l'intercession de la Vierge Immaculée. *Ave Maria.*

I. P. Cette alliance intime avec Dieu, dignité vraie, seule et vraie félicité de l'être raisonnable, suppose un premier don de la grâce céleste, l'exemption du mal, que Dieu réprouve, le don d'un cœur pur. C'est aussi le premier effet d'une rédemption réparatrice qui, lavant toutes les souillures, rend de nouveau la candeur de l'innocence. Ce fut pour l'auguste Marie, mais sans qu'il y eût aucune tache à effacer en elle, le premier degré de sa perfection sublime; de telle sorte qu'elle dût seule, avec son divin fils, reproduire par la grâce ce qu'il posséda par nature, je veux dire l'état même d'innocence et de justice originelle.

Et croyez bien, Messieurs, qu'un spectacle digne d'étude et de vénération singulière vous est présenté dans cette condition privilégiée, unique dans tous les siècles, de la plus pure et de la plus excellente de toutes les créatures sorties des mains du Tout-Puissant.

Entendez la parole divine et les traditions catholiques vous raconter les commencements de sa grandeur.

La mère infortunée du genre humain avait succombé aux perfides suggestions de l'ange rebelle. Elle avait entraîné dans sa fatale désobéissance le premier homme, trop faible et trop crédule.

Dieu, justement irrité, avait prononcé la sentence à jamais irrévocable qui enveloppait dans une proscription commune la postérité d'Adam.

Tous les hommes, coupables dans leur chef et leur représentant naturel, durent naître, les enseignements sacrés de la foi nous ont commandé de le croire, durent naître marqués du sceau de la réprobation originelle. Hélas! nous ne sentons que trop, même sous l'influence des réparations divines, ce joug pesant légué pour héritage aux enfants d'Adam : *Jugum grave super filios Adam.* Un seul fils par nature, une seule mère par grâce en seront préservés.

Aussitôt après la chute du premier homme, Dieu, qui est riche en bonté, suivant l'expression de l'Apôtre, promit au monde son rédempteur. Il annonça en même temps une femme, terrible elle-même aux puissances infernales, et qui devait écraser la tête du serpent maudit.

Tel est l'oracle divin conservé d'âge en âge, fidèlement transmis par l'historien sacré, et dont on retrouve des traces incontestables même parmi les erreurs de l'idolâtrie, lambeaux précieux des traditions primitives.

Cette femme, objet révéré de la plus solennelle et de la plus ancienne des prophéties, la nouvelle Ève, l'Ève réparatrice, source et mère cette fois de la vie véritable, quelle est-elle? Toute l'antiquité chrétienne a nommé Marie d'une voix unanime, et mille bouches dépositaires de la science divine dans la suite des siècles, l'ont proclamée pure, immaculée et préservée en même temps que conçue de toute atteinte du péché d'origine.

Mal à propos, ce semble, eût-elle été dès le commencement comprise dans la promesse du divin Rédempteur qui devait naître d'elle, et associée à la glorieuse et complète victoire sur l'ennemi du genre humain, si dans sa formation première elle avait pu être, même un seul instant, infectée de la lèpre héréditaire, si la souillure originelle avait dû présenter d'abord aux yeux de Dieu, des anges et des hommes, l'auguste Marie elle-même comme enfant de malédiction et de colère, sujet un moment de triomphe et de joie pour l'affreux tyran des enfers.

Non, jamais je ne pourrais le supposer, et la sainteté des Écritures me paraîtrait méconnue, la haute économie de la rédemption altérée et comme ternie par cette flétrissure originelle imprimée à la Mère du Dieu sauveur. Quoi! lui qui se plaît, dit la langue sacrée, parmi les lis de l'innocence, il aurait donc, quand il tient tout en sa puissance, pris plaisir à voir impurs et souillés en les formant, cette même chair, ce même sang qui devaient devenir bientôt en sa personne l'humanité déifiée! cette chair, ce sang précieux qu'une vierge mère devait communiquer au Fils de Dieu, afin d'être une source de vie, d'innocence et de salut pour toutes les générations du monde, pouvaient-ils donc devenir trop tôt en Marie un sanctuaire de pureté, de grâce et d'immortalité?

Ou bien il faudrait consentir à voir en quelque sorte l'opprobre déversé jusque sur l'humanité sainte du Verbe incarné; elle semblerait elle-même, au moins dans son principe, infectée du vice primitif : qui ne recule devant ces conséquences comme devant un blasphème? Tant il est vrai que dans les admirables desseins de sa miséricorde sur les hommes, Dieu voulut étroitement unir la gloire et la sainteté de Marie à celles du Rédempteur, unir la gloire du Fils et de la Mère. Quoi de plus juste en effet?

Aussi les anciens n'ont-ils pas craint de nous laisser pour règle, que la puissance du Fils était la mesure des glorieuses prérogatives de sa Mère; il pouvait, en conséquence il a dû la sanctifier dès sa conception même.

Messieurs, des hommes des premiers âges chrétiens pleins de savoir et de génie méditèrent profondément sur les dogmes révélés. Placés aux limites des temps apostoliques, à la source des traditions pures et divines, ils y puisèrent cette vie et cette vérité primitives du christianisme qu'ils nous ont ensuite léguées. Ils en conçurent fortement, ils en développèrent les fondements, l'ordre et l'enchaînement admirables, destinés qu'ils étaient d'en haut à enrichir l'Église du fruit de leurs laborieuses veilles, et à transmettre entier le dépôt sacré de la doctrine catholique.

En contemplant par l'étude et la prière le mystère sublime d'un Dieu fait homme, ils comprirent que la sagesse divine n'avait pas sans un dessein tout spécial associé au grand œuvre cette Vierge bénie, annoncée dès l'origine du monde; que si le nouvel Adam venait rétablir l'ordre renversé par le premier, à ses côtés une Ève nouvelle venait remplacer et réparer des suggestions funestes par une médiation toute de paix et d'innocence. Et alors un plan magnifique se déroula devant leurs yeux.

Ils virent donc Marie, ils la connurent cette médiatrice heureuse et secondaire, à laquelle devaient aussi s'adresser nos vœux et nos hommages : lien étroit et sacré entre l'humanité déifiée dans son fils et l'humanité dégradée dans ses frères, ramenant l'une et l'autre par l'humanité innocente en sa personne. Ainsi Marie, pour remplir sa haute mission et s'approcher dignement du médiateur suprême et divin, n'offrit-elle à ses regards que des titres d'honneur et d'amour; ainsi ne présenta-t-elle à la vénération du genre humain conduit par elle aux sources de la régénération, que le type et le modèle le plus parfait de l'innocence rendue à la terre. Et voilà, Messieurs, ce qui nous amène aux pieds de Marie et pourquoi nous l'honorons en ce jour.

Voilà pourquoi, quand il s'agissait de traiter de tout vice de la nature ou de la volonté humaine, saint Augustin n'entendait pas qu'il fût en aucune manière question de la Vierge-Mère; par honneur pour le Seigneur lui-même, il ne voulait pas qu'on pût révoquer en doute la grâce suréminente de sanctification et d'innocence qu'elle avait reçue en tout sens, *omni ex parte,* pour mériter de concevoir et enfanter le Dieu de toute sainteté.

Un autre Père de l'Église grecque, par une image vive et hardie, représente la nature qui n'ose devancer la grâce dans la conception de Marie; elle attend que la grâce ait produit son fruit heureux.

Il serait trop long de rappeler ici d'autres témoins de l'ancienne tradition, mais la tradition vivante est dans l'Église catholique, colonne et soutien inébranlable de la vérité. Avec elle et avec elle seule nul danger de s'égarer. Son autorité infaillible n'a point encore placé, il est vrai, au rang des articles mêmes de la foi cette conception privilégiée de la Mère de Dieu. Mais après les vérités de foi, disait Bossuet, il n'y a point de croyance plus certaine et que l'Église approuve davantage.

L'Eglise sainte, dans son culte non moins que dans la doctrine, honore d'une manière publique et spéciale la conception même de Marie; c'est la reconnaître sainte et pure, digne de vénération et de louange; elle ne serait digne que de larmes ou d'oubli si elle avait été marquée du sceau de l'iniquité originelle.

L'Église, par toutes ses grâces et ses faveurs, même par des peines, conserve, étend et protége cette antique croyance; la voix unanime des pasteurs et des fidèles la proclame; jadis des sociétés savantes tout entières s'engagèrent par serment à la défendre; enfin elle mérita d'occuper dans leurs plus graves délibérations les évêques assemblés à Trente, de tout le monde chrétien.

Ils définirent la foi du péché d'origine dans lequel sont conçus tous les hommes; mais ils déclarèrent que leur intention n'était point de comprendre dans les termes du décret la bienheureuse et Immaculée Vierge Marie, Mère de Dieu. Ce sont les propres paroles des Pères du concile.

Dignes successeurs des évêques autrefois réunis à Ephèse pour venger la maternité divine, ils ne supportaient pas l'idée de l'origine commune et souillée pour la plus pure des Vierges.

Ils sentaient qu'il eût alors manqué une gloire à la rédemption divine, celle d'une âme sauvée avant d'avoir été perdue, d'une âme rendue par le Dieu vainqueur à l'innocence primitive tout entière.

Une seule exception suffisait pour manifester l'étendue du pouvoir divin, et la force réparatrice de la grâce. Une seule et pure créature devait être choisie : le Sauveur choisit sa Mère. Seule elle dut voir tomber devant elle toutes les lois de la nature déchue. Elle s'éleva du sein du désert, comme parlent nos livres saints, pour annoncer le Soleil de justice, brillante et pure comme lui. Elle venait éclairer, consoler le monde enseveli dans les ténèbres, et partager la gloire de la régénération universelle; elle fut l'aurore sans tache du plus beau jour. Intimement liée à la rédemption des enfants d'une mère coupable, elle venait, mère innocente et pure, donner la vie et le salut, remplie d'avance de grâce, de gloire et d'immortalité : elle eût été peu digne de communiquer la plénitude de la vie, si les communes atteintes de la mort l'eussent jamais flétrie.

Mais non, créée dans la pensée éternelle de Dieu, et placée au commencement de ses voies, comme s'expriment les Écritures, pour être la Mère du divin Rédempteur, Marie ne put être conçue qu'au sein même de la vie divine. Pas un seul instant où le Fils de Dieu ne contemplât en elle sa Mère de toute éternité. Car il n'y a point la différence des temps pour les décrets éternels; c'est un acte toujours présent et sans aucune vicissitude. Ainsi la maternité divine, qui certainement repousse la moindre flétrissure, fut toujours en ce sens existante, toujours présente sous la main créatrice, toujours inséparablement unie à Marie dans la pensée et dans l'amour de son Dieu et de son Fils. Il l'aima, il la créa comme sa Mère. Mais il en aurait eu horreur, s'il l'eût jetée dans l'état d'iniquité originelle : elle n'y fut donc jamais. Ou bien Dieu un instant ignora, Dieu ne voulut pas un instant qu'elle fût la Mère du Verbe incarné. Alors arrachez ce moment funeste, retranchez-le de l'éternité, il n'y saurait trouver sa place ; il renverse l'ordre inébranlable des décrets divins, il en brise la suite indestructible, il déplace l'immobilité même des volontés divines, il interrompt l'éternelle complaisance, l'éternel amour d'un Dieu pour sa Mère, il les concilie avec la haine et la vengeance. C'est assez dire que la supposition est impossible, et qu'il faut nécessairement admettre l'éternelle prédestination de la Mère de Dieu à l'état parfait d'innocence originelle.

Anges saints, célébrez le triomphe de votre Reine; âmes innocentes et pures qui habitez la terre, réjouissez-vous, vous pouvez vous livrer sans crainte aux doux transports de votre piété. L'honneur le plus pur de la Mère de Dieu, cher à vos cœurs, l'est aussi au cœur sacré de son fils, et il bénit cet heureux accord de vos sentiments avec les siens; aimez toujours et préférez les divins attraits de l'innocence, fuyez les charmes corrupteurs du vice. De chastes délices, mille fois préférables à l'ivresse des plaisirs du monde, rempliront vos âmes, et il vous sera donné d'avoir part à ces joies saintes et pures dont Marie reçut la plénitude avec celle de la grâce et de l'innocence.

Nous venons de voir la vérité du privilége glorieux de la conception immaculée de Marie, tâchons maintenant d'en considérer l'admirable dignité et d'en recueillir les fruits précieux.

II. P. Pour exposer comme il convient l'excellente dignité de cet état d'innocence originelle auquel Marie avait été rendue dès sa conception même, il faudrait connaître et tous les priviléges de l'état d'innocence, et les dons infinis de la grâce réparatrice, et tout ce que peut dans une âme la libéralité divine.

Mais il n'a pas plu au Seigneur de nous révéler toute l'étendue de ses bienfaits, et l'esprit humain ne saurait en atteindre la mesure. Toutefois nous en savons assez pour concevoir quelque idée de la haute élévation où fut placée Marie au-dessus de tous les êtres créés, et pour comprendre, au moins en partie, à combien juste titre lui sont dus notre culte et nos hommages.

Parmi les suites trop certaines de la contagion originelle en nous, il en est de purement pénales et qui n'entraînent après elles aucune inconvenance pour la Mère de Dieu. L'Homme-Dieu lui-même ne les jugea pas indignes de sa majesté infinie. Ce sont les infirmités communes de la vie, les douleurs et la mort.

L'innocence et la pureté de sa nature ne durent point exempter Marie de ces peines infligées aux coupables; elle demeura sujette aux douleurs et à la mort, afin de pouvoir souffrir comme le Sauveur des hommes pour notre amour. Dans Marie les douleurs furent donc une source abondante de mérite et de gloire, une ressemblance de plus avec son fils.

Mais s'il est beau, s'il est glorieux à l'innocence

de souffrir pour les fautes et les crimes qu'elle n'a pas commis, il répugne qu'elle subisse des effets attachés à l'iniquité seule, qui la supposent admise, la reproduisent avec ses traits hideux, et déshonoreraient en quelque sorte l'honneur lui-même.

Je veux parler de ces restes honteux du péché, comme l'antiquité les appela, de ces penchants désordonnés qui nous ramènent et nous inclinent sans cesse au mal, trop souvent nous y replongent, et qui dégradent l'humanité courbée sous leur tyrannie : champ de bataille ouvert à la grâce contre la nature dépravée; occasion il est vrai de glorieuses victoires, mais qui portent avec elles un sentiment profond de notre chute. Un tel désordre n'est que le fruit même du vice originel; le supposer dans Marie, non plus que dans son fils, ce serait un affreux blasphème, une impiété sacrilége.

La foi orthodoxe, ou du moins l'unanimité des docteurs catholiques, n'a jamais laissé mettre en doute à cet égard l'honneur sacré de la Mère de Jésus-Christ.

Nous, Messieurs, nous portons tous intérieurement un foyer d'inclinations perverses, tous nous naissons sujets au déréglement des passions, exposés à ces abus journaliers de nos forces naturelles qui blessent la sainteté de Dieu.

Mais pour vous, ô Vierge conçue dans l'innocence, le torrent dévastateur qui déborda sur toutes nos âmes s'arrêta devant la vôtre; il n'y vint point altérer la beauté sans tache de l'image divine. Non, vous n'avez pas ressenti les atteintes de ces eaux corrompues de la contradiction, qui pénètrent et s'insinuent jusque dans les derniers replis de la nature dégradée, vont y remuer ses penchants comme une lie impure, soulèvent ses sens et ce corps de boue. Non, vous ne connûtes point nos tristes combats. Et si votre vie ne fut qu'un long martyre, c'est que votre cœur était cet holocauste vivant que consument les flammes de la charité la plus ardente et la plus pure.

Mais pour nous, Messieurs, souffrez que je vous le demande en présence de la plus noble image de la nature innocente rendue à la terre : que sommes-nous donc? Malheureux jetés par notre naissance même sur la terre d'exil, de combats et de larmes; moins à plaindre cependant si nous connaissons et sentons notre malheur.

Que sommes-nous dans la vérité, et que pouvons-nous par nous-mêmes? A quoi nous servent et cette raison tant vantée et cette confiance hautaine en nos propres forces? Blessés dans toutes les facultés de notre âme, semblables à un frêle esquif ouvert de toutes parts et battu par les orages, nous flottons jouets des vents contraires, souvent près de périr. Je suis à moi-même, s'écriait un grand évêque, je suis un abîme sans fond, impénétrable. Je sens bien au plus intime de mon être un mouvement qui m'élève à Dieu; je voudrais m'élancer à lui; mais je sens aussitôt comme un poids de mille cupidités opposées qui m'entraînent et me captivent. Il semblerait que cette partie si faible de moi-même qui combat pour le bien, ne peut rien pour ma délivrance, et qu'elle est là seulement pour écrire ma condamnation. Si les nobles ardeurs de la vertu me raniment quelquefois, le moindre souffle viendra bientôt éteindre cette flamme errante et volage qui ne prend pas à sa matière, mais court légèrement à la surface.

Que dirai-je de plus? Je suis abattu, épuisé par de profondes blessures, et ne veux pas reconnaître mon mal. Réduit aux abois, je veux faire parade de mes forces. Je ne sais pas même déplorer ma misère ni implorer le secours du libérateur; j'en rougirais, faible et altier tout ensemble, impuissant et présomptueux.

O homme infortuné! laisse là les sophismes mensongers, les illusions orgueilleuses, les pompeuses et fausses maximes. C'est un murmure flatteur qui t'endort pour te laisser plongé dans d'épaisses ténèbres; c'est en même temps un venin subtil et caché qui s'insinue dans tes plaies et y dépose un germe profond de mort. Insensé! à quoi sert de tant s'abuser? N'est-ce pas assez d'être faible et malade, faut-il encore être si fier dans l'infirmité même?

Ou bien, si l'on sent le besoin du remède, si l'on comprend l'obligation de vaincre un esclave révolté, et de reconquérir l'empire détruit de l'esprit sur la matière, pourquoi le demander à de vains efforts et à de vains raisonnements? Pourquoi ne chercher la lumière qu'au sein d'une nuit obscure? O raison impuissante! qu'as-tu jamais su vivifier sans la grâce et sans la foi divine? Le glorieux fils de Marie, Fils de Dieu et Dieu lui-même, voilà le souverain libérateur, voilà le réparateur de la dignité de l'homme.

Il est la voie unique et sûre par ses divins exemples, la vérité infaillible par sa céleste doctrine, le principe de vie indestructible par l'abondante effusion de sa grâce qui nous régénère, nous soutient et nous unit étroitement à Dieu. C'est en son nom seul qu'il nous est donné d'espérer la délivrance : heureux celui qui sait fidèlement l'invoquer! Ainsi par le combat uni à la prière saurons-nous tendre à cet affranchissement véritable, qui ne doit cependant nous appartenir pleinement qu'au ciel, mais dont Marie possédait ici-bas toute la perfection.

Aussi Jésus-Christ voulut-il qu'avec son nom divin fût encore invoqué le nom béni de sa Mère. Pour mieux exciter notre confiance, il voulut montrer en elle, comme il était juste, le plus parfait triomphe de la grâce divine. Cette âme innocente et pure, élevée bien au-dessus des intelligences angéliques, ne connut donc jamais que le beau jour de la vérité sans aucune de nos erreurs; jamais elle ne ressentit que la douce impulsion du divin amour.

Tout en elle, soumis aux lois d'une parfaite harmonie, s'unissait en paix aux volontés du Roi souverain des cœurs, sans trouble, sans contradiction ni révolte. Mais constamment semblable à elle-même, toujours présente au Dieu présent, elle fut irrévocablement fixée dans la grâce et la vertu la plus sublime. Tous les instants de sa vie furent marqués par la plus pure et la plus haute fidélité; et jamais, comme l'Église assemblée à Trente l'enseigna, jamais elle n'eut à gémir de la faute même la plus légère; elle ignora jusqu'aux moindres surprises de la fragilité humaine, auxquelles n'échappe ici-bas aucune des âmes les plus héroïques et les plus saintes. Marie seule reste debout quand tous sont tombés. Toujours appuyée sur l'arbre de vie, elle ne goûta jamais le fruit funeste de l'arbre mauvais. C'est que l'influence de la désobéissance première n'avait point altéré en elle la force ni la sainteté originelles. En nous les faiblesses de chaque jour ont pour cause primitive le vice intime de la nature, sans que nous y puissions cependant trouver notre excuse ; car la liberté demeure, affaiblie il est vrai pour le bien, jamais détruite, vouée au combat, mais forte et puissante encore pour vaincre, quand elle veut s'aider de la grâce offerte à tous par la rédemption divine, et que la prière fait descendre en nous.

L'état d'innocence ne suffisait pas à l'auguste Marie, elle devait montrer au monde un autre genre de gloire, mettre en honneur une vertu qui s'élève bien au delà du devoir.

La sainteté nuptiale, à laquelle aussi sont accordées des bénédictions célestes, n'aurait pas répondu, ce semble, à la dignité de l'incarnation divine, elle n'aurait pas rempli non plus les vues de Marie. Marie embrassa la virginité. Elle l'eût même préférée à la maternité divine, ses paroles l'attestent dans l'Évangile. Elle savait que les regards du Très-Haut se reposent avec complaisance sur cette perfection plus céleste et angélique qu'humaine ; et l'Enfant-Dieu conçu dans ses chastes entrailles voulut à jamais, comme la foi catholique nous l'enseigne, unir en elle, par un prodige de sa toute-puissance, la virginité la plus pure avec la fécondité véritable de mère, mais de mère d'un Dieu. Seule aussi entre toutes les mères elle enfanta sans douleur : elle n'avait pas été comprise dans l'arrêt porté contre Ève coupable.

Je ne vous ai parlé que du principe même de ce rétablissement parfait de l'état d'innocence en Marie ; et il faudrait maintenant vous en offrir les glorieux et admirables effets ; mais le temps nous manque pour retracer tant de gloire et de grandeur. L'innocence originelle avec ses plus glorieux priviléges ; une âme et un corps sanctuaire inviolable de toute sainteté, ouvert aux seules influences de la sagesse et de la charité divines, que ne ternit jamais la tache la plus légère, mais où brillèrent constamment l'ordre, la paix, la perfection la plus sublime dans la plénitude des grâces célestes, et tout ensemble la virginité et la maternité divines, quelle grande et glorieuse part dans la rédemption du monde !

Mais du moins vous comprenez assez pourquoi l'Église fut dans tous les temps si jalouse de défendre les glorieuses prérogatives de Marie, de faire partout fleurir son culte et d'étendre au loin les honneurs extraordinaires qu'elle lui rend ; pourquoi les hommes apostoliques convertissent les nations en joignant ces deux noms, Jésus et Marie ; pourquoi jadis les populations saluèrent à l'envi la Mère de Dieu comme leur protectrice et leur Mère ; pourquoi de toutes parts des autels lui sont dressés, des temples magnifiques dédiés ; pourquoi nos antiques symboles et les décrets de notre foi ont consacré comme des dogmes catholiques la plupart de ses glorieux priviléges ; pourquoi enfin Marie est la consolation de l'affligé, le secours du pauvre, la confiance du malheureux, vous le comprenez.

Ah ! en contemplant tout ce que la puissance et la bonté divines se sont plu à accumuler de grâce, de grandeur, de sainteté et d'ineffables prodiges dans une pure créature bénie entre toutes, je me rappelle ces sentiments profonds d'admiration et de respect dont étaient saisis au souvenir de Marie ces grands hommes, nos pères et nos maîtres dans la foi. Une sainte frayeur, une horreur religieuse les pénétraient : *Totus contremisco, totus horreo*, disait l'un d'entre eux. Mais bientôt, donnant un libre cours à l'élan de leurs cœurs, ils chantaient et célébraient ses louanges dans les transports d'un amour vraiment filial.

Une foi vive, une piété tendre, béatitude anticipée sur la terre, les élevaient jusque dans le ciel auprès du trône de la Majesté divine; ils y contemplaient avec l'Église, à côté de son divin Fils, cette Vierge Mère que respecta également la corruption du berceau et de la tombe; ils la voyaient toute resplendissante des clartés célestes, et devenue, comme ils l'appelaient encore, la toute-puissance suppliante; Reine aussi et mère du genre humain, mais pour fléchir la justice irritée par une médiation toute de paix et de miséricorde. Ils la saluaient de leurs vœux, ils la nommaient leur vie, leur espérance; ils la conjuraient d'éloigner les maux dont l'Église et l'État pouvaient être menacés.

Son souvenir ou plutôt son secours soutenait leur constance dans les travaux, ranimait leur courage dans les épreuves. Sous son égide, ils marchaient vers la patrie, voyageurs intrépides sur la terre d'exil. Ils savaient que tous leurs pas étaient marqués au livre de vie et comptés pour l'éternité. Les faux plaisirs, les vaines sollicitudes du monde ne pouvaient entraver leur course. Le nom de Marie uni à celui de son divin Fils, et mille fois répété sur leurs lèvres, était une prière constamment exaucée et qui leur rendait propice l'étoile de cette mer orageuse. Enfin l'heureux terme arrivait, ils expiraient doucement en prononçant ces noms de Jésus et de Marie, objet de toutes les affections, et ils allaient recevoir la récompense au sein de la glorieuse immortalité.

DISCOURS

SUR LA VIE RELIGIEUSE

DISCOURS

SUR LA VIE RELIGIEUSE

> *Mortui... estis et vita vestra est abscondita cum Christo in Deo.*
>
> Vous êtes morts, et votre vie est cachée en Dieu avec Jésus-Christ.
>
> COLOSS., III, 3.

MONSEIGNEUR,

Saint Paul écrivait aux premiers chrétiens; il les nommait saints et fidèles, *sanctis et fidelibus;* il les pressait avec toute l'ardeur de son zèle de participer aux fruits glorieux de la mort et de la résurrection du Sauveur, et il ajoutait ces étonnantes paroles : « Car vous aussi vous êtes morts, et votre

---

[1] Ce discours a été prêché à Toulouse en présence de Mgr l'Archevêque, pour la cérémonie d'une vêture et d'une profession religieuse en mai 1837.

vie est cachée en Dieu avec Jésus-Christ. » *Mortui enim estis, et vita vestra est abscondita cum Christo in Deo.*

C'est à vous, mes sœurs, que j'adresse aujourd'hui ces paroles de l'Apôtre; à vous surtout qui nous donnez le touchant spectacle de l'oblation entière de vous-mêmes faite au Seigneur, et qui, par la consécration religieuse, nous rappelez le souvenir des vertus primitives du christianisme.

A vous je puis et je dois dire en ce moment : Ici vous venez donc mourir et vivre de la vie cachée en Dieu avec Jésus-Christ.

Vous venez mourir à ce monde dont vous allez pour jamais vous séparer; vivre à ce Dieu auquel vous serez unies pour toujours.

Mourir d'une mort précieuse devant le Seigneur comme la mort de ses saints; vivre dans une sainte retraite où la vie même de Dieu, sa divine charité, fait ses délices d'habiter.

Et je ne fais ainsi qu'exprimer le bonheur de votre offrande avec ses conditions sacrées : Vous mourez et vous vivez; et vous mourez pour vivre de la vie cachée de Jésus-Christ en Dieu : *Mortui estis, et vita vestra est abscondita cum Christo in Deo.*

Il y a là tout un mystère de paix et d'amour dont je voudrais vous dire quelque chose.

Quelle est cette mort et quelle est cette vie que nous devons retrouver dans la profession religieuse; c'est ce que nous allons rechercher ensemble dans ce simple entretien.

Heureux du moins en nos tristes jours, et quand la vue de tant de maux, de tant d'aberrations funestes des esprits et des cœurs, vient affliger nos âmes, heureux d'avoir à nous occuper ici seulement, devant une pieuse assemblée, de cette voie intérieure et véritable qui conduit à la vie parfaite.

Et puissions-nous tous, mes frères, comprendre mieux encore et mieux sentir tout le prix et toute la douceur d'une vie entièrement consacrée au service du divin Maître !

Demandons humblement cette grâce par l'intercession de la Reine des vierges. *Ave Maria.*

I. P. Le Seigneur Jésus était venu pour sauver ce qui avait péri, comme s'exprime l'Évangile. Lui-même il disait : « Je viens pour qu'ils aient la vie : » *Ego veni ut vitam habeant;* et dans ce but, parmi les touchantes leçons que sa bonté nous apporta, il mêla souvent les leçons dures en apparence, douces en réalité, de guerre, d'abnégation, de croix et de mort.

Il faut renaître, enseigne-t-il, pour être son disciple; et pour renaître il faut bien savoir mourir. Cette fausse paix du monde, ce sommeil d'illusion et d'indifférence dont on se berce quelquefois, et qui n'est pas la vie véritable, Jésus-Christ vint le troubler et l'attaquer avec le glaive de sa parole, *non veni pacem mittere, sed gladium.*

Il répéta souvent, pour ceux qui auraient l'intelligence, qu'afin de trouver son âme il fallait la perdre, la perdre pour la vivifier et la sauver : *Qui perdiderit animam suam propter me, salvam faciet illam.*

Et pour expliquer sa pensée, il daignait donner la comparaison du grain de blé qui doit mourir au sein de la terre pour porter un fruit de vie. Ainsi, concluait le Sauveur, celui qui aime son âme la perdra, en cherchant par un amour de soi malentendu la vie du monde, opposé à l'Évangile; et celui qui hait son âme et meurt au monde, la gardera pour la vie éternelle.

Telle fut aussi et telle devait être la doctrine des apôtres, celle de saint Paul en mille endroits de ses admirables Épîtres; celle des saints, de ces hommes vraiment grands, qui, éclairés des lumières d'en haut, avaient bien compris et nous redirent que, pour participer déjà ici-bas à cette vie véritable, à cette liberté des enfants de Dieu qui nous fut conquise en Jésus-Christ, il fallait être mort, *mortui estis, et vita....*

Nul doute donc qu'il n'y ait pour nos âmes le besoin d'une mort spirituelle et intérieure pour revivre en Jésus-Christ.

Mais quelle est cette mort mystérieuse? Et quelle sorte de vie doit donc ici s'éteindre et périr? Que faut-il détruire ainsi et faire mourir en nous?

Nous le savons, mes frères, et déjà le baptême l'opéra dans un vrai sens pour le chrétien.

Toutefois il reste toujours un principe intérieur à combattre, et c'est de cette lutte permanente qu'il s'agit dans les leçons de l'Évangile et dans celles de saint Paul.

Dans une âme doit s'apaiser d'abord et puis mourir peu à peu, comme s'éloigne un bruit d'orage, cette activité tumultueuse souvent de souvenirs, de pensées, de désirs et de penchants divers, qui se pressent, s'entre-choquent, se combattent en nous et ne laissent pas à la vie divine de la grâce son libre et paisible cours.

Hélas! c'est depuis longtemps qu'on s'en plaint; il y a deux actions, deux vies, deux hommes opposés dans un même homme.

Notre esprit, notre pauvre cœur sont en butte à mille contradictions pénibles; et sans la foi d'une altération originelle dans notre nature, nous serions à nous-mêmes la plus inconcevable énigme.

On cherche, on veut, ce semble, la vérité, le bien ; et d'épaisses ténèbres, les frivoles ou cruelles fascinations du monde et des passions se lèvent pour obscurcir notre vue.

On s'élance vers le terme à saisir, la vie de la divine charité et ses œuvres ; la force manque pour l'atteindre, on se lasse et l'on se retire.

Cette demeure de boue que nous habitons nous appesantit et nous abaisse. Si par moment une noble ardeur pour la vertu nous ranime et nous transporte, ce n'est guère qu'un feu passager qui brille, pour tomber et s'évanouir presque aussitôt. Et voilà qu'on se retrouve plein de misère et de faiblesse.

Au reste, il ne faut ni s'étonner ni s'abattre. Saint Paul lui-même, le grand Paul, gémissait de son impuisance et de ses combats. Il s'écriait : « Le bien que je veux, je ne le fais pas : le mal que je ne veux pas, je le fais ; homme infortuné que je suis, qui me délivrera de ce corps de mort ? »

Et quelle est l'âme qui n'a pas eu à gémir aussi de cette lutte et de ces vicissitudes intérieures, de cette mobilité funeste d'idées et de sentiments, d'être si rarement fixée et soumise, même dans la prière ? Qui n'a pas gémi de ces influences grossières, si puissantes à nous courber vers la terre ? Qui n'a retrouvé, même en suivant la voie des commandements divins, et parce qu'il la suivait, la loi intérieure de répugnance et de combat, *legem repugnantem in membris,* comme parle encore saint Paul? Et, chose étrange, loi de combat contre Dieu même, subversion native de l'ordre que le péché nous imposa.

Tel est, mes sœurs, ce principe vivant et rebelle en nous, qu'il faut tendre sans cesse à dompter et faire mourir, s'il se peut. C'est là cette vie contraire à la loi de Dieu en nous-mêmes, qu'il faut travailler sans cesse à éteindre, au moins à diriger.

Mais enfin par quel moyen?

Dans tous les temps sans doute comme dans toutes les positions, la piété fidèle sut opposer au génie du mal un courage vainqueur; à Dieu ne plaise que je veuille ici le méconnaître. Toujours des âmes généreuses surent, même au sein des embarras du monde, mourir au monde et à ses œuvres réprouvées, vivre pour Dieu et pour les œuvres de Dieu.

Et ne savons-nous pas que le cœur paternel d'un saint pontife, modèle si parfait lui-même et de cette vie cachée avec Jésus-Christ en Dieu, et de zèle, et de courage; ne savons-nous pas qu'il est doucement consolé dans sa pénible et glorieuse carrière, par les fruits abondants de vie qu'il voit croître et se multiplier autour de lui sous ses pieuses influences ?

Mais je dois aussi rappeler dans ce jour que le Seigneur, par sa miséricorde, ouvre avec une vocation spéciale une voie spéciale de perfection et de conseil; une voie de mort courageuse, de vie véritable, dont la pensée nous rassemble en ce moment : l'état religieux.

L'état religieux : quel mot prononcé dans ce siècle étrange, au milieu de tant de folie et de délire !...

Ici heureusement je n'ai qu'à retracer à des cœurs qui l'estiment et savent l'apprécier, ce travail intime de la grâce dans l'âme religieuse; travail qui sera cette mort spirituelle et intérieure que le Seigneur demande pour donner une nouvelle vie.

Quelquefois c'est une action subite de l'Esprit divin qui saisit et qui terrasse, pour ainsi dire, comme sur le chemin de Damas fut terrassé Saul persécuteur. Alors une âme séparée en un instant d'elle-même, arrachée tout à coup aux plus séduisants prestiges du monde et des plaisirs, s'enfuit dans un asile solitaire et y demeure, suivant la parole du prophète : *Ecce elongavi fugiens, et mansi in solitudine.* Là elle dépouille sa vie première, comme un vêtement que l'on quitte; elle ne vit plus pour la terre.

D'autres fois c'est une inclination suave et forte, un paisible et constant attrait qui conduit l'âme jusqu'à l'autel du sacrifice.

Prévenu dès l'âge le plus tendre de toutes les bénédictions de la douceur divine, sanctuaire d'une angélique innocence, ce cœur semble à peine avoir connu les atteintes de la dégradation première. Il se voue au Seigneur, qu'il aima toujours uniquement. C'est bien encore mourir, il est vrai; mais c'est aussi, par un passage presque insensible, entrer dans la région de vie. Ce cœur, la charité de Jésus-Christ le remplit et le dirige.

Souvent, assez souvent la grâce et la nature, la foi et les vains sophismes, l'amour divin et les passions seront aux prises. Dieu appelle à la retraite; cette voix qui dit : Viens, suis-moi, est entendue. On veut et l'on ne veut pas suivre. Il y a lutte alors.

Des charmes trompeurs, de décevantes apparences peuvent bien présenter dans un monde fantastique je ne sais quelle alliance des affections et des jouissances de la terre avec la vertu qu'on aime aussi, ce semble : la vertu qui n'habite guère avec les jouissances terrestres. Mais ce n'est là que l'illusion d'un rêve.

Et si à la force intérieure de la grâce se joint la voix d'un sage conseil; si le mot du Sauveur est répété comme autrefois aux oreilles de François Xavier, ce mot : Que sert à l'homme de gagner tout l'univers, et de perdre son âme? on écoute alors d'une oreille plus attentive, mais l'on hésite encore; car on est enlacé de mille liens qu'il faut rompre avec courage. On le sent, on le veut, on combat, le cœur prie, et l'heure est venue.

Le cœur prie dans toute l'effusion de la grâce et du désir, dans le recueillement et le silence. Enfin le triple vœu de consécration embrassé avec ardeur, ces vœux bénis qui donnent tout à Dieu, briseront la vie du monde; et l'on n'a plus qu'à chanter le cantique de la délivrance : *Laqueus contritus est, et nos liberati sumus.*

Biens, plaisirs, honneurs, indépendance, vous n'arrêterez plus un essor généreux. En vous était le joug, le joug de nudité, de peine, d'esclavage. Pauvreté, chasteté, obéissance, c'est richesse, bonheur et liberté véritables. Dieu seul pour héritage, Dieu pour compagnon inséparable, Dieu pour maître et pour guide fidèle.

Tel est le bienheureux échange qu'a fait l'âme religieuse; elle meurt au monde, elle ne vit plus de sa vie, de ses désirs, de ses pensées, de ses incertitudes ni de ses caprices : non. Laissez-la, ne la troublez pas; elle s'ensevelit avec Jésus-Christ. Là elle se bâtit une demeure, elle élève le mur sacré de séparation; elle disparaît à tous les regards, et elle a choisi le lieu de son repos aux sources mêmes de la vie.

Combien d'âmes peut-être, me suis-je dit souvent à moi-même, combien qui, ballottées par les orages du monde, froissées et flétries par ses cruelles atteintes, portent ainsi la peine de vocations divines méconnues et négligées!

Au milieu du tourbillon et du bruit, la parole intime qui appelait à la réflexion et à la retraite a passé inaperçue ou même volontairement étouffée. Quelques jours de méditation et de prière l'eussent fait clairement, victorieusement entendre, eussent épargné les longs jours de regrets et de soucis amers.

Heureux donc, mille fois heureux le cœur qui, fatigué des vains fracas du monde et désabusé de ses tristes plaisirs, a su venir ainsi dans la solitude et le silence goûter et voir combien le Seigneur est doux! Là Dieu a parlé au plus intime de l'âme, et le divin langage, comme une rosée rafraîchissante, a calmé la fièvre ardente des passions. Alors il se fait une grande paix; on se repose arrivé au port après la tempête: la foi vient plus vive, qui éclaire et qui épure; l'espérance fortifie, élève au-dessus de toutes les joies périssables, et la divine charité attache inviolablement à l'unique et souverain bien, seul digne d'être aimé pour lui-même.

A quelque moment prédestiné, un recueillement profond absorbe tout l'être intelligent et sensible. Le ciel s'est abaissé, l'homme un instant s'est fait ange; Dieu se donne à l'âme, et l'âme dans sa contemplation solitaire a reçu comme un avant-goût des célestes béatitudes.

Mais ce n'est plus vous parler de mort, vous le voyez; c'est avoir déjà nommé la vie, la vie cachée en Dieu avec Jésus-Christ, partage heureux de l'âme chrétienne qui sait se recueillir. Quelques mots encore sur ce don précieux.

II. P. Il y a donc, mes sœurs, vous le savez, une vie intérieure de l'esprit, dont je dois ici rapidement vous rappeler l'histoire et la génération divine en nos âmes.

Elle est cette lumière dédaignée dans les pensées des heureux du siècle, *lampas contempta apud cogitationes divitum;* c'est qu'elle leur est bien peu ou bien mal connue.

Mais pour l'âme consacrée à Dieu, c'est le jour pur et serein qui l'éclaire, c'est un air bienfaisant qu'elle respire, son centre, son bonheur, sa force, sa vie en un mot. Et puissions-nous apprendre à bien connaître, à chérir, à trouver ce trésor caché, qui est Dieu même !

Les paroles de l'Apôtre nous y invitent ; méditons-les encore : elles pourront nous révéler quelque chose de ce religieux mystère.

Saint Paul nous parle d'une vie qui doit être la nôtre, *mortui estis, et vita vestra;* d'une vie cachée avec Jésus-Christ, *abscondita cum Christo;* cachée en Dieu, *in Deo.* Triple caractère à considérer.

Si je me demande quelle peut être cette mystérieuse existence, cette renaissance ou même cette nature nouvelle de nos âmes ; je me rappelle, à l'aide de la foi, qu'en Jésus-Christ et par lui nous participons à la nature divine elle-même, *divinæ consortes naturæ*. Nous savons qu'en Jésus-Christ, et par l'effusion de son esprit, la charité et la grâce sont répandues dans nos cœurs, les remplissent, les animent et les revêtent de qualités et de vertus surnaturelles et divines.

C'est la vie de la grâce, beauté intime, ineffable, de l'âme, fruit à jamais inappréciable du sang de Jésus-Christ, gage assuré, s'il persévère, de l'éternelle félicité.

Mais cette vie de la grâce a des degrés et des caractères divers, et nous devons dire avec l'Apôtre que les dons du Seigneur sont différents et différemment partagés.

Essayons d'indiquer celui qui, d'après les paroles mêmes de saint Paul, semble convenir surtout à la profession religieuse.

Le Sage, dans nos divines Écritures, recommande d'apporter tous ses soins à la garde du cœur, parce que de lui procède la vie : « La vie procède du cœur ; c'est que la mort peut en venir aussi [1] » *Omni custodia serva cor tuum, quia ex ipso vita procedit.* Notre-Seigneur disait : « Du cœur sortent les pensées mauvaises, l'homicide, l'adultère [2]. » *De corde exeunt cogitationes malæ, homicidia, adulteria.*

Suivant nos livres saints encore, c'est le cœur que Dieu regarde en nous. Il ne veut, dans son éternelle charité, qu'attirer à lui notre cœur. Pour tourner le sien vers nous, il demande seulement que le nôtre se tourne vers lui. Il chérit le don joyeux que nous lui faisons ainsi de nous-mêmes avec plénitude et simplicité ; il est prêt à le récompenser avec usure.

Aussi, à la venue du Sauveur, l'hymne des anges était : « Gloire à Dieu au plus haut des cieux, et paix sur la terre aux hommes de bonne volonté. » Pour nous faire entendre qu'à cette précieuse pré-

---

[1] Prov., IV, 23.
[2] Matth., XV, 19.

paration du cœur sont promis tous les biens de la loi nouvelle.

Enfin dans combien d'autres endroits des divines Écritures ne retrouvons-nous pas les plus pressantes exhortations, les plus touchants commandements que nous fait le Seigneur de le chercher, de l'aimer de tout notre cœur? En sorte que cette divine charité, notre perfection, notre vie commencée sur la terre pour être consommée dans le ciel, c'est, au dire de saint Augustin, avec la grâce un mouvement de cœur et de courage qui nous porte dans le sein de Dieu, *motus animi in Deum*, et nous fait ainsi remonter jusqu'à la source même de vie.

Un mot exprime et résume assez tout le sens de cette doctrine : le dévouement.

Par là nous devons comprendre la bienheureuse et première nécessité d'un dévouement entier de cœur au service et à la gloire du Seigneur : dévouement qui est le principe dans une âme, avec la grâce, de sa régénération et de sa vie nouvelle.

C'est qu'une âme dévouée à Dieu ne voit plus qu'un terme, un but unique de toutes ses pensées et de toutes ses affections. Pour le saisir, elle s'élance avec joie dans la carrière, jette loin d'elle tout ce qui peut retarder sa course, ne retient, ne veut, ne choisit que ce qui la mène et la pousse vers la fin seule désirée, le règne de Dieu établi parfaitement en elle.

Quand une fois elle a mis sa main et son cœur à ce labeur saint, à cette œuvre de perfection et de vie, non, elle ne retournera pas en arrière.

Et si l'ennemi se réveillait, ce qui pourra bien être; s'il tendait de nouveaux piéges, livrait des combats nouveaux, ou par les ennuis et les dégoûts, par le poids même des sacrifices, ou par la révolte des passions, le dévouement sait attendre et souffrir; il sait prier, gémir, s'humilier, espérer, se vaincre, car le repos du complet triomphe, c'est la part de la seule patrie.

Mais Dieu, mes sœurs, vient toujours en aide au cœur dévoué, il ne saurait l'abandonner; c'est la loi d'alliance à jamais convenue, la fidèle communication à jamais établie, *pax hominibus bonæ voluntatis*. Dieu vient à la bonne volonté, il la console, la purifie encore, parce qu'il en est besoin encore, et verse chaque jour en abondance dans l'âme les flots de sa vie divine elle-même.

Ce dévouement d'un cœur généreux envers Dieu, c'est, si j'ose le dire, comme un pont heureux jeté sur les abîmes, formant une route élevée au-dessus des obstacles de la vallée de larmes, et menant aux eaux vives. Ainsi, pèlerin courageux de la foi, l'âme religieuse qui a su gravir les hauteurs de la montagne sainte, atteint à la source jaillissante du Sauveur ; elle y puise avec joie ces eaux vivifiantes dont parlait à l'avance le prophète, *haurietis aquas in gaudio de fontibus Salvatoris.*

Dévouement donc intime du cœur, c'est la condition première qui attire en nous l'effusion de la vie divine, et nous la rend propre, *vita vestra.*

C'est là comme un principe fécond de vie, en voici l'exercice et le fruit.

Quand déjà tous les obstacles ont été franchis, l'affection du monde et du péché bannie ; après l'oblation entière de nous-mêmes faite à Dieu, quand on s'est dévoué pleinement à lui, à sa gloire, à sa volonté sainte, à toute la perfection qu'il conseille et qu'il désire, car c'est là le sens et l'esprit de la consécration religieuse ; c'est alors que Jésus-Christ paraît, il paraît comme roi, comme guide et modèle souverain de l'âme dévouée, il lui demande encore : « Voulez-vous venir après moi ? » Et il faut le suivre dans un sanctuaire caché qu'il s'est choisi, pour vivre et y habiter avec lui. Ce sera l'exercice de la vie cachée avec Jésus-Christ, *vita abscondita cum Christo.*

Jésus-Christ, Fils unique du Père, la splendeur de sa gloire et l'expression de sa substance, comme dit saint Paul, est descendu un jour au milieu des hommes pour converser avec eux; ouvrant à tous la voie pour le suivre, il sépare cependant et choisit selon ses desseins quelques âmes avec lesquelles il veut continuer sa conversation plus familière et plus intime.

Il les appelle à se retirer à l'écart, à se recueillir davantage, quelquefois au sein même du monde, plus souvent dans l'asile sacré de la vie religieuse.

Là, aux heures bénies que fixe ou permet la règle, au pied des saints autels, ou dans les lieux de silence et de prière que ne viennent pas troubler les vaines agitations de la terre, un doux entretien s'établit entre le Sauveur et l'âme; elle demeure avec lui, repassant, méditant attentivement les touchants mystères de sa vie, de ses travaux, de ses souffrances et de sa mort.

Elle voit ce divin Sauveur comme présent, naître à Bethléem, fuir en Égypte, vivre et travailler pauvre, obéir à Nazareth. Elle le contemple jeûnant au désert, puis s'entourant de disciples pauvres comme lui, les instruisant, les formant, les supportant grossiers qu'ils étaient; parcourant avec eux les villes et les bourgades de la Judée; se retirant seul pour prier la nuit sur la montagne, prêchant le royaume de Dieu, enseignant à tous la vérité, la charité; appelant à lui les petits enfants, guérissant les malades, pardonnant aux pécheurs, passant partout en faisant le bien, doux et humble de cœur.

Elle le voit honoré quelquefois et accueilli avec transports; plus souvent méconnu, calomnié, haï, persécuté, jusqu'à ce qu'enfin elle le suive par la voie douloureuse du jardin de Gethsémani au sommet du Calvaire, puis au sépulcre, et puis dans toutes les gloires de la résurrection et du triomphe.

Quels souvenirs, quelle source de méditations attentives, d'affections, de consolations vives et pures!

Marie, la Vierge sans tache, la Mère du Sauveur Jésus, se présente constamment à ses côtés, dans ses joies et surtout dans ses douleurs, nous donnant le plus auguste et le plus touchant modèle du cœur dévoué, dévoué jusqu'à la croix, nous montrant dans la plus ravissante image la plus fidèle imitation de son divin fils.

Avec Jésus et avec Marie, dans ces entretiens secrets de l'âme, dut-il y avoir parfois la participation amère au calice de l'agonie, il y a toujours un bonheur mille fois préférable à l'ivresse des plus ardents plaisirs.

Dans cette conversation intérieure, tantôt c'est l'enfant qui presse un père, une mère tendre; tantôt c'est l'infirme, l'indigent qui a recours au souverain consolateur, ou bien le disciple à son maître, ou l'exilé au Roi glorieux de la patrie.

Peu à peu les liens de cette étonnante et divine familiarité se resserrent: le cœur devient véritablement le sarment attaché à la vigne adorable, il en tire un suc nourricier, une séve féconde. La vie de Jésus-Christ passe peu à peu dans cette âme; il pourra lui être donné de dire : Pour moi vivre, c'est Jésus-Christ, *mihi vivere Christus est;* l'image de Jésus-Christ se forme en elle, ses vertus divines s'y impriment, sa pensée y règne, ses actions s'y reproduisent ; au moins est-ce là le terme bienheureux auquel peut tendre et peut arriver l'âme religieuse qui fidèlement persévère dans ce saint exercice, dans cette vie intérieure de méditation et de prière, dans cette contemplation habituelle des mystères du Sauveur et de sa Mère.

Et c'est n'avoir rien dit encore. Ici tout langage humain serait impuissant, il expire ; il doit se contenter d'avoir balbutié quelques mots pour ébaucher imparfaitement l'idée de la vie cachée avec Jésus-Christ, *vita abscondita cum Christo.*

C'est en même temps, on le sent assez, vivre en Dieu, *vita in Deo;* c'est de plus en plus s'unir avec Jésus-Christ, et alors que de mystères et de merveilles encore, que de fruits enrichissent cette âme!

Le zèle surtout, fruit le plus pur de la charité, élan divin de cette vie cachée en Dieu avec Jésus-Christ, que le temps me permet à peine de nommer.

C'est la vive flamme échappée du foyer.

Là, dans cette union inexprimable, au sein de l'amour infini du Père et du Fils, au sein de la divine charité où le cœur établit sa demeure, on prend les sentiments mêmes du cœur de Jésus.

On est triste avec lui, et triste jusqu'à la mort, à la vue de ces multitudes aveuglées qui foulent aux pieds le sang rédempteur. On brûle de les sauver, on se dévoue encore, on s'offre en sacrifice pour le salut de tant d'âmes ennemies acharnées d'elles-mêmes; on livrerait sa vie et mille vies pour les arracher à leur mort éternelle. Prières, souffrances, privations imposées, travaux de tout genre, pieuses et persévérantes industries, on embrasse, on tente toutes les voies. Trop heureux et trop récompensé mille fois, quand, au prix de tant d'efforts, une seule victime est ramenée du gouffre du péché à la vie en Jésus-Christ et à l'amitié de Dieu!

Et vous voyez ici, dans ce pieux asile, ce que peut un zèle ardent, ce qu'il sait faire, bien mieux que tous nos discours ne l'exprimeraient.

Rendons au Seigneur d'abondantes actions de

grâces pour ces fruits précieux de vie qu'il répand dans les cœurs avec les dons de l'esprit d'amour; et bénissons-le aussi de ces instants passés à nous rappeler et cette mort et cette vie de l'âme religieuse, sa vie de dévouement, de conversation intérieure avec Jésus-Christ, de zèle en union intime avec Dieu même.

Puissent, mes sœurs, ces simples paroles que le désir du bien vous apporta, confirmer en vous plus que jamais l'amour de votre vocation sainte! Dans la méditation et la prière vous apprendrez à la chérir chaque jour davantage, parce que chaque jour davantage vous apprendrez à y puiser cette vie cachée en Dieu avec Jésus-Christ, source intarissable de paix, de courage et de zèle.

Et vous, mes frères, associés en esprit à cette religieuse consécration, vous en conserverez l'utile et pieux souvenir. Vous voudrez méditer quelquefois, dans la retraite et le silence, sur la vanité de tout ce qui passe et s'évanouit comme un songe, pour en déprendre de plus en plus vos cœurs et les attacher inviolablement à cette vie intime de la charité en Jésus-Christ, seul bien désirable et seul bien qui demeure.

Vous aimerez dans le secret de la prière à vous rendre familiers les exemples touchants, les touchantes leçons du Sauveur et de sa Mère, afin de suivre les unes en imitant les autres. Ainsi les bénédictions divines descendront-elles en abondance sur vous, autour de vous; ainsi par vos œuvres aussi et votre zèle porterez-vous des fruits heureux de paix, de joie et de salut, avant-goût du ciel ici-bas et garant assuré de la béatitude éternelle.

DISCOURS

POUR LA FÊTE DE SAINT IGNACE DE LOYOLA

FONDATEUR DE LA COMPAGNIE DE JÉSUS

DISCOURS

POUR LA FÊTE DE SAINT IGNACE DE LOYOLA [1]

FONDATEUR DE LA COMPAGNIE DE JÉSUS

> *Estote ergo prudentes sicut serpentes, et simplices sicut colombæ.*
> Soyez donc prudents comme des serpents, et simples comme des colombes.
> MATTH., x, 16.

Mes Frères,

Lorsque Jésus-Christ envoya pour la première fois ses apôtres exercer leur ministère parmi les brebis égarées de la maison d'Israël : « Allez et prêchez, leur dit-il, guérissez les malades, ressuscitez les morts. Ce que vous avez reçu gratuitement, donnez-le de même. Ne portez ni or ni argent avec vous, n'ayez point deux tuniques;

---

[1] Ce discours a été prononcé dans la maison du noviciat de Montrouge, le 31 juillet 1824, le Père de Ravignan étant encore novice.

l'ouvrier mérite qu'on fournisse à sa subsistance. Mais prenez garde, je vous envoie comme des brebis au milieu des loups; soyez donc prudents comme des serpents, et simples comme des colombes. » *Estote ergo prudentes sicut serpentes, et simplices sicut columbæ.*

Telles étaient les instructions que donnait le Sauveur à ses apôtres, et dans leurs personnes à ceux qui devaient comme eux mener la vie apostolique. Le désintéressement, la pauvreté, l'abandon à la Providence, la confiance en la bonté divine, le courage, le zèle, et enfin la prudence et la simplicité, toutes ces qualités qui font les apôtres brillèrent éminemment dans saint Ignace, et sa sainteté s'appuya sur les vertus les plus solides comme les plus élevées. Mais il semble que Dieu, qui le suscita pour la défense de la vérité dans un temps où dogmatisaient les faux sages, où la prudence de la chair égarait bien des esprits, où les passions soutenues de vains raisonnements corrompaient les voies de Dieu et entraînaient les cœurs loin de la droiture et de la simplicité évangéliques; il semble que Dieu voulut montrer dans l'humble fondateur de la Compagnie de Jésus un excellent modèle à la fois de prudence et de simplicité selon l'esprit de Dieu. Ces deux vertus dans de telles conjonctures étaient nécessaires à Ignace.

La prudence prévoit les dangers et les occasions favorables, mesure la force des ennemis et des obstacles, mûrit les raisons, pèse et examine les moyens, se détermine dans le calme, et lorsque par une prière longue et fervente elle a imploré l'assistance divine, qui seule donne la lumière, la force et le succès, elle agit avec attention et avec constance. La simplicité vient perfectionner la prudence. Le cœur qui n'aime que Dieu va droit à lui et ne cherche que l'honneur de son infinie majesté. L'esprit, comme un conseiller et un ministre fidèle, a montré le parti et les voies qu'enseignaient la raison et la foi; le cœur, dans sa simplicité toute sainte, consacre le but et les moyens, les embrasse volontiers; mais comme un enfant qui suit la main de son père, il ne prend d'autres voies que celles de Dieu; courageux et agissant, mais tranquille et confiant, il attend tout de la puissance de Dieu, comme il rapporte tout à sa gloire.

Ces traits peuvent caractériser saint Ignace au moins sous un rapport. Qu'il nous suffise en ce moment, mes frères, de nous y attacher pour notre édification commune. Heureux si nous pouvons, dans les souvenirs que ce beau jour nous rappelle, saisir de quoi composer ou nourrir ce fonds d'esprit apostolique et religieux que notre bienheureux Père nous a légué par sa vie comme par ses écrits.

Un coup d'œil rapide sur les principales circonstances de la vie de saint Ignace nous fera voir ce que peut la prudence chrétienne : ce sera le sujet d'une première partie. Puis pénétrant plus avant, sondant, s'il est possible, le cœur d'Ignace, nous tâcherons de connaître ce qu'est la simplicité d'un grand saint et les biens dont Dieu se plaît à la combler : ce sera le sujet d'une seconde partie.

O Marie! qui avez daigné adopter pour vos serviteurs et vos enfants les enfants de saint Ignace, daignez les assister aujourd'hui pour qu'ils puissent mieux rendre gloire à Dieu des vertus de leur Père, qu'ils étudient soigneusement leur modèle, et se montrent par son imitation plus dignes de votre protection. *Ave Maria.*

I. P. Ignace, vous le savez, mes frères, était né avec un caractère ardent ; il aimait passionnément la gloire, était doué d'un génie élevé, et l'annonçait par un certain air de grandeur répandu sur sa personne. Mais il avait en même temps un grand sens naturel, et l'on reconnut en lui dès ses premières années un fonds de sagesse et de discrétion peu ordinaire. Ignace, avec ces qualités précieuses, se laissa entraîner par les illusions du monde, et en suivant la carrière des armes il n'en évita pas bien les véritables dangers. Mais Dieu, qui avait déposé en lui des semences utiles de gloire et de vertu, le réduisit par un accident salutaire à rentrer en lui-même, et le livra à ses propres réflexions et aux combats de la grâce.

Ignace, conduit par les vues paternelles de la Providence, méditait à Loyola les exemples de Jésus-Christ et des saints. Retenu par l'amour du monde et des honneurs, attiré par l'amour secret de la vérité et du bien que la rectitude naturelle de son âme lui faisait apercevoir, il délibérait entre ces impressions contraires. Dieu, qui voulait en faire un modèle de prudence dans sa propre conduite comme dans la direction des autres, le laissa agir avec toute la maturité d'un homme sage. Ignace observa dès lors les mouvements divers qui se passaient dans son âme; il apprit à discerner les esprits qui dans l'homme influent en sens contraires sur sa volonté. Il reconnut que les pensées de conversion lui apportaient une joie solide et une paix véritable; les idées opposées, qui flattaient davantage ses sens, répandaient dans son âme l'amertume et le chagrin. Quand il eut mûrement examiné ces résultats, il se décida à quitter le monde pour suivre Jésus-Christ. Un dessein aussi sagement conçu fut sagement exécuté. Ignace se déroba secrètement à sa famille et au monde. Appelé à une sainteté éminente, il comprit que les vains ménagements du siècle et la prudence de la chair ne pouvaient le conduire au but glorieux où il tendait. Aussi embrassa-t-il, dès les premiers moments, la folie de la croix et la prudence de l'esprit qui produit la paix et la vie.

Manrèze fut une école qui apprit la sainteté à Ignace. Dieu devait bien perfectionner son œuvre; les saints ne s'arrêtent pas dans leurs progrès. Mais dès ce moment Ignace était récompensé de sa généreuse fidélité comme de sa prudence. Il s'avança d'un pas ferme et mesuré dans la route que l'Eprit-Saint lui avait tracée. Toujours la pauvreté la plus exacte, le mépris des honneurs et de l'estime des hommes, la haine de lui-même, une grande constance à suivre ses desseins en ne consultant que la sagesse et la volonté divines, éclatèrent dans sa vie, qui fut tout entière consacrée au salut des âmes. Telle est en effet la fin que les inspirations de Dieu lui montrèrent dans sa retraite, et non-seulement pour lui, mais pour une société d'hommes apostoliques; en sorte que leur propre perfection fût intimement liée à la sanctification des âmes. Comment saint Ignace répondit il aux desseins de Dieu sur lui ? Qui pourrait le dire ?

Ignace est appelé à travailler au salut des âmes. Mais pour y travailler avec plus de fruit, il comprit qu'il avait à réparer un défaut absolu d'études. La sainteté sans doute est la première des conditions exigées dans un apôtre, et tout le reste n'est qu'accessoire. Mais la science est communément dans les desseins de Dieu un moyen nécessaire pour exercer utilement le zèle. Ignace avait trente-trois ans ; il n'avait pas les premiers éléments de la langue latine, et ne se sentait nulle inclination pour l'étude. Il s'y dévoue ; vous savez, mes frères, avec quel courage et quelle prudence. En vain les attraits de la piété semblent-ils le redemander tout entier; Ignace reconnaît les artifices de l'esprit de mensonge, et consent à sacrifier les douceurs de la prière plutôt qu'un travail rebutant mais utile, convaincu qu'il était, comme il l'enseigna depuis à ses enfants, que l'étude entreprise pour la gloire de Dieu était un excellent exercice de prière et d'amour, bien qu'elle privât l'âme peut-être d'une dévotion plus présente et plus sensible.

Barcelone, Alcala, Salamanque et l'université de Paris enfin furent, durant un cours d'années assez long, les témoins de ses efforts. Il prit de sages mesures pour s'assurer de ses progrès. Ce fut toutefois sans négliger ni le soin de sa propre perfection ni un exercice presque continuel de zèle. Jamais l'étude, alors même qu'il s'y livra le plus assidûment, ne lui fit omettre les saintes pratiques qu'il s'était prescrit de conserver.

Il nourrissait en même temps le projet que l'Esprit-Saint lui avait inspiré d'instituer une société d'ouvriers évangéliques qui se consacrassent à combattre l'hérésie, à défendre l'Église et à procurer la gloire de Dieu par toutes sortes de ministères. Les œuvres de Dieu se préparent souvent avec lenteur et par des ressorts cachés. Ignace connaissait certainement qu'il était appelé à former une compagnie d'hommes apostoliques : ne craignons pas qu'il agisse avec impatience ou enthousiasme. Il saura profiter des occasions que la grâce lui présentera, mais il ne hasardera et ne précipitera rien.

Ignace, à Paris, pour mieux soigner ses études, s'était mis entre les mains de Pierre Lefèvre; il habitait avec lui et avec François Xavier. Ignace jeta les yeux sur Lefèvre pour se l'associer dans le dessein qu'il avait conçu; il passa deux années à le former et à l'instruire dans les voies de la perfection. Le jugeant enfin propre à seconder ses vues pour la gloire de Dieu, il se contenta, pour sonder ses dispositions, de lui faire part d'un projet de voyage au Levant pour la conversion des infidèles : « Je vous suivrai, » dit Lefèvre. Ignace lui fit faire les exercices spirituels, Lefèvre sut en retirer le fruit qu'ils doivent produire, et devint le premier compagnon d'Ignace.

Xavier, qu'Ignace avait souvent entretenu, mais avec beaucoup de discrétion, des choses seules nécessaires, paraissait assez éloigné de se rendre à de telles exhortations. Ignace attendit tout de la grâce et de la prudence ; son industrieuse charité parvint à gagner par toutes sortes de bons offices longtemps continués le cœur de Xavier, qui avait auparavant quelque dédain pour lui à cause de son extrême pauvreté. Mais l'amour de la gloire et les avantages que Xavier espérait tirer de ses talents, les succès qu'il avait déjà obtenus, lui faisaient peu goûter les conseils d'Ignace. Ils triomphèrent à la fin des prestiges du monde. O Xavier, vous avez cédé à la prudence et à la douceur. Votre grande âme, touchée par la grâce, reconnut les marques de la vérité dans cette manière d'agir et de persuader. Voilà, mes frères, comment les disciples de Jésus-Christ lui gagnent des cœurs, et préparent ces vases d'élection qui doivent porter son nom devant les nations. Combien de fois les saillies d'un zèle peu réglé, et je ne sais quelle impatience qui n'attend pas les moments de la grâce et ne veut pas l'attirer et l'écouter longtemps dans la prière, n'ont-elles pas blessé au lieu de guérir, repoussé au lieu de ramener des âmes que le bon pasteur eût envoyées peut-être au bercail! Dans l'espace de sept années, Ignace s'était associé six compagnons. Il les avait formés avec soin à cette école qui l'avait formé lui-même, celle des exercices spirituels, et vous savez comment Lefèvre, Xavier, Laynez, Salmeron, Bobadilla, Rodriguez profitèrent de ces leçons.

Ignace suivait toujours son dessein avec la même sagesse; il avait assemblé ses compagnons pour leur en faire part. Il fut convenu qu'ils s'engageraient tous par vœu, mais que trois années seraient encore données à l'étude. Ignace ne croyait pas qu'on pût trop se préparer au ministère des âmes.

Tels furent donc les heureux commencements de la Société de Jésus. Elle naquit pour porter un si beau nom sous les auspices de Marie, le jour de sa glorieuse assomption et dans la chapelle des martyrs, sur cette terre qui nous porte encore et non loin de cette heureuse retraite. O France, deux fois notre patrie, puissent désormais les compagnons de Jésus partager les travaux de tes pasteurs!

L'année écoulée voyait au même jour et dans le même lieu se renouveler les mêmes vœux, d'après les sages intentions d'Ignace. Ses disciples, pleins de son esprit, suivaient exactement les mesures qu'il avait prescrites pour entretenir l'ordre, la ferveur et l'étude. Tous faisaient les mêmes exercices et pratiquaient cet examen tant recommandé par notre bienheureux Père : le temps du travail était réglé, et l'obéissance déjà goûtée et bien gardée. Quel spectacle offrait alors aux anges et aux hommes la petite compagnie d'Ignace! Pauvres, cachés, laborieux, des hommes pour la plupart doués d'un génie extraordinaire, préludaient ainsi aux fonctions apostoliques par la pratique de toutes les vertus et par le soin d'acquérir de justes connaissances. O jours vraiment pleins et bénis du Seigneur! quelle abondante moisson ne préparaient-ils pas !

Si ce genre de vie est en butte à des soupçons de nouveauté à raison de l'hérésie qui se glissait alors partout et sous toutes les formes, Ignace sait bien remplir le devoir de justifier des hommes qui ont besoin de leur honneur dans l'exercice du ministère évangélique. A Paris, à Venise, à Rome comme en Espagne, il ira trouver ses juges, et saura obtenir de solennelles déclarations en faveur de la doctrine et de la conduite de sa petite société, et du livre qu'elle propage comme une voie sûre à la vertu.

Le terme fixé pour l'exécution du vœu était arrivé. L'année s'écoula sans qu'Ignace et ses compagnons pussent passer en Palestine, comme ils en avaient fait le vœu. Aux termes du même vœu, ils allèrent alors mettre aux pieds du souverain Pontife l'offre de leurs services et l'entière disposition de leurs personnes.

Dieu le Père, en les présentant à Jésus-Christ pour qu'il leur donnât son nom auguste, sa croix et l'assurance de sa faveur à Rome, acheva ainsi merveilleusement d'instruire Ignace de ses desseins sur la Compagnie de Jésus. Le projet d'institut fut préparé et mûri longtemps par la méditation et la prière; bien des circonstances étrangères semblaient s'opposer fortement à ce que le souverain Pontife l'approuvât. Ignace attendait cette approbation avec confiance.

Le Ciel, en affligeant Rome de la famine vers cette époque, ouvrit à nos premiers pères une nouvelle carrière pour leur zèle; pauvres, ils furent les soutiens et les sauveurs des pauvres : Jésus-Christ voulut ainsi attirer les bénédictions des peuples sur la société naissante, pour faire cesser les obstacles qui empêchaient son établissement. Ignace saisit cette conjoncture pour soumettre à la sanction de Paul III le projet de son institut. Vous savez, mes frères, quelles difficultés il rencontra, et quelles marques visibles il reçut de la protection divine. Quoique appuyé sur elle, il sut la mériter de plus en plus par sa constance à défendre l'œuvre de Dieu, et par les prières les plus ferventes pour son accomplissement. Paul III approuva l'institut.

C'est maintenant surtout qu'il faudrait que la sagesse et l'expérience vinssent vous faire dignement apprécier ces trésors de prudence communiqués d'en haut à Ignace pour constituer sa société et la gouverner. Comment oserais-je ici entreprendre de vous présenter l'ensemble de cette organisation si sage, et que l'esprit de l'homme n'a pu seul créer? Comment vous exposer dignement cette alliance heureuse de force et de douceur, de prière et d'action, de raison et de confiance, de longanimité et de zèle, qui caractérisa l'administration d'Ignace élu, malgré ses résistances et ses prières, général de la Compagnie? Veuillez interroger seulement vos souvenirs.

Le premier soin d'Ignace fut donc d'écrire des constitutions. Il ne néglige aucun des moyens que le bon sens et les facultés humaines peuvent fournir. Il procède par de longues prières et de mûres réflexions. Il établit et pèse avec soin les raisons pour et contre; puis il se dépouille de tout intérêt et de tout penchant d'amour-propre : libre ainsi entre les mains de Dieu, il se décide. Plus tard nous pourrons admirer la pureté et la simplicité d'Ignace dans ces importantes délibérations. Mais qui ne rendrait déjà gloire à Dieu en voyant comment un saint rempli de son esprit, et doué d'un rare génie, a su mériter un haut don de sagesse par des travaux et des soins qu'on néglige volontiers avec bien moins de droits à l'assistance divine? Aussi qu'est-ce bien souvent que l'œuvre de notre esprit, sinon incohérence et inutilité? Il n'en est pas ainsi de l'ouvrage d'Ignace : c'est un tout parfaitement lié et utile dans toutes ses parties. L'autorité forte et paternelle, l'obéissance filiale et entière en sont les deux grands ressorts; la pauvreté en est la base. De justes épreuves, de longues études, deux novicats, la distribution des degrés, la prohibition absolue de toute dignité ecclésiastique en sont les excellentes garanties. Le but, c'est la propre sanctification et le salut des âmes. Un sage mélange de la vie contemplative et de la vie active, l'exercice de tous les ministères saints, surtout l'instruction de la jeunesse, une manière d'être commune, sont les puissants moyens de succès. O Compagnie de Jésus, fidèle à tes lois et aux vues de ton saint fondateur, poursuis en paix ta carrière. Là est ta force et ton repos. Petite et faible dans la vérité, que pourrais-tu au milieu de tant d'hommes qui se sont faits tes ennemis?

Comment userais-tu de la bienveillance, ou des persécutions, meilleures encore que la faveur, si l'esprit d'Ignace ne vivait dans ton sein pour te diriger et te défendre? Sois pauvre, humble, obéissante, charitable et prudente comme ton chef et ton modèle : voilà ta politique et ta puissance, que bénira Celui qui a daigné te confier son nom pour le porter devant les nations.

L'administration d'Ignace nous le présente mettant en action les principes de prudence et de vie qu'il déposait dans ses Constitutions. Déjà des ouvriers formés par ses soins travaillent utilement au salut des âmes dans les Indes, en Portugal, en Espagne, en Allemagne, en Italie, en Irlande. Si en France des corps et des autorités qu'il respecte accueillent des préventions et s'opposent à l'établissement de la Compagnie dans ce royaume, Ignace temporise. Tantôt il se ménage des protecteurs et des appuis en faveur de la vérité, et fait entendre quelques paroles de justification ; tantôt, et contre les plus fortes attaques, il a recours au silence, disant qu'en certaines occasions il vaut mieux se taire que de parler, jusqu'à ce qu'enfin une sage et douce persévérance fasse tomber les obstacles et triomphe des préventions.

Le général, du lieu de sa résidence, était présent partout, par son incroyable ascendant et par son autorité paternelle. Sa vigilance s'étendait particulièrement sur le maintien de la discipline religieuse, et de cet esprit de prudence qu'il voulait qu'on gardât dans l'intérieur des maisons comme dans les fonctions apostoliques au dehors. Il avait pour maxime de punir sévèrement les moindres infractions, sans égard à la personne des religieux qui les avaient commises. Il disait dans une circonstance qu'il y a moins de danger à violer les grandes règles que les petites; et la sagesse de ce principe est facilement sentie pour peu qu'on y réfléchisse.

Rodriguez et Bobadilla semblent-ils tenir à un système contraire dans le gouvernement : Ignace les retire du Portugal et de Naples : il envoie Miron, et laisse Oviédo, qui maintenaient exactement la discipline. Il sait aussi prévenir les inconvénients de la rigueur, et il avertit Torrez, visiteur du Portugal, qu'une nouvelle administration ne réussit que par le moyen de sages tempéraments. Il veille avec fermeté à la garde du dépôt d'autorité qui lui est confié ; et si Laynez lui-même s'oublie un moment, et se plaint de quelques dispositions du Père général, Ignace le rappelle de telle manière à son devoir, que Laynez lui répond à genoux et dans les sentiments de la plus vive douleur.

Quant à cet esprit de conduite et de modération

qu'il inspirait à ses enfants, il n'était pas moins soigneux de réprimer ce qui s'en écartait. Bobadilla s'était laissé entraîner trop loin par son zèle en défendant, à la cour même de Charles-Quint, la foi et l'autorité de l'Église contre l'intérim d'Augsbourg ; quelques expressions avaient pu blesser les justes égards dus à la majesté impériale : Ignace ferma pour un temps à Bobadilla l'entrée de la demeure commune.

Quelques-uns se laissaient aller, inconsidérément peut-être, au goût de la vie solitaire ; Ignace les redresse avec force, et leur montre pour modèle Jésus-Christ, dont tous les soins furent consacrés au salut des âmes. Si d'autres, emportés par la ferveur, pratiquent des austérités nuisibles aux ministères que la Compagnie exerce, il les éclaire encore, et leur enjoint d'obéir en tout, pour mieux suivre leur véritable vocation.

Le chemin des dignités ecclésiastiques s'ouvre-t-il, malgré toutes les précautions, pour Lejay, saint François de Borgia et Laynez : Ignace, qui a placé dans l'affranchissement de tels emplois une partie des avantages que son institut peut produire, met tout en œuvre auprès de Dieu et des hommes, prières, pénitences, sollicitations, démarches de tout genre, pour prévenir le danger, et il a le bonheur de réussir.

Ces traits peuvent rappeler un peu quel a été le gouvernement d'Ignace et quelle rare prudence en signale les actes.

La prudence est donc, mes frères, un des caractères de l'esprit de Dieu, et l'exemple des grands saints est bien propre à nous le faire reconnaître. C'est pour nous en particulier un précieux héritage, que nous devons cultiver avec soin. Désabusons-nous donc de plus en plus de ces fausses idées de ferveur et de courage, si nous les avions, qui nous feraient entreprendre l'œuvre du zèle avec l'emportement et l'ardeur de la nature. Ce n'est point ainsi que Dieu veut être servi; ce n'est pas ainsi que Jésus-Christ a travaillé sur la terre au salut des âmes; ce n'est pas non plus ainsi qu'agissait Ignace. S'il repousse loin de lui cette prudence de la chair qui engendre la mort, il écoute et suit fidèlement les conseils de l'esprit qui donne la paix et la vie. Sa conversion et le soin de sa propre perfection portent déjà ce caractère; il s'étudie et se combat avec patience et sagesse. Dans l'exercice du zèle, il ne précipite rien; il ne s'effraie jamais des obstacles, mais il attend et saisit les occasions favorables. Il ne se rebute point par la longueur de l'entreprise, emploie de sages tempéraments, et assure ainsi à la grâce son libre cours. Il prépare et mûrit durant un espace de plus de quinze années l'établissement de la société que Dieu l'appelait à fonder et à régir. Il se contente des plus faibles commencements, poursuit son dessein avec constance, mais paisiblement et dans un esprit de prière. C'est ainsi que les œuvres de Dieu s'accomplissent avec force et suavité.

Telle fut la prudence d'Ignace : un véritable enfant de lumière a une prudence bien supérieure à celle des enfants du siècle; et saint Ignace a su bien exécuter cette première leçon du Sauveur : « Soyez prudents comme des serpents, » *estote prudentes sicut serpentes*. Il nous reste à voir l'exécution de la seconde : « Soyez simples comme des colombes, » *et simplices sicut columbæ*. C'est le sujet de la seconde partie.

II. P. « Ma gloire, écrivait saint Paul aux fidèles de Corinthe, et le témoignage que me rend ma conscience, c'est que j'ai conversé et agi avec le monde dans la simplicité de mon cœur et dans la sincérité de Dieu même; et non avec une sagesse humaine et charnelle, mais selon la grâce divine[1]. » *Gloria nostra hæc est, testimonium conscientiæ nostræ, quod in simplicitate cordis et sinceritate Dei:*

---

[1] II Cor., I, 12.

et non in sapientia carnali, sed in gratia Dei, conversati sumus in hoc mundo. Ces qualités appartiennent à un véritable apôtre de Jésus-Christ, et le Sauveur lui-même nous en a laissé l'exemple et les leçons. Si tous les moments de sa vie mortelle sont marqués au coin de la sagesse divine, si ses paroles sont pleines des enseignements les plus élevés, quelle admirable simplicité n'y voit-on pas reluire! et il semble que ce seul mot nous présente, au milieu des sentiments d'amour et de respect, une fidèle image de Celui qui a dit : « Laissez venir à moi les petits enfants. » *Sinite parvulos venire ad me.* Quelle disposition veut-il mettre dans nos cœurs quand il nous appelle les brebis du bon Pasteur, quand il nous invite à nous abandonner comme les oiseaux du ciel entre les mains de notre Père qui est dans les cieux, quand il nous fait un devoir de devenir semblables à de petits enfants, si ce n'est cette simplicité de cœur, le dernier terme et la couronne de toute perfection? Car c'est à la simplicité, c'est-à-dire à une vue unique de Dieu, et au seul amour de sa gloire et de sa bonté, que viennent aboutir les efforts bien réglés des âmes qui marchent dans les voies de la sainteté. Si nous le comprenons mal, ou si, le comprenant, nous le pratiquons peu, c'est que peut-être il nous reste encore un long chemin à parcourir. Oh!

qu'Ignace sut bien y arriver et s'y établir promptement et pour toujours, et que nous pouvons bien lui rendre le témoignage que l'Apôtre des nations se rendait à lui-même! Oui, sa gloire est d'avoir conversé et agi avec le monde dans la simplicité de son cœur et dans la sincérité de Dieu. Si, d'après l'ordre de Jésus-Christ, il a eu la prudence du serpent dans le soin et le gouvernement des âmes, jamais il n'eut recours aux vaines précautions ni aux détours de la sagesse mondaine; jamais il ne prit les conseils de la chair : mais, simple comme la colombe, confiant envers Dieu comme un enfant avec son père, il a marché dans la lumière de la grâce et dans les routes tracées par l'Esprit-Saint : *Gloria nostra hæc est... quod in simplicitate cordis et sinceritate Dei; et non in sapientia carnali, sed in gratia Dei, conversati sumus in hoc mundo.*

Voyons donc la simplicité qui dans Ignace accompagna la prudence. Il faudrait, pour ainsi dire, reprendre ici sa vie, en montrant à la suite des œuvres de sa sagesse ces vues toujours simples et pures qui l'animèrent. Ce serait peut-être compléter un tout, et réunir des choses qui n'eussent pas dû être séparées. Mais il nous suffira, mes frères, de reconnaître cette admirable simplicité d'Ignace, d'abord dans les caractères de sa propre perfection, puis dans les travaux et dans les monuments de son zèle, dont elle fut toujours l'âme et le mobile.

Ignace, dans sa propre perfection, se proposa constamment la gloire de Dieu. Depuis que la lecture et la méditation des vérités éternelles avaient changé son cœur, il tendit à ce but avec une droiture et un dévouement entier. Voyez-le dès sa conversion rompre tous les liens qui l'arrêtent, et secouer, fixé qu'il est dans une vue unique, le joug des passions qui peuvent l'en distraire. Sa grande âme se donne toute à Dieu, et Dieu, par les grâces les plus signalées, lui fait trouver la simplicité comme terme de ses efforts et de son courage : car c'est ainsi qu'il faut conquérir cette vertu ainsi que les autres, quand elle n'a pas été la compagne de toute la vie. Les yeux d'Ignace ne s'arrêtent désormais avec complaisance que sur la beauté du ciel. Il habite par ses désirs parmi les purs esprits; leur Reine et la Mère de toute pureté est venue elle-même dépouiller son cœur de tout attrait terrestre et grossier; et à peine sorti de Loyola, il a fait le vœu de chasteté. L'amour de la gloire et des armes l'avait captivé longtemps, il s'en dépouille comme de ses vêtements, et suspend son épée au pilier de la chapelle de Montserrat. A l'entrée de sa laborieuse carrière, les tentations, les troubles, les scrupules même viennent-ils l'assaillir, bientôt il les a dissipés par la droiture et la simplicité de ses intentions, qui ne recherchent que Dieu. Il éprouva dès lors que c'est avec ceux qui le cherchent ainsi que Dieu aime à converser; et l'adorable Trinité lui communiqua, pour le consoler et l'instruire, des lumières ineffables sur nos mystères.

Plein de la force d'en haut et dégagé de toute entrave, Ignace s'avançait à grands pas dans les voies de la sainteté. Il sait allier à tout ce que demande la prudence chrétienne, la confiance, l'abandon le plus entier entre les mains de Dieu. Il a embrassé la vie la plus austère et la plus étroite pauvreté; il mendie son pain, mais jamais la moindre inquiétude ne viendra altérer la paix de son âme. Jamais il n'aura recours à sa famille; Dieu lui tient lieu de père, de mère, de frère et de sœur. Dans la suite de sa vie, au milieu de besoins extrêmes et de circonstances vraiment critiques, vous savez combien de fois, sans négliger les soins raisonnables de prévoyance, il plaça toutes ses espérances sur le seul fonds de la Providence, qui venait miraculeusement à son secours. On l'eût cru volontiers imprudent et téméraire, lui la prudence même. C'est que les saints ont de plus cette simplicité d'amour et d'abandon dont la puissance sur le cœur de Dieu n'est pas assez connue. Pendant les troubles et la disette d'Italie, les Jésuites ne manquèrent de rien, et soulagèrent les autres; et comme on disait au Général que cela ne pouvait se faire sans miracle : « Quel miracle? reprit le Général avec un visage sérieux et d'un ton assez sévère. C'en serait un bien étrange, poursuivit-il, si les choses allaient autrement; car enfin la parole de Dieu y est engagée; servons le Seigneur, il nous conduit, et rien ne nous manquera. »

Vous savez encore, mes frères, quelle disposition d'âme était celle d'Ignace à l'égard des persécutions et des succès. « Cette nouvelle tempête est d'un bon augure, disait-il à Ribadeneyra, lorsque l'archevêque de Tolède s'opposa d'abord ,puissamment à la Compagnie en Espagne. » Au contraire, les heureux succès qu'on obtenait aux Indes l'effrayaient. Indifférent à tout ce qui n'était pas la gloire de Dieu, il plaçait sa joie ou sa peine dans des choses qui eussent fait naître chez d'autres hommes des sentiments contraires. On le vit bien quand il craignit et combattit si sincèrement l'élévation de Laynez au cardinalat, et se réjouit avec lui de ce qu'elle n'avait pas lieu. Serait-ce donc bien connaître Ignace et apprécier dignement les caractères de sa sainteté propre, si à l'idée de la plus haute prudence on ne joignait celle de la plus intime simplicité, vertu sans laquelle il n'y a pas de sainteté? Ah! pénétrons jusqu'au cœur de notre Père, et rendons-lui un juste hommage.

Quel pouvait donc être celui dont on disait : « C'est cet homme qui lève à toute heure les yeux en haut et qui parle toujours de Dieu? » Quel devait être celui qui avait si souvent ces mots à la bouche : « Que désiré-je ou que puis-je désirer hors de vous, mon Dieu? » Combien la terre ne lui semblait-elle pas vile quand il regardait le ciel! La vaine gloire n'avait plus le moindre accès auprès de lui; c'était même ce qu'il redoutait le moins. Quelque ferme et prudent qu'il fût, il était entièrement détaché de son jugement; et là où il n'y avait pas évidence, il suivait volontiers l'avis des autres. A quoi pouvait-il tenir sur la terre? Un quart d'heure de recueillement, comme il s'en était assuré, lui eût suffi pour se consoler de la destruction de la compagnie qu'il avait enfantée au Seigneur. Qu'estimait-il par-dessus toutes les qualités et tous les avantages? L'humilité et la simplicité. Étudiez sa vie encore, ses paroles et ses maximes : vous y lisez qu'il préférait à un savant un homme simple et intérieur; que les qualités naturelles doivent être mises en œuvre par l'esprit intérieur; que les moyens qui rendent l'instrument souple et propre à être manié de la main de Dieu, comme sont l'humilité, le mépris du monde, la pureté d'intention, valent beaucoup mieux que les moyens qui rendent l'instrument capable d'agir de lui-même, comme sont l'esprit, le savoir et l'éloquence; que les ouvriers évangéliques viennent mieux à bout de leurs desseins en cédant qu'en résistant, et qu'un petit bien obscur fait avec édification glorifie plus Dieu que mille bonnes œuvres d'éclat qui seraient des sujets de murmures et de scandale. Telles étaient les pensées intimes d'Ignace, qui peuvent bien caractériser sa perfection propre, comme elles nous font connaître aussi l'esprit dans lequel il travailla au salut des âmes.

Que rechercha-t-il dans les hôpitaux, dans les prisons, parmi les pauvres et les enfants, dans ses catéchismes et ses instructions familières? Que rechercha-t-il dans ses rapports avec les grands, les riches et les savants? Une seule chose : la plus grande gloire de Dieu; tout le reste n'était rien pour lui. Son zèle fut infatigable, prudent, humble, patient, vraiment apostolique; mais la simplicité en fut l'âme, et dans un degré que nous ne saurions comprendre. S'il applique avant tout ses premiers et ses plus illustres compagnons aux ministères les plus dédaignés des hommes, au soin des malades, des pauvres et des enfants, son cœur droit et magnanime sait reprendre sévèrement ceux qui, par une humilité peu généreuse, refusaient d'être les apôtres des rois et des grands. Il sait, quand Dieu le demande, accepter pour sa Compagnie les ministères éclatants : il envoie Laynez, Salmeron, et plus tard Lejay au concile de Trente. Mais pleins de l'esprit d'Ignace et fidèles à suivre ses leçons, si ces trois religieux servent et défendent l'Église aux applaudissements de ses pasteurs, ils les étonnent et les charment encore plus par la pauvreté et la simplicité de leur vie, comme par leur absolu détachement de tout ce qui n'est pas la gloire de Dieu.

Cet esprit vraiment grand de simplicité apostolique se retrouve tout entier dans les monuments de la sollicitude d'Ignace pour le bien des âmes et pour la conduite de ses enfants. Précieux héritage, mes frères, que nous avons encore à faire valoir !

Le premier de ces monuments est le livre des *Exercices spirituels*, qu'Ignace composa dès le commencement de sa conversion, et perfectionna depuis : livre trop peu connu ou trop peu médité; trésor caché pour un grand nombre, et qu'on ne saura jamais assez apprécier. Ignace, comme on sait, d'après des lumières toutes spéciales de l'esprit de Dieu, y a réduit en art la conversion des âmes et leur acheminement vers la perfection. Le but des exercices est de dompter l'homme, et de choisir un genre de vie propre pour le salut, après avoir détruit ou réformé les inclinations vicieuses. Pour arriver à ce but, Ignace pose comme point de départ la doctrine fondamentale de la fin de l'homme : fondement si important, que tout s'appuie sur lui, et que tout s'y rapporte. Par cette seule vérité bien comprise, Ignace veut placer l'âme dans une disposition telle, que parmi toutes les choses de la terre elle n'ambitionne et ne choisisse que celles qui la conduisent à sa fin. Elle doit tout oublier, tout quitter un moment, pour s'abandonner généreusement à la conduite de l'Esprit-Saint. Tous les exercices des quatre semaines viennent confirmer et réaliser ces dispositions. La méditation du triple péché, des péchés propres, de l'enfer et des autres grandes vérités, imprime, s'il en est besoin, une frayeur salutaire et purifie l'âme par de saintes douleurs. Viennent ensuite le règne de Jésus-Christ et la considération des premiers mystères de sa vie; c'est sous son étendard qu'il faut combattre : mais dans le nombre de ceux qui le suivent, les uns se traînent péniblement, les autres s'avancent au premier rang. Les classes et les divers degrés de perfection sont envisagés pour préparer au grand œuvre de l'élection. C'est ici que l'âme, seule avec Dieu, toute pénétrée du juste désir de servir son Roi, mûrit avec sagesse et fait avec simplicité le choix de l'état où elle est appelée, ou d'un genre de vie meilleur. Tel est le point décisif et comme le nœud de la sainte entreprise des Exercices. Le parti de la vertu et de la vérité ainsi embrassé, il s'agit d'en contempler le plus excellent modèle et les plus sublimes leçons, comme les épreuves et les récompenses, dans la personne de Jésus-Christ, dans les mystères de sa Passion et ceux de sa vie glorieuse. Puis tout aboutit à la fin proposée dès l'entrée même, et où la carrière qu'on a parcourue n'a dû que plus sûrement ramener à Dieu et à son saint amour. Ce but unique, si élevé et seul nécessaire, est toute la pensée d'Ignace dans son admirable travail : il ne veut que mettre une âme en cet état désirable de vraie simplicité, où elle ne cherche, n'aime et n'imite que son Dieu. Cette idée bien imparfaite d'un livre qui a produit tant de fruits et dont chacun de nous a senti l'heureuse influence, peut cependant nous faire reconnaître à côté de l'œuvre de la plus sainte prudence l'œuvre de la simplicité, que l'esprit de Dieu associe toujours l'une à l'autre. Comment ne retrouverions-nous pas les mêmes caractères dans les livres de nos règles? Qu'a donc prétendu Ignace en les écrivant?

S'il consulte soigneusement la sagesse et l'expérience, voyez-le quand l'homme a fait ce qu'il devait, seul avec Dieu seul, agissant dans un tel esprit de prière, qu'il n'est plus qu'un enfant qui écrit avec docilité sous la dictée d'un maître. Jésus-Christ, la sainte Vierge, voilà ses maîtres. Quelles longues prières avant comme après les moindres résolutions! Que de larmes ne verse-t-il pas? Ce n'est pas le temps qu'Ignace mesure; et si Dieu l'éclaire et l'assiste miraculeusement, n'est-il pas vrai de dire que la simplicité de son cœur favorise pleinement le cours des grâces divines. Il dépose fidèlement sur l'autel, pour les offrir à Jésus-Christ, les règles qu'il a trouvées; et elles ne sont arrêtées que lorsque ses prières lui ont fait connaître l'approbation du divin chef. Aussi quel esprit les remplit! Quel caractère on y découvre de candeur et d'onction évangéliques! A chaque page, presque à chaque ligne on y lit ces paroles : « Pour le bien des âmes, pour l'honneur de la Majesté divine, pour la plus grande gloire de Dieu. » C'est là la fin que se propose Ignace; on dirait qu'il ne sait pas autre chose. C'est là toute sa sagesse et toute sa science, la plus grande gloire de Dieu. Tout le reste, tous les moyens sont proportionnés à cette fin.

En effet, qu'est-ce que le Général de la Compagnie? C'est un homme qui doit avant tout avoir une étroite union avec Dieu, la charité, l'humilité et la science des saints. Son gouvernement est un lien unique et fort d'obéissance, mais que resserrent l'amour et la douceur. Qu'est-ce que le religieux qu'Ignace veut former? Permettez-moi, mes frères, d'emprunter pour quelques instants un langage qui vous est bien connu. Puissé-je, en l'employant, ne pas en altérer la simplicité et la candeur!

« Celui qui entre dans la Société doit regarder comme dite à lui-même cette parole de Jésus-Christ : « Celui qui ne hait pas son père, sa mère et son âme encore, ne peut pas être mon disciple. » Il doit mourir au monde et à l'amour-propre, afin de ne vivre plus que pour Jésus-Christ Notre-Seigneur. Le point de la plus haute importance pour lui, en la présence de notre Créateur et Seigneur, sera de se détacher absolument de tout ce que le monde aime et embrasse, et d'adopter et de désirer de toutes ses forces tout ce que Dieu notre Seigneur a aimé et embrassé. Il recherchera ardemment, pour l'amour et le respect de son Seigneur, à se revêtir des mêmes livrées que lui, il souffrira volontiers les affronts, les faux témoignages et les injures, et il s'efforcera, avec l'aide de la grâce divine, d'imiter et de suivre en tout Jésus-Christ, comme étant la véritable voie qui conduit les hommes à la vie. Qu'il sache que dans la Société tous doivent s'adonner de tout leur pouvoir à l'étude des vertus solides et parfaites et des choses spirituelles; et qu'il estime qu'elles ont un prix bien supérieur à la science ou aux autres dons naturels et humains; car celles-là sont comme les sources intérieures d'où il faut que découle l'efficacité dans les choses extérieures, conformément à la fin qui nous est proposée.

« Pour que la Société puisse pleinement vaquer aux choses spirituelles suivant son institut, on s'abstiendra de toute affaire séculière, et on ne se laissera fléchir par aucune prière pour s'en charger.

« Que tous s'étudient à avoir une intention droite, n'ayant en vue que de servir la bonté divine et de lui plaire pour l'amour d'elle-même. C'est la loi intérieure d'amour et de charité, aidée de l'observation exacte des constitutions et de la fin particulière de notre institut, qui doit nous porter à acquérir tout ce que nous pourrons de perfection avec le secours de la grâce divine. Chacun ne doit penser qu'à se perfectionner et à se donner tout entier au service et à la gloire de Dieu.

« La pauvreté, comme le rempart le plus sûr de la religion, doit être aimée et conservée dans sa pureté autant que cela pourra se faire avec le secours de la grâce divine. Que tous aiment la pauvreté comme leur mère ; qu'ils soient prêts à mendier de porte en porte. Pour de justes causes, cependant, qui regardent toujours le plus grand service de Dieu, la manière de vivre est commune au dehors.

« Quant au vœu de chasteté, c'est la pureté des anges qu'il faut s'efforcer d'imiter.

« Il importe surtout, pour l'avancement spirituel, et il est très-nécessaire que tous pratiquent une obéissance parfaite, reconnaissant dans le supérieur la personne même de Jésus-Christ ; qu'ils laissent au supérieur, avec une sincère soumission, la libre disposition d'eux-mêmes et de tout ce qui les touche, toujours en vue de la plus grande gloire de Dieu et du plus grand bien des âmes.

« Il est de notre vocation d'aller en divers lieux, et de vivre en quelque pays du monde que ce soit où l'on espère travailler davantage pour le service de Dieu et le salut des âmes.

« Enfin l'union et la conformité mutuelles doivent être soigneusement gardées, afin que tous, joints entre eux par le lien de la charité fraternelle, puissent mieux et plus efficacement se consacrer au service de Dieu et au bien du prochain. »

Voilà le religieux que veut former Ignace. Et à quoi tendent ces paroles si chères à nos cœurs, sinon à nous établir dans la simplicité et dans l'unique désir de travailler à la gloire de Dieu, en oubliant et le monde et nous-mêmes? Heureux ceux qui sont pleinement fidèles à la voix de leur père, et qui peuvent sans confusion rappeler ses touchantes leçons!

C'était encore dans le même esprit et dans la sincérité de Dieu qu'Ignace écrivait aux Pères du Portugal l'admirable lettre sur l'obéissance. Il était si convaincu que cette vertu est la mère et la gardienne de toutes les autres, qu'il apporta tous ses soins à la faire fleurir dans sa société. La lettre sur l'obéissance contient la doctrine la plus profonde, et la raison en est pleinement satisfaite: mais le cœur se plaît à y contempler surtout la candeur et la liberté d'une âme qui, étrangère aux sens, aux passions et aux vains raisonnements, se remet dans la main de son supérieur, comme un bâton entre les mains d'un vieillard, pour qu'il dispose d'elle suivant qu'il le juge à propos pour le service de Dieu. C'est Jésus-Christ qui lui parle, qui la conduit et la dirige; à la voix d'un si bon maître, elle obéit avec joie et en aveugle. Pourrait-il l'égarer? En sorte que ce qu'Ignace estimait le plus et voulait faire le plus estimer à ses enfants, c'était la simplicité de l'obéissance aveugle, comme il parle lui-même. Aussi qu'admirons-nous le plus dans ces saints qui ont le mieux possédé son esprit? N'est-ce pas cette simplicité d'obéissance? François Xavier, à la seule vue d'un trait de plume, allait abandonner tous ses travaux des Indes et du Japon. François Régis interrompt sans hésiter les succès merveilleux de son zèle pour se rendre où son supérieur l'appelle. N'est-ce pas la plus admirable simplicité qui fait aujourd'hui la gloire du vénérable Alphonse Rodriguez, que nous espérons bientôt voir élever sur nos autels? Cette même simplicité fait le caractère distinctif de ces religieux de la Compagnie, respectables par leur âge et leur savoir, qui n'auraient pas osé sans permission user ou disposer des plus petits objets.

O sainte obéissance, ô simplicité, vertus vraiment inséparables, vertus d'Ignace et de ses plus dignes enfants, puissions-nous bien vous comprendre et vous aimer! O simplicité, dernier prix d'un grand courage, récompense de longs combats et d'une exacte fidélité, puissions-nous, comme Ignace, arriver à vous posséder! puissions-nous marcher dans les voies qui conduisent à ce terme désiré!

Puissions-nous, comme Ignace, accomplir le double précepte, donné par Jésus-Christ aux apôtres, de prudence et de simplicité! Nous aurons alors rempli les vues de notre saint fondateur. La prudence, à son exemple, nous fera fuir constamment le monde et ses dangers; la simplicité nous conduira dans le sein de Dieu pour nous attacher à lui seul. La prudence dans les temps d'épreuves et de peines nous fera discerner les piéges de l'ennemi des avertissements de la grâce; la simplicité nous conservera paisibles et nous affermira dans les voies droites. La prudence nous fera mûrement délibérer avant d'agir, consulter Dieu longtemps avant la prière, choisir les moyens les meilleurs; la simplicité nous apprendra à nous abandonner pleinement à Dieu comme un enfant à son père. La prudence nous fera étudier les dispositions des âmes, les mouvements du cœur humain, les occasions favorables, pour saisir et ramener plus sûrement ceux qui s'égarent; la simplicité nous montrera comme appui ou comme consolation le cœur de Jésus-Christ, pour lequel seul nous agirons. La prudence nous enseignera à mettre dans nos paroles et dans toute notre conduite la retenue et les précautions que recommande le Sage; la simplicité nous facilitera les entreprises en nous faisant puiser dans notre cœur nos motifs d'agir, en nous faisant chercher uniquement l'amour et la gloire de Dieu. La prudence nous fera sentir la nécessité d'observer nos règles, et nous fera apprécier leur sagesse; la simplicité nous les fera chérir; par elle nous y reconnaîtrons la voix d'un père qui nous appelle pour nous conduire à Celui qui est la voie, la vérité et la vie. La prudence nous fera trouver juste et nécessaire la soumission au supérieur; la simplicité nous apprendra à aimer et à écouter dans lui Jésus-Christ. En un mot, la prudence nous éclairera sur le but et les moyens, sur les obstacles et les facilités, sur les dangers et les secours; la simplicité disposera en paix nos cœurs et les ouvrira aux grâces abondantes de l'esprit de lumière et de force, qui porteront leurs fruits dans le temps, et nous conduiront enfin à la possession de l'unique et souverain bien, dans la gloire éternelle.

PANÉGYRIQUE

DE SAINT HILAIRE

ÉVÊQUE DE POITIERS ET DOCTEUR DE L'ÉGLISE

PANÉGYRIQUE DE SAINT HILAIRE [1]

> *Misericordia et veritas obviaverunt sibi ; justitia et pax osculatæ sunt.*
>
> La miséricorde et la vérité se sont rencontrées ; la justice et la paix se sont embrassées. — Ps. LXXXIV, 11.

Monseigneur,

L'Église respirait : elle sortait du creuset des persécutions ; et désormais l'enseignement de la foi comptait les jours par ses paisibles triomphes.

Mais l'Église ne peut avoir ici-bas de repos permanent ; son divin fondateur fut établi comme un signe que l'on devait contredire : et il légua cet héritage à ses disciples, pour toute la suite des siècles. La foi, à cause des passions et des erreurs

---

[1] Discours prêché dans la cathédrale de Poitiers, en présence de M$_{gr}$ Pie, évêque de cette ville, le dimanche 18 janvier 1852, pour la première célébration de la fête et de saint Hilaire après le décret du souverain Pontife qui lui confère le titre de *Docteur*.

volontaires de l'homme, devait donc être en butte à la contradiction et aux attaques de tous genres. De là cette nécessité inévitable de l'hérésie dont parlait saint Paul; de là aussi la nécessité d'une lutte continue de la vérité contre l'erreur, pour sauver le dépôt sacré de la foi, cette barque de Pierre qui porte le gage des promesses éternelles.

Après la lutte des bourreaux et des tyrans contre les martyrs, venait celle des sophistes et des vains raisonneurs contre les pontifes et les docteurs, quoique, même sous le glaive sanglant des persécuteurs, l'orgueil des faux sages n'eût jamais omis d'attaquer la pureté du dogme et de la foi.

Mais parmi ces déchirements et ces combats du sophisme contre l'Église de Jésus-Christ, Dieu a toujours donné à la vérité d'illustres champions, de courageux et savants athlètes. Ainsi au milieu des redoutables assauts de l'arianisme, Athanase parut en Orient, comme pour personnifier la résistance et le triomphe de la doctrine révélée; un peu après, au même siècle, au quatrième, saint Hilaire fut suscité dans les Gaules, au sein de cette antique cité, digne et vigoureux émule de l'évêque d'Alexandrie, justement nommé l'Athanase de l'Occident.

Pontife zélé, docteur éminent, puissant en œuvres et en paroles, éprouvé par les tribulations et par l'exil, il demeura l'indomptable soutien de la foi, de cette foi qui consacrait le dogme auguste de la Trinité, la consubstantialité du Verbe ou l'unité de l'essence divine avec la distinction des personnes; en sorte que Jésus-Christ, vrai Fils de Dieu par nature, et par son incarnation dans le temps véritable fils de l'homme, reçoive à jamais le culte et les hommages suprêmes qui sont dus à la Divinité même. Grande et sublime confession de foi que l'apôtre saint Pierre proclama le premier sur la terre, que tous les âges ont répétée, que les Pères de Nicée vengèrent de toutes les impiétés d'Arius, que saint Athanase et saint Hilaire défendirent avec tant de courage et de gloire.

C'est à saint Hilaire seul que s'adressent aujourd'hui nos souvenirs et nos éloges; en lui nous pouvons étudier et admirer l'honneur des luttes que l'Église soutient pour conserver inviolable l'intégrité de la foi.

Cette lutte de la hiérarchie catholique, de ses pontifes et de ses docteurs, contre l'erreur ennemie, porta toujours deux caractères :

La vérité est son but comme son principe; la charité son but encore, mais surtout son esprit. C'est le double sceau imprimé par le prophète aux œuvres de Dieu : miséricorde et vérité, justice et paix.

Vérité, charité, double couronne qui décora le front d'Hilaire et marqua son triomphe. Nous allons les considérer en résumant quelques traits de cette sainte et glorieuse vie. Heureux si ma voix, bénie par la main tutélaire du digne successeur de saint Hilaire, peut servir aujourd'hui d'instrument à la grâce divine pour accroître en vos cœurs et la lumière de la vérité, et l'ardeur de la charité. *Ave Maria.*

I. P. L'homme est fait pour la vérité, telle est la nature et le besoin premier de son intelligence et de son cœur. L'homme ne vit, ne respire à l'aise qu'au sein de la vérité; sa plus douce jouissance ici-bas est de l'avoir trouvée après l'avoir cherchée longtemps; et alors même qu'entraîné par de funestes illusions, il s'est précipité dans les voies de l'erreur, s'il s'interroge sincèrement lui-même au moment du calme et du silence, il sent qu'il ne veut pas le faux. Le faux envisagé de près le froisse et lui répugne; il sent qu'il veut, au moins qu'il voudrait la vérité, qui seule peut mettre un terme à son trouble et à son malaise intimes.

Saint Hilaire, mes frères, né au sein du paganisme, portait néanmoins et nourrissait dans son âme d'élite un ardent et sincère amour de la vérité. Fatigué, comme il le raconte lui-même, des folles aberrations des philosophes en ce qui touche la connaissance de la Divinité, il ouvrait ces livres saints que lui présentait le christianisme, déjà florissant dans les Gaules. La parole sublime que Moïse entendit, et par laquelle Dieu voulut se définir en quelque sorte lui-même, transporta Hilaire d'admiration et pénétra son esprit d'une vive clarté : « Je suis Celui qui est. » *Ego sum qui sum.* L'être infini et éternel, le Dieu unique et créateur de tout ce qui existe est signifié par ces mots : impossible de n'en point préférer le sens aux absurdes parodies du polythéisme et de l'idolâtrie, qui n'offraient à une intelligence élevée que la plus dégoûtante dégradation de la pensée de l'homme comme de la créature divine. Les magnifiques expositions d'Isaïe sur la grandeur et la puissance de Dieu, puis le langage vraiment céleste de saint Jean dans son Évangile, achevèrent, avec la grâce intérieure, de transformer le génie d'Hilaire. Il connut, il goûta la vérité : l'Esprit saint illumina son intelligence, échauffa son cœur. Sans prétendre déchirer ni pénétrer le voile qui couvre nos incompréhensibles mystères, sa raison toutefois, libre et docile sous l'action de la parole révélée, ne sut plus désormais que se nourrir de cet aliment divin. Il le trouva, le reçut par les saintes Écritures, par la tradition et par l'Église; il reçut ces enseignements transmis et interprétés par une science et une autorité infaillibles ; et prosterné dans un sentiment profond de foi et d'adoration, il voua ses travaux, ses combats, son courage au premier, au plus sublime de nos dogmes, l'auguste Trinité. Il en sera le plus indomptable défenseur, le docteur éloquent et dévoué, et même le martyr.

Mais dans cette recherche et cette acceptation généreuse de la vérité, Hilaire savait bien, il comprenait avec son grand cœur, qu'il fallait avant tout s'affranchir d'indignes et trop puissantes entraves. Les liens et les habitudes de la famille ou du pays, les préjugés du temps et de la naissance, les conseils intéressés des passions, sont autant de digues importunes qui arrêtent le cours de la vérité dans une âme. La vérité, qui seule est la liberté, seule est la pure émanation de la sagesse éternelle; la vérité cependant avec sa force, ses charmes et ses attraits, ne se fait jour en nous qu'à l'aide de courageux efforts : les anges du ciel combattent pour nous à nos côtés; et quand a sonné cette heure bénie, qui nous enlève aux chaînes du vice et de l'erreur, le chant de triomphe qui retentit dans notre âme et fait palpiter notre cœur, nous dit assez quelle victoire nous avons remportée. On retrouve cet accent du triomphe dans les écrits de saint Hilaire, comme dans les phases diverses de sa laborieuse existence.

« Oh! vous, s'écrie-t-il dans son introduction au *Traité de la Trinité* (livre Ier), vous qu'amènent à me lire la chaleur de la foi et le zèle, inconnu aux sages du monde, pour la vérité, rappelez-vous qu'il faut absolument abdiquer les faibles et basses opinions des esprits terrestres, qu'il faut élever, élargir les voies d'une science imparfaite pour s'ouvrir religieusement à l'action de la science véritable. Il est besoin d'une raison renouvelée et d'un génie régénéré, pour que, suivant le don et l'assistance céleste, on reçoive la lumière intime et sûre de sa conscience. »

Ainsi donc, mes frères, pour devenir chrétien, même en ces temps où le paganisme expirait, Hilaire dut conquérir la foi par la plus généreuse résistance, par le mépris des obstacles, surtout par l'énergie de la prière; et il sentit bien la juste application de l'exemple et des paroles du Sage : « J'ai prié, j'ai invoqué le Seigneur, et le vrai sens des choses m'a été donné. » *Invocavi, et datus est mihi sensus.*

Une fois en possession de la vérité, il est le soldat armé pour la lutte. Il médite, il pratique sa foi, et il donne, comme à son insu, dès le premier instant de sa régénération spirituelle, l'exemple des plus pures, des plus rares vertus. Bientôt la voix du peuple le désigne pour le sacerdoce, pour l'épiscopat lui-même ; il est forcé de courber la tête et de s'incliner sous le redoutable fardeau du gouvernement des âmes. Près de lui saint Martin viendra s'y préparer et s'instruire.

Hilaire évêque n'est plus un homme ; il n'a plus seulement pour mobile de sa vie les intérêts restreints de la famille et du pays ; il aime comme son maître, et embrasse l'univers dans son zèle. La vérité enflamme son courage et le dévoue aux luttes périlleuses de l'orthodoxie contre les subtilités, les ruses et les violences de l'erreur.

L'arianisme inspirait alors les conseils de l'empire : Constance régnait. Jouet passionné des influences ariennes, il prétendait à la réputation, au titre de protecteur de l'Église et de la foi, et de toute part il multipliait les piéges pour tromper et entraîner les évêques, demandait conciles sur conciles, prétendant toujours ne vouloir que la paix de l'Église par la sanction donnée à la condamnation d'Athanase. Il ruinait ainsi par la réprobation d'un seul nom toute la pureté, toute la force de la foi de Nicée sur la consubstantialité du Verbe et la divinité de Jésus-Christ. Athanase signifiait tout cela. Puissance d'un grand nom et d'une grande renommée! quand elle est liée à la cause de la vérité, elle devient pour ainsi dire la vérité même.

Mais Hilaire veillait; athlète intrépide, il s'est élancé dans l'arène, il combattra les combats du Seigneur, suivant l'expression des livres saints; il ira affronter les dangers sur la brèche, et ne reculera devant aucun péril.

Quelques évêques des Gaules, instruments serviles des desseins criminels du prince, voulaient faire prévaloir la fraude et le poison ariens. Pontifes prévaricateurs, ils consentaient à livrer leur ministère, leurs troupeaux, leurs amis à l'hérésie couronnée. Hilaire démasque l'hypocrisie, il tonne contre la tyrannie, et sans aucune condescendance il se sépare avec la plupart des évêques des Gaules, encouragés par son exemple, de la communion de Saturnin, évêque d'Arles, et de ses complices. Ceux-ci se vengèrent dans le conciliabule de Beziers.

Hilaire doit porter la peine de son courage et de son inébranlable constance. Il est mandé à Milan, où résidait l'empereur arien. Un nouveau concile, on le croit du moins, est convoqué. Rien ne changera la conviction, l'énergie de l'évêque de Poitiers. Sa présence est donc trop redoutable, son autorité dangereuse pour l'Église des Gaules, l'exil est prononcé. Hilaire, comme Eusèbe de Verceil et Lucifer de Cagliari, devra expier sur la terre étrangère le crime de la foi inviolablement gardée au Seigneur.

La Phrygie reçoit Hilaire exilé, joyeux de souffrir pour le nom et la cause de la vérité; s'il doit s'affliger de ce divorce forcé qu'on impose à son église de Poitiers, il sait bien que ses souffrances, ses privations et son sacrifice, agréés par le souverain Pasteur des âmes, suppléeront avec la grâce divine à l'action de sa présence et de sa parole pour son peuple. Il prie, il travaille, il exhorte au loin; et son souvenir, traversant les mers, vient prêcher la croix de Jésus-Christ jusque dans ces murs, vient y fortifier les faibles, ramener les errants, et confirmer la foi persévérante du troupeau; tous demeureront fidèles à Dieu et à leur évêque.

Unité sainte de l'Église et de la foi, puissante participation des vérités divines! Dans les luttes de l'erreur, dans l'exil, dans l'oppression violente ou trompeuse, une vertu secrète vit et demeure; elle anime les cœurs dévoués, elle résiste à tous les affronts, triomphe de tous les ennemis, et perpétue inviolable sur cette terre le témoignage glorieux de la croyance une, catholique et toujours la même.

Ce fut alors, et pendant son exil en Phrygie, qu'Hilaire composa ses admirables livres sur la Trinité. Solitaire et recueilli, voué à la conversation du ciel, comme dit saint Paul, il lui fut donné de venger éloquemment de toutes les attaques ariennes cet adorable et incompréhensible mystère. Là, Messieurs, se trouve toute la chaleur du dévouement aux intérêts de Dieu et de la vérité avec les plus riches splendeurs du génie, avec la puissance indomptable de la foi et de la science orthodoxe. L'âme est émue, l'esprit élevé, le cœur consolé et nourri par ces hautes et sublimes considérations, qui atteignent Dieu en quelque sorte dans son essence et sa vie intime. Ce fut une mission sacrée que remplit Hilaire en écrivant cet immortel ouvrage, qui est notre lumière, notre gloire, notre couronne, encore aujourd'hui, dans l'Église de Jésus-Christ.

Il y indiqua, il y posa les conditions pour arriver à la connaissance de la vérité; j'en ai déjà cité quelque chose. Sans déguiser assurément les profondeurs impénétrables du mystère, il s'encourage par les difficultés mêmes de l'entreprise. « Certes, écrivait-il [1], ma sollicitude est semblable aux flots de la mer, mes sens défaillent, mon

---

[1] L. II.

intelligence est dans la stupeur; ma parole n'est pas seulement infirme, elle n'a que le pouvoir du silence, et j'en fais l'aveu. Ce qu'on exige de moi est immense, ce que j'ose aborder est incompréhensible. Mais dans la nécessité qui me presse, en demandant humblement pardon à Celui qui est tout ce mystère, oui j'oserai, oui je chercherai et je parlerai... » Et cette humble et confiante témérité enfanta, Messieurs, un chef-d'œuvre.

On comprend qu'un lutteur pareil ne recule devant aucun ennemi; il le dit et il l'exécute [1]; il expose toutes les ruses, toutes les impiétés de l'arianisme, pour que la connaissance de la vérité ressorte plus entière et plus absolue. Et, grâce à Dieu, elle a vaincu par sa plume inspirée.

Il le dira aussi sans détour, l'imbécillité humaine ne peut pas par elle-même atteindre ces hauteurs inaccessibles de la science divine; c'est la doctrine, la pensée, la parole de Dieu qui doivent ici servir de guide et de flambeau. C'est à Dieu même qu'il faut croire quand il s'agit de Dieu : *Ipsi de se Deo credendum est.* Grande leçon pour les prétendus sages; jusqu'à ce que leur esprit soit assez fort, assez éclairé pour confesser son impuissance, comme l'a dit Pascal,

---

[1] L. IV.

il n'est pas digne des lumières de la foi. L'humilité est grandeur et courage, la soumission vraie liberté de l'esprit, qui, se dégageant alors des liens de la matière et des préjugés, prend son vol avec les ailes de la foi pour s'affranchir de l'ignorance et planer au sein de la lumière divine elle-même. « O homme, s'écrie Hilaire dans son livre à Constance, ô homme, tu corriges donc et tu réformes Dieu, *emendas Deum, homo;* corruption et mort, tu veux régir la vie; ténèbres, éclairer la lumière; infidèle, promulguer la foi; impie, faire profession de piété, et compromettre ainsi l'univers par une odieuse alliance de mots et de pensées; niant de Dieu ce qu'il a lui-même révélé sur lui-même, *negans de Deo quod ipse professus est!*

Tel fut donc, mes frères, ce dévouement de saint Hilaire pour la vérité de la foi; tel fut ce mâle et savant courage d'évêque et de docteur, gloire immense de cette Église, toujours puissante et vivante après quatorze siècles.

Et nous tous, mes frères, recueillis au pied de ces autels, demandons à Dieu notre Seigneur l'amour ardent de la vérité. Puisons aux sources divines de la foi et la lumière et la chaleur qui animaient saint Hilaire dans ses œuvres, ses travaux et ses combats. La foi vraie, la foi pure en la divinité de Jésus-Christ est une force vive et invincible pour le cœur qui la nourrit. C'est par elle et pour elle que saint Hilaire accomplit de grandes choses et s'éleva aux plus sublimes vertus comme aux plus glorieux triomphes. Nous sommes comme lui inondés, pressés par les grâces et les clartés du Ciel; enfants de l'Église, libre conquête du Rédempteur, nous avons reçu tous les dons, tous les secours qui font les chrétiens généreux et fidèles. Où en sommes-nous? où vit, où agit en nous le courage, le dévouement de la foi? Quels combats avons-nous soutenus pour le nom et l'honneur de notre maître, de notre Dieu? Quelles preuves lui avons-nous données de notre reconnaissance et de notre zèle en retour de ses bienfaits? Faibles, languissants, accablés sous le faix des moindres obligations de la loi de Dieu, nous nous traînons dans la vie, au lieu d'avancer et de franchir les obstacles. Au moins que ce jour, que ces grands souvenirs nous réveillent et nous raniment. Élevons nos yeux et nos cœurs, contemplons Hilaire dans la gloire; il nous dit avec saint Paul, que pour être couronné il faut avoir légitimement combattu. Dévouons-nous, la vérité nous soutiendra dans la lutte; mais la charité adoucira le combat en nous assurant mieux encore la victoire, ce que l'exemple d'Hilaire va nous apprendre : sujet d'une seconde partie.

II. P. Mes frères, dans ces luttes ardentes et perpétuelles qu'une triste nécessité impose à l'Église de Jésus-Christ, vous le comprenez, l'amour et le zèle de la vérité et de la foi s'unissent et se confondent avec le génie même de la charité, comme le nommait si bien saint Paul. Après tout, si l'Église, si ses pontifes et ses docteurs doivent résister et combattre, c'est toujours avec les ménagements et les saintes industries de l'amour pour des frères; c'est en vue du grand et souverain but que le cœur même du Sauveur mourant s'est proposé comme prix de son sacrifice, ramener et sauver les âmes pour l'éternité. Saint Hilaire n'eut garde assurément de l'oublier; ce fut la seule, la noble passion qui fit palpiter son cœur et tressaillir son courage. Ah! il savait, il goûtait le précepte du Maître : « Aimez-vous comme je vous ai aimés; » et dans toutes les ardeurs de la lutte il accomplit fidèlement les conditions de l'indulgence bienveillante pour ceux qui errent, en poursuivant et condamnant l'erreur. Quand la main des persécuteurs ariens s'appesantissait sur le courageux évêque, dans les souffrances de l'exil, il médita et réalisa toutes les leçons de saint Paul; sa charité fut donc patiente et bénigne, elle ne supposa point le mal ou le faux, elle ne le crut que par l'évidence des faits et des expressions qui en témoignaient. La charité d'Hilaire toléra tout ce qui était tolérable, admit les meilleures intentions et défendit en ce sens la réputation compromise des évêques d'Orient parmi lesquels on l'avait exilé. L'arianisme déguisé sous toutes les formes avait infecté plus d'un siége de l'Église orientale. Hilaire, doué d'un esprit conciliant et doux, cherche, quand il le faut, à s'entendre avec ses frères étrangers. Tout ce qui n'est pas réprouvé par le sens absolu de la foi de Nicée, il le laissera passer sans contradiction, pour obtenir la profession formelle et sûre du dogme défini.

Trois années s'écouleront dans ces patientes et charitables industries, multipliées auprès des pasteurs des âmes que le vent de l'hérésie n'avait que trop ébranlés ; et grâce à Dieu ces efforts ne furent pas vains. La tendre charité de saint Hilaire franchissait aussi les mers pour faire parvenir, dans un écrit sur les synodes, les témoignages bienveillants et apologétiques de la foi des Orientaux à ses collègues des Gaules. Il semble même que de l'Occident quelques murmures réprobateurs, quelques doutes fâcheux étaient venus contrister et comme accuser les ménagements du cœur apostolique d'Hilaire. Il fait face à tout ; il se justifie, il éclaire et rectifie les appréciations des évêques des Gaules, et n'en continue pas moins sa laborieuse et difficile mission de charité auprès des évêques d'Orient.

Amené par une sorte de hasard providentiel à faire partie du concile de Séleucie, à cause de sa présence dans ces contrées, il s'y montra fidèle à son double principe de charité et de vérité. Rien n'y est par lui sacrifié à l'erreur; rien n'y est exigé au delà des nécessités positives de la foi. Et de cette manière le pontife, le docteur, l'apôtre aura atteint son but, ou du moins gardé sa position digne et forte.

L'Église de Jésus-Christ, mes frères, vit donc toujours de ce double esprit, et nous l'inspire sans cesse. Non, non, nous ne voulons pas que celui qui a le malheur d'errer périsse, pas plus que le malheureux pécheur; non, nous ne poursuivons pas sa personne pour la flétrir, pour la condamner. Mais en soutenant par dévouement et par devoir la cause de Dieu et de la vérité, en combattant l'erreur et le vice, nous ouvrons nos bras et nos cœurs; nous montrons la miséricorde et la paix de Dieu toujours prêtes à embrasser le chrétien qui se repent et qui revient. Dieu est un père, Jésus-Christ est un frère, l'Église est une mère; toutes les menaces de la justice divine, toutes les exigences de la foi, toutes les prescriptions de la loi évangélique, et les instances de l'Église, et ses jugements, et ses foudres même, n'excluent jamais, ils comprennent toujours au contraire les tempéraments, la mesure et les tendresses de la charité. Le pécheur résiste, l'hérétique se révolte et méprise : une condamnation se prononce, effacée, détruite à l'instant, si l'erreur ou le crime s'effacent eux-mêmes.

Gardons-nous donc, mes frères, nous qui avons le bonheur de croire et de pratiquer les vérités de la foi, gardons-nous donc des rigueurs d'un zèle amer ou des exigences d'une justice exagérée, prions, exhortons, attendons aussi patiemment; la bonté prêche mieux la vérité et la fait mieux connaître à tous par ses condescendances charitables et par l'onction de la piété.

Ainsi faisait Hilaire, à l'exemple du divin Sauveur lui-même. Certes, son dévouement à la foi fut inspiré par une indomptable énergie; il poursuivit constamment le but qu'il s'était proposé, combattre et vaincre l'arianisme, assurer le triomphe de la divinité de Jésus-Christ définie au concile œcuménique de Nicée.

Les menaces, les ruses, les sacrifices, l'exil, les souffrances de tous genres ne le virent jamais faiblir ni transiger un seul instant. Mais redisons-le à satiété, pour saint Hilaire, pour l'Église, pour l'apostolat chrétien de tous les âges, quelles que soient la chaleur et les armes de la lutte, le but, le grand but de la charité, sauver les âmes, est la fin unique, le mobile souverainement dominant de nos combats et de nos efforts. Nous vivons, nous agissons et nous parlons sous les influences du divin apostolat de Jésus-Christ lui-même, pontife et docteur suprême, médiateur et sauveur : il a voulu, il veut que toutes les âmes soient sauvées, suivant le témoignage de saint Paul, *vult omnes salvos fieri;* il veut que tous parviennent ainsi à la connaissance de la vérité, continue l'Apôtre, de cette vérité de la foi sans laquelle il est impossible de plaire à Dieu.

Arracher le monde à l'erreur, pour le sauver de la perdition éternelle, telle fut donc la pensée, la charité d'Hilaire. Vraie charité, aimer les hommes comme Jésus-Christ les a aimés; aimer ses frères, les âmes de ses frères, comme on doit s'aimer soi-même pour la fin et le salut éternel. Tout dans la hiérarchie sacrée, dans l'enseignement catholique, dans le zèle apostolique, tout est vivifié, consacré par cette fin divine et suprême. La voilà cette raison dernière des luttes de l'Église et de l'esprit de ses enfants, comme de ses prêtres et de ses pontifes; tel fut le caractère du zèle et du courage d'Hilaire, l'alliance sainte de la miséricorde et de la vérité, de la justice et de la paix, pour sauver les âmes en glorifiant Dieu notre Seigneur. Rien alors ne doit plus étonner ni dans les souffrances, ni dans les travaux incroyables des hommes apostoliques; ils passent les mers, ils parcourent de vastes pays, ils prient, veillent, parlent, écrivent, combattent pour accomplir le vœu, la divine mission même de Jésus-Christ, sauver les âmes rachetées par son sang. Ce but est assez grand, le seul grand même à vrai dire; car enfin qu'y a-t-il donc à chercher sur la terre et dans le ciel, si ce n'est la gloire du Créateur avec le bonheur et le salut de ses créatures pour l'éternité?

C'est la raison de l'incarnation divine elle-même et de la venue du Fils de Dieu sur la terre, c'est la haute raison du gouvernement de la Providence, c'est le sens de toutes les paroles révélées, le vrai sens de l'institution catholique. Quand on le croit, quand on vit de cette foi, ah! tout le reste, tous ces intérêts de la terre et du temps sont bien peu de chose, et l'on soupire ardemment après l'accomplissement des pensées et des volontés divines, pour le bonheur et la délivrance éternelle des âmes créées à l'image même de Dieu.

Aussi saint Hilaire, dans ses admirables écrits comme dans l'expression de tous les actes de sa vie, rappellera-t-il, professera-t-il cet esprit, qui est la charité de Jésus-Christ.

Il faut l'entendre avec sa chaleureuse éloquence

dans le sixième livre *De la Trinité :* « Je n'ignore pas, dit-il, que j'écris dans les temps les plus difficiles et les plus durs, et contre la fureur impie de l'hérésie... Cette peste a infecté presque toutes les provinces de l'empire..., et cette erreur d'un grand nombre est la plus grave et la plus périlleuse... Mais j'obéis à la nécessité du devoir le plus sacré de mon épiscopat : je me dévoue avec d'autant plus de zèle, que j'en vois un plus grand nombre enchaînés dans les dangers de l'infidélité ; et ma plus abondante, ma plus douce joie sera le salut conquis pour beaucoup d'âmes en les rendant à leur Dieu et à la foi véritable... » C'est là ce qui lui faisait suivre et saisir, comme il l'écrit encore [1], tous les replis et les nœuds de vipère de ces esprits tortueux... C'est là ce qui lui rendait le silence impossible, malgré les clameurs et l'oppression de l'hérésie toute-puissante. Sous l'œil de ces ennemis, comme la nacelle au milieu des plus redoutables écueils, il s'avance et lutte toujours contre les vents furieux et les courants rapides, guidé par le fanal du zèle apostolique ; il sent qu'il sert l'Église en démasquant les plaies hideuses de l'erreur et en retranchant les membres corrompus et malades pour assainir et purifier le corps entier.

[1] L. VII.

Hélas! il demande aussi, et il s'en plaint[1], pourquoi donc toutes ces déplorables contradictions opposées à la foi de la divinité de Jésus-Christ, pourquoi ces efforts malencontreux pour résister au bien, au vrai, à la justice, à la paix? Il répond : « L'obstination des volontés obscurcit et paralyse la raison; on pense, on croit ce que l'on veut, non ce qui est; l'orgueil et les passions sont des guides aveugles qui ne conduisent qu'aux abîmes. » Triste opiniâtreté de l'esprit d'erreur; combien de fois l'humilité simple et vraie, la soumission du cœur à Dieu n'aurait-elle pas redressé les sentiers de l'hérésie et du vice! On s'irrite, on s'entête, on s'enfle, on se dresse de toute la hauteur de sa colère et de sa folie; la vérité disparaît, on ne peut plus la reconnaître et la saisir.

Et s'il se réjouit enfin [2] en considérant le terme de ses pénibles travaux comme un port tranquille après la tempête, c'est qu'il aura servi, défendu les intérêts de la gloire de Dieu, et sauvé les âmes pour lesquelles mourut Jésus-Christ : voilà tout. Ajoutez donc le génie, la science, l'éloquence, un indomptable courage à l'amour et à la charité d'un cœur apostolique, vous aurez, Messieurs, saint Hilaire tout entier.

[1] L. x.
[2] L. xii.

Aussi ce qu'il écrivait aux évêques des Gaules dans son livre des *Synodes* lui est surtout applicable à lui-même : « Vous avez vaincu, mes frères, aux immenses applaudissements de l'Église, à l'avantage immense de la foi commune ; et l'honneur intègre de votre conscience a reçu un double accroissement de gloire, la gloire de la plus inébranlable fidélité et de l'autorité du plus sublime exemple. » Oui, vous avez vaincu, ô Hilaire, pontife et docteur à jamais couronné de la double auréole de la science et du zèle. Vous avez vaincu ; en vous s'embrassèrent et se prêtèrent un mutuel appui la miséricorde et la vérité, la justice et la paix. Vos combats, votre victoire ont été la paix, le bonheur de beaucoup d'âmes ; et c'est bien en vous que la foi opéra ses merveilles puissantes par la force et la douceur de la charité.

Mais un dernier devoir restait, ce semble, à accomplir par saint Hilaire. Constance, l'impie Constance était mort, ses ruses homicides avaient pesé plus que le glaive sur l'Église et les fidèles. Quand une oppression de fer n'enchaînera plus sa parole, Hilaire élèvera la voix, et à cette heure, pour mieux confirmer l'œuvre de paix et de charité dans les âmes, il s'armera de toute l'énergie de la justice et de la vérité. Il flétrit le tyran, il l'assimile à ses pareils, persécuteurs sanglants mais non plus dangereux ni plus cruels que lui à l'égard de l'Église. Il montre à nu ses intrigues ourdies, son impie bassesse, son orgueil, sa stupidité, sa fureur. On s'étonne en lisant ces invectives; Hilaire, doux et humble envers ses frères et ses ennemis; Hilaire, modérateur conciliant des délibérations des conciles, soutenant, défendant les faibles, n'est donc plus lui-même? Il l'est toujours, mes frères; ici il s'attaquait, devant le jugement de l'histoire et de la postérité, aux abus monstrueux de la force; un tyran possédé de la manie de dogmatiser et de dicter des lois à la conscience des évêques et des chrétiens ne pouvait être trop sévèrement châtié; il l'a été, certes, par la plume d'Hilaire, et la flétrissure demeure pour la leçon des puissants du monde, pour la sécurité, l'honneur des âmes fidèles, toujours indépendantes et libres à l'égard de la force ou de la science humaine, soumises à Dieu seul, à sa parole et à l'autorité de son Église.

J'ai dit, mes frères, et bien peu et bien mal ce qu'était saint Hilaire; votre foi et votre piété suppléeront à l'insuffisance de mes discours. Vous sentirez bien mieux que je ne saurais l'exprimer, et le bonheur et la gloire de l'âme chrétienne qui croit et professe sa foi à la suite et sous les auspices de ces guides immortels.

L'Église, en décorant saint Hilaire du titre magnifique de Docteur, a voulu nous inspirer un nouvel amour, un nouveau zèle pour ces enseignements toujours anciens et toujours nouveaux, toujours les mêmes, qui composent notre symbole et constituent la base indestructible de nos croyances. A cette foi révélée par l'Homme-Dieu notre enfance fut vouée, et dans leurs tendres étreintes nos mères ont bercé nos jeunes âmes avec ces leçons venues du Ciel, et qui seules y ramènent nos esprits et nos cœurs. Que la vérité, que la divinité de Jésus-Christ et de sa parole nous soient donc à jamais précieuses et chères; que la prière nous y reporte fidèlement pour nous éclairer et nous nourrir au milieu des angoisses de la vie, des obscurités de ses voies, des assauts et des obstacles présents sans cesse sous nos pas. Là, dans la foi qui s'alimente et se vivifie par la prière, nous trouverons un refuge tranquille, honoré de l'assentiment de notre conscience et des âmes fidèles. Ainsi concilierons-nous les droits de la miséricorde et de la vérité, de la justice et de la paix; inébranlables dans la foi, nous la professerons, nous la défendrons avec courage; disciples du Dieu d'amour, nous la montrerons indulgente autant que forte; nous la ferons désirer et chérir de ceux qui la méconnurent, et nous leur apprendrons que la plénitude de la loi et de la vérité, c'est la vertu par excellence du cœur de Jésus-Christ, son précepte souverain, ce qui demeure toujours quand le reste a fini, l'immortelle charité.

DISCOURS

POUR UN MARIAGE

DISCOURS

POUR UN MARIAGE

Mes Frères,

Le Dieu qui bénit et consacre les douleurs consacre et bénit aussi nos joies, quand nous venons les rapporter à sa bonté comme à leur source véritable et pure.

Ce Dieu, père compatissant et tendre non moins que maître souverain et tout-puissant, institua, il établit lui seul l'union des époux.

Il voulut y intervenir toujours, la former lui-même, afin de la doter de l'abondance de ses grâces et de lui imprimer le sceau divin de son indissoluble unité ;

Et l'Église de Jésus-Christ vous confère en son

---

[1] Ce discours a été prononcé au mariage de M. Louis de Saint-D*** avec Mlle de P***, le 28 avril 1840.

nom pour jamais le sacrement inviolable dont le Sauveur l'établit la dispensatrice et la gardienne.

C'est donc avec la consolation la plus vive, aujourd'hui, que le prêtre va bénir vos promesses sacrées. Oh! du moins cette fois il ne prête point en tremblant son ministère à l'alliance conjugale. Non, il n'a point à gémir en cet instant dans son cœur sur ces dispositions profanes, sur cette légèreté et ce tumulte de pensées frivoles et mondaines qu'apportent si souvent au pied des saints autels ceux qui viennent y contracter des engagements irrévocables. Hélas! chrétiens de nom seulement, ils ne veulent pas connaître la dignité, le prix des dons de Dieu, et ils ne savent plus qu'un sacrement auguste, pour ne pas devenir l'occasion de châtiments et de malédictions sévères, demande une conscience pure, une foi et une piété sincères.

Mais pour vous, si digne objet de nos plus douces espérances, vous pouvez approcher avec confiance. Élevés tous deux dans la crainte du Seigneur, accoutumés dès l'enfance à porter son joug heureux sous les religieuses influences de la foi et des vertus de famille, vous avez bien compris, à cette double et noble école d'honneur et de piété, qu'aucun avantage de la nature ou de la fortune ne peut l'emporter sur les joies d'une bonne conscience, et vous venez vous faire mutuellement en ce jour le plus précieux de tous les dons, celui d'un cœur pur que l'air contagieux du siècle n'a pu corrompre, et qui n'a jamais connu que des affections légitimes. Cette sainte cérémonie nuptiale, ce sacrement vénérable qui sanctifie l'union des époux et que l'Apôtre appelle un grand sacrement dans Jésus-Christ et dans l'Église, ne sera donc pas ici profané, ô mon Dieu, et je n'ai pas à craindre que les paroles qui vont sortir de ma bouche se tournent en malédictions pour des âmes si bien préparées et si fidèles.

Ah! soyez donc bénis mille fois de toutes les bénédictions de vos pieuses familles, de toutes les bénédictions du Dieu d'amour.

Dans un généreux sentiment de foi, élevez vos cœurs au-dessus de cette terre qui passe, pour demander un bonheur durable et paisible à Celui qui seul peut le promettre et le donner, qui vous le promet et vous le donne.

Du haut du ciel sa providence attentive vous considère avec tendresse, il vous environne de ses anges, il sait le présent et l'avenir.

Votre route s'éclairera à la lumière même des pensées divines, qui ne sont pour tous deux que des pensées de miséricorde et de paix. Sous l'œil de Dieu vous marcherez toujours confiants et assurés, et vous saurez retrouver cet appui, ces consolations si nécessaires qu'amène la foi seule après elle. Avec les intentions pures de la foi, Dieu vous demande un dévouement généreux, chaque instant de votre vie sera marqué par de graves devoirs; la vie, même la plus heureuse et la plus enviée, a ses vicissitudes et ses peines; le dévouement fidèle accomplit les uns, adoucit les autres. Ainsi vos jours seront bénis et consolés, comme la religion sait consoler et bénir.

Laissez donc sans crainte vos âmes se livrer à la joie et à l'espérance. D'ardentes prières vous accompagneront; le sang de l'Agneau sans tache sera offert pour vous.

L'ami, l'intime ami d'un père est presque un père; il en trouve dans son cœur tous les sentiments et tous les vœux; et prêtre, montant à l'autel, il lui semble qu'il intercède, qu'il presse pour des enfants chéris.

Daignez, Seigneur, nous vous en supplions, daignez abaisser vos divins regards sur ce sanctuaire. Voyez ces jeunes cœurs qui se donnent à vous avant de se donner l'un à l'autre, et qui n'apportent ici aucun sentiment indigne de la présence de vos anges et de la majesté des adorables mystères.

Dieu d'Abraham et de Jacob, de Sara et de Rachel, Dieu du jeune Tobie et de sa vertueuse épouse, ô vous qui environnâtes de tant de consolation et de gloire les chastes alliances des patriarches, qui donnâtes vous-même dans l'Éden, aux jours d'innocence et de bonheur, la première bénédiction nuptiale; et vous, ô Jésus, Dieu de l'Évangile et Dieu d'amour, qui avez sanctifié par votre divine présence les heureuses noces de Cana, bénissez, nous vous en conjurons, cette religieuse union. Vous le savez, la piété paternelle et maternelle forma, destina ces jeunes cœurs dès longtemps l'un pour l'autre. Le moment est arrivé; bénissez-les de toute la puissance, de toute la bonté de votre grâce, ô Seigneur. A l'ombre de vos ailes ils formeront une famille prospère, et vous prenant toujours pour terme de leurs désirs, ils suivront ainsi la voie véritable qui conduit à la vie, accompliront les jours donnés de pèlerinage ici-bas, pour se retrouver dans les joies inaltérables de l'immortelle et céleste patrie.

FIN DU QUATRIÈME VOLUME

TABLE

LE DÉCALOGUE CONSIDÉRÉ COMME LOI DE RESPECT

Soixante-unième Conférence. — Dieu législateur. 3
Soixante-deuxième Conférence. — Loi du sacrifice, loi du respect de Dieu. 43
Soixante-troisième Conférence. — Loi du repos, loi du respect de Dieu. 63
Soixante-quatrième Conférence. — Loi du respect de l'autorité paternelle. 91
Soixante-cinquième Conférence. — Loi du respect de l'homme. 121
Soixante-sixième Conférence. — La chasteté, loi du respect de soi-même. 147

RETRAITE DE NOTRE-DAME

POUR LES HOMMES

Lundi saint. — La vie de la foi.	175
Mardi saint. — Les passions	191
Mercredi saint. — Le bien et le mal.	211
Jeudi saint. — Les jugements de Dieu	235
Vendredi saint. — Trois paroles de Jésus-Christ en croix.	257
Samedi saint. — La chute et la pénitence de saint Pierre.	283

POUR LES DAMES

Lundi saint. — Les trois classes.	301
Mardi saint. — La femme frivole.	323
Mercredi saint. — L'humeur.	345
Jeudi saint. — L'amour de Jésus-Christ	365
Vendredi saint. — L'humilité de Jésus mourant.	387
Samedi saint. — Les consolations de la foi.	403

DISCOURS DÉTACHÉS

Discours sur les causes de l'indifférence en matière de religion.	423
Discours sur le bonheur de croire.	453
Discours sur la fidélité due à Jésus-Christ.	479
Discours sur la force et la douceur des institutions catholiques.	503

TABLE

Discours sur la conception immaculée de Marie. 525
Discours sur la vie religieuse 553
Discours pour la fête de saint Ignace de Loyola. 579
Panégyrique de saint Hilaire, évêque de Poitiers, docteur
    de l'Église 619
Discours pour un mariage 647

Tours, impr. Mame.

www.ingramcontent.com/pod-product-compliance
Lightning Source LLC
Chambersburg PA
CBHW050324240426
43673CB00042B/1518